— The Story of Animal —

邮票上的动物故事

杨健 郝一舒 编著

同济大学 出版社
TONGJI UNIVERSITY PRESS

目录 Contents

序一

序二

Ⅰ 尼尔斯骑鹅旅行

- 12 ····· 1 白雄鹅飞天
- 28 ····· 2 领头雁历险
- 46 ····· 3 母松鼠团圆
- 60 ····· 4 大白鹤跳舞（上）
- 74 ····· 5 大白鹤跳舞（下）
- 86 ····· 6 小灰雁受困
- 102 ···· 7 老狐狸殒命
- 116 ···· 8 绿头鸭获救
- 130 ···· 9 灰驼鹿雄风（上）
- 144 ···· 10 灰驼鹿雄风（下）

156 ····· 11 大狗熊搬家
172 ····· 12 高山鹰传奇
186 ····· 13 大雁群南飞
200 ····· 14 尼尔斯返家

II 走进丛林世界

216 ····· 1 大象的孩子
232 ····· 2 犰狳的诞生
248 ····· 3 白熊与海象
264 ····· 4 天鹅的家乡

III 白海豹科迪克

282 ····· 1 海豹摇篮曲
296 ····· 2 霍卢斯奇科
312 ····· 3 第七个海浪
328 ····· 4 离别白令海

主要参考文献

序一 Foreword

动物是人类的朋友

本书的作者杨健是我儿时同窗多年的同学和玩伴，几十年后在武汉重逢，颇有人生须臾之感。他的新作《邮票上的动物故事》与我从事的医学与动物学同属生物学范畴，书中一张张色彩丰富、形象生动的动物邮票以及它们背后的故事让我掩卷沉思，沉湎其中。

有道是：地球上如果没有动物，那将是一个缺乏鲜活和生动的世界。

《邮票上的动物故事》从世界文学史上唯一获得诺贝尔文学奖的童话作品《尼尔斯骑鹅旅行记》开始，继而是《走进丛林世界》和《白海豹科迪克》，将全世界精彩纷呈的动物邮票经过故事情节的演绎逐渐展现在读者面前。全书的每一页都能从邮票画面上观赏到形形色色的动物形象，这些大海捞针般蒐集的动物邮票，其发行时间跨越了世纪，发行国别遍及了五洲。作诗有云："两句三年得，一吟双泪流。"此书内容的奇思妙想、编排的精雕细琢、虚实的柳暗花明、情理的水乳交融，无不需要作者在生物学、环境学、自然学，乃至文学、美学、哲学诸方面的广泛兴趣和涉猎，所谓"读书破万卷，下笔如有神"。

书中展现的各种邮票图案雅俗共赏、洋洋大观，无论是邮票、小型张、小全张，还是小本票、首日封和极限片，林林总总的大小动物在一千多枚邮品中纷纷登场亮相，尽现飞禽走兽之美丽、勇猛、灵秀和刚毅。

公鸡、母鸡、白鹅、灰鹅等农庄家禽，云雀、山雀、苍头燕雀、红腹灰雀等枝头鸣禽，麻雀、燕子、乌鸦、喜鹊、啄木鸟等空中飞禽，金雕、游隼、红鸢、兀鹰、秃鹫、苍鹰、猫头鹰、白尾海雕等高山猛禽，琴鸡、松鸡、山鸡、鸵鸟等林地走禽，天鹅、树鸭、麻鸭、潜鸟、绿头鸭、琵嘴鸭、秋沙鸭、花脸鸭等湖塘水禽，鹛鹏、蛎鹬、鹳鸟、白鹤、灰鹤、火烈鸟、赤颈鹤、长脚鹬、白腰杓鹬等岸边涉禽……邮票上的各种禽鸟五光十色，惟妙惟肖。看那几幅大雁的邮票画面：黑雁、雪雁、灰雁、鸿雁、白额雁、粉脚雁、黑颈雁、埃及雁、斑头雁，还有白颊黑雁、红胸黑雁、藤壶黑雁、棕头草雁等，它们时而静如处子，时而动若脱兔。母雁一飞冲天，幼雁嗷嗷待哺。那展翅之一舜，驻足之一刻，或草丛踟蹰，或湖心游弋，神形兼备，寓情于形，活灵活现地印证了"人过留名，雁过留声"的名句。更有各种天鹅邮票描绘了它们的天生丽质，大天鹅、喇叭天鹅、疣鼻天鹅、比伊克氏天鹅，还有黑天鹅、黑颈天鹅和扁嘴天鹅，它们柔美的脖颈，轻盈的双翼，悠长的叫声，尽显慎独而矜持的优雅风度。时而在水面宁静安祥地漫游，时而在岸边亭亭玉立地驻足。若张开那白帆般的翅膀冲天而起，纵情翱翔，又仿佛天空中几抹云彩，湖面上数朵浪花，令人陶醉而神往。

黑猫、花狗、奶牛、绵羊等农庄动物，松鼠、松貂、白鼬、野兔、水獭、褐鼠、乌龟、刺猬、羚羊等野生动物，大象、鳄鱼、河马、长颈鹿、狒狒等非洲动物，水豚、浣熊、大羱羊、美洲豹等美洲动物，凶恶的灰狼、狡猾的狐狸、机敏的猞猁、丑陋的野猪、笨拙的狗熊，千奇百怪，应有尽有。在北极栖息的北极熊幼仔满身白生生的绒毛，两只水灵灵的眼睛，一脸傻呵呵的长相，宛如国宝大熊猫般憨厚可爱。可是当它成年后却成为残酷无情的"杀手"，连海象这样的庞然大物都不是它的对手。本书将多枚栩栩如生的北极熊和海象邮票串连一起，动态展开，表现了它们为哺育各自幼仔而进行殊死拼斗，场面的波澜壮阔宛如"张飞战马超"般激烈，"关公战秦琼"般壮观。森林中的鹿家族成员众多，麋鹿、驼鹿、马鹿、红鹿、黇鹿，还有矮鹿、驯鹿、梅花鹿、白尾鹿，它们枝枝杈杈的犄角，星星点点的花斑，轰轰烈烈的性情，充分展示出这些森林王子的忠厚与高贵，"呦呦鹿鸣，食野之苹"的古风令人怦然心动。还有毛绒绒的野兔个个红眼睛、短尾巴、招风耳，时而匍匐在青绿的草丛，时而追逐于繁茂的树林，时而倾听着灌木的虫鸣。百种动物，千幅画面，造物主的鬼斧神工，大自然的芸芸众生，呈现给读者细细欣赏和品味。

书中的故事主旨深远，寓意深刻。人类虽然已经成为地球的主宰，但人类不应该把整个地球占为已有。《尼尔斯骑鹅旅行记》彰显了人性与自然的相互依赖和彼此融合，歌颂了大自然各类生灵的温性、友情和神圣，昭示了"天人合一、善恶有报"和"人与动物共存共荣"的理念。作者是环境领域的学者，游弋于诸多学科的知识海洋，本着"不入虎穴，焉得虎子""不懂鸟语，难为鸟谋"之精神，厚积薄发，画龙点睛。

首先，生生不息、循环往复是自然界的必然规律。飞禽与走兽之间、强者与弱者之间、动物与植物之间、陆地与海洋之间无不关联。如鸟、兽、虫、鱼皆有尾巴，虎尾生威，猪尾退化，蜻蜓点水产卵，蜥蜴断尾逃生。又如海洋生物中，海带、褐藻、珊瑚、鸊鷉、燕鸥、海鸬鹚、军舰鸟、海豹、海豚、海牛、海狮、鲨鱼、虎鲸、海象、北极熊之间的彼此依存也是明证。其次，地球是人类的家园，动物是人类的朋友，自然是神圣的恩赐，鸟翔蓝天，鱼游水底，芳草茵茵，野花丛丛，是人类生活的物质基础，也是人类审美的精神圣地。最后，保护自然、钟情和谐体现了人类共同的意识和智慧，书中各种动物邮品的发行地遍及西欧、东欧、美洲、澳州、非州和亚洲，囊括大国、小国、陆地和海岛，不同纬度、不同种族、不同制度的国家和地区用不同文字、不同面值普遍发行，共同宣示对于各种动物，尤其是本土珍稀野生动物的崇尚与保护，此情此景令人感悟和动容。

"豹睹一斑，已多蔚色，凤瞻片羽，总是吉光。" 也许，当我们更加敬畏自然生态中物竞天择的神奇规律，更加洞察动物世界里芸芸众生的喜怒哀乐，也就会真正感悟人类本身的生存伦理，以及地球家园所面临的明天和未来。

请打开这本生动有趣的书。

冯敢生

2016 年 11 月 1 日

序二 Foreword

同一个世界 共同的家园

"秋天来了,树叶黄了,一群大雁往南飞,一会儿排成人字形,一会儿排成一字形。"这是我和作者五十六年前在课堂上一起朗读的一篇课文。梧桐叶落,晚桂飘香,正是收获的季节,这是他出版发行的第七本邮票专题系列文学著作。《邮票上的动物故事》的出版,凝聚了作者一生的爱好与追求,这其中的艰辛与努力,怕是常人难以企及的。

作者从小爱好文学,生活与成长的文学氛围非常浓郁。他每天一出家门,抬头瞻仰的是民国才女张爱玲的故居;在学校操场做广播操或上体育课时,正对着著名上海现代女作家程乃珊居住的法式花园洋房,与操场仅隔一道竹篱笆;我们一起上学、放学,弄堂里低头路过的是敬仰的文化名人郑振铎先生的故居。作者从小就受到文化名人的影响和熏陶,我想也是对作者的激励和启发吧。

敕勒川、阴山下,在万籁寂静深秋的夜晚,当我坐在书房打开《邮票上的动物故事》时,首先映入眼帘的是"尼尔斯骑鹅旅行"的童话故事系列邮票,为世界文学艺术的珍品。故事作者是瑞典女作家塞尔玛·拉格洛芙,1909年获得了诺贝尔文学奖。书中展现的世界各国一枚枚色彩斑斓、精美绝伦的邮票,各种动物栩栩如生、活泼可爱,一段段优美的文字描述,结合文学故事内容娓娓道来,一一详尽地介绍给读者。

书中一枚枚图案形态各异的邮票中,串联叙述着故事中小男孩尼尔斯骑着一只名叫莫顿的大白鹅,跟随着一只名叫阿卡的领头雁率领的大雁群一起迁徙旅行。他们一起飞过高山草原,飞过湖泊海洋,一路上风雨兼程,经历着与各种动物和人类相遇时艰苦曲折、跌宕起伏的惊险遭遇。一路上,他们遇到了松鼠西尔莱和它的妻儿、特里亚努特大鹤、小灰雁邓芬、大犄角公羊、绿头鸭雅洛、花斑长毛狗赛萨尔,还有狗熊莫莱、猎狗卡尔、灰皮子公鹿、老鹰高尔果等动物好朋友,他们破坏了狐狸斯密尔和猎人的许多阴谋诡计,经历了很多磨难,克服了重重困难，终于来到了冰封雪冻的拉普兰。小男孩尼尔斯在旅行中从各种动物那里学到了很多优点，重返家园时，他成了一个勇敢善良、富有责任感而又勤劳的小男孩。

读完"尼尔斯骑鹅旅行"的篇章，想起我曾经和大雁的一段往事。1969年冬天，我和作者一起去曾经是棒打狍子瓢舀鱼的北大荒黑龙江畔下乡插队。那里由于过度的砍伐森林、毁弃草甸和开垦荒地，肆意的捕杀动物，草甸湿地开始逐渐退缩，我们上山砍柴时，森林里已经很少见到狍子、野兔，狗熊和野猪更是见不着踪影了。

1972年秋天，正是大雁往南飞迁徙的季节。我下午收工时，在苞米地里意外地用柳条筐打昏逮住了一只准备起飞的灰色母大雁，甚是惊喜。我抬头一看，那只公大雁在我头顶上空盘旋，并发出悲凉的鸣叫声，一直跟到村口才恋恋不舍地飞离。那时我们知青饥肠辘辘，大雁顷刻间就成为我们一顿所谓的饕餮大餐。

大雁是群居候鸟，成双成对，一夫一妻终生制，不离不弃，朝夕相伴。其中有一只成为孤雁，它将终生不嫁不娶，并受到群雁的歧视和孤立，晚上还要为熟睡的群雁打更放哨，余生好不凄凉。想想我为了解馋打牙祭，活生生拆散了一双恩爱夫妻，一只活着的孤雁在思念中凄凉的哀鸣。现在知道大雁是受保护的野生动物，捕杀大雁是违反《国家野生动物保护法》的违法行为。如今我见到大雁总是要默默地拜一拜，祝愿远飞的大雁夫妻恩爱，白头到老，一路平安。

《邮票上的动物故事》的第二篇是"走进丛林世界"，第三篇是"白海豹科迪克"。作者在一枚枚精美绝伦的方寸之间，以世界经典文学为媒介，介绍讲述了地球中陆地、湖泊、草原、高山、海洋的生态环境系统是生命的摇篮，万物的母亲，人类的家园，动物和人类是亲密的朋友。

全世界870万种生物中，动物占了89%，它们历来是植物天然传粉、播种的勤劳使者，大自然中每一个看似微不足道的生物，都是地球生态系统中不可或缺的一部分及一个环节，才得以维持地球生态系统的平衡。我们爱护动物，就是爱护人类和动物共同的家园。

我国改革开放以后，开始重视生态环境的恢复和保护，开始重视野生动物的保护，并建立相应配套的法律法规和执行监督机构。尤其是党的"十八大"报告中，把生态文明放在突出位置，单独成篇，做了系统的阐述和全面部署，并写入中国共产党章程的总纲，具有划时代的重大意义。我国面对生态系统退化的严峻形势，必须树立尊重自然、顺应自然、保护自然的生态文明理念，把生态文明建设放在突出地位，实现中华民族的永续发展。于是，国家积极推行落实了退耕还林、退耕还草、退耕还湖、封山育林、收枪禁猎等一系列保护和恢复生态环境的措施，并且成效显著。

前几年，当我再回到大兴安岭原始林区工作时，惊喜的发现那里已经是另外一番景象。茂密的森林郁郁葱葱、鸟语花香，美丽的山鸡、飞龙随时在你眼前飞过，有时还撞到我们汽车的挡风玻璃上；傻狍子母子们若无其事地从我们面前跑过，胜似闲庭信步；野猪撅着獠牙竟然挡在我们行驶的拖拉机前面咆哮，大概嫌我们挡住了它觅食的道路；狗熊狭路相逢我的年轻同事，它只是和蔼地慢慢转身离去……。动物和我们已经成为了和睦相处的朋友，原来我们和野生动物也是可以和谐相处的。

作者是环境学科专业的学者教授，我和他有相近学科的专业背景，而且一直关注着他的创作、发展与进步，所以我和作者的心是相通的。随着世界科学技术的发展和经济规模的扩大，全球生态环境状况在过去的30年里持续恶化，全世界森林面积每年都会减少1300公顷，生物种群在逐渐消失和减少。地球上各个系统的承受能力正在被推至生物物理上的极限，从而导致人类活动超过地球生态系统中的承受极限，生命赖以生存的地球可能会突然且不可逆转的改变，所以保护建设良性生态环境系统已经是刻不容缓、当务之急的大事。

我想，《邮票上的动物故事》这本文学著作，作者要告诉我们人类应当尊重自然、顺应自然、保护自然，合理调节处理人与自然界动物之间的物质交换，实现人与自然界动物的和谐共处。其中，生态平衡是第一位的，是基础和前提。地球是人类和动物共同的家园，动物是我们人类最亲密的朋友，让我们用智慧净化生存环境，用良知阻止破坏生态环境的现象，用法律严惩滥捕滥杀野生动物的行为，用勇气调整自己的生活饮食习惯，用热情传播人与动物和谐共处的理念。人类和动物互相应该少一些伤害，多一些沟通，少一些矛盾，多一些理解，共建地球和谐新家园，人类才能拥有幸福美好的未来。

毛亚宁
2016年11月7日

I

尼尔斯骑鹅旅行

1

白雄鹅飞天

　　故事发生在瑞典南部一个名叫斯康耐的地方，那里有个十四岁左右的男孩子尼尔斯，他身体很单薄，是个瘦高个儿，而且还长着一头像亚麻那样的淡黄色头发。这男孩子平时最乐意睡觉吃饭，再就是很爱调皮捣蛋。爸爸埋怨他懒惰得要命，在学校里啥都不愿意学，连看管家里的鹅群都叫人不大放心，而妈妈最烦恼伤心他的粗野和顽皮。

故事发生在瑞典南部一个名叫斯康耐的地方，那里有个十四岁左右的男孩子尼尔斯，他身体很单薄，是个瘦高个儿，而且还长着一头像亚麻那样的淡黄色头发。尼尔斯平时最乐意睡觉吃饭，再就是很爱调皮捣蛋。爸爸埋怨他懒惰得要命，在学校里啥都不愿意学，连看管家里的鹅群都叫人不大放心，而妈妈最烦恼伤心他的粗野和顽皮。

◆位于北欧的丹麦法罗群岛2006年9月18日发行一枚邮票小全张，共有八枚邮票，邮票面值都是7.50丹麦克朗，以风光景色为主题。其中第七枚，邮票画面描绘了一个海边的村落，一座座农屋粉墙青瓦，高低错落。

◆位于北欧的瑞典2009年5月14日发行一套邮票，共有五枚，邮票面值都是标准邮资（5.50瑞典克朗），以夏日的自然风光为主题。其中第一枚，邮票画面描绘了青草鲜嫩、黄花烂漫的山坡；第二枚，邮票画面描绘了浪潮起伏、蛙声喧闹的海滨；第三枚，邮票画面描绘了土垄纵横、田鼠出没的田园；第四枚，邮票画面描绘了草木稀疏、莓果红熟的原野。

◆荷兰1959年11月16日发行一套附捐邮票，共有五枚，以儿童为主题。其中邮票面值8分/附捐4分，邮票画面描绘了一个小男孩正在为两只摇头晃脑的大白鹅喂食。

◆匈牙利2015年发行一枚附捐邮票小型张，邮票面值400福林/附捐150福林，以儿童生活为主题。小型张画面描绘了一个神采奕奕的放鹅娃，他头戴鲜黄色的小帽，身穿深红色的背心，手拿一根细细长长的柳条，正在兴致勃勃地放牧一群伸长脖颈、叫声嘎嘎、步履蹒跚的大白鹅。

◆ 德国1972年2月4日发行一套附捐邮票，共有四枚，以保护动物为主题。其中第二枚邮票面值25芬尼/附捐10芬尼，邮票画面描绘了一个手持猎枪的小男孩，正在树林中追逐慌忙逃窜的小鹿和小兔；第四枚邮票面值60芬尼/附捐30芬尼，邮票画面描绘了一个十分淘气的小男孩，他举起一根树枝，正在得意洋洋地戏弄两只十分气恼的大白鹅。

◆ 瑞士1962年12月1日发行一套附捐邮票，共有五枚，以儿童生活为主题。其中第二枚邮票面值10分/附捐10分，邮票画面描绘了一个喜欢嬉闹的小男孩，他在河边的芦苇丛中追逐一只受惊的野鸭。

◆ 荷兰1959年11月16日发行一套附捐邮票，共有五枚，以儿童为主题。其中邮票面值6分/附捐4分，邮票画面描绘了芳草如茵、古木参天的树林，一个头戴布帽、身穿绿衣的小男孩手持着弓箭，低着头，弯着腰，蹑手蹑脚地寻找着自己的狩猎目标。

◆ 匈牙利1979年8月11日发行一套邮票，共有七枚，以绘画为主题。其中邮票面值40菲勒，邮票画面是画家杰诺斯·伐斯泽里（Janos Vaszary）的画作《骏马、猎犬和男孩》（*Boy with Horse and Greyhounds*），描绘了一个用木栅栏围着的农家小院，房前屋后栽种着浓密的树林。一个头戴布帽的小男孩手牵着一匹高大魁梧的红鬃马，两条东张西望的猎犬在一旁陪伴。

　　一个星期天的早晨，爸爸妈妈要上教堂，便吩咐尼尔斯在家里念书。小男孩只得坐到大靠背椅上，有气无力地念了一会儿，那叽哩咕噜的声音似乎在为他自己催眠，迷迷糊糊地觉得自己仿佛打起了盹。不一会儿，他被自己身后窸窸窣窣的响声惊醒了。

　　男孩子朝窗台上的镜子里一看，发现有个小精灵正跨坐在妈妈那口大衣箱的箱边上。这小精灵的身材还没有一个巴掌高，长着一张苍老而皱纹很多的脸，但脸上却没有一根胡须。男孩子便想道，要是把这小精灵关在那口大衣箱里，一定会十分有趣。可当他正在淘气地捉弄这小精灵的时候，突然脸上挨了一记重重的耳光，便倒在了地上失去了知觉。

◆挪威 2011 年发行一套邮票，共有两枚，以圣诞节为主题。其中第一枚邮票面值 A（国内邮资），邮票画面描绘了几个欢天喜地的男孩，他们头戴红色的尖顶小帽，装扮成小精灵的模样龇牙咧嘴，尽情地淘气嬉闹。

◆瑞典 1983 年 11 月 22 日发行一套圣诞邮票，共有四枚，邮票面值都是 1.60 瑞典克朗，以圣诞卡图案为主题。其中第二枚，邮票画面描绘了几个头戴小红帽的小精灵骑在麦草山羊上，兴高采烈地游戏玩耍；第四枚，邮票画面描绘了两个小精灵用木杆挑着各式各样的圣诞礼物，欢天喜地地在雪地里行走。

◆瑞典 2004 年 11 月 11 日发行一套圣诞邮票，共有五枚，以活泼而顽皮的圣诞小精灵为主题。邮票首日封画面描绘了一只长尾巴小鸟歇在斧子长柄上唧啾啼鸣，一个头戴小红帽的圣诞小精灵站在木桩上拉琴伴奏。

◆挪威 1972 年 11 月 15 日发行一套邮票，共有三枚，以童话插图为主题。邮票首日封画面描绘了一个头戴红帽的小精灵，它坐在松软的麦草堆上调试小提琴的音调。

◆法国 1998 年 11 月 5 日发行一枚红十字附捐邮票，邮票面值 3.00 法郎 / 附捐 0.60 法郎，以圣诞为主题。邮票画面描绘了一个头戴红帽、身穿红衣的小精灵，它蹦蹦跳跳、手舞足蹈，既非常淘气，又十分可爱。

　　当小男孩尼尔斯重新清醒过来的时候，屋子里只剩下他一个人，那小精灵早已不见踪影了。可是，他无意之中抬头一看，眼光正好落在那面窗台的镜子上。小男孩立刻尖声惊叫起来，因为他在镜子里清清楚楚地看到一个很小、很小的小人儿，头戴尖顶小帽，身穿一条皮裤，与自己的穿着打扮一模一样。这一下可把尼尔斯吓坏了，他终于明白过来，原来被他捉弄的小精灵在自己身上施展了魔法进行报复，他在镜子里看到的那个小人儿，不是别人，正是他自己。

"哼,这保准是一场梦,要不就是胡思乱想,"尼尔斯想道,"再等一会儿,我保管还会变成人的。"他能想得出来的最好法子就是去找到那小精灵,同他握手言和。于是,小人儿开始在屋里到处寻找那个小精灵,把椅子和柜子背后、沙发床底和炉灶里统统都看过,甚至还钻进了两三个老鼠洞里去看,可是都一无所获。尼尔斯忽然灵机一动,记起了曾经听妈妈讲过,那些会施魔法的小精灵常常住在院子的牛棚里。于是,他决定马上就走出门去,去那里寻找。

◆蒙古1968年11月20日发行一套邮票,共有七枚,以绘画为主题,纪念联合国教科文组织(UNESCO)成立22周年。其中邮票面值80分,邮票画面是奥地利肖像画家弗里德瑞秋·冯·莫林(Friedrich von Amerling)的画作《男孩》(Boy),描绘了一个满腹心事的小男孩,他一头栗色的头发光泽熠熠,微微低垂的面颊柔嫩光滑,仿佛陷入了细细绵绵的沉思。

门廊外面有一只灰色的麻雀跳来蹦去,他一见到男孩子尼尔斯变成了现在这样的小人儿,就幸灾乐祸地高声喊道:"叽叽,叽叽,快来看放鹅娃尼尔斯!快来看拇指大的小人儿!"院子里的鸡和鹅纷纷掉过头来,盯着男孩子看,咯咯的啼叫声乱哄哄地闹成一片。

◆丹麦1994年10月20日发行一套邮票,共有五枚,以野生动物为主题。其中邮票面值3.75丹麦克朗,邮票画面描绘了两只家麻雀在地上蹦蹦跳跳,低头啄食。麻雀喜欢活动在人类居住的地方,且性格活泼,易于近人。同时,它们的警惕性很高,好奇心也很强。

◆位于东欧的爱沙尼亚2002年3月7日发行一枚邮票,邮票面值4.40爱沙尼亚克朗,邮票画面描绘了歇在树枝上的家麻雀(Passer domesticus)和树麻雀(Passer montanus),它们上体的羽毛棕褐色,缀有斑纹,因而得名。它们喜欢栖居在人类居住的山地、平原、沼泽和农田,无论在城镇或村庄的房前屋后,都可发现它们飞来飞去的身影,听闻它们高唱低吟的喧噪。

◆加拿大1969年7月23日发行一套邮票,共有三枚,以鸟类为主题。其中邮票面值6分,邮票画面描绘了两只栖居在树上的白喉麻雀(White-throated sparrows),它们时而东张西望,时而叽叽喳喳。

◆ 罗马尼亚1963年6月15日发行一套邮票，共有七枚，以家禽为主题。其中邮票面值30巴尼，邮票画面描绘了一只棕褐色母鸡的头部特征；邮票面值55巴尼，邮票画面描绘了一只头顶大红鸡冠的白公鸡；邮票面值70巴尼，邮票画面描绘了一只抬头张望的大白鹅；邮票面值1列伊，邮票画面描绘了一只花母鸡的头部特征。

◆ 芬兰1996年3月18日发行一套红十字附捐邮票，共有三枚，以家禽为主题。其中邮票面值3.20芬兰马克/附捐0.70芬兰马克，邮票画面描绘了三只不同羽毛色彩（白色、黑色和棕色）的母鸡在草地上休憩和啄食。

邮票上的动物故事

　　"喔喔喔呃，"公鸡鸣叫说，"他真是活该，喔喔喔呃，他曾经扯过我的鸡冠！""咕咕咕，他真活该！"母鸡们齐声呼应，而且这样没完没了地叽咕下去。那些大鹅围挤成一团，把头伸到一起来问道："是谁把他变了样？是谁把他变了样？"可是最叫人奇怪的是男孩子尼尔斯竟然能够听懂他们在说些什么了。"这大概是因为我变成了小精灵的缘故吧，"他自言自语说，"保准是这个原因，我才能听得懂那些鸟呀、鸡呀、鹅呀，那些长着羽毛的家伙的话。"

　　他觉得那些母鸡无止无休地嚷嚷他"真活该"，叫他实在无法忍受下去。他捡起一块石子朝她们扔过去，还骂骂咧咧："闭上你们的臭嘴，你们这些混蛋！"可是他忘记了，他已经不再是母鸡们看见了就害怕的那样一个人了。整个鸡群都冲到他的身边，把他团团围住，齐声高叫："咕咕咕，你活该，咕咕咕，你活该。"

◆ 新西兰2005年8月3日发行一套附捐邮票小型张，共有三枚邮票，以儿童与宠物为主题。其小型张边纸图案描绘了一个身穿条纹衣衫的小男孩趴伏在草地上，兴致勃勃地与一只棕色小猫玩耍嬉闹。

　　小人儿想要摆脱她们的纠缠，可是母鸡们追逐着他，一边追一边叫喊，他的耳朵险些儿被吵聋了。倘若他家里养的那只猫没有在这时走了出来的话，看来他难以冲出她们的包围。那些母鸡一见到猫儿，顿时安静下来，装作专心一意地在地上啄虫子吃。

◆ 波兰1964年4月30日发行一套邮票，共有十枚，以家猫为主题。其中邮票面值30格罗希，邮票画面描绘了一只小黑猫的头部特征；邮票面值6.50兹罗提，邮票画面描绘了一只蹲在地上龇牙咧嘴的小黑猫。

◆ 荷兰2005年4月5日发行一套附捐邮票小型张，共有两枚，每一枚小型张含有三枚邮票，邮票面值都是39分／附捐19分。其中第二枚邮票小型张中的第一枚邮票，邮票画面描绘了一个生气盎然的家庭宅院，阳光明媚，树影婆娑，青草丛生。满脸稚气的小男孩和怀抱布娃娃的小女孩正在大树底下与一只活泼可爱的小花猫絮絮叨叨，嬉戏玩耍。

　　男孩子马上跑到猫儿跟前，说："亲爱的猫咪，你不是对院子里的每个角落和隐蔽洞孔都很熟悉吗？请你行行好，告诉我在哪儿可以找到那个小精灵？"猫儿没有立刻回答。他坐了下来，把尾巴优雅地卷到腿前盘成一个圆圈，目光炯炯地盯住眼前这个小人儿。

◆ 英国泽西岛2002年10月12日发行一套邮票，共有六枚，以家猫为主题。其中邮票面值40便士，邮票画面描绘了一只匍匐在草丛边的德文卷毛猫（Black smoke Devon Rex），它圆瞪着两只黑白分明的大眼睛，浑身的毛色乌黑锃亮。

◆ 瑞典1994年3月18日发行一套邮票小本票，共有四枚，邮票面值都是4.50瑞典克朗，以家猫为主题。小本票封面图案描绘了一只摇头摆尾、左顾右盼的小黑猫。

◆ 瑞典1994年3月18日发行一枚邮票小本票，共有四枚邮票，邮票面值都是4.50瑞典克朗，以家猫为主题。其中第二枚，邮票画面描绘了一只翘着胡须、竖起两耳、双目圆瞪的波斯猫（Persian cats）。

那是一只很大的黑猫，脖颈底下有一块白斑，周身的皮毛十分平滑，在阳光照耀下显得油光光的。他的爪子蜷曲在脚掌里面，两只灰色的眼睛眯成一条细缝，看上去非常温和驯服。"我当然晓得那个小精灵住在什么地方，"黑猫低声细气地说道，"可是，这并不是说我愿意告诉你。"

◆ 位于美洲加勒比海的荷属安德列斯1979年10月24日发行一套附捐邮票，共有四枚，纪念国际儿童年。其中邮票面值25分/附捐12分，邮票画面描绘了一个年幼的小男孩俯下身去，伸出稚嫩的小手为一只长着胡须的小花猫喂食。

这下子气得男孩子火冒三丈，他把自己已经变得那么弱小和没有力气忘得一干二净。"哼，我还要揪你的尾巴！"他叫嚷着向猫儿猛扑过去。霎时间，猫儿变了个模样，男孩子几乎不敢相信他就是刚才的那个畜生。他浑身的一根根毛发全都笔直地竖立起来，腰拱起来形成弓状，四条腿仿佛像绷紧的弹弓，尖尖的利爪在地上刨动着，那条尾巴缩得又短又粗，两只耳朵朝向后贴，血盆大口发出嘶嘿嘶嘿的咆哮，一个虎跃扑到了男孩子身上，把他掀倒在地上，血盆大口对准他的咽喉一口咬下来。

◆ 南斯拉夫1993年11月26日发行一套邮票，共有两枚，以儿童为主题。其中邮票面值2000000第纳尔，邮票画面是画家萨法·苏曼诺维克（Sava Sumanovic, 1896-1942）的画作《怀抱花猫的男孩》（Boy with Cat）。

◆ 芬兰奥兰岛1998年9月11日发行一套邮票，共有三枚，以农家宅院为主题。其中邮票面值2.00芬兰马克，邮票和邮票极限片画面描绘了北欧农庄的一幕：低矮的柴扉半掩半开，寂寞的小径时隐时现。风中的枝叶窸窸窣窣，房后的树林影影绰绰。尖顶的木屋高低错落，盛开的花朵风姿绰约。

"亲爱的猫咪,你千万要答应帮帮我,"男孩子说道,"你难道没有看出来,那个小精灵用妖法害得我变成了什么模样?"猫儿把眼睛稍微眯了一眯,闪出了含着恶意的绿色光芒。他幸灾乐祸地扭动身体,心满意足地咪呀、咪呀、喵呀、喵呀地叫了老半天,这才作出回答。"难道我非得帮你忙不可,就因为你常常揪我的尾巴?"他终于说道。

小人儿使出了全身力气,放声狂呼救命,可是没有人来。他认定这下子完了,他的最后时刻来到了。就在这个时候,他忽然觉得猫儿把利爪缩了回去,也松开了他的喉咙。"算啦,"猫儿慷慨地说道,"这一回就算啦,我看在女主人的面上饶了你这一次。我只不过想让你领教领教,咱们两个之间现在究竟谁厉害。" 猫儿说完这几句话便扭身走开去,他的模样又恢复成他刚来的时候那样温顺善良。

邮票上的动物故事

◆比利时2006年1月26日发行一枚邮票小本票,共有十枚邮票,邮票面值都是0.46欧元,以农庄动物为主题。其中第五枚,邮票画面描绘了绿草如茵的农家牧场,以及一头健壮的红白花斑奶牛。

◆澳大利亚2005年10月4日发行一套邮票,共有六枚,以农庄动物为主题。其中第五枚邮票面值50分,邮票极限片画面描绘了蓝盈盈的天空,绿茵茵的草地,以及一群聚集围观的黑白花奶牛。

男孩子羞愧得连一句话也说不出来,他三步并作两步地跑到牛棚里去寻找小精灵。牛棚里只不过有三头奶牛,可是男孩子一走进去,里面顿时沸扬起来,喧闹成一片,听起来真叫人相信至少有三十头奶牛。"哞、哞、哞,"那头名叫五月玫瑰的奶牛吼叫道,"真好极了,世界上还有公道!""哞、哞、哞,"三头奶牛齐声吼叫起来,她们的声音一个盖过一个,他简直没法子听清楚她们在叫喊什么。

◆加拿大2012年发行一套绘画艺术邮票,共有三枚,以画家乔弗法德(Joe-fafard)的画作为主题。其中邮票面值标准邮资,邮票画面描绘了一头独自前行的黑白花奶牛。

◆法国2004年8月26日发行一枚邮票小型张,共有四枚邮票,以农庄动物为主题。其中第一枚邮票面值45分,邮票画面描绘了一只灰褐色的兔子在饲料盆前进食;第二枚邮票面值50分,邮票画面描绘了一头毛色锃亮的母牛在草地上漫步;第三枚邮票面值50分,邮票画面描绘了一只雪白的母鸡低头呵护着一群毛茸茸的鸡雏;第四枚邮票面值45分,邮票画面描绘了一头深棕色的毛驴低着头吃草。邮票小型张边纸图案还描绘了红瓦粉墙的农庄小屋,以及白鹅、绵羊、野鸭、肥猪和白鸽等其他农庄动物。

男孩子想要张口问问那小精灵住在哪里,可是奶牛们吵闹得天翻地覆,他根本没法子让她们听见自己讲的话。她们怒气冲冲,就像是他平日把一条陌生的狗放进来,在她们之间乱窜时候的情景一样。她们后腿乱蹦乱踢,脖颈肉来回晃动,脑袋朝外伸出,尖角都直对着他。

◆捷克2001年11月14日发行一套邮票,共有三枚,以绘画艺术为主题。其中邮票面值26捷克克朗,邮票画面是画家法克莱弗·布洛切克(Vaclav Brozik)的油画《牧鹅女孩》(The Goose Keeper),描绘了一个头戴红头巾、身穿花衣裙的乡村小女孩,她手执一条细长的树枝,在树林旁的草地上放牧一群举步蹒跚的大白鹅。

◆位于东欧的乌克兰2011年发行一枚邮票小型张,共有五枚邮票,以农庄的春季为主题。其中第一枚邮票面值1.50格里夫纳,邮票画面描绘了一只爬上屋顶的黑猫;第二枚邮票面值1.50格里夫纳,邮票画面描绘了两只哺育雏鸟的燕子;第三枚邮票面值2.00格里夫纳,邮票画面描绘了一头犄角弯弯的花牛;第四枚邮票面值2.00格里夫纳,邮票画面描绘了一条搔头弄耳的黄狗;第五枚邮票面值1.50格里夫纳,邮票画面描绘了一头扬起双耳的白猪。邮票小型张边纸图案还描绘了一间屋顶金黄、墙面雪白的农庄小屋,两位年老体迈、依然矍铄的农家夫妇……

"你快上这儿来,"一头叫五月玫瑰的奶牛吼叫道,"我非要踢你一蹄子,管叫你永远忘不了!""你过来,"另一头名叫金百合花的奶牛哼哼道,"我要让你吊在我的犄角上跳舞!""你过来,我让你尝尝挨木头鞋揍的滋味,去年夏天你老是这么打我来着。"那头名叫小星星的奶牛也怒吼道。"你过来,你把马蜂放进过我的耳朵里,现在要你得到报应。"金百合花狠狠地咆哮。

◆ 瑞典2004年8月19日发行一套邮票,共有三枚,以建筑艺术为主题。其中邮票面值6克朗和8克朗,邮票画面分别描绘了采用木材和石材建造的乡村小屋。邮票首日封图案也描绘了北欧地区常见的农屋建筑。

小人儿尼尔斯垂头丧气地走了出来,他开始渐渐明白过来,要是他变不回去,不再是人的话,他将丧失人世间所有的一切:他再不能够同别的孩子一起玩耍,也不能够继承父母的小农庄,而且休想找到哪个姑娘肯同他结婚。

◆ 德国2003年6月12日发行一枚邮票小型张,邮票面值55分,以国家公园为主题。首日封画面描绘了一幕田园风光:苍翠的大树彼此相望,流淌的小河叮咚作响。碧绿的荷叶头枕涟漪,洁白的莲花凌波绽放。岸边的野花姹紫嫣红,枝头的黄鹂低吟浅唱。远行的鹳鸟三三两两,点水的蜻蜓飞飞停停……

◆ 英国发行的明信片,画面描绘了生气盎然的自然生态:挺拔的树木窸窸窣窣,绵密的芳草袅袅婷婷。柔细的芦苇丛丛簇簇,绚丽的野花星星点点。轻盈的蜻蜓飞来飞去,肥胖的野鸭趔趔趄趄。窥测的野兔瞻前顾后,休憩的白鹭左顾右盼……

天气真是好极了，沟渠里流水淙淙作响，枝头上绿芽绽发，小鸟叽叽喳喳在啼叫，四周一片欣欣向荣。而小人儿尼尔斯却坐在那里，心情非常沉重，难过得要命。随便什么事情都无法使他高兴起来。他从来没有看到过天空像今天那么碧蓝碧蓝的，候鸟们成群结队地匆匆飞翔。这些鸟儿刚从远方长途跋涉飞回来，如今正在朝北行进的途中。这一群群候鸟的种类各式各样，可是尼尔斯只认出了几只大雁，他们分为两行，排成楔形的队伍飞行前进。

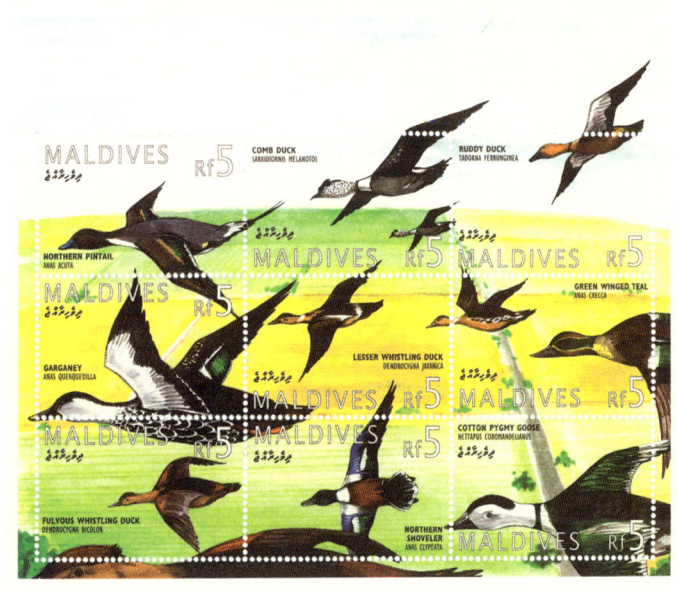

◆ 英国泽西岛1975年7月28日发行一套邮票，共有四枚，以鸟类为主题。其中邮票面值8便士，邮票画面描绘了两只正在海面上飞行的黑雁（Brent geese）。黑雁是中等体型的大雁，头部、颈部和胸部黑褐色，颈部的两侧有一白色横斑，而背部和翅膀灰褐色。这种大雁是一种耐寒的冷水性海洋鸟，喜欢栖居于北极圈以北、北冰洋沿岸及其附近岛屿。黑雁进行长途迁徙时常集合成数量众多的雁群，白天在空中飞翔，傍晚降落到湖泊等水域休息和觅食，喜欢发出十分响亮而嘈杂的叫声。

◆ 位于印度洋的岛国马尔代夫1995年2月27日发行一枚邮票小全张，共有九枚邮票，邮票面值都是5马尔代夫卢比，以展翅飞翔的各种水鸟为主题。其中第一枚，邮票画面描绘了一只针尾鸭（Northern pintail）；第二枚，邮票画面描绘了一只瘤鸭（Comb duck）；第三枚，邮票画面描绘了一只棕硬尾鸭（Ruddy duck）；第四枚，邮票画面描绘了一只白眉鸭（Garganey）；第五枚，邮票画面描绘了一只栗树鸭（Lesser shistling duck）；第六枚，邮票画面描绘了一只绿翅鸭（Green winged teal）；第七枚，邮票画面描绘了一只茶色树鸭（Fulvous shistling duck）；第八枚，邮票画面描绘了一只琵嘴鸭（Northern shoveler）；第九枚，邮票画面描绘了一只棉凫（Cotton pygmy goose）。这些形态各异、大小不同的水鸟在蓝天上比翼齐飞，各展风采，成为一道生机盎然的流动风景。

已经有好几群大雁飞过去了。他们飞得很高很高，然而他却还能隐约地听得到他们在叫喊："加把劲儿飞向高山！加把劲儿飞向高山！"当大雁们看到那些正在院子里慢慢吞吞、迈着方步的家鹅的时候，他们朝地面俯冲下来，齐声呼唤道："跟我们一起来吧！跟我们一起来吧！一起飞向高山！"院子里的家鹅禁不住仰起了头仔细倾听，可是他们明智地回答说：

"我们的日子过得很好!我们的日子过得很好!"但随着一群又一群大雁飞过,大雁的呼唤使得其中一只年轻的大雄鹅勃然心动,真的萌发了长途旅行的念头。

◆ 朝鲜1969年6月1日发行一套邮票,共有两枚,以家禽为主题。其中第二枚邮票面值10分,邮票画面描绘了春光明媚的农家庄园,一群大白鹅在草地上自由栖息,它们有的低头觅食,有的蹒跚前行。

◆ 乌克兰2012年发行一枚邮票小型张,共有五枚邮票,以农庄动物为主题。其中第五枚邮票面值2.00格里夫纳,邮票画面描绘了两只站在草地上东张西望的大白鹅。

◆ 朝鲜1976年2月5日发行一套邮票,共有三枚,以家禽为主题。其中邮票面值10分,邮票画面描绘了两只大白鹅,它们扬起长长的脖颈,在农家院子里摇摇摆摆地走来走去。

◆ 保加利亚1955年2月19日发行一套邮票,共有七枚,以农庄动物为主题。其中邮票面值2斯托丁基,邮票画面描绘了几只摇摇摆摆、东张西望的大白鹅。

◆ 澳属圣诞岛1977年10月20日发行一枚邮票小全张,共有十二枚邮票,邮票面值10分,以儿童歌曲《圣诞节的十二天》为主题。其中第六枚,邮票画面描绘了六只葡匐在鸟巢中孵蛋的大灰鹅。

◆ 英国格恩济岛1984年11月20日发行一枚邮票小全张,共有十二枚邮票,邮票面值都是5便士,以儿童歌曲《圣诞节的十二天》为主题。其中第六枚,邮票画面描绘了六只抬头张望的大白鹅,以及它们产下的鹅蛋。

◆ 奥地利1979年1月16日发行一枚邮票,邮票面值2.50先令,纪念国际儿童年。邮票首日封画面描绘了农家庄园中的一幕:一名农妇和一个小女孩站在农舍前,笑吟吟地喂养一群摇头晃脑、咕咕嘎嘎的大白鹅。家鹅被认为是人类驯化的第一种家禽,其中中国的家鹅源于野生的鸿雁,欧洲的家鹅则源于野生的灰雁。

当又一群大雁飞过来照样呼唤时,那只名叫莫顿的年轻雄鹅就回答说:"等一下,等一下,我来啦!"他张开两只翅膀,扑向空中。但是由于这只白色的大雄鹅平时不经常飞行,结果又跌下来,落在地面上。大雁们大概听见了他的叫喊,他们掉转身体,慢慢地飞回来,看看他是不是真的要跟上来。

◆ 位于非洲的上沃尔特1977年9月22日发行一套邮票,共有五枚,以诺贝尔奖获奖者为主题。其中邮票面值55非共体法郎,邮票画面描绘了瑞典作家塞尔玛·拉格洛夫(Selma Lagerlof)的画像,以及她的优秀作品《尼尔斯骑鹅旅行记》(The Adventures of Nils)中的故事场景。这部优秀的儿童文学作品是世界文学史上第一部,也是唯一一部获得诺贝尔文学奖的童话作品。

◆ 瑞典1971年11月10日发行一枚邮票小本票,共有十枚相同的邮票,邮票面值都是65欧尔,以瑞典作家塞尔玛·拉格洛夫的文学作品《尼尔斯骑鹅旅行记》为主题。邮票小本票封面图案描绘了《尼尔斯骑鹅旅行记》中的故事场景:一座古老的风车巍然屹立,一间尖顶的农屋风情万种,一只白色的雄鹅摇摇摆摆,一个失意的男孩愁绪绵绵……

"等一下,等一下。"年轻的白色大雄鹅莫顿叫道,又做了一次新的尝试。此时躺在石头围墙上发愁的男孩子尼尔斯对这一切都听得一清二楚。"啊哟,糟了,要是这只大雄鹅远走高飞的话,那该是多么大的损失呀,"他想道,"爸爸妈妈从教堂里回来,一看这大雄鹅不见了,他们一定会非常伤心的。"小人儿这么想的时候,却又忘记了自己是那么矮小,那么没有力气。他一下子从石头围墙上跳了下来,恰好跳到鹅群当中,用双臂紧紧抱住了大雄鹅的脖颈。"你可千万别飞走啊。"他央求着喊叫。

不料就在这一瞬间,那只想要飞走的大雄鹅莫顿恰恰弄明白了,应该怎样动作才能使自己离开地面腾空而起。他来不及停下来把小人儿从身上抖掉,只好带着他一起飞到了空中。一下子很快上升到空中,这使得男孩子头晕目眩。倘若他这时候再松开手,他必定会掉下来,摔得粉身碎骨。想要稍微舒服一点的话,他唯一可做的事情就是试图爬到大雄鹅的背上。不过要在两只不断上下扇动的翅膀之间坐稳在光溜溜的鹅背上,却也不是件容易的事情。小人儿不得不用两只手牢牢地抓住大雄鹅莫顿的翎羽和绒毛,免得滑落下去。

◆瑞典 1958 年 11 月 20 日发行一套邮票，共有三枚，邮票面值分别是 20 欧尔（暗红色）、30 欧尔（蓝灰色）和 80 欧尔（橄榄色），邮票画面描绘了瑞典女作家塞尔玛·拉格洛夫（Selma Lagerlof，1858-1940）的侧面画像，以及她的诺贝尔文学奖获奖作品《尼尔斯骑鹅旅行记》中大雁高飞的故事场景，纪念这位优秀的儿童文学作家诞生 100 周年。

◆苏联 1959 年 2 月 26 日发行一枚邮票，邮票面值 40 戈比，邮票画面描绘了瑞典女作家塞尔玛·拉格洛夫的正面画像，纪念这位诺贝尔文学奖获得者诞生 100 周年。《尼尔斯骑鹅旅行记》的故事主角是一个不爱学习、喜欢恶作剧的顽皮孩子尼尔斯，他有一次故意捉弄一个无辜的小精灵，结果被小精灵的魔法变成了一个拇指大小的小不点儿。无奈之下，他骑在自家的一只大白鹅背上，跟着一群大雁出发作长途旅行。通过这次奇异的旅行，尼尔斯发现自己居然能够听懂各种飞禽走兽的动物语言，还与许多可爱的小动物建立了深厚的情感、成为亲密的朋友，也明白了做个好人的道理，同时还经历了种种惊心动魄的困难和危险……最后，尼尔斯回到了家中，也恢复了原形，变成了一个热爱动物、乐于助人的好孩子。

◆瑞典 1969 年 11 月 17 日发行一套邮票，共有五枚，邮票面值都是 35 欧尔，以瑞典童话为主题。其中第二枚，邮票画面是瑞典童话《尼尔斯骑鹅旅行记》的插图，由画家约翰·鲍尔（John Bauer，1882-1918）绘制：小人儿尼尔斯心情非常沉重，难过得要命。随便什么事情都无法使他高兴起来。他从来没有看到过天空像今天那么碧蓝碧蓝的，候鸟们成群结队地匆匆飞翔。这些鸟儿刚从远方长途跋涉飞回来，如今正在朝北行进的途中。

◆瑞典 1971 年 11 月 10 日发行一枚邮票小本票，共有十枚相同的邮票，邮票面值都是 65 欧尔，以瑞典作家塞尔玛·拉格洛夫的文学作品《尼尔斯骑鹅旅行记》为主题。这部童话作品使这位女作家成为世界的文豪，赢得了与丹麦童话作家安徒生齐名的声誉。邮票画面在天蓝色背景上描绘了小男孩骑着白色的大雄鹅在辽阔无垠的天空中飞行遨游，是邮票雕刻家琴斯劳·斯拉尼亚（Czeslaw Slania，1921-2005）的优秀作品。

邮票上的动物故事

领头雁历险

  小人儿尼尔斯觉得天旋地转，好长一段时间里头脑晕晕乎乎。一阵阵气流强劲地朝他扑面吹来。随着翅膀的上下扇动，大雄鹅莫顿的白色翎毛里发出暴风雨般的呜呜巨响。在他的身边有十三只大雁飞翔着，个个都振翼挥翅，都放声啼鸣。小男孩朝地面上瞄了一眼，觉得自己身下好像铺着一块很大很大的布，布面上分布着数目多得叫人难以相信的大大小小的方格子。

小人儿尼尔斯觉得天旋地转，好长一段时间里头脑晕晕乎乎。一阵阵气流强劲地朝他扑面吹来。随着翅膀的上下扇动，大雄鹅莫顿的白色翎毛里发出暴风雨般的呜呜巨响。在他的身边有十三只大雁飞翔着，个个振翼挥翅，放声啼鸣。小男孩朝地面上瞄了一眼，觉得自己身下好像铺着一块很大很大的布，布面上分布着数目多得叫人难以相信的大大小小的方格子。

◆ 美国2001年4月19日发行一枚邮票小全张，共有十枚邮票，邮票面值都是34美分，以美国大草原（Great Plains Prairie）为主题。邮票小全张边纸画面描绘了一群加拿大黑雁（Canada Geese）在蓝天中飞翔的情景。这种分布于北美洲的大雁中等体型，耐严寒，主要栖息在北极沿岸的苔原低洼地上，有时也延伸到北方富有青草的湖泊沿岸，是加拿大的国鸟。它们通常喜欢向前直飞，有时在海面上空灵活转弯、来回盘旋。加拿大黑雁飞行的队列有时呈斜线形，有时呈"V"字形。这种善于旅行的大雁通常白天进行长途迁徙，傍晚降落到湖泊等水域休息和觅食。

◆ 瑞典1971年11月10日发行一枚邮票小本票，共有十枚相同的邮票，邮票面值都是65欧尔，以瑞典作家塞尔玛·拉格洛夫的文学作品《尼尔斯骑鹅旅行记》为主题。邮票画面在天蓝色背景上描绘了小男孩骑着白色的大雄鹅在天空中纵情遨游。

"我究竟来到了什么地方呀？"小人儿问道。在他身边飞翔的大雁马上齐声叫道："耕地和牧场，耕地和牧场。"这一下他恍然大悟，那些碧绿颜色的方格子他首先认出来了，那是去年秋天播种的黑麦田，在积雪覆盖之下一直保住了绿颜色。那些灰黄颜色的方块是去年夏天庄稼收割后残留着茬根的田地。那些褐色的是老苜蓿地，而那些黑色的是还没有长出草来的牧场或者已经犁过的休耕地。

◆ 加拿大1963-1964年间发行一枚邮票，邮票面值15分，邮票画面描绘了一群加拿大黑雁（Canada geese）在辽阔无垠的蓝天上长途迁徙。

◆ 德国1995年7月6日发行一套邮票，共有四枚，邮票面值都是100芬尼，以风光景色为主题。其中第一枚，邮票极限片画面描绘了从高空俯瞰山川田园（Franconian Switzerland）的情景：苍翠的青山绵延起伏，平整的田野五彩斑斓；繁茂的树林铺青叠翠，尖顶的农屋粉墙红瓦。蜿蜒的道路宛如羊肠，高耸的教堂恰似积木……

◆ 位于中欧的列支敦士登2010年3月一日发行一套邮票，共有四枚，以风光景色为主题。邮票首日封图案描绘了阡陌纵横的农家田园，一格一格，一块一块，黄澄澄，金灿灿，绿茵茵，黑黝黝……宛如一幅幅天女飘落在大地上的美丽织锦。

◆ 瑞典2007年5月10日发行一套以"夏日风光"为主题的邮票，共有四枚，邮票面值均为11瑞典克郎。其中第三枚，邮票和极限片画面描绘了夏秋时节的田园风光：金灿灿，黄澄澄，起伏的田野麦浪翻滚；黑黝黝，绿油油，锦绣的大地五色斑斓。

那些镶着黄色边的褐色方块谅必是山毛榉树林,还有些颜色暗淡模糊而中央部分呈灰色的方块,那是很大的庄园,四周盖着房屋,屋顶上的干草已经变得黑乎乎的,中央是铺着石板的庭院。还有些方格,中间部分是绿色的,四周是褐色的,那是一些花园,草坪已经开始泛出绿颜色,而四周的篱笆和树木仍然裸露着光秃秃的褐色躯体。

不一会儿,小人儿尼尔斯越来越习惯于骑着大雄鹅在空中迅速飞行了,所以非但能够稳稳当当地坐在鹅背上,还可以分神想点别的东西。他注意到天空中熙熙攘攘全都是朝北方飞去的鸟群,而且这群鸟同那群鸟之间还你喊我嚷,大声啼叫着打招呼。"哦,原来你们今天也飞过来啦,"有些鸟叫道。"不错,我们飞过来了,"大雁们回答说。"你们觉得今年春天的光景怎么样?""树木上还没有长出一片叶子,湖里的水还是冰凉的呢。"有些鸟儿这样说道。

◆捷克斯洛伐克1968年12月18日发行一套邮票,共有五枚,以童话故事为主题。邮票首日封图案描绘了瑞典作家塞尔玛·拉格洛夫的文学作品《尼尔斯骑鹅旅行记》,小男孩尼尔斯头戴尖顶布帽,稳稳当当地骑在白色大雄鹅的背上,在高高的天空中旷神怡地俯瞰大地,自由自在地飞向远方。

◆位于太平洋中部的马绍尔群岛1987年1月12日发行一套航空邮票,共有四枚,邮票面值都是44美分,以海鸟为主题。其中第一枚,邮票画面描绘了一只深褐色的灰鹱(Wedge-tailed shearwater);第二枚,邮票画面描绘了一只白色的红脚鲣鸟(Red-footed booby);第三枚,邮票画面描绘了一只拖曳着两条细尾巴的红尾热带鸟(Red-tailed tropic-bird);第四枚,邮票画面描绘了一只黑白两色的小军舰鸟(Great frigatebird)。

◆澳属圣诞岛1993年3月4日发行一套邮票,共有五枚,邮票面值都是45分,以海鸟为主题。其中第一枚,邮票画面描绘了展翅翱翔的阿波兹鲣鸟(Abbott's booby),第二枚,邮票画面描绘了空中盘旋的白腹军舰鸟(Christmas Island frigatebird);第三枚,邮票画面描绘了轻盈飘逸的白顶玄鸥(Common noddy),第四枚,邮票画面描绘了纵情高飞的黄金水手鸟(Golden bosunbird);第五枚,邮票画面描绘了直上云天的褐鲣鸟(Brown booby)。

那只白色大雄鹅跟随着大雁群在空中飞行到傍晚时分,就徐徐降落在维姆布湖的湖滨上过夜了。那只大雄鹅莫顿已经飞得筋疲力尽,他的脖颈无力地瘫在地上,双眼紧闭着,只有一丝细如游丝的气息。男孩子过去对小动物都很残忍,对这只雄鹅也是如此。但此时此刻,小人儿尼尔斯却只觉得雄鹅莫顿是他唯一的依靠。他赶紧费了九牛二虎之力把莫顿推到水边,让他把脑袋钻进了湖里。过了好一会儿,这只雄鹅才把嘴巴伸出来,抖掉眼睛上的水珠,呼哧呼哧地呼吸起来,并开始昂然在芦苇和蒲草之间游弋起来。又过了一会儿,大雄鹅莫顿一眼瞅见了水里有条小鲈鱼。他一下子把小鲈鱼啄住,游到岸边,把鱼放在小人儿面前。

◆瑞典 1994 年 10 月 1 日发行一套世界自然基金会濒危野生动物保护邮票(WWF),共有四枚,邮票面值都是 5.50 瑞典克朗。其中第四枚,邮票画面描绘了一只站在水边的小白额雁(Anser erythropus)。邮票极限片画面描绘了三只在水边草丛中休憩的小白额雁。这种大雁中等体型,外形和白额雁相似,但体形较白额雁小一些,体色较深,嘴喙和双脚亦较白额雁短一些。但其额部的白斑却较白额雁大,一直延伸到两眼之间的头顶部。此外,小白额雁眼周全黄色,也与白额雁明显不同。

◆民主德国 1985 年 6 月 25 日发行一套邮票,共有五枚,以野生动物保护为主题。其中邮票面值 10 芬尼,邮票和极限片画面描绘了在水边草地上栖息的红颈雁(Red-necked goose)。这种大雁喜欢结群,较大的群体可多达数百只大雁。它们性情活泼好动,彼此在一起生活时,总是吵吵嚷嚷、喧闹嘈杂。

"这是送给你的,谢谢你帮我下到水里。"大雄鹅莫顿说道。小男孩吃饱之后却不好意思起来,因为他居然能够生吞活剥地吃东西了。"唉,看样子我已经不再是个人,而成了一个货真价实的妖精啦。"他暗自思忖道。这时,他们俩听到身背后传来了一阵呼啦啦的巨响,原来大雁们全都一齐从水中飞了上来,站在那儿抖掉身上的水珠。然后他们排成长队,由领头雁率领着,朝他们这边过来了。

这时候，大雄鹅莫顿开始仔细地观察这些大雁，他们的身材要比自己小得多，几乎只只都是灰颜色，有的身上还有褐色的杂毛，但没有一只是白色的。他们的眼睛黄颜色、亮晶晶的，似乎眼睛背后有团火焰在燃烧。大雄鹅生来就养成了习惯，走起路来要慢吞吞、一步三摇头地踱方步，这样的姿势最为适合。然而，这些大雁不是在步行，而是半奔跑、半跳跃地前行。

◆ 伊朗2014年发行一套世界自然基金会濒危野生动物保护邮票（WWF），共有四枚，以小白额雁（Anser erythropus）为主题。其中邮票面值7000伊朗里亚尔，邮票画面描绘了一只灰褐色的小白额雁漂浮在水波荡漾的湖面上。小白额雁在繁殖期间主要栖息于北方苔原与灌木复盖地区，也在山溪河流、湖泊沼泽、甚至高山悬岩地区栖息和繁殖。

◆ 挪威1981年2月26日发行一套邮票，共有四枚，以鸟类为主题。其中第一枚邮票面值1.30挪威克朗，邮票画面描绘了一只灰褐色的小白额雁。这种大雁白天多停下来觅食和休息，晚上进行飞行迁徙。它们长途旅行时喜欢成群结对，一边飞行一边鸣叫。小白额雁的飞行队列有时呈斜线，有时呈"一"字形和"人"字形。

◆ 圣文森特格林纳丁斯1995年12月1日发行两枚邮票小全张，各有九枚邮票，邮票面值都是1东加勒比元，以野生动物为主题。第一枚小全张中的第四枚，邮票画面在蓝色背景下描绘了一只抬头张望的夏威夷黑雁（Hawaiian goose）。

大雁们在大雄鹅面前站定身躯，伸长脖子，频频点头行礼。大雄鹅也行礼如仪，只不过点头的次数更多几次。这群大雁的领头雁已经上了年纪，她周身的羽毛都是灰白色，没有一根深颜色的杂毛，而且双肩瘦削，脖颈细长，惟独一双眼睛没有受到岁月的煎熬，仍旧炯炯有神，似乎比别的大雁的眼睛更年轻。她神气活现地对大雄鹅说道："我是从大雪山来的阿卡，靠在我右边飞的是亚克西，靠在我左边飞的卡克西。记住，右边的第二只是科尔美，在左边的第二只是奈利亚。在他们后边飞的是维茜和库西！记住，这几只大雁，连同飞在队尾的那六只雁，三只右边的，三只左边的，他们都是出身名贵的高山大雁！"

◆ 位于北美洲加勒比海北部的古巴2006年6月15日发行一套邮票，共有六枚，以动物为主题。其中邮票面值45分，邮票画面左侧描绘了一只抬头张望的大白鹅，画面右侧描绘了两只伸直脖颈的黑颈雁。

大雄鹅莫顿支支吾吾地向大雁们介绍了自己身旁的小人儿,说他名叫"大拇指儿"。但是,当大雁们得知"大拇指儿"是一个小男孩的时候,他们一个个伸长了脖子,暴怒地朝小人儿鸣叫起来。"自从我在湖边第一眼看到你起,我就起了疑心,"领头雁阿卡叫嚷,"现在你马上就从这里滚开!我们不能容忍有个人混到我们当中!""那是犯不着的呀,"大雄鹅从中调解说,"你们大雁用不着对这么个小人儿感到害怕,要是让这么一个可怜的人儿在黑夜里单独去对付鼬鼠和狐狸,我们当中有哪一个能够交代得过去?"

◆波兰1965年11月30日发行一套动物邮票,共有九枚。其中邮票面值40格罗希,邮票画面描绘了一只山野树林中四处游荡的红狐狸:尖尖的嘴巴,大大的耳朵,长长的身材,短短的四肢。

◆匈牙利1986年12月15日发行一套邮票,共有六枚,以野生动物保护为主题。其中第二枚邮票面值2福林,邮票画面描绘了一头从河水中爬上岸的水獭(Lutra lutra)。水獭的食物主要是鱼类,常将捉到的鱼托出水面而食,也捕捉小鸟、小兽、青蛙、虾、蟹及甲壳类动物。它们喜欢从岸边或河崖上潜入水中追逐鱼群,或是等待鱼群游过来时突然冲出捕食。当发现水鸟在水面上缓慢游动时,也会从水下悄悄潜近突然袭击;第三枚邮票面值2福林,邮票画面描绘了一头在山林中栖息的白鼬(Mustela erminea)。白鼬是一种食肉动物,主要以老鼠、小鸟、鱼类、昆虫、两栖动物和爬行动物等为食。它们一旦发现猎物,就伸长脖颈,全身匍匐在地面上向前移动,然后发动突然袭击。

但领头雁还阿卡是很难压制住自己心里的恐惧。"我可领教过人的滋味,不管他是大人还是小人都叫我害怕,"她说道,"雄鹅,不过要是你能担保他不会伤害我们的话,他今天晚上可以同我们留在一起。"说完后,她拍翼振翅向维姆布湖中的一块大浮冰飞了过去,大家也一只接一只跟着飞了过去,在那里宿夜。

◆瑞典2006年11月9日发行一套邮票,共有四枚,邮票面值都是10瑞典克朗,以描写冬季景色的绘画为主题。其中第三枚,邮票画面是画家菲利普·冯·夏恩茨(Philip von Schantz)的画作《冬季风景画的变更》(Modification of a Winter Landscape)。

◆英国1996年3月12日发行一套邮票,共有五枚,纪念水鸟和湿地基金会成立50周年。邮票首日封图案描绘了一群白额雁(White-fronted goose)从水面上拍翼振翅,腾空而起。

到了半夜里，维姆布湖面上那块和陆地毫不相连的大浮冰渐渐移动过来，竟同湖岸连接在一起了。这时候，有一只夜里出来觅食的狐狸看见了这个地方。那只狐狸名叫斯密尔，正当他蹑手蹑脚地从陆地窜到浮冰上，要向宿夜的大雁进行偷袭时，他突然脚底下一滑，爪子在冰上刮出了声响。正在熟睡的大雁们顿时惊醒过来，拍动起翅膀就朝空中冲天而起。可是狐狸斯密尔实在来得猝不及防，他像断线风筝一般身子笔直往前纵过去，一口咬住一只大雁的翅膀，叼起来回头就往陆地上跑过去。

◆ 澳大利亚南极领地1985年8月7日发行一套邮票，共有五枚，以南极风光景色为主题。其中邮票面值45澳分，邮票画面描绘了三三两两、随波逐流的碎片状浮冰（Brash ice）；邮票面值90澳分，邮票画面描绘了层层叠叠、鳞次栉比的"煎饼"状浮冰（Pancake ice）。

◆ 德国2004年10月7日发行一套附捐邮票，以风光景色为主题。其中第一枚邮票面值45芬尼／附捐20芬尼，邮票画面以空中俯瞰的视角描绘了北极海域熠熠生辉的冰山和随波逐流的浮冰。

◆ 朝鲜2004年9月30日发行一套世界自然基金会濒危野生动物保护邮票（WWF）小版张，共有四枚，以鸿雁（Anser cygnoides）为主题。其中邮票面值3分，邮票极限片画面描绘了一只伫立岸边的鸿雁；邮票面值97分，邮票极限片画面描绘了一只鸿雁的头部特征。鸿雁是一种灰褐色羽翼的大型水禽，头顶至后颈棕褐色，前颈灰白色，两色分明，反差强烈。它们主要栖息于平原草地上的湖泊、水塘、河流、沼泽及其附近地区。鸿雁嘴喙黑色，常以各种草本植物的叶片、嫩芽为食，也吃少量的甲壳类动物和软体动物。这种大雁生性喜欢成群对地栖息活动，常聚集成数十、数百、甚至上千只的大群一起进行长途迁徙。

◆ 苏联1980年6月25日发行一套邮票，共有五枚，以野生动物为主题。其中邮票面值2戈比，邮票首日封图案描绘了一只在冰雪覆盖的原野上四处游荡的黑银狐狸（Dark silver fox）；邮票面值4戈比，邮票首日封画面描绘了一只蹲坐在白茫茫的雪地里窥测动静的北极狐（Polar fox）。

◆ 位于东欧的斯洛伐克1995年9月5日发行一套邮票，共有两枚，以儿童图书插图为主题。其中第一枚邮票面值2斯洛伐克克朗，邮票首日封图案是一幅儿童图书插图，描绘了一个寒冷的冬夜：沉睡的大地白雪茫茫，寒冷的大树枝叶凋零。一只狐狸这时候在寒风凛冽的雪地里东游西荡，蹑手蹑脚地寻找着自己的猎物。

邮票上的动物故事

这时，与大雁群一起在在浮冰上露宿的小人儿尼尔斯也惊醒了，他一眼瞅见有只四条腿短短的"小狗"嘴里叼着一只大雁从冰上跑掉时，便马上追赶过去，想要从"小狗"嘴里夺回那只大雁。尽管夜色那么漆黑，小男孩却仍然能够清清楚楚地看到冰面上的所有裂缝和窟窿，并且放大胆子跳了过去。原来他现在有了一双小精灵的夜视眼，能够在黑暗里也看得见东西。

◆ 英国1992年1月14日发行一套邮票，共有五枚，以冬季动物为主题。其中邮票面值28便士，邮票和极限片画面描绘了惨淡的月亮隐隐约约，寒冷的原野月黑风高。一只觅食的狐狸在冰雪覆盖的山林中，匆匆前行。狐狸有两个明显的特征：一是其尾巴又粗又长，二是其四肢的颜色比身体的颜色深一些。狐狸的毛色根据它们所栖息的自然环境而差别很大，其中褐色的、黄褐色的、灰褐色的、红色的和黑色的毛色比较常见。

◆ 位于东欧的白俄罗斯2007年发行一套邮票，共有四枚，以动物为主题。其中邮票面值B，邮票画面描绘了一只在森林中的雪地里寻觅猎物的红狐狸。狐狸的适应性很强，能栖息在森林、草原、丘陵、荒漠等各种自然环境中。它们虽然四肢较短，但奔跑速度很快。在夜间活动时，狐狸的双眼能发出两团亮光，远看宛如若隐若现的灯光。

狐狸斯密尔登上了岸，跑进了一个树干高大而挺拔的山毛榉树林里，男孩子在后面紧追不舍。他要向大雁们显示一下：一个人不管他身体怎么小，毕竟比别的生物更通灵性。他跑得那么飞快，终于追赶上了那只凶残的狐狸，并用手一把抓住了他的尾巴。"现在我把大雁从你嘴里抢下来！"他大声喊道。这时候狐狸斯密尔好像明白过来，原来追上来的是个并不起眼的小人儿。当他把大雁摔到地上，张开大嘴就要朝大雁咽喉咬下去的时候，小男孩使出浑身力气把狐狸尾巴猛地一拽，把斯密尔拖得往后倒退了两三步。这样大雁就抽空脱身了，她从纵横交叉的枝丫织成的顶篷空隙中钻出去，飞回到湖面上。

◆德国2014年发行一枚邮票，邮票面值145分，以世界自然遗产为主题。邮票画面描绘了古老的山毛榉树林：眼前一幕幕金黄橙红，脚下一丛丛野草蔓藤。耳边一声声小鸟啼鸣，身旁一缕缕野花飘香。榉木是一种落叶乔木，树形高大且质地坚硬。欧洲高山的严寒天气和纯洁雪水造成了这些榉木与众不同的材质，其木纹清晰细腻、纹理紧密均匀，拥有清淡的黄金色泽。

◆法国1985年9月21日发行一套邮票，共有四枚，以树木为主题。其中邮票面值1.00法郎，邮票极限片画面描绘了一棵笔直参天的山毛榉树（Beech）。这种落叶乔木树形高大且质地坚硬。欧洲高山的严寒天气和纯洁雪水造成了这些榉木与众不同的材质，其木纹清晰细腻、纹理紧密均匀，拥有清淡的黄金色泽。邮票画面描绘了山毛榉树的树叶和果实。

◆法国1979年3月24日发行一枚邮票，邮票面值1.30法郎，纪念法国画家弗朗西斯科·普尔波特（Francisque poulbot，1879-1946）诞生100周年。邮票和极限片画面是画家的画作《小男孩》（Boy），描绘了一个聪明活泼的小男孩：棕红的头发浓浓密密，弯弯的眉毛一高一低。机灵的眼神忽闪忽闪，淘气的微笑挂在嘴边。

◆ 芬兰1982年2月8日发行一枚邮票，邮票面值1.60芬兰马克，以国家森林公园为主题。邮票画面描绘了森林中的一幕风景：青松、白桦、绿榉，一棵棵大树有粗有细。小草、野花、青苔，一处处绿地若隐若现。

◆ 列支敦士登2016年发行一套邮票，共有五枚，以树木为主题。其中邮票面值85分，邮票画面描绘了一棵亭亭玉立的绿树，它树冠美丽，枝叶繁茂。邮票极限片画面描绘了一棵树干高大、枝叶浓密的大树，它在空中形成了一个青翠的华盖：一条条枝桠纵横交错，一片片绿叶沙沙作响。一缕缕阳光飘洒树林，一个个光点颤抖跳动。

　　可是狐狸斯密尔却因此恼羞成怒，他恶狠狠地朝小男孩直扑过去。"我吃不到那一个，就要到手这一个！"他吼叫道，从声音里听得出来他是多么恼怒。"哼，你休想得到。"小男孩说道。他一直死死地攥住狐狸的尾巴，当狐狸转过头来想抓住他的时候，他就一纵身爬到一株笔直参天的小山毛榉树上。狐狸斯密尔不肯罢休，便趴在这株树下守候着，等待抓住小人儿的机会。

◆ 丹麦1999年1月13日发行一套以落叶树木为主题的邮票，共有四枚。邮票面值4.00丹麦克郎，邮票画面描绘了春天的山毛榉树（Fagus sylvatica），枝条上萌生的片片新叶青翠鲜嫩，宛如碧玉丛生，翡翠满树。

◆ 位于南美洲北部的苏里南1992年12月3日发行一套附捐邮票，以儿童画作为主题。其中邮票面值60分／附捐30分，邮票画面是一幅儿童画作，描绘了一棵枝叶繁茂的大树，宛如一个高举双手的男孩。

◆ 英国格恩济岛1978年8月29日发行一套邮票，共有四枚，以鸟类为主题。其中邮票面值11便士，邮票画面描绘了一只站在枝头啼鸣啁啾的波纹林莺（Dartford warbler）。

◆位于非洲西北部的西属撒哈拉1964年11月23日发行一套邮票，共有三枚，以松鼠为主题。其中邮票面值50分和1.50比塞塔，邮票画面描绘了一只正在啃食松果的小松鼠。

◆位于欧洲东南部的塞尔维亚2007年5月6日发行一套世界自然基金会濒危野生动物保护邮票（WWF），共有四枚，以啄木鸟为主题。其中第四枚邮票面值40第纳尔，邮票画面描绘了一只红冠啄木鸟正在啄食树上的虫子。邮票极限片画面描绘了一只红冠啄木鸟从隐蔽的树洞中探出头来。

邮票上的动物故事

　　天色终于徐徐发亮，太阳冉冉地升起来了，大地又恢复了蓬勃的生机，飞禽走兽又开始忙碌起来。一只红脖颈的黑色啄木鸟在啄打树干。一只松鼠抱着一个坚果钻出窝来，蹲在树枝上剥咬果壳。一只椋鸟衔着草根朝这边飞过来。一只燕雀在枝头婉啭啼叫。于是，小男孩尼尔斯听懂了，太阳是在对所有这些小生灵说："醒过来吧！从你们的窝里出来吧！现在我在这里，你们就不消再提心吊胆啦！"

　　清晨过后，有一只孤零零的大雁飞进了树林浓密的树枝底下。她飞得很慢很慢，在树干和树枝之间心慌意乱地寻找出路。狐狸斯密尔一见到她，就离开那株自己守候小人儿的小山毛榉树，蹑手蹑脚地去追踪她。大雁没有避开狐狸，而是紧挨在他身边飞着。斯密尔向上直窜起身来扑向她，可惜扑了个空，大雁朝湖边飞过去了。

◆位于欧洲西南部的摩纳哥2002年1月1日发行一套邮票，共有十枚，以动植物为主题。其中邮票面值0.10欧元，邮票画面描绘了两只站在树枝上的大山雀（Parus major），它们时而拍翼振翅，时而蹦蹦跳跳，时而喁喁私语，时而放声啼鸣。

◆芬兰2001年5月16日发行一套邮票，共有六枚，邮票面值都是3.60芬兰马克，以啄木鸟为主题。其中第五枚，邮票画面描绘了一只灰头绿啄木鸟（Picus canus）正在给树洞中的雏鸟喂食；第六枚，邮票画面描绘了一只黑啄木鸟（Dryocopus martius）正在啄食树上的虫子。

◆ 加拿大1986年5月22日发行一套邮票，共有四枚，邮票面值都是34分，以鸟类为主题，纪念在加拿大首都渥太华举行的第十九届鸟类学大会。其中第二枚，邮票画面描绘了三只正在蓝天上比翼齐飞的雪雁（Snow goose）。雪雁是一种体形大、个体重的大雁，它们身披洁白的羽毛，不紧不慢地扑打着黑白两色的羽翼，显示出高贵优雅的飞行风采。这种北方的大雁具有长途迁徙的习性，飞行时排成有序的队列，有"一"字形、"人"字形等，还会发出悦耳的高鼻音，宛如幼犬的吠声。

◆ 捷克斯洛伐克1966年11月28日发行一套邮票，共有七枚，以狩猎动物为主题。其中邮票面值1捷克克朗，邮票画面描绘了一只翘着大尾巴的红狐狸，它在森林中的草地上龇牙咧嘴，东跑西窜。

◆ 瑞典1994年10月1日发行一枚世界自然基金会濒危野生动物保护邮票（WWF）小本票，共有八枚，邮票面值都是5.50瑞典克朗。小本票封面图案描绘了一只小白额雁（Anser erythropus）在天空中纵情遨游的情景。

◆ 苏联1988年10月20日发行一套附捐邮票，共有五枚，以野生动物为主题。其中第三枚邮票面值20戈比／附捐10戈比，邮票画面描绘了一只狐狸的头部特征。

◆ 波兰1981年7月30日发行一套邮票，共有六枚，以狩猎为主题。其中第五枚邮票面值6.50兹罗提，邮票画面描绘了一只灰雁（Greylag goose）在湖泊的上空伸直细长的脖颈，扑动着灰褐色的翅膀，自由舒展地向前方款款飞行。

◆ 联合国纽约总部1988年3月18日发行一套邮票，共有两枚，邮票面值分别是25美分和44美分，以保护森林资源为主题。邮票画面描绘了一轮初生的朝阳微笑着在轻柔的雾霭中冉冉升起，把金色的阳光飘洒到茂密的森林，把它们涂抹得千姿万态，生机盎然。一片片林海郁郁葱葱、铺青叠翠。一阵阵树涛此起彼伏、汹涌澎湃。当风儿在崇山峻岭间掠过，千枝万叶绽露轻柔的微笑；当风儿在枝头树梢嬉闹，高山深豁发出嘈杂的喧嚣……

没有过多久,又飞来了一只大雁,她飞的样子同前面飞走的那一只一模一样,不过飞得更慢、更低。狐狸斯密尔朝她扑过去的时候,向上窜得更高,耳朵都碰着她的脚掌了。可是她却安全无恙地脱身闪开,像一个影子一样无声无息地朝湖边飞走了。过了一会儿,又飞来了一只大雁,斯密尔奋力向上一跃,几乎只差一根头发丝的距离就抓住她了,可惜毕竟还是让大雁脱险了。那只大雁刚刚飞走,第四只又接踵而至。她径自飞到了斯密尔的头顶上,逗引得他忍不住朝她扑了过去。他跳得如此之高,爪子已经碰到了她,但她忽然将身子一闪,又远走高飞了。

◆ 加拿大 2000 年 12 月 28 日发行一套邮票,共有四枚,以野生动物为主题。其中邮票面值 60 分,邮票画面描绘了一头红狐狸的头部特征。

◆ 荷兰 2004 年 7 月 6 日发行两枚邮票小型张,以自然公园为主题。其中第一枚邮票小型张共有四枚邮票,邮票面值都是 39 分,邮票小型张画面描绘了春夏季节的森林:枝条弯弯娜娜多姿,绿叶片片铺青叠翠。白鹭喜鹊东张西望,黄莺画眉啁啁啾啾。纵横交错的青枝绿叶编织起纵横交错的巨大天蓬,一只只野兔、林鸟、狍子、野猪等野生动物在此自然家园生息繁殖。

◆ 伊朗 2014 年发行一套世界自然基金会濒危野生动物保护邮票(WWF),共有四枚,以小白额雁(Anser erythropus)为主题。其中邮票面值 6000 伊朗里亚尔,邮票画面描绘了一只小白额雁在蓝天上伸直脖颈,从容不迫地振翅远飞。

还没有等斯密尔喘过气来,只见三只大雁排成一行飞过来了。斯密尔跳得很高去抓他们,可是一只只都飞过去了。接下来又飞来了五只大雁,虽然他们似乎也很想逗引斯密尔跳起来,他到底没有上当,拒绝了这次诱惑。又过了好大功夫,有一只孤零零的大雁飞过来了。

◆ 美国 1978 年 6 月 10 日发行一枚邮票小型张，共有八枚邮票，邮票面值都是 13 美分，以美国-加拿大边界地区的野生动物为主题。其中第三枚，邮票画面描绘了一只正在迁徙远行的加拿大黑雁（Canada goose），这种黑雁上体灰褐色，头部和颈部黑色，咽喉延至喉间具有明显的白色横斑，而腹部和尾下覆羽白色。它们迁徙飞行时常集成大群，两翅煽动迅速而有力，并发出"呼呼"的声响。第七枚，邮票画面描绘了一头正在回首张望的红狐狸（Red fox）。

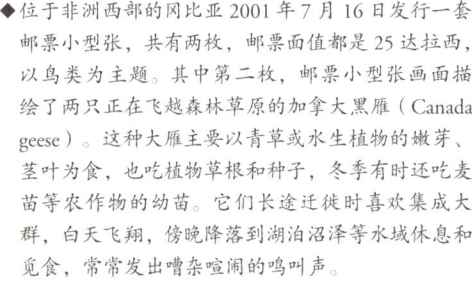

◆ 位于非洲西部的冈比亚 2001 年 7 月 16 日发行一套邮票小型张，共有两枚，邮票面值都是 25 达拉西，以鸟类为主题。其中第二枚，邮票小型张画面描绘了两只正在飞越森林草原的加拿大雁（Canada geese）。这种大雁主要以青草或水生植物的嫩芽、茎叶为食，也吃植物草根和种子，冬季有时还吃麦苗等农作物的幼苗。它们长途迁徙时喜欢集成大群，白天飞翔，傍晚降落到湖泊沼泽等水域休息和觅食，常常发出嘈杂喧闹的鸣叫声。

◆ 加拿大 2006 年 9 月 29 日发行一套邮票，共有四枚，邮票面值都是 51 分，以濒危野生动物为主题。其中第四枚，邮票画面描绘了风吹草动的辽阔草原，一只草原狐（Swift fox）在密密匝匝的青草丛中席地休憩。

◆ 英国 1996 年 3 月 12 日发行一套邮票，共有五枚，纪念水鸟和湿地基金会成立 50 周年。其中邮票面值 30 便士，邮票画面描绘了一只在天空中飞翔的白额雁（White-fronted goose），以及这种大雁的翅膀特征。

◆ 荷兰 2004 年 7 月 6 日发行两枚邮票小型张，以自然公园为主题。其中第二枚邮票小型张共有四枚邮票，邮票面值都是 61 分，邮票小型张画面描绘了秋冬季节的山峦森林：金灿灿，红艳艳，一棵棵树木熠熠生辉。一声声，一阵阵，一片片林海欸簌作响。一卷卷，一团团，一片片秋叶萧萧飘落。在森林中栖居的狐狸、啄木鸟、马鹿、羚羊等野生动物重返平淡、悲凉和寂寞，显得形孤影单，惆怅彷徨。

这是第十三只。那是一只很老的雁,她浑身灰色羽毛,连一点深色杂毛都没有。斯密尔非但直窜上去扑她,而且还连跑带跳地追赶她,然而这一次也是白费力气。第十四只来了,她的样子非常好看,因为她浑身雪白。斯密尔一看见她,就使出全身的力气,腾空跳到树干的一半高,但是这只白色的鸟儿也像前面几只一样安全无恙地飞走了。

山毛榉树林终于安静下来了一会儿,好像整个雁群已经都飞过去了。突然之间,狐狸斯密尔想起了他在守候的猎物,便抬起头来一瞧,果然不出所料,那个小人儿尼尔斯早已无影无踪了。就在此时,第一只大雁又从湖上飞回来了,就像方才那样在树冠下面慢吞吞地飞着。这一天是斯密尔有生以来心情最为懊丧的日子。

◆ 西班牙2001年6月22日发行一套菱形邮票,共有两枚,以树木为主题。其中邮票面值75比塞塔(0.45欧元),邮票画面描绘了一棵枝干笔直、树叶繁茂的山毛榉树。

◆ 德国2000年3月16日发行一枚邮票小型张,邮票面值110芬尼,以海尼希(Hainich)国家公园为主题。邮票图案采用丰富的色调描绘了秋冬季节的山毛榉树林景色:阳光透过稀疏的树枝洒落林间,树上的枯枝败叶随风凋落满地。森林已经告别了夏日的繁盛和喧闹,逐渐走近平淡的寂寞和安详。林中栖居的各种动物左顾右盼,惆怅彷徨。几只受惊的小鸟四散纷飞,东躲西藏。

早上,在这场追逐开始的时候,狐狸斯密尔是那么魁梧健壮,毛皮色泽鲜红,亮光闪闪,那条蓬蓬松松的尾巴如同羽毛一样丰满。可是到了傍晚,斯密尔的毛却一绺一绺给零乱地耷拉着,浑身汗水流得湿漉漉的,双眼失去了光芒,舌头长长地拖在嘴巴外面,嘴里呼哧呼哧地冒着白沫。

大雁们却继续不知疲倦地飞呀,飞呀,整整一天毫不间断地折磨斯密尔。他们眼看着斯密尔心烦意乱、焦躁不安和大发癫狂,但是却丝毫不顾怜他。直到后来斯密尔几乎浑身散了架,气息奄奄地瘫倒在一大堆干树叶子上面。"狐狸,现在你该明白了,谁要是敢惹大雪山来的阿卡,他会落得怎么个下场!"大雁们在他耳边呼喊了一会儿,这才饶过了他。

◆日本2008年发行一枚邮票小全张，共有十枚邮票，邮票面值都是80日元。其中第十枚，邮票画面描绘了一只匍匐在青草丛中的狐狸，它竖起双耳，圆瞪双眼，十分机警地倾听着四周的动静。

◆位于欧洲东北部的拉脱维亚2011年发行一套欧罗巴"森林"专题邮票，邮票面值120拉分，邮票画面描绘了郁郁葱葱的松柏树林，以及一只在林中东游西荡的狐狸。

◆加拿大2011年发行一套邮票，共有四枚，以幼小野生动物为主题。其中邮票面值103分，邮票画面描绘了一只从树洞中探出身子的小狐狸。

◆列支敦士登1980年12月9日发行一套邮票，共有四枚，以树木和森林为主题。其中邮票面值40分，邮票画面描绘了阳春三月的绿榉木树林：端庄的树干直立挺拔，伸展的枝桠纵横交错。萌发的嫩叶晶莹透亮，丛生的碧玉袅袅婷婷；邮票面值50分，邮票画面描绘了盛夏时节的冷杉树林，这种树木适应温凉和寒冷的气候，常在高山地带的阴坡、半阴坡及谷地形成纯林，或与云杉、落叶松、铁杉等树种组成混交林。冷杉树干端直，枝叶茂密，四季常青；邮票面值80分，邮票画面描绘了深秋时节的榉木树林；邮票面值1.50瑞士法郎，邮票画面描绘了冬日的森林景象：皑皑的冰雪笼罩大地，参天的古木枝叶凋零。尖顶的小屋深藏一隅，安详的树林寂静无声。

邮票

上的动物故事

3

母松鼠团圆

就在这几天里,斯康耐平原的农庄里发生了一桩啾啾怪事。有人在维姆布湖岸上的榛树丛里逮住一只母松鼠,把她带回了农庄。农庄上的老老少少都很喜欢这只美丽的小动物,她长着大大的尾巴、聪明而好奇的眼睛和漂亮而小巧的脚爪。

就在这几天里,斯康耐平原的农庄里发生了一桩咄咄怪事。有人在维姆布湖岸上的榛树丛里逮住一只母松鼠,把她带回了农庄。农庄上的老老少少都很喜欢这只美丽的小动物,她长着大大的尾巴、聪明而好奇的眼睛和漂亮而小巧的脚爪。

◆ 芬兰1977年5月2日发行一枚欧罗巴"风光"专题邮票,邮票面值0.90芬兰马克。邮票图案描绘了湖泊沼泽的一幕秋日风光:天青青,水蓝蓝,影影绰绰的湖面倒映天色。沙沙声,簌簌响,丝丝缕缕的微风揉碎树影。

◆ 俄罗斯2008年发行一套邮票,共有三枚,邮票面值都是7.00卢布,以森林和动物为主题。三枚邮票和边纸的图案彼此相连,组成一幅全景式的画面,描绘了湖边的自然景色:时而映照蓝天,时而揉皱树影,碧蓝的湖面水色潋滟;这里碧玉片片,那儿翡翠满树,苍翠的树林枝繁叶茂,小鹿回头顾盼,松鼠跃上树梢,林间的微风窸窸窣窣;芦苇微微摇曳,蘑菇三三两两,水边的闲草袅袅婷婷。

◆ 罗马尼亚1983年10月28日发行一套邮票,共有五枚,邮票面值都是1列伊,以动物为主题。其中第一枚,邮票画面描绘了一只栖居在松树上的红松鼠(Sciurus vulgaria),它闪动一双明亮的眼睛,竖起两只尖尖的耳朵,翘着一条蓬松的尾巴。

◆ 位于北欧的芬兰奥兰岛1991年3月3日发行一套邮票,共有三枚,以野生动物为主题。其中邮票面值2.10芬兰马克,邮票画面描绘了一只在树上跑跑跳跳、爬来爬去的红松鼠。

◆ 比利时1992年9月7日发行一套邮票,共有四枚,邮票面值都是15比利时法郎,以野生动物为主题。其中第二枚,邮票画面描绘了一只站在草地上啃食松果的小松鼠。松鼠是一种典型的树栖小动物,它们既乖巧驯良,又活泼好动,时而在树枝上忽隐忽现,时而在草丛中蹦蹦跳跳,十分令人喜爱。

大家打算整个夏天都观赏她那轻盈的动作、啃剥坚果的灵巧办法还有逗人开心的滑稽游戏。他们很快就准备好一个松鼠笼子，里面有一间漆成绿色的小屋和一个铁丝编的吊环。这间小屋有门有窗，可作为松鼠的餐厅和卧室。大家还用树叶在房子里面铺了一张床，放进去一碗牛奶和几个榛实。那只铁丝吊环就是她的游戏室，她可以在上面跑跑跳跳、爬上爬下和晃来晃去。可是令人惊奇的是，那只母松鼠好像并不高兴，反而烦躁生气地蜷曲在小房里，不时发出抱怨的尖叫，她碰都不碰那些食品，吊环一次也不肯去玩。

◆ 斯洛文尼亚2007年3月23日发行一套世界自然基金会濒危野生动物保护邮票（WWF），共有四枚，邮票面值都是0.48欧元，以红松鼠为主题。邮票首日封图案描绘了一只趴在树上东张西望的红松鼠，它翘起毛茸茸的长尾巴，十分机警地倾听着四周的动静。

◆ 捷克斯洛伐克1967年9月25日发行一套邮票，共有六枚，以国家森林公园中的野生动物为主题。其中邮票面值30哈莱士，邮票画面描绘了一只趴伏在松枝上的红松鼠，它的眼睛又黑又亮，专注地俯瞰着树下的动静。

◆ 英国1977年10月5日发行一套邮票，共有五枚，邮票面值都是9便士，以野生动物保护为主题。其中第三枚，邮票和极限片图案描绘了一只蹲在树上吃松果的红松鼠。松鼠喜欢吃素食，但偶尔也吃荤食。它们的素食主要以红松、云杉、冷杉、落叶松和樟子松的干果为主。荤食主要以昆虫、幼虫、蚁卵和其他小动物等为主。松鼠还可以春天吃树芽，夏季吃蘑菇，秋天的食物就更为丰富多样，但松鼠最喜爱的食物还是红松的果仁。

那天晚上夜深人静的时候,有个老奶奶看到一个小人儿蹑手蹑脚、脚步匆忙地奔向松鼠笼子,他两只手里拿着的东西一边蠕动着,一边还吱吱叫。原来那个小人儿把榛树丛里松鼠妈妈的孩子们找来了,免得他们离开母亲后活活饿死。

◆挪威1989年2月20日发行一套邮票,共有三枚,以野生动物为主题。其中邮票面值4.00挪威克朗,邮票画面描绘了一只小松鼠蹲在松树上东张西望。

第二天早晨,老奶奶便把昨天夜间亲眼见到的事情告诉了大家。大家果真在松鼠的小床上发现了四只身上还没有几根毛、眼睛还没有完全睁开的幼松鼠,看样子出生起码有两三天了。农庄主人感叹地说道:"看来我们做了一件不太光彩的事情,不管是对动物还是对人都不应该这样做。"他把那只母松鼠和那几只幼松鼠都掏出来,放到老奶奶的围裙里。"你把他们送回到湖岸边的榛树丛里去吧,"他盼咐说,"让他们重新获得自由吧!"

◆瑞士1966年12月1日发行一套附捐邮票,共有四枚,以野生动物为主题。其中邮票面值10分/附捐10分,邮票画面在浅绿色背景上描绘了一只红松鼠,它翘着蓬松的大尾巴,正在津津有味地吃着松果。

◆斯洛文尼亚2007年3月23日发行一套世界自然基金会濒危野生动物保护邮票(WWF),共有四枚,邮票面值都是0.48欧元,以红松鼠为主题。其中第一枚,邮票画面描绘了一只站在地上的红松鼠,毛茸茸的大尾巴拖在身后;第二枚,邮票画面描绘了一只正在吃松果的红松鼠,翘着蓬蓬松松的大尾巴;第三枚,邮票画面描绘了一对形影不离的红松鼠,它们翘起毛茸茸的大尾巴,脚脚我我,喁喁私语;第四枚,邮票画面描绘了一只慈爱的母松鼠,几只嗷嗷待哺的小松鼠围在它的身边。初生的松鼠闭着眼睛,全身无毛。它们几天以后开始长毛,几十天以后睁开眼睛,开始食用坚硬的果实。

原来，就在大雁们戏弄狐狸的那一天，男孩子躺在树上一个早已被废弃的松鼠窝里睡着了。第二天清晨，小人儿和大雁们又启程飞行了，他们飞到了奥德修道院附近的森林地带。那座修道院坐落在维姆布湖岸东畔，风光十分美丽宜人。一座古老的宅邸高大宏伟，背侧有石板铺地的精致庭院，亭台楼阁错落有致地分布在各处，四周有矮矮的围墙环绕。

◆ 意大利1997年6月14日发行一套风景邮票，共有四枚，邮票面值都是800里拉，以公园为主题。其中第一枚，邮票画面描绘了宽敞平整的草坪；第二枚，邮票画面描绘了古朴典雅的广场；第三枚，邮票画面描绘了精雕细琢的塑像；第四枚，邮票画面描绘了小巧玲珑的水池。

◆ 挪威1983年4月14日发行一套邮票，共有四枚，以鸟类为主题。其中第一枚邮票面值2.50挪威克朗，邮票画面描绘了一只在地面上健步前行的白颊黑雁（Branta leucopsis）。这种大雁是一种典型的冷水性海鸟，它们不畏严寒，喜欢栖息于北方的海湾和河口地区。

◆ 爱沙尼亚1995年1月26日发行一套邮票，共有两枚，以大雁为主题。其中邮票面值1.70爱沙尼亚克朗，邮票画面描绘了三只正在湖边草地栖息的白颊黑雁。它们长途迁徙时常集成大群飞行，有时呈斜线飞行，有时呈"V"字形。白颊黑雁通常白天飞翔，傍晚降落到湖泊沼泽等水域休息和觅食，常常发出嘈杂的高叫声。

◆ 位于欧洲东南部的摩尔多瓦2012年发行一套绘画艺术邮票，共有四枚。其中邮票面值2.85列伊，邮票画面是画家利迪娅·贝雷（Lidia Arionescu - Baillayre）创作于1903年的画作《男孩画像》（Portret de Copil）。

◆ 荷兰1994年2月22日发一套附捐邮票，共有三枚，以鸟类为主题。其中邮票面值70分 / 附捐60分，邮票画面描绘了一只在水边休憩的白颊黑雁。这种大雁全身有三种羽色：颈部和胸部黑色，头部和腹部白色，背部羽翼灰色，三种颜色层次分明，相互映衬，是一种很容易识别的黑雁。

宅邸的前面是格调高雅的古典式大花园，修剪得整整齐齐的灌木丛排列成一行行的树篱，参天的古树浓荫匝地，林中小路曲折弯绕。池塘里绿水盈盈，喷泉旁水珠进溅。大片大片的草坪修剪得平平整整，草坪边上的花坛里盛开着色彩缤纷的春花。

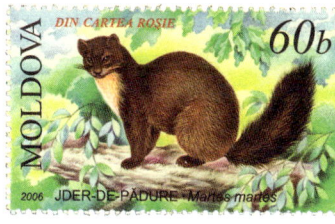  

◆ 摩尔多瓦2006年8月16日发行一套邮票，共有四枚邮票和一枚邮票小型张，以濒危野生动物为主题。其中邮票面值60巴尼，邮票画面描绘了一只在山林中稍事休憩的松貂（Martes martes）；邮票面值1列伊，邮票画面描绘了一只在草丛中抬头张望的白鼬（Mustela erminea）；邮票面值2列伊，邮票画面描绘了一只从河中捕获鲜鱼的欧洲水貂（Mustela lutreola）；邮票面值3列伊，邮票画面描绘了一只正在草丛中寻找猎物的艾鼬（Mustela eversmanni）；邮票小型张邮票面值6.20列伊，画面描绘了一只在水边寻找猎物的欧洲野猫（Felis silvestris）。

◆ 波兰1963年6月1日发行一套动物邮票，共有十二枚。其中邮票面值40格罗希，邮票画面描绘了一条青灰色的平滑蛇（Smooth snake）；邮票面值60格罗希，邮票画面描绘了一条棕褐色的草蛇（Grass snake）。

◆ 爱沙尼亚2015年发行一枚邮票，邮票面值0.55欧元，邮票画面描绘了一只水獭（Lutra lutra），它口中叼着一条刚从河水中捕获的鲜鱼。

小人儿和大雁群在修道院附近栖居了几天。有一天，小男孩要到那座古典式大花园里去寻找自己吃的东西。阿卡便嘱咐他说，如果在花园里走动，务必要提防狐狸和水貂。如果他走到湖岸边，务必要留心水獭。如果他想要在石头围墙上坐下来，绝对不能忘记鼬鼠，因为鼬鼠可以从很小很小的洞孔里钻出来。倘若他想要在一堆树叶上躺下身来睡会儿觉，他要先检查一下有没有正在冬眠的蝮蛇。

◆ 摩纳哥1970年5月4日发行一套邮票，共有六枚，纪念国际动物保护联盟成立20周年。其中邮票面值1.15法郎，邮票画面描绘了一头浑身毛茸茸的水獭（European otter），它孤零零地站立在海岸边回眸张望。

◆ 葡萄牙1980年5月6日发行一套动物邮票，共有四枚。其中邮票面值6.50埃斯库多，邮票画面描绘了一只蹲在窗台上的仓鸮（Barn owl）。在漆黑的夜晚，猫头鹰凭借其优异的视力对猎物发动迅猛的攻击。它们的羽毛十分柔软，出击时悄无声息，令猎物措手不及；邮票面值16.00埃斯库多，邮票画面描绘了一头蜷伏在草地上休憩的红狐狸（Red fox）；邮票面值19.50埃斯库多，邮票画面描绘了一头在原野上游荡的林狼（Timber wolf）；邮票面值20.00埃斯库多，邮票画面描绘了一只凶悍的金雕（Golden eagle），它张开鹰嘴，伸出利爪，从天空中风驰电掣般扑向猎物。

◆ 美国1987年6月13日发行一枚邮票小版张，共有五十枚邮票，邮票面值都是22分，以北美洲的野生动物为主题。其中第四十一枚，邮票画面描绘了一只在溪边饮水解渴的浣熊（Raccoon）；第四十二枚，邮票画面描绘了一只爬在树上环顾四周的美洲野猫（Bobcat）；第四十三枚，邮票画面描绘了一只在原野上抬头张望的黑脚貂（Black-footed Ferret）；第三十二枚，邮票画面描绘了一只正在跳跃山间小溪的灰狼（Gray Wolf）。

◆ 美国1987年6月13日发行一枚邮票小版张，共有五十枚邮票，邮票面值都是22分，以北美洲的野生动物为主题。其中第十枚，邮票画面描绘了一只在树上爬上爬下的灰松鼠（Gray Squirrel）；第二十枚，邮票画面描绘了一只黑尾杰克兔（Black-tailed Jack Rabbit），它竖起长长的双耳倾听着四周的动静；第三枚，邮票画面描绘了一只站在山岩上左顾右盼的大角羊（Bighorn Sheep）；第四十八枚，邮票画面描绘了一只在山头上眺望远方的白尾鹿（White-tailed Deer）。

邮票上的动物故事

◆ 德国1967年4月4日发行一套附捐邮票，共有四枚，以动物为主题。邮票首日封图案描绘了两只兔子在草地上觅食，它们竖起双耳，时刻警惕着四周的敌害。一只野貂（Ermine）刚刚捕获了一只田鼠，另一只野貂俯下前身，弓起脊背，准备向猎物发动突然袭击。

◆ 捷克2008年5月28日发行一枚邮票小全张，共有四枚邮票，以自然保护区和生物圈保护区为主题。其中邮票面值12捷克克朗，邮票画面描绘了一只葡萄在湖边树桩上寻找捕猎时机的水獭。

◆ 保加利亚2007年发行一枚邮票小型张，共有两枚邮票，以自然生态为主题。其中邮票面值0.55列弗，邮票画面描绘了从水中露出头部的水獭；邮票面值1.00列弗，邮票画面描绘了一只从天而降的白尾海雕（Hallaeetus albicilla）。鸟类中的猛禽是一种特别爱好自由的动物，山地和森林空旷而安静，是它们喜欢栖居的家园。白昼时，它们会毫不犹豫地投入蓝天的怀抱，仔细观察大地上发生的风吹草动。到了夜晚，它们会隐藏起来，独自享用美食，度过平静安逸的时光。

阿卡还嘱咐他说，只消他身子一露在四面空旷的开阔地带，他就要留神看看空中有没有正在盘旋的鹰隼和雕鹫。到榛树林里去的时候，他说不定会被雀鹰一下子叼走。只要天一黑，他就应该竖起耳朵让真细听，有没有大猫头鹰飞过来，他们拍打起翅膀无声无息，往往还没有等人发觉，他们就已经来到了你的身边。

小男孩得知有那么多敌人要伤害他的性命，于是便问阿卡，应该怎样做才能免于成为这些残暴禽兽的口中之食。阿卡马上回答说，小男孩应该努力同树林里和田野上的小动物和睦友爱地相处，同松鼠和兔子、同山雀和白头翁、同啄木鸟和云雀很好地结交。一旦有什么危险，他们就会向他发出警告，为他找好藏身之所，而且在紧急关头还会挺身而出，齐心协力地保护他。

◆ 位于中美洲最南部的巴拿马1965年10月27日发行一套邮票，共有六枚，以鸣鸟为主题。其中邮票面值3分，邮票画面描绘了一只攀爬在树上啄食虫子的红冠啄木鸟（Red-crowned woodpecker）。

◆ 位于南亚的孟加拉国1983年8月17日发行一套邮票，共有四枚，以鸟类为主题。其中邮票面值5孟加拉塔卡，邮票画面描绘了一只在水边栖息的白翅栖鸭（Cairina scutulata）；邮票面值3.75孟加拉塔卡，邮票画面描绘了一只在树上啄虫的小金背啄木鸟（Dinopium benghalense）；邮票面值2孟加拉塔卡，邮票画面描绘了一只蹲在树上眺望水面的白胸翡翠（Halcyon smyrnensis）；邮票面值50分，邮票画面描绘了一只歇在树上啼鸣的鹊鸲（Copsychus saulari）。邮票小型张边纸图案描绘了其他一些鸟类动物。

◆ 芬兰1992年4月22日发行一套邮票，共有三枚，以鸟类为主题。其中邮票面值0.10芬兰马克，邮票画面描绘了一只眉清目秀的鹡鸰鸟（Wagtail），这种小鸟的鸣声"吱吱"，清脆响亮；邮票面值2.10芬兰马克，邮票画面描绘了几只体态丰满的朱缘蜡翅鸟（Waxwing），这种小鸟体羽灰褐，冠羽高翘，鸣声轻柔悦耳。

◆ 芬兰1991年3月20日发行一套邮票，共有三枚。其中邮票面值0.10芬兰马克，邮票画面描绘了一只头羽黑色的大山雀（Great tit），这种小鸟的鸣声双声节或多音节，连续啼啭，急促多变；邮票面值0.60芬兰马克，邮票画面描绘了两只羽色斑斓的苍头燕雀（Chaffinches），这种小鸟的白色肩羽及翼斑十分醒目，其鸣声时而是富有韵律的降调啼鸣，时而是快速的华彩乐段；邮票面值2.10芬兰马克，邮票画面描绘了一只羽色鲜艳的红腹灰雀（Bullfinch），这种小鸟的鸣声婉转动听，偶尔间杂三音符的尖叫声。

◆ 白俄罗斯2007年发行一套邮票，共有四枚，以动物为主题。其中邮票面值A（360白俄罗斯卢布），邮票画面描绘了一只树林中自由活动的小松鼠。

◆ 法国2001年4月21日发行一枚邮票小型张，共有四枚邮票，以野生动物为主题。其中第一枚邮票面值2.70法郎，邮票画面描绘了一只在树上忽上忽下、跳来跳去的小松鼠；第二枚邮票面值3.00法郎，邮票画面描绘了一只在大树下酣酣休憩的小狍子；第三枚邮票面值3.00法郎，邮票画面描绘了一只蹲在青石边东张西望的小刺猬；第四枚邮票面值4.50法郎，邮票画面描绘了一只在草丛旁左顾右盼的小白鼬（Ermine）。

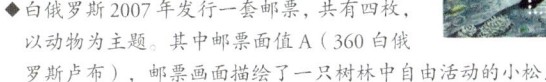

男孩子听从了这番忠告，那天晚些时候便去榛树丛里找到松鼠西尔莱，想得他的帮助。但是事情却并不顺遂。"你不要指望从我或者其他小动物那里得到任何帮助，"松鼠西尔莱一口拒绝，"你难道以为我们不知道，你就是放鹅娃尼尔斯？你去年拆毁了燕子的窝，打碎了掠鸟的蛋，把乌鸦的幼雏扔进泥灰石坑里，用捕鸟网捕捉了鸫鸟，还抓了松鼠关在笼子里，是不是？哼，你休想有人会来帮你。我们没有联合起来对付你，把你赶回老家去，就算你走运。"

◆ 德国柏林1972年2月4日发行一套附捐邮票，共有四枚，以保护动物为主题。其中第一枚邮票面值10芬尼/附捐5芬尼，邮票画面描绘了一个身穿斑纹上衣的小男孩爬上一棵大树，企图掏取鸟巢中的鸟蛋，正在鸟巢中孵蛋的鸟妈妈惊慌失措地拍打着翅膀；第四枚邮票面值30芬尼/附捐15芬尼，邮票画面描绘了一个手持鞭子的小男孩正在鞭笞一只小花狗，这只被铁链拴住木柱上的小花狗不堪折磨，"汪汪"直叫。

◆ 荷兰1982年11月16日发行一套附捐邮票，共有四枚，以儿童为主题。其中邮票面值50分/附捐30分，邮票画面描绘了一个热爱动物的小男孩，他身披着几可乱真的树叶伪装服一动不动地守候在山林中，可以近距离观察和亲近各种林中的小鸟。

小男孩尼尔斯整整一天都在想，自己之所以在这些小生灵中如此臭名昭著，肯定是因为那些小动物晓得了他以前调皮捣蛋所做的种种劣迹。自己要想得到他们的帮助，一定要痛改前非。那天晚上，他听到消息说松鼠西尔莱的妻子被人抓走，孩子们快要饿死的时候，他便决心去营救他们。他营救成功，干得很出色，这在前面已经讲过了。

◆ 俄罗斯1961年发行的邮资明信片，邮资面值3戈比，明信片画面描绘了森林中的温馨一幕：美丽多彩的森林世界古木参天，绿草如茵，一个身穿猎装的小男孩见义勇为，为在此栖居的小动物们驱除了为非作歹的大灰狼和老狐狸。蹲在树桩上的小松鼠向这个凯旋归来的小英雄献上了洁白的鲜花，两只长耳朵的小白兔在树荫下列队欢迎，还有两只小鸟在天空中飞来飞去，叽叽喳喳。

营救松鼠后的第二天，正当男孩子尼尔斯走进公园里时，他听到每个灌木丛里苍头燕雀都在歌唱，唱的都是松鼠西尔莱的妻子如何被野蛮的强盗掳去，留下了嗷嗷待哺的婴儿，而放鹅娃尼尔斯如何英勇地闯入人类之中，把松鼠婴儿送到她的身边。"现在在公园里，"苍头燕雀这样唱道。"有谁像大拇指几那样受人赞扬？当他还是放鹅娃尼尔斯的时候，人人都害怕他。可是现在不同啦！松鼠西尔莱会送给他坚果，贫穷的野兔会陪他一起玩耍。当狐狸斯密尔出现的时候，驼鹿就会驮起他逃走。雀鹰露面的时候，山雀会向他发出警报，而燕雀和云雀都歌颂他的英雄事迹。"男孩子相信领头雁阿卡和大雁们也都听到了这一切。

◆ 苏里南1977年11月23日发行一套附捐邮票，共有五枚，以儿童爱护动物为主题。其中第一枚邮票面值20分/附捐10分，邮票画面描绘了一个小女孩的侧面头像与以一只蹦蹦跳跳的小狗；第二枚邮票面值25分/附捐15分，邮票画面描绘了一个男孩的头像与一只蹲在树上的小猴子；第三枚邮票面值30分/附捐15分，邮票画面描绘了一个男孩的头像与一只匍匐在地的小兔；第四枚邮票面值35分/附捐15分，邮票画面描绘了一个男孩的侧面头像与一只长尾巴小猫；第五枚邮票面值50分/附捐25分，邮票画面描绘了一个男孩的侧面头像与一只站在枝头的鹦鹉。

◆比利时1990年1月15日发行一枚邮票，邮票面值10比利时法郎，邮票画面描绘了一只站在枝头啼鸣的苍头燕雀。它高唱低吟，唧啾啼唠，是一个众所周知的小鸟"歌唱家"。

◆英国泽西岛2007年发行一枚邮票小型张，共有六枚邮票，以观赏鸟类为主题。其中邮票面值34便士，邮票画面描绘了一只站在枝头的家麻雀（House sparrow）；邮票面值37便士，邮票画面描绘了一只站在枝头的苍头燕雀（Chaffinch）；邮票面值42便士，邮票画面描绘了一只羽色美丽的蓝冠山雀（Blue tit）；邮票面值51便士，邮票画面描绘了一对在树上朝夕相伴的乌鸫（Blackbird）；邮票面值57便士，邮票画面描绘了一只展翅飞翔的喜鹊（Pica pica）；邮票面值74便士，邮票画面描绘了一只站在枝头东张西望的大山雀（Great tit）。

有一天大清早，露宿在维姆布湖面浮冰上的大雁们被来自半空中的大声喧哗所惊醒，"呱呱，呱呱，呱呱，呱呱"叫声在空中回荡。"大鹤特里亚努特要我们向大雁阿卡和她率领的雁群致敬。明天在库拉山举行鹤之舞表演大会，欢迎你们诸位光临。"领头雁阿卡马上仰起头来回答道："谢谢并向他致意！谢谢并向他致意！"鹤群呼啸而过，继续向前飞去。

◆日本1990年10月30日发行一枚邮票，邮票面值62日元，以地方风情为主题。邮票画面描绘了两只日本鹤（Japanese cranes）在天空中展翅飞翔的情景。它们小小的头部，长长的脖颈、尖尖的嘴喙、细细的双脚，飞行的体态十分优雅美丽。

◆匈牙利1977年1月3日发行一套邮票，共有七枚，以鸟类为主题。其中邮票面值3福林，邮票画面描绘了天空中的两只灰鹤（Common cranes），它们伸直柔美细长的脖颈，展开黑白两色的羽翼，轻松自如地结伴飞翔。

◆芬兰1997年8月19日发行一枚邮票小型张，共有四枚邮票，邮票面值都是2.80芬兰马克，以灰鹤为主题。其中第四枚，邮票画面描绘了三只灰鹤在天空中排列整齐地结伴飞行。灰鹤是一种美丽而优雅的大型涉禽，它们具有红色的头顶、颊部和眼睛，以及青色的腿脚。灰鹤躯干的羽毛白色，而翅膀端部和身体尾部的羽毛黑色，黑白分明，相互映衬。它们飞翔时喜欢大声鸣叫，"呱呱，呱呱"的叫声高亢嘹亮。

◆ 中国2010年9月13日发行一套邮票，共有四枚，以香格里拉的风光景色为主题。其中第二枚邮票面值1.20元，邮票画面描绘了蓝盈盈的天空、蓝盈盈的湖水，一群大鹤伸长脖颈，扇动双翅，在青天碧水间飘然而过。

大雁们听到这个消息后感到十分幸运，竟然可以亲眼看到难得一见的鹤之舞表演大会了。但是大拇指儿能不能一起去呢？领头雁阿卡对此还有些迟疑，因为直到如今还没有哪一个人类被允许去参加库拉山的动物集会。这一天，大雁群和小人儿为了躲避狐狸斯密尔的缘故，仍旧尽量往远处飞，他们一直飞到格里敏大楼南边那片潮湿得像沼泽地一样的草地上，才降落下来寻觅食物。过了一会儿，突然有一只大鸟突然飞落到大雁群中间。

邮票上的动物故事

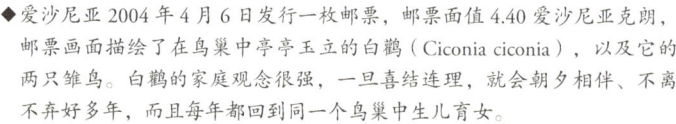

◆ 爱沙尼亚2004年4月6日发行一枚邮票，邮票面值4.40爱沙尼亚克朗，邮票画面描绘了在鸟巢中亭亭玉立的白鹳（Ciconia ciconia），以及它的两只雏鸟。白鹳的家庭观念很强，一旦喜结连理，就会朝夕相伴、不离不弃好多年，而且每年都回到同一个鸟巢中生儿育女。

◆ 匈牙利1977年1月3日发行一套邮票，共有七枚，以鸟类为主题。其中邮票面值60菲勒，邮票画面右侧描绘了一只站在水边休憩的白鹳（White storks），画面左侧描绘了一只正在从水面款款起飞的白鹳。白鹳是一种大型鸟类，全身羽毛纯白色，只有双翼末端黑色，而细长的嘴喙和双脚朱红色。

◆ 匈牙利1968年4月25日发行一套邮票，共有八枚，以鸟类为主题，纪念国际鸟类保护大会。其中邮票面值20菲勒，邮票画面描绘了两只在草丛中栖息的白鹳（White storks），其中有一只白鹳单腿独立，这是它们站立的一种"标志性"姿势。邮票画面的背景图案有一棵大树，树上有两只白鹳站立在它们的鸟巢里。

这只大鸟的身躯、脖颈和脑袋大概都是从一只小白鹅那里借来的，而除此之外他却又长着一对又大又黑的翅膀、红颜色的细长腿，他那细长而扁平的嘴喙对于那个小脑袋来说未免大得过分，并且重得使脑袋往下垂了，这一来他的模样总是显得烦恼和忧伤。这名不速之客就是这一带大名鼎鼎的鹳鸟埃尔曼里奇先生。鹳鸟埃尔曼里奇先生的窝巢就在格里敏大楼的房顶上，那真是一个又宽敞又漂亮的窝。窝巢的底部是一个车轮，上面铺垫着好几层树枝和草茎,许多灌木和野草都已经在它上面生根发芽了。当雌白鹳蹲在窝中央的圆坑里孵蛋的时候,她可以极目远眺斯康耐一大片的美丽景色来使自己心旷神怡,而且她还可以就近观赏四周的野蔷薇花和长生草。

◆意大利2001年4月21日发行一套以自然与环境为主题的邮票,共有四枚。其中邮票面值800意大利里拉(0.41欧元),邮票图案描绘了两只朝夕相伴的白鹳,雌鸟在鸟巢中哺育,雄鸟捡来树枝草茎营造鸟巢。远处有两只白鹳正在天空中飞翔,在橘红色晚霞的映衬下,它们飞行的姿态十分美丽优雅。

◆法国1973年5月12日发行一枚以自然保护为主题的邮票。邮票面值0.60法郎,邮票和极限片画面描绘了一个白鹳家庭正在屋顶上的鸟巢中栖息,有的单腿独立,有的低头寻觅,有的从天而降,有的眺望远方……宛若一座高高耸立的精美雕塑。这些冬去春来的大型候鸟可以从这里俯瞰故乡城市的尖塔、各式建筑的屋顶和人来车往的街道。

"我想大概您的寓所没有什么损坏吧,埃尔曼里奇先生。"领头雁阿卡问道。人们常常说:鹳鸟不开口,张嘴必诉苦。现在又一次证实了这句话是千真万确的。更加糟糕的是这只鹳鸟发声吐字十分困难,因而听他的讲话那就更令人难受了。他站在那儿很长一段时间只是嗫嚅地掀动嘴喙,后来才用嘶哑而轻微的声音讲出话来。

大白鹤跳舞(上)

原来,在格里敏大楼,鹳鸟埃尔曼里奇先生一家与一群黑老鼠邻居和睦相处多年。昨天晚上,大楼里差不多所有的黑老鼠都已经动身到库拉山去参加鹤之舞表演大会。可是,黑老鼠的死敌——灰老鼠,却在今晚集合了浩浩荡荡的大军,准备趁虚而入,去偷袭守卫空虚的黑老鼠城堡,并且看来是志在必得了。

原来，在格里敏大楼，鹳鸟埃尔曼里奇先生一家与一群黑老鼠邻居和睦相处多年。昨天晚上，大楼里差不多所有的黑老鼠都已经动身到库拉山去参加鹳之舞表演大会。可是，黑老鼠的死敌——灰老鼠，却在今晚集合了浩浩荡荡的大军，准备趁虚而入，去偷袭守卫空虚的黑老鼠城堡，并且看来是志在必得了。

◆ 美国1987年6月13日发行一枚邮票小版张，共有五十枚邮票，邮票面值都是22分，以北美洲的野生动物为主题。其中第三十九枚，邮票画面描绘了一只正在啃食浆果的鹿鼠（Deer Mouse）。

◆ 英国泽西岛2007年发行一枚邮票小型张，共有三枚邮票，以田园动物为主题。其中邮票面值51便士，邮票画面描绘了一只尖嘴鼠（Common shrew）；邮票面值57便士，邮票画面描绘了一只白鼬（Stoat）；邮票面值74便士，邮票画面描绘了一只褐鼠（Brown rat）。

◆ 加拿大2008年发行一套邮票，共有四枚，邮票面值都是52分，以濒危野生动物为主题。其中第四枚，邮票画面描绘了一只穴居猫头鹰（Burrowing Owl），它们深色的羽毛上点缀着白色的斑点，喜爱在林地和灌木丛中打洞为巢。

◆ 英国马恩岛1997年2月12日发行一枚动物小型张，邮票面值1.20英镑，纪念在香港举行的国际邮展。邮票小型张画面描绘了夜晚的树林一隅，朦朦胧胧的月色宛若一幅苍白的轻纱在草叶上缓缓飘荡。一只双目圆睁的长耳猫头鹰默默地蹲在松树上，密切关注着稍纵即逝的捕猎时机。这种猫头鹰常见于北欧和美洲的森林，上体淡褐色，具有斑点和条纹。下体白色，具有暗色条纹。它们常以小鼠、小鸟、游鱼、青蛙和昆虫为食。

领头雁阿卡听到鹳鸟埃尔曼里奇先生诉说的抱怨和叹息，决定出力制止灰老鼠这种卑鄙无赖的行径，让黑老鼠免受祸害。她一面请猫头鹰先生马上动身去找到那些外出未归的黑老鼠，一面请猫头鹰太太从一处神秘地点取来一只神奇的兽角口哨。当小人儿在格里敏大楼的庭院里吹响这只口哨时，所有侵占这座城堡的所有灰老鼠立刻如痴似呆、心醉神迷地耸耳聆听着他的吹奏，而且服服贴贴地受制于他了。

◆位于非洲中东部的卢旺达 1974 年 9 月 23 日发行一套邮票，共有八枚，以绘画艺术为主题。其中邮票面值 30 分，邮票画面是画家朱迪丝·莱斯特（Judith Leyster，1609-1660）的画作《少年笛手》（*The Flute Player*），描绘了一个头戴红布帽的少年正在如痴如醉地吹奏长笛。

◆卢旺达 1981 年 5 月 11 日发行一套邮票，共有八枚，以美国画家诺曼·洛克威尔（Norman Rockwell，1894-1978）的画作为主题。其中邮票面值 20 卢旺达法郎，邮票画面描绘了一个头戴草帽的男孩，他正在眉飞色舞地吹奏着一支短笛，美妙动听的笛声让围在他身旁的野兔、青蛙、松鼠、家猫等小动物听得心醉神迷，不由自主地随着乐音手舞足蹈。

◆法国 1963 年 12 月 9 日发行一套附捐邮票，共有两枚，以绘画艺术为主题。其中邮票面值 25 分 / 附捐 10 分，邮票画面是法国印象派画家爱杜尔·马奈（Edouard Manet）的画作《吹笛少年》（*The Fifer*），描绘了一个身穿黑色上衣和红色裤子的少年正在吹笛，他神情专注，演技娴熟，悠扬动听的笛声宛如高山流水，一泻千里。

◆比利时 1992 年 9 月 7 日发行一套邮票，共有四枚，邮票面值都是 15 比利时法郎，以野生动物为主题。其中第四枚，邮票画面描绘了一只匍匐在丛林中的灰色睡鼠（Dormouse）。

◆苏联 1988 年 9 月 22 日发行一套绘画艺术邮票，邮票面值都是 10 分，共有五枚。其中第三枚，邮票画面描绘了阳春三月的树林和草地万物萌生，芳草丛丛吐翠，野花朵朵盛开。一个金发男孩跪坐在纷乱迷离的花草丛中，满怀衷情地吹起了清脆的短笛，悦耳动听的笛声绕树三匝，四处飘荡，各式各样的小鸟纷至沓来……

◆瑞士2007年发行一套动物邮票，共有四枚。其中邮票面值1.80瑞士法郎，邮票画面描绘了一只花斑羽毛的猫头鹰，它双目圆睁，屏声息气，默默地站在松树林的枝干上。猫头鹰头部宽大，其羽毛排列成面盘，宛若家猫的头部，因而得名。猫头鹰是一种夜行动物，白昼它们常常隐匿于树丛、岩洞或屋檐中，很难被人发现。到了晚上，它们个个精神抖擞，活跃异常。猫头鹰的视力虽然很好，但是眼睛却不会转动。如果猫头鹰想看四周，唯一的办法就是转动头部。猫头鹰的脖子可灵活自如地转动270°，以弥补其眼睛的缺憾。

因此，小人儿很快就把浩浩荡荡的灰老鼠大军从格里敏大楼里引出来了，还把他们引向越来越遥远的田野……此时，猫头鹰先生已经带回消息说，黑老鼠将会在日出之前及时赶回家来，守卫住他们的城堡。而这些黑老鼠的老邻居——鹳鸟埃尔曼里奇先生，也可以安居在格里敏大楼的房顶上高枕无忧了。

白鹳 Ciconia ciconia

◆中国1992年2月20日发行一套邮票，共有两枚，以鹳鸟为主题。其中邮票面值1.60元，邮票极限片画面刻画了一只单腿独立的白鹳（Ciconia ciconia）正在捕食水中的小鱼。这种大型水禽全身羽毛白色，唯两翅边缘的羽毛黑色。

◆斯洛文尼亚2011年发行一枚邮票小型张，邮票面值0.92欧元，邮票画面描绘了白鹳用树枝搭建的鸟巢，一只白鹳抬起头仰天长鸣，另一只白鹳低着头默默倾听。两只小白鹳也在鸟巢中吱吱喳喳，时而效仿，时而张望。

◆波兰1973年8月30日发行一套邮票，共有八枚，以环境保护为主题。其中邮票面值1.00兹罗提，邮票画面描绘了一只黑白两色的白鹳站在屋顶的鸟巢中，它的两只雏鸟东张西望，嗷嗷待哺。邮票画面左下方描绘了"人与环境"的徽标。

遐迩闻名的库拉山向大海中突兀地伸展得很远很远,汹涌的浪涛直接拍打着大山的峭壁。这些稀奇古怪、引人入胜的悬崖峭壁,碧波万顷的浩瀚大海,天高云淡、空气清新的天空,这一切合在一起就使得库拉山分外令人喜爱。这座雄伟壮丽的大山对动物也具有巨大的魅力,因为他们每年都要在这里举行一次游艺大会。

◆ 意大利1999年3月12日发行一套欧罗巴"自然保护与公园"专题邮票,共有两枚。其中邮票面值900里拉,邮票画面描绘了烟波浩渺的大海风光:飞翔的海鸥时高时低,飘荡的船帆时远时近。天边的小岛时隐时现,身边的海滩潮起潮落。

◆ 位于非洲西海岸外的葡属马德拉群岛2005年7月1日发行一套邮票,共有六枚,以旅游风光为主题。其中第一枚邮票面值0.30欧元,邮票和极限片画面描绘了一幕海岛风光:一个村落依山傍海,几间小屋尖顶粉墙。山石嶙峋劈波斩浪,水花溅涌雪白晶莹。

◆ 德国2012年发行一枚邮票,邮票面值55分,以滨海国家公园为主题。邮票画面描绘了郁郁葱葱的树林,惊心动魄的山崖,它们向碧波万顷的浩瀚大海中伸展得很深很远。

◆ 日本1974年2月20日发行一套邮票,共有三枚,邮票面值都是20元,以民间故事为主题。其中第三枚,邮票画面描绘了一群排列整齐的白色大鹤在蓝天上结队飞翔。

◆ 白俄罗斯2011年发行一枚国际鸟盟(BirdLife International)专题邮票小版张,共有七枚相同的邮票,邮票面值都是1500白俄罗斯卢布,邮票画面描绘了一只正在沼泽地上空飞翔的白腰杓鹬(Numenius arquata);小版张边纸图案描绘了一只在水边栖息的白腰杓鹬。

◆芬兰2004年4月28日发行一枚以森林动物为主题的邮票小型张，共有六枚邮票，邮票面值都是0.65欧元。其中第一枚，邮票画面描绘了一只在松树枝头采摘松果的红松鼠；第二枚，邮票图案描绘了一只站在树枝上回眸张望的乌鸦；第三枚，邮票画面描绘了两只在草地上葡匐休憩的野兔；第四枚，邮票画面描绘了两只在山坡上抬头眺望的白鼬；第五枚，邮票画面描绘了一条在青石上窥测动静的蜥蜴；第六枚，邮票画面描绘了一只在草地上蜷伏休息的红狐狸。

◆爱尔兰1980年7月30日发行一枚邮票小型张，共有四枚邮票，以野生动物为主题。其中邮票面值12便士，邮票画面描绘了一只在山坡上站立起来的爱尔兰貂（Irish ermine）；邮票面值15便士，邮票画面描绘了一只在山岗上蹲伏的爱尔兰野兔（Irish hare）；邮票面值16便士，邮票画面描绘了一只在山林中四处游荡的狐狸（Fox）；邮票面值25便士，邮票画面描绘了一头在原野上眺望远方的红鹿（Red deer）。

◆捷克2007年发行一枚邮票小型张，共有四枚邮票，以自然保护区为主题。其中邮票面值12捷克克朗，邮票和小型张边纸画面描绘了五色斑斓的山林景色：墨绿、碧绿、嫩绿、青枝绿叶自然天成；草黄、鹅黄、棕黄，林海草丛浓妆淡抹；松树、榉树、桦树，大树挺拔风姿绰约；红花、紫花、白花，野花烂漫团团簇簇。还描绘了浅吟低唱的小鸟，飞飞停停的彩蝶，纵情遨游的雄鹰……

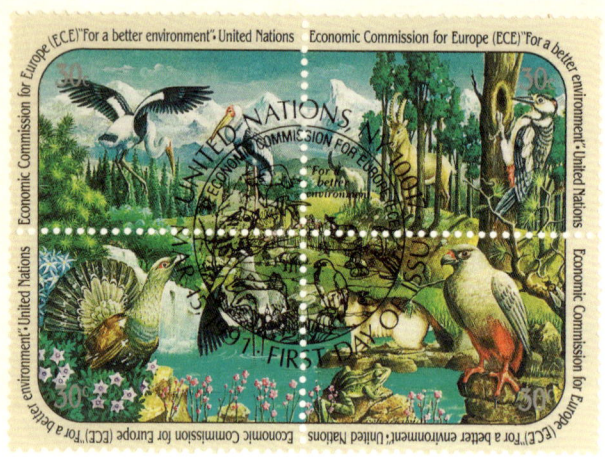

◆联合国纽约总部1991年3月15日发行一套邮票,共有四枚,邮票面值都是30分,纪念欧洲经济会议。四枚邮票的图案彼此相连,共同构成一幅全景式的画面,描绘了丰富多彩的自然生态:远方的山峰白雪皑皑,湖边的森林郁郁葱葱。白鹳在山林中筑巢栖居,野羊在山坡上驻足张望,松鸡在草丛中放声鸣叫,雄鹰在岩石上寻找猎物,啄木鸟在大树上捕捉虫害,土拨鼠在水边左顾右盼……

　　每次游艺大会之前,马鹿、驼鹿、山兔和狐狸等四足走兽为了避开人类的注意,便提前在前一天夜间动身奔赴库拉山。在太阳升起之前,他们就络绎不断地来到游艺会的场地,那是大路左边、离开最靠外的山嘴不远的一大片长满石南草的荒野地,各种动物都分别按族类聚在一处。

◆苏联1964年6月18日发行一套邮票,共有七枚,以动物为主题,纪念莫斯科动物园建立100周年。其中邮票面值6戈比,邮票画面描绘了枝叶苍翠的森林,绿草如茵的山坡。一头硕大健壮的欧洲驼鹿(European elk)头顶着扇形的犄角,在暮色苍茫的山林中驻足张望。

◆位于中国和印度之间喜马拉雅山脉东段南坡的不丹2000年发行一枚邮票小型张,邮票面值15努尔特鲁姆,以梅花鹿(Spotted deer)为主题,纪念在印度举行的Indepex 2000集邮展览。邮票小型张画面描绘了古木参天的树林,芳草吐翠的河岸。一群身上缀满小白斑的梅花鹿来到河边,纵情吮吸着清澈透明的河水。

◆波兰1965年11月30日发行一套邮票,共有九枚,以野生动物为主题。其中邮票面值2.50兹罗提,邮票画面描绘了一头在森林中抬头嘶鸣的红鹿;邮票面值7.10兹罗提,邮票画面描绘了一头在大树旁回眸张望的驼鹿。

这一天不用说是天下太平、歌舞升平的一天，任何一只动物都用不着担心会遭到袭击。在这一天里，一只幼山兔可以大模大样地走过狐狸聚集的山丘而照样平安无事，不会被咬掉一只长耳朵。此时，库拉山上的动物们注意到远方平原的上空忽然飘过一小朵一小朵的乌云。看哪！有一片云彩现在突然顺着厄勒海峡朝库拉山飘来啦！

◆位于加勒比海南部的岛国特立尼达和多巴哥1990年9月7日发行一套世界自然基金会濒危野生动物保护邮票（WWF），共有四枚，以美洲红鹮（Scarlet ibis）为主题。其中邮票面值80分，邮票首日封图案描绘了三只正在空中搧动着翅膀飞行的美洲红鹮；邮票面值1.00特立尼达和多巴哥元，邮票首日封图案描绘了一群美洲红鹮在枝叶繁茂的树林中栖居。

◆芬兰1996年9月6日发行一枚邮票小型张，共有五枚邮票，邮票面值都是2.80芬兰马克，以飞行的海鸟为主题。其中第一枚，邮票画面描绘了一只白腰杓鹬（Numenius arquata）；第二枚，邮票画面描绘了一只扇尾沙锥（Gallinago gallinago）；第三枚，邮票画面描绘了一只蛎鹬（Haematopus ostralegus）；第四枚，邮票画面描绘了两只丘鹬（Scolopax rusticola）；第五枚，邮票画面描绘了两只凤头麦鸡（Vanellus vanellus）。

◆位于欧洲与亚洲交界处的塞浦路斯1986年4月28日发行一套欧罗巴"环境保护"专题邮票，共有两枚。其中邮票面值17分，邮票画面描绘了一群搧动着翅膀的火烈鸟（Flamingos）从水色潋滟的湖面上飞上蓝天。

◆位于非洲东部的乌干达1995年4月24日发行一枚邮票小型张，邮票面值2500乌干达先令，以茶色树鸭（Fulvous Tree duck）为主题。邮票小型张画面描绘了这种美丽多彩的树鸭在湖泊上空结队飞行的情景。茶色树鸭的尾巴及双翼具有栗褐色的斑纹，尾部缀有一半月形白色块斑，这些特征当它们展翅飞行时尤为醒目。

这片云彩飘到游艺会场地的上空便不动了,就在这一刹那间,整片云彩发出了嘹亮的鸣叫,仿佛整个天空都充满了悦耳的音调。这种鸣声彼伏此起,此起彼伏,一直缭绕不断。后来这片云彩整个降落在一个山丘上,而且是整片云彩一下子覆盖上去的。转眼之间山丘上布满了灰色的云雀、漂亮的红色、灰色和白色的燕雀、翎毛上斑斑点点的紫翅椋鸟和嫩绿色的山雀。

◆ 瑞典1978年5月23日发行一套邮票,共有五枚,以风光名胜为主题。其中第二枚,邮票画面描绘了栖居在湖泊岸边的一群大鹤,它们在水草丛中扑翅而起,腾空飞翔,宛若一片片轻盈飘逸的云彩从微波荡漾的湖面飘向辽阔无垠的天空。

◆ 芬兰1999年5月18日发行一枚邮票小型张,共有五枚邮票,邮票面值都是3.00芬兰马克,以飞翔的鸟类动物为主题。其中第一枚,邮票画面描绘了一只鸲歌鸲(Luscinia luscinia);第二枚,邮票画面描绘了一只欧洲普通杜鹃鸟(Cuculus canorus);第三枚,邮票画面描绘了一只大麻鳽(Botaurus stellaris);第四枚,邮票画面描绘了一只欧夜鹰(Caprimulgus europaeus);第五枚,邮票画面描绘了一只长脚秧鸡(Crex crex)。

◆ 日本2005年6月6日发行一枚地方风光邮票,邮票面值80日元,以日本重新恢复野生白鹳(东方白鹳)为主题。邮票图案描绘了一朵朵云彩时舒时卷,一座座山峦含青吐翠,一条条河流潺潺流淌,一个小男孩骑着白鹳在天空中俯瞰大地、遨游四方。

◆ 位于东欧的波黑1998年5月5日发行一套世界自然基金会濒危野生动物保护邮票,共有四枚,以白鹳为主题。其中邮票票面邮票面值0.90波黑马克,邮票和极限片画面描绘了飞翔中的白鹳。白鹳的翅膀又长又宽,宛如黑白两色的风帆。它们在长途迁徙时经常采用拍翅飞行和翱翔飞行相结合的方法。由于翱翔飞行依赖于陆地上空才有的热气流,白鹳往往避开深海大洋进行长距离迁徙。

在今年所举行的游艺大会上，小人儿是骑着白鹳埃尔曼里奇先生和大雁们一起飞往库拉山的。由于昨晚小人儿吹了几个小时的兽角口哨，引开了围攻城堡的灰老鼠大军，赢得了栖居在该城堡的白鹳埃尔曼里奇先生和领头雁阿卡的感激和信任。

于是，小人儿便和他们一起参加库拉山的动物集会。白鹳埃尔曼里奇先生是一名飞行大师，他的飞行速度使大雁们难以望其项背。当领头雁阿卡均匀地拍动翅膀笔直向前飞翔的时候，白鹳埃尔曼里奇先生却在玩弄各种飞行技巧道道。他时面在高不可测的空中静止不动并且根本不展翼振翅，让身子随着气流翱翔滑行；他时而猛然向下俯冲，速度之快就好像一块石头欲罢不能地直坠向地面。他时而围绕领头雁阿卡飞出一个又一个的大圈圈和小圈圈，就好像是一股旋风一样。

◆ 德国 2004 年 4 月 7 日发行一枚邮票，邮票面值 55 分，邮票画面描绘了一只正在飞翔的白鹳，它伸展开宛如风帆般宽阔的羽翼，时而伸长脖颈、轻扇翅膀、时而静止不动、顺风滑行。

◆ 位于南亚的巴基斯坦 2012 年发行一套邮票，共有四枚，邮票面值都是 8 巴基斯坦卢比，以飞鸟为主题。其中第一枚，邮票画面描绘了一群白鹳在蓝天白云中排列整齐、拍翅前飞。

◆ 荷兰 1964 年 4 月 21 日发行一套附捐邮票，共有四枚，以动物为主题。其中邮票面值 8 分 / 附捐 5 分，邮票画面在深红色背景上描绘了一头成年的公鹿，以及相随左右的两只幼鹿。这只公鹿的头上长着长长的犄角，七枝八杈，曲曲弯弯。

◆ 法国 1988 年 6 月 18 日发行一套邮票，共有四枚，以自然历史为主题。其中邮票面值 3.00 法郎，邮票画面描绘了一头在原野上伫立张望的雄鹿。邮票极限片画面描绘了一群在草原上迁徙的雄鹿，它们头上的犄角七枝八杈，丛丛簇簇，密密匝匝，宛若一座光秃秃的树林，一片毛茸茸的珊瑚。

◆比利时1998年4月20日发行一套邮票,共有四枚,邮票面值都是17比利时法郎,以野生动物为主题。其中第一枚,邮票画面描绘了一头站在大树旁左顾右盼的红狐狸(Vulpes vulpes);第二枚,邮票画面描绘了一头站在悬崖边放声嘶鸣的马鹿(Cervus elaphus);第三枚,邮票画面描绘了一头在丛林中匆匆前行的野猪(Sus scrofa);第四枚,邮票画面描绘了一头站在山顶上东张西望的狍子(Capreolus capreolus)。

　　大雁们在预留给他们的那个山丘上降落下来。男孩子举目四顾,目光从这个山丘转向那个山丘。他看到,在一个山丘上全是七枝八杈的马鹿头上的角,而在另一个山丘上则挤满了苍鹭的脖颈。狐狸围聚的那个山丘是火红色的,海鸟麇集的山丘是黑白两色相间的,而老鼠的那个山丘则是灰颜色的。有个山丘上布满了黑色的渡鸦,他们在无休无止地啼叫。另一个山丘是活泼的云雀,他们接连不断地跃向空中欢快地引吭歌唱。

◆位于大西洋北部的法属圣皮埃密克隆岛1992年9月9日发行一套邮票,共有两枚,以海岛自然保护为主题。两枚邮票和附票的画面彼此相连,共同组成一幅全景色的画面,描绘了海岛的自然景色:深蓝、浅蓝、淡蓝,遥远的山峦影影绰绰、朦朦胧胧;墨绿、翠绿、嫩绿,身旁的树林深深浅浅、郁郁葱葱。

◆匈牙利1966年1月4日发行一套邮票,共有七枚,以狩猎动物为主题。其中邮票面值80菲勒,邮票画面描绘了雄獐(Roebuck)直立挺拔的犄角;邮票面值1.50福林,邮票画面描绘了红鹿(Red deer)枝枝杈杈的犄角;邮票面值2.50福林,邮票画面描绘了黇鹿(Fallow deer)宽阔扁平的犄角。

◆捷克1998年4月23日发行一套邮票,共有四枚,以自然保护为主题。其中第三枚邮票面值8捷克克朗,邮票画面描绘了一只站在山林中的驼鹿(Alces alces),它的鹿角又长又宽,就像一把伸展开的扇子;第四枚邮票面值8捷克克朗,邮票画面描绘了一只在山坡上仰天长啸的马鹿(Cervus elaphus,),它的鹿角就像一丛生长在海底的珊瑚,枝枝杈杈,细西长长。

◆英国马恩岛2000年5月5日发行一套世界自然基金会濒危野生动物保护邮票(WWF),共有四枚,以鸣鸟为主题。其中邮票面值22便士,邮票画面描绘了一只在草茎上休憩的燕子(Swallow);邮票面值26便士,邮票画面描绘了一只正在捕捉飞虫的斑鹟(Spotted flycatcher);邮票面值64便士,邮票画面描绘了一只灰褐色羽翼的云雀(Skylark);邮票面值77便士,邮票画面描绘了一只正在低头顾盼的黄鹀(Yellowhammer)。

邮票上的动物故事

◆波兰1960年发行一套邮票,共有十二枚,以鸟类为主题。其中邮票面值20格罗希,邮票画面描绘了一只羽色漆黑锃亮的乌鸦。

◆位于东非的坦桑尼亚1999年11月15日发行一枚邮票小型张,共有九枚邮票,邮票面值都是250坦桑尼亚先令。其中第一枚,邮票画面描绘了一只在礁岩上伫立的刀嘴海雀(Razorbill);第二枚,邮票画面描绘了一只扑打着双翅的巨鹱(Southern giant petrel,);第三枚,邮票画面描绘了一只张开大嘴的大西洋角嘴海雀(Atlantic puffin);第四枚,邮票画面描绘了一只回首张望的大鸬鹚(Great cormorant);第五枚,邮票画面描绘了一只低头俯身的北鲣鸟(Northern gannet);第六枚,邮票画面描绘了一只回眸眺望的蓝脸鲣鸟(Masked booby);第七枚,邮票画面描绘了一只在水边稍事休憩的簇海鹦(Tufted puffin);第八枚,邮票画面描绘了一只在岸边自由栖息的加岛环企鹅(Galapagos penguin);第九枚,邮票画面描绘了一只在海边东张西望的马可罗尼企鹅(Macaroni penguin)。

71

◆芬兰1993年6月4日发行一枚邮票小本票，共有五枚邮票，以鸟类为主题。其中邮票面值0.10芬兰马克的邮票两枚，邮票画面描绘了一只歇在树上的小猫头鹰（Aegolius funereus）；邮票面值0.20芬兰马克的邮票一枚，邮票画面描绘了两只在树上栖息的红尾鸲（Phoenicurus phoenicurus）；邮票面值2.30芬兰马克的邮票两枚，邮票画面描绘了两只栖居在树上的白背啄木鸟（Dendrocopos leucotos）。小本票边纸图案描绘了森林中的一幕：树叶片片深绿浅翠，野花朵朵五彩缤纷。枝头小鸟啼鸣咽啾，草丛彩蝶飞舞蹁跹。

◆捷克2011年发行一枚邮票小全张，共有四枚邮票，邮票面值分别是10捷克克朗、14捷克克朗、18捷克克朗和20捷克克朗，以森林公园的自然生态为主题。邮票小全张画面描绘了绵延不断的山峦，碧水荡漾的湖泊，丛丛簇簇的森林，星星点点的野花。在此栖居的各种野生动物包括：在蓝天上盘旋飞行的金雕（Aquila chrysaetos），躲在松树上左顾右盼的红松鼠，蹲在木桩上放声啼鸣的黑松鸡（Tetrao urogallus），站在树枝上极目远眺的黑鸫鸟（Turdus torquatus），在山林中翩翩起舞的棕蛱蝶（Erebia euryale）和蓝蝴蝶（Vacciniina optilete），在草丛中相互争斗的两只黑琴鸡（Tetrao tetrix），在小河边低头伫立的雄驼鹿（Alces alces），在水面上穿梭飞行的小蜻蜓（Aeshna juncea），在树杈上蓄势静候的猞猁……

邮票
上
的动物
故事

5

大白鹤跳舞（下）

按照库拉山向来的规矩，这一天的游艺表演是以乌鸦的飞行舞开始的。他们分为两群，面对面飞行，碰到一起又折回身去重新开始。这种舞蹈来来去去重复了许多遍，对于那些并不精通舞蹈规则的观众来说，未免太单调了。

  按照库拉山向来的规矩,这一天的游艺表演是以乌鸦的飞行舞开始的。他们分为两群,面对面飞行,碰到一起又折回身去重新开始。这种舞蹈来来去去重复了许多遍,对于那些并不精通舞蹈规则的观众来说,未免太单调了。

◆ 南斯拉夫1972年5月8日发行一套邮票,共有六枚,以鸟类为主题。其中邮票面值2.50第纳尔,邮票画面描绘了一只站立在山岩上眺望远方的红嘴乌鸦(Red-billed chough)。

◆ 英国马恩岛1978年10月18日发行一套邮票,共有四枚,以风土人情为主题。其中邮票面值50便士,邮票画面描绘了几只在海边栖息的红嘴乌鸦(Chough)。

◆ 德国1999年6月10日发行一套附捐邮票,共有五枚,以儿童卡通形象为主题。其中第二枚邮票面值100芬尼/附捐50芬尼,邮票画面描绘了丛丛簇簇的青草,星星点点的野花,一只羽翼漆黑的小乌鸦站草地上四处张望;邮票极限片画面描绘了一只大嘴巴乌鸦张开黑色的羽翼,露出妩媚的微笑,在草地上翩翩起舞。

◆ 丹麦法罗群岛1995年6月12日发行一套邮票,共有两枚,邮票面值都是4.00丹麦克郎,以乌鸦为主题。邮票首日封图案描绘了陡峭的悬崖,嶙峋的山石,以及两只羽色漆黑的乌鸦。乌鸦是一种对于爱情十分忠诚的飞禽,雌雄一对相伴终生,最长寿的乌鸦能活到它们的珍珠婚(30年)。乌鸦幼年就喜结连理,当雄乌鸦寻找到中意的对象时,便轻柔地呱呱叫着。而雌乌鸦为了证明自己已经堕入"情网",便张开口等着雄乌鸦喂食。雄乌鸦很勤劳,不仅任劳任怨地为小家庭搭窝筑巢,而且还为抱窝孵蛋的雌乌鸦提供各种可口的食物。

◆ 位于北欧的丹麦格陵兰岛1988年4月14日发行一套邮票,共有四枚,以鸟类为主题。其中邮票面值4.10丹麦克朗,邮票和极限片画面描绘了站在山坡上东张西望的渡鸦(Corvus corax)。

乌鸦对他们自己的精彩舞蹈感到非常自豪，然而其他动物却非常高兴他们终于跳完了。在这些动物眼里，这个舞蹈就像隆冬季节狂风卷起雪花一般沉闷、无聊。他们看得不胜厌烦，焦急地等待能够给他们带来欢乐的节目。乌鸦刚一跳完，山兔们就连蹦带跳跑上场来。他们长长一串蜂拥而来，并没有排成什么队形，有时候是单个表演，有时候三四只跑在一起。所有的山兔都跑得飞快，长耳朵朝着各个方向摇来晃去。他们一边朝前奔跑，一边做各种各样的动作，一会儿像陀螺般地不断旋转，一会儿高高地蹦跳起来，有时还用前爪拍打肋骨发出咚咚的摇鼓声。

◆日本2001年7月23日发行一套邮票，共有四枚，邮票面值都是50日元，以书信日为主题。其中第一枚，邮票画面描绘了三只活泼可爱的小白兔竖起两只长长的耳朵，在绿茵茵的草地上蹦蹦跳跳，东奔西跑。

◆位于非洲中部的中非2011年发行一枚邮票小型张，共有四枚邮票，邮票面值都是400中非法郎，以中国生肖兔年为主题。四枚邮票画面描绘了三三两两的小兔子在草地上结伴游戏，嬉闹玩耍。

◆瑞典1999年1月14日发行一枚小本票，共有四枚邮票，以兔子童话为主题。小本票封面图案描绘了几只在草丛中东奔西跑、活蹦乱跳的长耳朵野兔。

◆新西兰1999年2月10日发行一枚邮票小型张，共有三枚邮票，邮票面值分别是40分、80分和1新加坡元，以中国兔年为主题。首日封画面描绘了鲜鲜嫩嫩的青草，星星点点的野花。兔妈妈和它的孩子们正在草地上东瞅瞅，西看看。

◆民主德国 1959 年 11 月 27 日发行一套邮票，共有五枚，以野生动物为主题。其中邮票面值 10 芬尼，邮票画面描绘了两只在草地上跳来跳去、东奔西跑的棕灰色野兔。

　　他们的表演却非常滑稽有趣，许多站在那里观看表演的动物都看得呼吸愈来愈急促。现在已经是春天啦，欢天喜地的日子快要来到啦。严寒隆冬已经熬出头啦，夏天快要来到啦，要不了多久生活就像游戏那样轻松快乐啦。接下来，轮到森林里的鸟类大松鸡上场表演了。几百只身披色彩斑斓的深褐色羽毛、长着鲜红色眉毛的红嘴松鸡跳到游戏场地中央的一棵大槲树上。栖在最高树枝上的那只松鸡鼓起了羽毛，垂下了翅膀，还翘起了尾巴，这样他贴身的雪白羽绒也让大家看得清楚了。

◆奥地利 1959 年 5 月 20 日发行一套邮票，共有四枚，以野生动物为主题。其中邮票面值 1 奥地利先令，邮票画面描绘了一只站在树上扬起脖颈、放声吟唱的松鸡。

◆乌克兰 2009 年发行一枚邮票小型张，共有四枚邮票，邮票面值都是 1.50 格里夫纳，以自然保护区为主题。其中第一枚，邮票画面描绘了一只站在松树枝头大声鸣叫的松鸡（Tetrao urogallus）。松鸡是一种在落叶松、云杉、红松和冷杉等针叶林带栖居的走禽，它们体格健壮，嘴喙圆锥形，适合于啄食各种植物种子。松鸡还有强健的双脚，锐利的双爪，善于行走和掘地寻食。它们常在宽敞的林间空地、林缘及阳坡草丛或灌木丛中活动，晚上喜欢栖宿在落叶松树上。

◆奥地利 1982 年 9 月 9 日发行一套邮票，共有三枚，以濒危野生动物为主题。其中邮票面值 6 奥地利先令，邮票画面描绘了一只站在树枝上仰天长啸的松鸡（Capercaillie）。

◆波兰 1970 年 2 月 28 日发行一套邮票，共有八枚，以狩猎鸟类为主题。其中邮票面值 8.50 兹罗提，邮票画面描绘了一只英姿勃勃的雄松鸡（Capercaillie cock），它站在大树枝头，伸长脖颈高声吟唱。

邮票上的动物故事

◆瑞士1968年11月28日发行一套附捐邮票，共有四枚，以鸟类为主题。其中邮票面值10分／附捐10分，邮票画面在浅棕色背景上描绘了一只羽色美丽的松鸡，它展开扇形的尾羽，意气风发地引颈高歌。

◆德国1965年4月1日发行一套附捐邮票，共有四枚，以鸟类为主题。其中邮票面值40芬尼／附捐20芬尼，邮票画面描绘了一只站在枝头上张开尾羽、引颈啼鸣的松鸡。

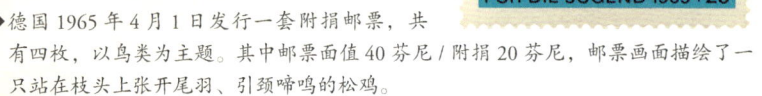

随后，这只松鸡伸长了脖颈，从憋足了气而涨得发粗的咽喉里发出了两三声深沉浑厚的啼鸣："喔呀，喔呀，喔呀！"他再多几声就鸣叫不出来了，只是在咽喉深处咕噜咕噜了几下。于是他便闭起双目，悄声细气地叫道："嘻嘻！嘻嘻！嘻嘻！多么好听啊！嘻嘻！嘻嘻！嘻嘻！"

◆俄罗斯1997年7月10日发行一套邮票，共有五枚，以野生动物为主题。其中邮票面值1000卢布，邮票画面描绘了一只站在山坡上引吭高歌的松鸡（Tetrao urogallus）。

◆挪威1988年2月18日发行一套邮票，共有两枚。其中邮票面值2.90挪威克朗，邮票画面描绘了一只站在松树林中竖起尾羽、仰天长啸的黑松鸡（Capercaillie）。

◆南斯拉夫1978年12月11日发行一套邮票，共有八枚，以野生动植物为主题。其中邮票面值4.90第纳尔，邮票画面描绘了树林中的青枝绿叶，以及一只神情亢奋的松鸡（Gruose）。它展开五彩斑斓的尾羽，伸直毛茸茸的脖颈，声嘶力竭地放声啼鸣。

在第一只红嘴松鸡还在这样陶醉的时候，栖在下方树枝上的那三只松鸡就引吭高歌了。一曲尚未终了，坐在更下方树枝上的十只松鸡也啼鸣起来，歌声从一根枝杈传到另一根枝杈，直到几百只松鸡一齐放开喉咙啼鸣不止，喔呀、喔呀和嘻嘻、嘻嘻的啼叫声一时之间不绝于耳。这种令人欲醉的情绪感染了所有的动物，使他们如饮醇酒一般陶醉起来。方才血液还在欢快地畅通自如，而此时却开始变得猛烈冲动和滚热发烫起来。"喔，春天真正来到啦，"各种动物都在心里呼喊，"冬天的严寒总算熬过去啦！春天的野火正在烧遍整个大地。"

◆波兰 1973 年 5 月 21 日发行一套邮票，共有八枚，纪念国际狩猎联合会大会和波兰狩猎联合会成立 50 周年。其中邮票面值 2.70 兹罗提，邮票画面描绘了一只从树上俯下身体、展开尾羽的松鸡正在舒展歌喉、放声鸣唱。

◆保加利亚 2013 年发行一枚邮票小型张，邮票面值 1.50 列弗，以自然保护为主题。邮票小型张画面描绘了一只神情激昂的松鸡，它气宇轩昂地站在山坡上，向上展开色彩缤纷的尾羽，宛若一把五光十色的扇子。它身体两旁的翅膀下垂触地，而头颈几乎垂直地向上翘起，并不时前后摆动，连颈部和喉部的羽毛也纷纷扬起。接着，这只松鸡一面奔跑几步，一面剧烈地鼓动翅膀，使身体几乎跳离地面，发出由各种音节组成的求偶声音，意气风发地引吭高歌。

　　黑琴鸡看到红嘴松鸡的表演这样走红讨俏，他们也不甘示弱，再也不肯沉默下去。他们聚集的那个地方没有树木可以栖倚，便干脆跑进游戏场地上去，可惜场地上石南草长得太高了，大家看不到他们的全身，只能看到他们长着美丽尾翎的、不断晃动的屁股和宽大的嘴喙。他们齐声歌唱："咕呃呃，咕呃呃！"

◆爱沙尼亚 2008 年发行一枚邮票，邮票面值 5.50 爱沙尼亚克朗（0.35 欧元），邮票画面描绘了一只站在山林中高声吟唱的黑琴鸡（Tetrao tetrix）。它们是一种中等体形的走禽，雄鸟几乎全黑，翅上具有白色的斑块，称为翼镜。尾巴呈叉状，外侧尾羽长而向外弯曲，其中最外侧的三对尾羽特别延长并呈现镰刀状向外弯曲，与西洋古琴的形状十分相似，因而得名。

◆波兰 1970 年 2 月 28 日发行一套邮票，共有八枚，以狩猎鸟类为主题。其中邮票面值 3.40 兹罗提，邮票画面描绘了一只站在草丛中的黑琴鸡（Black grouse），它头带鲜红的鸟冠，身披黑色的羽翼，正在空旷的原野上引吭高歌。当黑琴鸡雄鸟求偶时，常几只或十几只飞到交尾地点开始鸣叫，发出求偶时特殊而高吭的叫声。它们扇状的尾羽垂直向上展开，双翅下垂，头颈下俯着直冲前跑，还不时地跳起来与其他雄鸟搏斗。黑琴鸡这种觅偶相斗、互相追逐跑成一圈的有趣现象俗称"跑圈"。跑圈时的雄鸟还会"咕噜噜、咕噜噜、咕噜噜"地鸣叫，口内吐出白沫，从而吸引雌鸟的到来。

◆ 丹麦1994年10月20日发行一套邮票，共有五枚，以野生动物为主题。其中邮票面值9.50丹麦克朗，邮票画面描绘了两只在林间开阔地狭路相逢的黑琴鸡（Black grouse）。黑琴鸡特别喜欢在落叶松林、樟子松林、白桦林、山杨林等针叶林或混交林中活动，时常出没于林边的空地、林间草甸、森林草原及溪边灌丛附近。

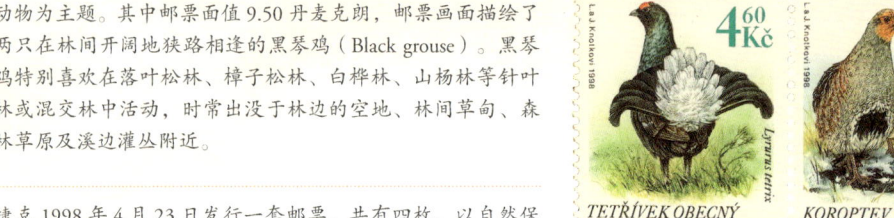

◆ 捷克1998年4月23日发行一套邮票，共有四枚，以自然保护为主题。其中第一枚邮票面值4.60捷克克朗，邮票画面描绘了一只站立草丛中的黑琴鸡（Lyrurus tetrix），它的镰刀状尾羽向外弯曲，与西洋古琴的形状十分相似；第二枚邮票面值4.60捷克克朗，邮票画面描绘了两只在水边饮水解渴的灰山鹑（Perdix perdix）。

◆ 越南1979年6月16日发行一套邮票，共有八枚，以观赏鸟为主题。其中第一枚邮票面值12分，邮票画面描绘了一只泰国火背鹇（Lophura diardi）；第二枚邮票面值12分，邮票画面描绘了一只红腹角雉（Tragopan temminckii）；第三枚邮票面值20分，邮票面描绘了一只环颈雉鸡（Phasianus colchicus）；第四枚邮票面值30分，邮票画面描绘了一只爱氏鹇（Lophura edwardsi）；第五枚邮票面值40分，邮票画面描绘了一只白鹇（Lophura nycthemera）；第六枚邮票面值50分，邮票画面描绘了一只眼斑孔雀雉（Polyplectron germaini）。

◆ 伊朗2014年发行一套世界自然基金会濒危野生动物保护邮票（WWF），共有四枚，以小白额雁（Anser erythropus）为主题。其中邮票面值5000伊朗里亚尔，邮票画面描绘了一只站立在水边眺望远方的小白额雁。

◆ 朝鲜2004年9月30日发行一套世界自然基金会濒危野生动物保护邮票（WWF），共有四枚，以鸿雁（Anser cygnoides）为主题。其中邮票面值97分，邮票和极限片画面描绘了一只正在水草丛中寻觅食物的鸿雁。

正当黑琴鸡和红嘴松鸡的较量如火如荼地进行的时候，一件非常不得了的意外事发生了。居心叵测的狐狸斯密尔趁所有动物都在聚精会神地欣赏黑琴鸡和松鸡歌唱的机会，偷偷地溜到大雁们聚集的山丘。他小心翼翼、蹑手蹑脚地靠拢过去，被发现时他已经走上了那座山丘。有一只大雁突然之间瞅见了这个凶恶的顽敌，便叫喊起来："当心啊，大雁们！当心啊，大雁们！"狐狸斯密尔恼羞成怒，便径直朝那只大雁直扑过去，一口咬住了她的咽喉。其余的大雁们听到了警报便一齐扑愣愣飞上天空，只剩下斯密尔嘴里叼着一只死雁站在那个山丘上。

◆ 芬兰2004年4月28日发行一枚邮票小型张，共有六枚邮票，邮票面值都是0.65欧元，以森林动物为主题。其中第六枚，邮票画面描绘了一只在草地上蜷伏的红狐狸。

◆ 瑞士1966年12月1日发行一套附捐邮票，共有四枚，以野生动物为主题。其中邮票面值20分/附捐10分，邮票画面在浅红色背景上描绘了一只转身的红狐狸。

狐狸斯密尔由于破坏了游艺节日的和平，马上就被一大群狐狸团团包围起来，并且按照自古以来的老规矩，将其驱逐出境。为了将此事公示于天下所有的狐狸，年纪最长的那只狐狸扑向斯密尔，一口把他右耳朵尖啃了下来，而那些年轻的狐狸便扑到斯密尔身上撕咬起来。斯密尔在所有年轻狐狸的穷追猛赶之下，气急败坏地逃离了库拉山。

◆ 位于中亚的塔吉克斯坦1993年6月8日发行一套邮票，共有五枚，以野生动物为主题。其中邮票面值10.00索莫尼，邮票画面描绘了一头体格健壮的马鹿（Cervus elaphus），头上长着枝枝杈杈的犄角。它孤零零地来到流水潺潺的小河边放声嘶鸣，诉说着思念伴侣的由衷之情。

◆ 苏联1970年8月19日发行一套邮票，共有五枚，以野生动物为主题。其中邮票面值16戈比，邮票画面在蓝色背景上描绘了朦朦胧胧、寂静无声的深山老林，以及一头仰天长啸的红鹿（Red deer）。它头上的犄角细细长长的，宛若一丛枝枝杈杈的珊瑚。

◆ 捷克斯洛伐克1971年8月17日发行一套邮票，共有六枚，以野生动物为主题，纪念在布加勒斯特举行的世界狩猎博览会。其中邮票面值2捷克朗，邮票画面描绘了一头成年的雄鹿（Stag），它头上的犄角细细长长、枝杈交错。

这一切都是在黑琴鸡和红嘴松鸡进行精彩表演的过程中发生的。松鸡的表演刚一结束，一群跃跃欲试的马鹿开始登场献技，表演他们的角斗。有好几对马鹿同时进行角斗。他们彼此死命地用头顶撞，鹿角噼噼啪啪地敲打在一起，鹿角上的枝杈错综交叉在一起，力图迫使对方往后倒退。当这些能征善战的马鹿厮打在一起的时候，四周山丘上的观众都凝神屏息，寂静无声，所有的动物都激发出新的热情。

◆ 奥地利2011年发行一枚圆形邮票，邮票面值90分，邮票画面描绘了绿树婆娑、青草丛生的原始森林，几只站在枝头的小鸟啁啾啼鸣，一对藏身草丛的山鸡高吟低唱。一只犄角细长的马鹿从大树旁探出身来，它面对着郁郁葱葱的大自然激情满怀，不由得扬起脖颈昂首长啸。

◆ 匈牙利2001年5月9日发行一枚邮票小型张，邮票面值200福林，邮票画面描绘了两只正在进行角斗的马鹿（Cervus elaphus），它们头上宛若珊瑚般丛生的犄角彼此相交，七枝八杈。小型张边纸画面描绘了在森林中生息繁衍的猫头鹰、小松鼠、小蜥蜴等小动物。

◆ 匈牙利1964年12月30日发行一套邮票，共有十枚，以狩猎为主题。其中邮票面值1.70福林，邮票画面描绘了一只昂头嘶鸣的红鹿（Red deer），它头上的细细长长的犄角宛如纵横交叉的大树枝桠。

◆ 柬埔寨1995年5月5日发行一套邮票，共有三枚，以濒危野生动物为主题。其中邮票面值700瑞尔，邮票画面描绘了一只站立在草丛中的赤颈鹤（Grus antigone）。

◆ 位于东南亚的缅甸1964年4月16日发行一套邮票，共有十二枚，以鸟类为主题。其中邮票面值50分，邮票画面描绘了一只在水边站立的赤颈鹤（Sarus crane），嫣红的脖颈，粉白的羽翼，尖利的嘴喙，细长的双腿。

◆ 匈牙利1997年5月5日发行一枚邮票小型张，邮票面值90福林，以非洲野生动物为主题。邮票小型张边纸画面描绘了一群赤颈鹤扑扇着黑白分明的羽翼，在辽阔无垠的蓝天上纵情翱翔。

马鹿恰到好处地结束了角斗表演,于是一阵阵悄声细语立即从一个山丘传到另一个山丘:"现在大鹤来表演啦!"那些身披灰色暮云的大鸟真是美得出奇,不但翅膀上长着漂亮的翎羽,脖颈上也围了一圈朱红色的羽饰。这些长腿细颈、头小身大的大鸟从山丘上神秘地飞掠下来,使大家看得眼花缭乱。

◆位于南亚的尼泊尔1996年11月20日发行一套邮票,共有四枚,邮票面值都是5尼泊尔卢布,以蝴蝶和鸟类为主题。其中第三枚,邮票画面描绘了一只在水边亭亭玉立的赤颈鹤(Sarus crane)。它们睡眠时常常单腿直立,扭颈回首将头部放在背上,或将尖嘴插入自身的羽翼内。

◆芬兰1997年8月19日发行一枚邮票小型张,共有四枚邮票,邮票面值都是2.80芬兰马克,以大鹤为主题。其中第一枚,邮票画面描绘了一只弯腰俯身的大鹤,它正在细心哺育自己的雏鸟;第二枚,邮票画面描绘了两只正在从水中捕食青蛙的大鹤,它们的嘴喙尖尖长长;第三枚,邮票画面描绘了两只急切求偶的大鹤,它们生气勃勃地跳起姿态优美的舞蹈;第四枚,邮票画面描绘了三只伸直脖颈飞行的大鹤,它们天空中轻扇羽翼,飘然而过。

◆日本1999年7月23日发行一套邮票,共有四枚,邮票面值都是50日元,以地方风情为主题。其中第四枚,邮票画面描绘了一只在皑皑雪地上扑扇双翼、翩然起舞的丹顶鹤。

◆德国1996年7月18日发行一枚邮票小型张,共有三枚邮票,以海滨国家公园为主题。邮票画面描绘了一群风姿绰约的丹顶鹤在海滨滩地休憩的情景。邮票小型张边纸图案描绘了一群羽色洁白的丹顶鹤在波涛翻滚的海面上腾空而起,它们扑扇着宛如风帆的双翅,排列成整整齐齐的队形,径直飞向辽阔无垠的天穹。

◆ 中国1986年5月22日发行一枚邮票小型张，邮票面值2元，以白鹤为主题。邮票画面描绘了一群正在蓝天中展翅飞翔的白鹤。白鹤是一个古老的物种，在地球上已经生活了6000万年，堪称鸟类中的"活化石"。印度曾有一位鸟类学家这样写道："鸟类中最漂亮的就数白鹤，它是鸟类中的百合花，具有最优雅柔和的曲线美。"这种亭亭玉立的大型飞禽全身纯净洁白，宛若一堆晶莹的白雪。当它们展翅高飞时，羽端呈现一轮墨色的初级飞羽，就像套着两只黑袖一样。白鹤飞行时发出欢快、轻柔、悦耳的声音。这种珍贵而稀有的飞禽对浅水湿地的依赖性很强，现已濒临灭绝；邮票首日封图案描绘了一只站在芦苇丛中仰天长啸的白鹤，以及几只在蓝天上展翅高飞的白鹤。这种风姿绰约的飞禽具有"舞姿优美，鸣声似笛"的美名。

这些大鹤旋转着身躯向前飞掠，半似翱翔，半似舞蹈。他们高雅洒脱地举翅振翼，以令人不可思议的速度做出各种各样的动作，但见得游艺场上空灰影幢幢、蹁跹施舞，真叫满山的观众目不暇接，仿佛是荒凉的沼泽地上翻滚奔腾着的阵阵雾霭云翳。这些美丽大鸟的舞蹈里有一种魔力，以前从未到过库拉山的人这一下才恍然大悟，怪不得整个这场游艺大会是用"鹤之舞表演大会"来命名的。

◆ 加拿大1955年4月4日发行一套邮票，共有两枚，以动物为主题。其中邮票面值5分，邮票画面描绘了两只正在蓝天中飞行的美洲鹤（Whooping cranes），它们安安稳稳、不匆不忙地扑闪着黑白两色的翅膀，飞越过一座座蜿蜒起伏的高山，一条条波涛汹涌的大河。

◆ 中国2000年2月25日发行一枚邮票小版张，共有十枚邮票，以野生动物保护为主题。其中第八枚邮票面值2.80元，邮票和极限片画面描绘了在蓝天上展翅翱翔的丹顶鹤。丹顶鹤是一种栖居在近水浅滩的大型鸟类，朱红的头顶，洁白的羽毛，十分容易识别。它们性情温顺平和，形态高雅美丽，成为吉祥和长寿的象征。

◆ 中国2005年7月30日发行一套邮票，共有四枚，以自然保护为主题。其中第二枚邮票面值80分，邮票画面描绘了几只美丽优雅的丹顶鹤正在飞越一片芦苇丛生的沼泽湿地。

◆ 中国与美国1994年11月22日联合发行一套邮票，共有两枚，以鹤类飞禽为主题。其中邮票面值2元，邮票画面描绘了一只引颈高歌的黑颈鹤；邮票极限片画面描绘了两只在蓝天中纵情飞翔的黑颈鹤，它们伸长柔软的脖颈，展开轻盈的飞翼，风度翩翩，姿态优雅。黑颈鹤是世界上唯一一种在高原上生长繁殖的大鹤，脖颈和双脚比较细长，全身羽翼灰白色。它们除眼睛附近有白斑外，头部和脖颈上部均为黑色，因而得名。

在这一时刻，所有的动物都想从地面腾飞，飞到无垠无际的天空中去，飞到云层以外的太空去探索永恒的奥秘。他们都想舍弃那越来越显得笨重的肉体，投奔那虚无飘渺的天国。对于不可能到手的东西抱有想入非非的追求以及想要探索生活中隐藏的奥秘，对动物来说每年只有独一无二的一次，那就是在他们观看鹤之舞盛大表演的那一天。

◆ 韩国1988年4月1日发行一套世界自然基金会濒危野生动物保护邮票（WWF），共有四枚，邮票面值都是80韩元，以白枕鹤（White-naped crane）为主题。其中第四枚，邮票、首日封和极限片画面描绘了一群正在蓝天中结队飞翔的白枕鹤，它们伸长柔细的脖颈，扑动宽大的飞翼，飞向深不可测的天穹，飞向山高水远的地方。

6

小灰雁受困

领略了库尔山动物大会的美丽舞蹈,领头雁阿卡带领着大雁群离开了山清水秀的斯康耐,开始朝遥远的北方拉普兰——他们的故乡飞去。大雁们飞到很高很高的空中,飞得平平稳稳、不匆不忙。阿卡领头飞在前面,其余的大雁保持着严格的队形在她身边斜分成两行,呈"人"字形紧紧跟随。他们随着翅膀一上一下的摆动,不断地你呼我唤:"你在哪儿?我在这儿。你在哪儿?我在这儿。"

　　领略了库尔山动物大会的美丽舞蹈，领头雁阿卡带领着大雁群离开了山清水秀的斯康耐，开始朝遥远的北方拉普兰——他们的故乡飞去。大雁们飞到很高很高的空中，飞得平平稳稳、不匆不忙。阿卡领头飞在前面，其余的大雁保持着严格的队形在她身边斜分成两行，呈"人"字形紧紧跟随。他们随着翅膀一上一下的摆动，不断地你呼我唤："你在哪儿？我在这儿。你在哪儿？我在这儿。"

◆巴基斯坦2012年发行一套邮票，共有四枚，邮票面值都是8巴基斯坦卢比，以飞鸟为主题。其中第一枚，邮票画面描绘了一群展翅高飞白鹳（White Stork）；第二枚，邮票画面描绘了一群腾空而起的琵嘴鸭（Shoveler Duck）；第三枚，邮票画面描绘了一群直上青天的雪雁（Snow Geese），它们常喜欢成群结队地迁徙或栖息，从数只至几千只不等。在繁殖季节，雪雁在格陵兰岛西北部、加拿大和阿拉斯加北部以及西伯利亚东北部都留下了它们的踪迹；第四枚，邮票画面描绘了一群纵情滑翔的白鹤（Siberian Crane）。

　　当第一场春雨的雨点吧嗒吧嗒滴到地面上的时候，灌木丛里和草地上的所有小鸟都欢呼雀跃起来，他们的欢呼声震九霄云天，以至于坐在鹅背上的男孩子也不免身体被震得直跳起来。"现在天下雨喽！雨水给我们带来了春天，春天使鲜花盛开绿叶生长，鲜花和绿叶送来了虫蛹和昆虫，虫蛹和昆虫是我们的食物，又多又可口，是再好不过的美味。"小鸟们心花怒放地歌唱道。

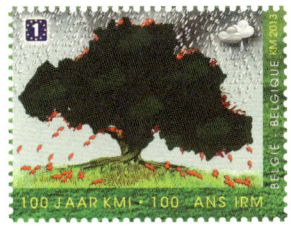  

◆比利时2013年发行一枚热敏邮票小型张，共有四枚邮票，邮票面值都是1等邮资，纪念国家气象台建立100周年。热敏邮票的画面图案和色彩随着环境温度的变化而变化。其中第三枚，邮票画面描绘了两幕不同的雨景。左图是温度较低时的邮票画面：淅沥沥，淅沥沥，斜风和细雨飘飘洒洒，青枝与绿叶郁郁葱葱；右图是温度升高后的邮票画面：滴答答，滴答答，缕缕的雨丝挂在树梢，满树的红叶光彩熠熠。

◆英国2001年3月13日发行一套邮票，共有四枚，以天气为主题。其中第一枚邮票面值19便士，邮票画面描绘了下雨的情景：淅沥沥，淅沥沥，漫天细雨飘飘洒洒；草地里，花丛中，两只花狗飞快奔跑；大眼睛，长胡须，一只小猫撑起雨伞⋯⋯

大雁们也为春雨感到高兴，因为春雨催苗助长，把植物从睡梦之中唤醒，也因为春雨融水解冻，在冰封的湖面凿出一个个洞。大雁们看到地面上有个大花园，于是他们就得意地呼唤起来："我们送来了银莲花，我们送来了玫瑰花，我们送来了苹果花和樱桃花！我们还送来了豌豆和芸豆、萝卜和白菜！谁想要，就来拿！谁想要，就来拿！"

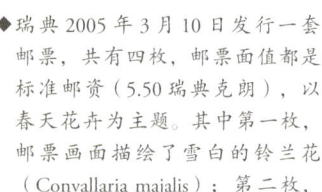

◆瑞典2005年3月10日发行一套邮票，共有四枚，邮票面值都是标准邮资（5.50瑞典克朗），以春天花卉为主题。其中第一枚，邮票画面描绘了雪白的铃兰花（Convallaria majalis）；第二枚，邮票画面描绘了鲜黄的冰凌花（Gagea lutea）；第三枚，邮票画面描绘了紫红的毛茛草（Pulsatilla vulgaris）；第四枚，邮票画面描绘了皎洁的银莲花（Anemone nemorosa）。邮票首日封画面也描绘了姹紫嫣红的春天花卉。

◆瑞典1996年1月2日发行一套动物邮票，共有四枚。其中邮票面值7.70瑞典克朗，邮票画面描绘了一只在荒山野岭中东游西荡的红狐狸（Vulpes vulpes）。

◆位于中亚的吉尔吉斯斯坦1999年4月27日发行一套世界自然基金会濒危野生动物保护邮票（WWF），共有四枚，以沙狐（Vulpes corsac）为主题。其中第一枚邮票面值10索姆，邮票画面描绘了一只蹲坐在草丛边的沙狐；第二枚邮票面值10索姆，邮票画面描绘了一只蜷缩着身子睡觉的沙狐；第三枚邮票面值30索姆，邮票画面描绘了两只在山林中寻觅食物的沙狐；第四枚邮票面值50索姆，邮票画面描绘了一只沙狐带着两只幼崽在荒漠旷野中散步远足。

狐狸斯密尔虽然在库拉山受到了严厉的惩罚，被逐出了同类，但他怀恨在心，继续紧紧跟踪和追逐着大雁群和小人儿，等待着报仇雪耻的机会。身在旅途的大雁们为了躲避这个凶残的敌害，决定飞往海上的厄兰岛。出发以后，大雁们和小人儿身下的海面显得开阔起来，海面平静如镜，连一点涟漪也不泛起。

◆坦桑尼亚1993年6月30日发行一套野生动物邮票小全张，共有四枚。其中第三枚邮票小全张共有邮票十二枚，邮票面值都是100先令，以非洲平原上的野生动物为主题。其中第二枚，邮票画面描绘了三只小火烈鸟（Phoeniconaias minor）在天空中比翼齐飞，它们善于借助陆地上空的热气流进行轻松自如的滑翔飞行。

◆冈比亚1999年8月1日发行一枚邮票小型张，共有六枚邮票，邮票面值都是5达拉西，以海鸟为主题。六枚邮票的画面彼此相连，共同组成一幅全景式的图案，描绘了大海上的一幕：初升的太阳金光灿灿，起伏的大海波光粼粼，一群不同种类的海鸟沐浴着绚丽的朝霞，在大海上空伸展双翅，尽情翱翔。其中第一枚，邮票画面描绘了一只刀嘴海雀（Razor bill）；第二枚，邮票画面描绘了一只麻鸭（Shelduck）；第三枚，邮票画面描绘了一只白嘴端燕鸥（Sandwich tern）；第四枚，邮票画面描绘了一只北极贼鸥（Arctic skua）；第五枚，邮票画面描绘了一只塘鹅（Gannet）；第六枚，邮票画面描绘了一只海鸥（Common gull）。

◆匈牙利1977年1月3日发行一套邮票，共有七枚，以鸟类动物为主题。其中邮票面值1福林，邮票画面描绘了两只正在飞翔的草鹭（Purple herons）。这种大型水禽枕部有两枚灰黑色的冠羽，悬垂于头后，状如辫子。它们具有"三长"的特点，即长长的嘴喙、长长的脖颈、长长的双脚；邮票面值5福林，邮票画面描绘了两只在湖面上空扑翅飞行的兔水鸭（Garganey teals）。

◆圣马力诺1959年2月12日发行一套航空邮票，共有五枚，以鸟类为主题。其中邮票面值15里拉，邮票画面描绘了波光粼粼的湖面，影影绰绰的水草，以及两只贴着水面低空飞行的绿头鸭（Mallard）。

◆ 位于中亚的哈萨克斯坦2006年发行一套动物邮票，共有三枚邮票。其中邮票面值25坚戈，邮票图案描绘了一群在蓝天上飞翔的大火烈鸟（Phoenicopterus roseus），它们伸展着柔细的脖颈，扑扇着宽大的羽翼，犹如一朵朵粉红的彩云在蓝天上飘然而去。

◆ 俄罗斯2012年发行一枚邮票小型张，邮票面值45卢布，以自然保护区为主题。小型张画面描绘了风平浪静的大海，礁岩嶙峋的海岸。一群长途迁徙的海鸟扑扇着翅膀，在蓝天和大海之间自由翱翔。

邮票上的动物故事

男孩子偶尔探头俯视，只觉得水天一色，似乎海水都已经消失在天空之中了。他身下不再有陆地，除了朵朵云彩之外，天上地下一片空荡，什么东西都不复存在了。一路上，大雁们和小人儿发现有很多鸟群与他们作伴，一起飞向大名鼎鼎的厄兰岛。鸟群中有野鸭与灰雁、黑凫与海鸠、白嘴潜鸟与长尾鸭、秋沙鸭与鹕鹈，还有蛎鹬与潜鸭。他们都是在南大西洋过冬以后返回芬兰和俄罗斯的候鸟，经过那里时顺道在厄兰岛上歇歇脚。这些黑压压一片的鸟群源源不断，络绎不绝，浩浩荡荡地向厄兰岛飞去，景象十分壮观。

◆ 波兰1999年5月5日发行一枚欧罗巴"国家公园"专题邮票，邮票面值1.40兹罗提。邮票画面描绘了古木参天的森林世界，一只羽色美丽的啄木鸟正在空中翩翩飞翔。

◆ 位于南大西洋的阿松森岛1994年8月16日发行一枚邮票小型张，邮票面值1圣赫勒拿镑，邮票和小型张画面描绘了一群乌燕鸥（Sooty tern）缓慢而轻微地扇动着翅膀，宛若一道道黑色的闪电在碧海蓝天间飞快掠过。这种海鸥的前额白色，背羽和翼羽黑色，而尾巴宛若家燕的尾巴，开叉很深。它们栖息于开阔的海洋，经常成群结队活动，也喜欢持久而频繁地在海面上空飞来飞去。乌燕鸥主要以鱼类、甲壳类和头足类等海洋动物为食。在繁殖期间，乌燕鸥主要栖息于海岸边以及岛屿的岩石和沙滩上。

◆法国1960年11月12日发行一套邮票，共有四枚，以野生动物保护为主题。其中邮票面值0.45法郎，邮票画面描绘了一群正在天空中长途迁徙的欧洲水鸭（European teal）。

◆英属阿森松岛1999年4月27日发行一套世界自然基金会濒危野生动物保护专题邮票（WWF），共有四枚，邮票面值都是10便士，以白燕鸥（Fairy tern）为主题。其中第四枚，邮票和极限片画面描绘了两只白燕鸥在高空中轻松自如地滑翔飞行，宛若两朵轻柔的白云，无羁无绊地在蓝天上自由飘荡。

邮票上的动物故事

◆英国马恩岛1983年2月15日发行一套邮票,共有十二枚,以海鸟为主题。其中邮票面值1便士,邮票画面描绘了几只角嘴海雀(Puffins);邮票面值2便士,邮票画面描绘了一群塘鹅(Gannets);邮票面值5便士,邮票画面描绘了几只小黑背鸥(Lesser black-backed gull),它们羽毛洁白,翅膀乌黑,是一种典型的海鸥;邮票面值8便士,邮票画面描绘了一群鸬鹚(Cormorants);邮票面值10便士,邮票画面描绘了几只三趾鸥(Kittiwakes),它们体羽洁白,翅膀灰褐;邮票面值11便士,邮票画面描绘了一群欧洲绿鸬鹚

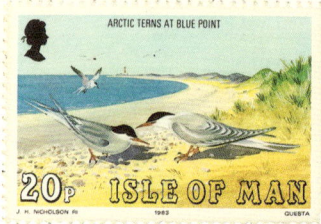

(Shags);邮票面值12便士,邮票画面描绘了几只白鹭(Herons);邮票面值13便士,邮票画面描绘了一群鲭鸥(Herring gulls);邮票面值14便士,邮票画面描绘了几只刀嘴海雀(Razorbills);邮票面值15便士,邮票画面描绘了一群大黑背鸥(Great black-backed gulls)。它们是世界上最大的海鸥之一,黄色的嘴喙,白色的头部和躯干,黑色的背部和翅膀,因而得名。

◆英国马恩岛1983年2月14日发行一套邮票,共有四枚,以海鸟为主题。其中邮票面值20便士,邮票画面描绘了一群北极燕鸥(Arctic terns);邮票面值25便士,邮票画面描绘了几只海鸠(Guillemots);邮票面值50便士,邮票画面描绘了一群红脚鹬(Redshanks);邮票面值1英镑,邮票画面描绘了几只疣鼻天鹅(Mute swans)。

◆荷兰2003年5月6日发行一枚邮票小型张,共有四枚邮票,邮票面值都是59分,以海岛生物为主题。四枚邮票的图案彼此相连,共同组成一幅全景式的海滩画面,描绘了各种野生动物的天然家园。其中第一枚,邮票画面描绘了一只站在水中休憩的海鸥(Sea gull);第二枚,邮票画面描绘了一只在沙滩上栖息的石鸻(Stone curlew);第三枚,邮票画面描绘了两只在海岸边躺卧的海豹(Seals);第四枚,邮票画面描绘了在沙滩上独自远足的螃蟹(Crab)。

◆位于非洲西南部的纳米比亚2003年6月6日发行一套邮票,共有三枚,以湿地为主题。其中第三枚邮票面值非标准邮资(3.85纳米比亚元),邮票画面描绘了沼泽风光的一幕:蓝盈盈的湖面微波荡漾,绿茵茵的岸线弯曲蜿蜒。轻飘飘的白云映在水中,孤零零的水鸟飞上青天。

◆位于欧洲东南部的克罗地亚1994年6月15日发行一套邮票,共有七枚,以风光景色为主题。其中邮票面值2.20库纳,邮票画面描绘了自然保护区美丽的秋天景色:淡黄色、鹅黄色、深黄色,丛丛灌木浓妆淡抹。橙红色、棕红色、橘红色,片片树林风姿绰约。欷欷声、沙沙声、瑟瑟声,草尖树梢微微颤动。鸬鹚鸟、白鹭鸟、蛎鹬鸟,飞禽水鸟腾空而起。

当大雁们和小人儿尼尔斯终于找到厄兰岛的时候,他们也像所有的别的鸟儿一样在饲养场下面的海岸上降落下来。那是一片很低的沙质海岸,上面布满了石头,到处是坑坑洼洼的水坑泥潭,还有被海浪冲刷上来的海藻。厄兰岛这座美丽的海岛一直是大群野生动物出没的场所,他们成群结队地来到这里,山兔、麻鸭和鹧鸪也都喜爱在那里生活。

◆匈牙利1980年11月11日发行一套邮票,共有六枚,以水鸟为主题。其中邮票面值6福林,邮票画面描绘了两只在湖边芦苇丛中朝夕相处的黑颈长脚鹬(Black-necked stilt)。

◆奥地利2002年6月3日发行一枚邮票小型张,共有四枚邮票,以野生动物为主题,纪念斯恩布鲁恩动物园(Schonnbrunn Zoo)建立250周年。其中第二枚邮票面值58分,邮票画面描绘了一弯水色潋滟的湖泊、白鹳、秃鹫、火烈鸟等水鸟在此生息繁衍,它们有的漂浮在湖面上嬉戏玩耍,有的站立在河岸边低头觅食,有的飞翔在天空中纵情遨游……

◆位于非洲北部的阿尔及利亚1995年12月20日发行一套邮票,共有两枚,以水鸟为主题。其中邮票面值3.00阿尔及利亚第纳尔,邮票画面描绘了丰茂的水草丛丛簇簇,宛若天鹅绒一般柔软;苍翠的树林影影绰绰,好似水墨画一般朦胧。一只亭亭玉立的麻鸭(Tadorna tadorna)站在水边休憩,它的羽色赤橙黄绿,十分鲜艳醒目。麻鸭喜在陆地活动,广泛分布于全球各地。

◆英国泽西岛1999年8月21日发行一枚邮票小型张,共有八枚邮票,以海鸟和涉禽为主题。邮票小型张画面描绘了一弯宽阔的海面,以及在海边栖息的各种海鸟。其中邮票面值23便士,邮票画面描绘了两只斑尾塍鹬(Bar-tailed godwit);邮票面值27便士,邮票画面描绘了一只黑海番鸭(Common scoter);邮票面值28便士,邮票画面描绘了一只小黑背鸥(Lesser blackbacked gull);邮票面值29便士,邮票画面描绘了两只白鹭(Little egret);邮票面值33便士,邮票画面描绘了一只小鸊鷉(Little grebe);邮票面值34便士,邮票画面描绘了一只鸬鹚(Cormorant);邮票面值45便士,邮票画面描绘了一只岩鹨(Rock pipit);邮票面值65便士,邮票画面描绘了三只苍鹭(Gray heron)。

在春天和夏天末尾，这座庄园也是成千上万的候鸟的歇息之地，尤其是饲养场下面的潮湿而松软的东边海岸，候鸟都要在那里歇息和觅食。南来北往的各种鸟类都把这个地方看成是真正的乐园：野鸭和灰雁在牧场里走来走去寻找着食物，鹬鸟和别的海滨鸟类在水边自由栖息，白嘴潜鸟在水里浮游和捕食鱼类。不过鸟类聚集得最多，也是最热闹的地方要算是海岸外面的那块海藻滩了。在那里，那么多鸟儿紧挤在一起，万头攒动，各自啄食着小虫子。

◆ 荷兰 2013 年发行一套邮票，共有两枚，邮票面值都是一类邮资，以鸟类为主题。其中第一枚，邮票画面描绘了一对在水边栖息的塍鹬（Godwit），它们的一只雏鸟在一旁形影不离。

◆ 丹麦格陵兰岛 1988 年 4 月 14 日发行一套邮票，共有四枚，以鸟类为主题。其中邮票面值 7.00 丹麦克朗，邮票和极限片画面描绘了普通潜鸟（Gavia immer）在波光粼粼的湖水中缓缓游动的情景。潜鸟的腿部粗壮，脚趾上有很大的脚蹼，十分擅长游泳和潜水，能在水下游很长的距离。而且，它们的嘴巴又长又尖，便于捕食水中的鱼虾。潜鸟的鸣声高亢而悲凉，宛若陌生人的怪笑，因此它们在北美被称为"笨鸟"。

◆ 丹麦 1986 年 6 月 19 日发行一套邮票，共有五枚邮票，邮票面值都是 2.80 丹麦克郎，以评选国鸟为主题。五枚邮票的图案分别描绘了五种列入最后候选名单的鸟类。其中第三枚，邮票图案描绘了蓝橙橙的湖水微波荡漾，一只美丽高雅的疣鼻天鹅（Cygnus olor）漂浮在水面上休憩，时而扑扇着雪白的羽翼。疣鼻天鹅最终在评选中脱颖而出，成为丹麦的国鸟，丹麦人对天鹅的喜爱程度可见一斑。

◆ 蒙古 1987 年 8 月 15 日发行一套以天鹅为主题的邮票，邮票面值都是 60 图格里克，共有四枚。其中第一枚，邮票图案描绘了一只在岸边搧动翅膀的疣鼻天鹅（Cygnus olor）；第二枚，邮票图案描绘了一只在水中缓缓游动的疣鼻天鹅；第二枚，邮票画面描绘了一只在水边梳理羽毛的比尤伊克氏天鹅（Cygnus beruickii）；第四枚，邮票画面描绘了疣鼻天鹅和比尤伊克氏天鹅一起在湖中游弋。

在最靠外面的海藻滩外面游着一群天鹅。他们不乐意到岸上来，而宁可躺在水面上荡来荡去，舒展自己的筋骨。有时候，他们伸出脖颈探入水内，海底捞月一般拣捞食物。当他们拣捞到真正可口的美食的时候，便会仰天发出一声长啸，就像使劲吹喇叭一样地声闻九霄云外。男孩子尼尔斯听见天鹅的鸣叫，便赶紧朝海藻滩那边奔跑过去。他从来没有在近处看到过野天鹅，这次他却很幸运地能够一直走到他们面前。听到大鹅长啸的不只是男孩子一个人，野鸭、灰雁和白头潜鸟也纷纷从海藻滩上游了出去，在天鹅群四周围成一圈，目不转睛地盯住了他们。天鹅们鼓鼓羽翎，将翅膀像风帆般展开，还把脖颈向空中高高昂起。偶尔也有一两只天鹅降尊纡贵地游到一只野鹅、或者一只大潜鸟、或者一只潜鸭面前，信口吐出两三个字来。而那些听众都诚惶诚恐得不敢张开嘴喙来回答一下。

◆古巴1993年6月15日发行一套邮票，共有六枚，以水鸟为主题，纪念在巴西举行的 Brasiliana'93 国际邮票展览。其中邮票面值10分，邮票画面描绘了一只站立在芦苇丛中的黑颈长脚鹬（Himantopus mexicanus）。它体羽洁白，飞翼漆黑，细腿鲜红，常栖息于开阔平原中的湖泊、水塘和沼泽地带。

◆瑞典与中国香港2003年10月4日发行一套邮票，共有四枚，以水鸟为主题。其中邮票面值10瑞典克朗/1.40港元，邮票画面描绘了两只在岸边觅食的反嘴鹬鸟；邮票面值10瑞典克朗/3.00港元，邮票画面描绘了一只在水中漫游的黑喉潜鸟。

男孩站在那里观看鹬鸟是怎样玩游戏的。他们的模样像是很小的鹤雏一样，有着鹤一样的瘦小身躯、长长的双腿和一样细长的脖颈。鹬鸟的动作也是那样轻盈飘逸，不过他们的羽毛不是灰色，而是棕褐色的。这种身材优雅的海鸟喜欢排成长长的一行，站在海浪拍岸的水边。一个浪头打过来时，他们整个行列全都往后倒退。等到浪涛退下去时，他们这一长列又一齐朝前追波逐浪。他们就这样玩了几个小时的游戏。在所有鸟儿当中，风姿最为翩跹的要算是麻鸭了。他们大概同普通野鸭有血缘关系，因为他们也有粗壮笨重的身躯、扁长的嘴喙和脚掌上的软蹼，但是他们的翎羽却五光十色，非常艳丽。麻鸭的羽毛本身是雪白的，脖颈上有一道很宽的黄色圈带，锦缎般变幻着色彩。

◆ 保加利亚1976年3月27日发行一套"水鸟"动物邮票，共有六枚。其中邮票面值18斯托丁基，邮票画面描绘了一只五彩缤纷的赤嘴潜鸭（Red-crested pochard）在水面上随波逐流。

◆ 日本1993年5月25日发行一套邮票，共有两枚，邮票面值都是62日元，以水鸟为主题。其中第一枚，邮票画面描绘了两只花脸鸭（Anas formosa）在水面上随心所欲地游来游去，它们朝朝暮暮形影不离，牵动着一圈圈此起彼伏的蓝色波纹。

◆ 蒙古1979年10月25日发行一套航空邮票，共有七枚，以野生鸟类保护为主题。其中邮票面值50图格里克，邮票画面描绘了一只羽色艳丽的赤麻鸭（Ruddy shelduck）在水边亭亭玉立。

◆ 位于南美洲南部的阿根廷1994年8月6日发行一套邮票，共有四枚，以野生动物为主题。其中邮票面值75分，邮票画面描绘了两只在海岸边东张西望的短翅船鸭（Tachyeres brachypterus）。

◆ 丹麦1999年9月29日发行两枚邮票小型张，以迁徙鸟类为主题。其中第二枚邮票小型张共有两枚邮票，邮票面值分别是5.50丹麦克朗和12.25丹麦克朗。邮票小型张画面描绘了烟波浩渺的大海，春意盎然的小岛。画面左侧的几只绒鸭（Common eider）正在在沙滩上自由栖息，有的梳理羽毛，有的抬头张望。画面右侧的一只北极燕鸥（Arctic tern）口衔一条刚捕获的鲜鱼，为饥饿的雏鸟喂食。

只要有几只麻鸭在海岸上一出现，别的鸟儿就会起哄喊道："看看那些家伙！他们知道怎样把自己打扮得花里胡哨，那身上可打满了补丁！""嘿，他们要是没有那样一副漂亮的尊容，也就用不着在地下挖巢居住了，也就可以同别的鸟儿一样大大方方地躺在光天化日之下啦！"一只褐色母绿头鸭挖苦说道。"唉，他们哪怕打扮得再漂亮不过，可是长了这么一个翘鼻子总是没有办法掩饰的。"一只灰雁叹息道。这倒一点不假，麻鸭的嘴喙末端长着一个大肉瘤，活像翘鼻子一样，这就使麻鸭大大地破相了。

◆爱尔兰2004年5月11日发行一套邮票,共有四枚,以野鸭为主题。其中邮票面值48便士,邮票画面描绘了一只头上"扎着辫子"的凤头潜鸭(Tufted duck);邮票面值60便士,邮票画面描绘了一只羽色绚丽的红胸秋沙鸭(Red-breasted merganser);邮票面值65便士,邮票画面描绘了一只低头嬉水的赤膀鸭(Gadwall);邮票面值1爱尔兰镑,邮票画面描绘了一只眉清目秀的白眉鸭(Gargancy)。

◆联合国维也纳总部2003年4月3日发行一套濒危野生动物保护邮票,共有四枚,邮票面值都是0.51欧元。其中第一枚,邮票画面描绘了一只羽色花俏的花脸鸭(Anas formosa)静静地站立在湖岸边。

◆联合国日内瓦总部2003年4月3日发行一套邮票,共有四枚,邮票面值都是90分,以濒危野生动物为主题。其中第三枚,邮票画面描绘了三只茶色树鸭(Dendrocygna bicolor)在水边的芦苇丛中东张西望。

◆日本1983年11月25日发行一套邮票,共有两枚,邮票面值都是60日元,以鸟类为主题。其中第二枚,邮票画面描绘了一只在沼泽地中休憩的加拿大黑雁(Branta Canadensis leucopareia)。

◆荷兰1994年2月22日发一套附捐邮票,共有三枚,以鸟类为主题。其中邮票面值70分/附捐60分,邮票极限片画面描绘了烟波浩渺的湖面上水雾弥漫,两只白颊黑雁(Branta leucopsis)站立在清澈透明的湖水中享受着自由自在的安宁和平静。

在海岸外面的水面上,海鸥和燕鸥飞过来、掠过去地捕捉鱼吃。"你们捉的是什么鱼?"一只大雁问道。"刺鱼!厄兰岛的刺鱼!这是全世界最好吃的刺鱼,"一只海鸥说道,"你们难道不要尝尝看吗?"他塞了一满嘴的小鱼飞到大雁面前,想给她尝尝。"哼,真是要命!难道你以为我会吃这种腥臭难闻的龌龊东西吗?"

◆罗马尼亚1963年6月15日发行一套邮票，共有七枚，以家禽为主题。其中邮票面值40分，邮票画面描绘了一只大白鹅的头部特征。

◆英国格恩济岛1991年10月15日发行一套邮票，共有十枚，以自然保护为主题。其中第八枚邮票面值21便士，邮票和极限片画面描绘了水清沙白、鸟语花香的自然生态：一丛丛青草婀娜多姿，一朵朵野花姹紫嫣红。一块块青石层层叠叠，一棵棵绿树绽开新芽。有一只棕褐色的小鸟站在绿树枝头，凝望着辽阔无垠、波澜起伏的蓝色大海。

邮票上的动物故事

第二天清早浓雾弥天，大雁们到牧场上去觅食，男孩子尼尔斯却跑到海岸边去捡贝。晌午时分，所有的大雁都跑过来问小人儿有没有看见过那只白色大雄鹅莫顿。"没有哇，他没有同我在一起。"男孩子回答说。他此时已经觉得雄鹅是自己须臾不可离的亲密伴侣，便马上出发去寻找白雄鹅。他找呀、找呀，一直寻找到天色开始暗下来的时分，才发现大雄鹅从浓雾中完好无恙地归来了。莫顿告诉说，那是满天的浓雾使他晕头转向而迷路了。

◆塞浦路斯2009年发行一套家禽邮票，共有四枚，以家禽为主题。其中邮票面值0.51欧元，邮票画面描绘了一只在田园中抬头张望的大白鹅。

◆比利时1972年12月16日发行一套附捐邮票，共有四枚，以鸟类为主题。其中邮票面值2比利时法郎/附捐1比利时法郎，邮票画面描绘了一只灰雁（Gray lag goose）的头部特征；邮票极限片画面描绘了一只在水边草丛中觅食的灰雁。这种大型的水鸟具有胖胖的身材，长长的脖颈。它们上体灰褐色，下体灰白色，嘴喙和双脚肉红色。灰雁的双腿位于身体的中心支点，行走起来轻松自如。

可是次日清晨，当男孩子跑到海岸沙滩上去捡拾贻贝的时候，大雁们又奔跑过来询问他有没有见到过大雄鹅莫顿。男孩子大吃一惊，马上直窜起来前去寻找。小人儿找啊，找啊，发现一处围墙边上的碎石堆里有个什么东西在移动。他蹑手蹑脚走近去一看，原来是那只白雄鹅嘴里衔着几茎长长的草根正在费力地爬上乱石堆，那里躺着一只可怜兮兮的小灰雁。当雄鹅爬上去后，那只小灰雁就欣喜地叫了起来。小人儿尼尔斯悄悄地再走近一些，这样就可以听到他们的讲话了。

原来那只小灰雁的一只翅膀受了伤，不能够飞行了，而她的雁群却已经飞走，只留下她孤孤单单地住在这里养伤。由于她无法行动觅食，险些儿饿死了。幸好前天白雄鹅听到了她的悲鸣，闻声赶来寻找她。从那时起，雄鹅就一直给她送来食物，希望在离开这个岛屿之前，她能够恢复健康。

小人儿尼尔斯让雄鹅先走了，没有去惊动他。在雄鹅远去之后，他轻手轻脚地走进乱石堆靠近小灰雁一看，他才恍然大悟为什么雄鹅一连两天殷勤地给她送来食物。她长着一个最最漂亮的小脑袋，羽毛光洁得像软缎一般，眼睛里闪烁着温柔而又祈求的光芒。

◆ 瑞士1963年11月30日发行一套附捐邮票，共有五枚。其中第一枚邮票面值5分/附捐5分，邮票画面是画家阿尔伯特·昂恩克（Albert Anker）的画作《男孩肖像》（Portrait of a Boy）。

◆ 匈牙利1980年11月11日发行一套邮票，共有六枚，以水鸟为主题。其中邮票面值40菲勒，邮票画面描绘一只在水边草丛中休憩的灰雁（Anser anser）。灰雁以各种水生和陆生植物的茎叶、根系、果实种子等为食，有时也吃鱼虾、昆虫等动物性食物。

◆ 乌克兰2004年10月26日发行一枚邮票小全张，共有五枚菱形的邮票，其图案相互衔接，构成一幅完整的画面，纪念多瑙河自然保护区。其中邮票面值2.61格里夫纳，邮票图案描绘了一弯清澈透明的河水，倒映着蔚蓝的天空和洁白的云彩。一只体态优雅的小灰雁，红红的嘴喙，红红的双脚，在明镜般美丽的水边亭亭玉立。

◆ 民主德国1968年3月26日发行一套邮票，共有六枚，以鸟类为主题。其中邮票面值25芬尼，邮票画面描绘了一对朝夕相伴的灰雁（Graylag geese）站在河边的水草丛中。

当她瞅见男孩子时,她本想赶快逃走,但是由于左翅膀脱了臼,耷拉在地上,使得她难以动弹。大拇指儿一说出自己是谁之后,这只名叫邓芬的小灰雁就在他面前妩媚地伸伸脖颈点头致意,并且用悦耳动听的嗓音说道:"我非常高兴你到这里来帮我的忙。白雄鹅告诉我说,再也没有人比你更聪明和更善良了。"小灰雁邓芬说这番话的态度是那么雍容端庄,连男孩子都自愧弗如了。

◆ 罗马尼亚1995年7月31日发行一套邮票,共有六枚,以水鸟为主题。其中邮票面值960列伊,邮票画面描绘了一只抬头张望的灰雁(Anser anser)。

◆ 位于非洲北部的突尼斯1994年12月27日发一套邮票,共有四枚,以野生动物为主题。其中邮票面值180突尼斯第纳尔,邮票画面描绘一只体格健壮的灰雁(Anser anser),它站在微波荡漾的湖岸边抬头张望。另两只灰雁扑扇着宽大的翅膀,从湖面上腾空而起,比翼齐飞。

◆ 中国发行的绘画艺术明信片,画面是中国画家边寿民的中国画画作《芦雁图》:低垂的芦叶微微摇曳,绽开的芦花轻轻颤动。水面的波纹重重叠叠,岸边的灰雁三三两两。

"这哪里是一只鸟儿,"他暗自思忖道,"分明是一位被妖术坑害的公主嘛!"他心情激动起来,很想要帮助她,便把他的那双很小的手伸到羽毛底下去摸摸翅骨,幸好骨头倒没有折断,只是关节错了位。小人儿伸出一根手指探了探那个脱臼了的关节窝。"当心啦。"他一面说着,一面牢牢捏住那根管子状的骨头用力一推,把它推回到了原处。他是第一次做这样的事情,手脚可以说是十分利索的,动作也是很准确的,终于让小灰雁邓芬左翅膀的关节复位了。

◆ 匈牙利1968年4月25日发行一套邮票，共有八枚，以鸟类为主题，纪念国际鸟类保护大会。其中邮票面值2.50福林，邮票画面描绘了一只在芦苇丛中亭亭玉立的灰雁（Graylag goose）。

◆ 丹麦1999年9月29日发行两枚邮票小型张，以迁徙鸟类为主题。第一枚邮票小型张共有两枚邮票，其中第二枚邮票面值5.25丹麦克朗，邮票画面描绘了两只灰雁在天鹅绒般柔软的水草丛中栖息。它们主要栖息在不同生境的淡水水域中，出入于富有芦苇和水草的湖泊、沼泽和草地。灰雁奉行一夫一妻制，雄鸟和雌鸟共同参与雏鸟的的养育。邮票小型张画面描绘了河流湿地的自然生态：潋滟的水面波影重重，繁茂的水草参差起伏。红花和黄花星星点点，飞鸟和水禽啁啁啾啾。

到了第二天，天色转晴，大雾已经消散。领头雁阿卡盼咐说现在可以继续飞行了。这时，大雄鹅莫顿整天牵肠挂肚的小灰雁邓芬已经恢复了健康，一点毛病也没有了。她向大雄鹅妮妮诉说道，全靠大拇指儿将她的翅膀用力一拉，使她受伤的左翅膀很快痊愈，可以继续飞行了。水珠如同珍珠一般在她绸缎一般变幻着颜色的翎羽上闪闪发亮。大拇指儿不禁又一次想道，她是一位真正的小公主啊。

◆ 爱沙尼亚1995年1月26日发行一套邮票，共有两枚，以大雁为主题。其中邮票面值3.20爱沙尼亚克朗，邮票画面描绘了两只在蓝天上扑翅高飞的灰雁（Anser anser）。

◆ 白俄罗斯2009年发行一枚邮票小版张，共有七枚相同的邮票，邮票面值1000白俄罗斯卢布，以灰雁（Anser anser）为主题。邮票画面描绘了两只正在天空中比翼齐飞的灰雁，它们笔直地伸展着细长的脖颈，用力拍打着自己宽广的双翼，义无反顾地飞向遥远的迁徙地。灰雁进行长途迁徙时常排列成有序的队列，有一字形、人字形等。小版张边纸图案描绘了一对相亲相爱的灰雁在栖息地繁育后代的情景。

7

老狐狸殒命

领头雁阿卡带领着大雁群从厄兰岛起飞后,折转身来朝向内陆飞行。在横越海峡的时候遇上了可怕的大风暴,那一阵呼啦啦巨响,就像是千百只巨翅大鸟一齐扑打翅膀飞了过来一样,海水登时变成了黑色。阿卡想到,决不能让狂风把他们扬飚过波罗的海去,所以她和大雁们设法降落到水面上。

领头雁阿卡带领着大雁群从厄兰岛起飞后,折转身来朝向内陆飞行。在横越海峡的时候遇上了可怕的大风暴,那一阵呼啦啦巨响,就像是千百只巨翅大鸟一齐拍打翅膀飞了过来一样,海水登时变成了黑色。阿卡想到,决不能让狂风把他们扬飏过波罗的海去。所以她和大雁们设法降落到水面上。

◆ 苏联 1972 年 1 月 12 日发行一套邮票,共有五枚,以鸟类为主题。其中邮票面值 10 戈比,邮票画面描绘了海上发生风暴的一幕:一阵阵、一排排滔天的巨浪从碧绿色的海面上呼啸而来,排山倒海,惊心动魄。两只与风暴不期而遇的藤壶黑雁(Barnacle geese)伸长黑色的脖颈,孤立无援地站立在浪花白沫飞溅的礁岩上。

◆ 挪威 1986 年 5 月 27 日发行一套北欧联盟专题邮票,共有两枚,以姐妹城市为主题。邮票首日封图案描绘了惊心动魄的一幕风景:辽阔无垠的大海风急浪高,波涛翻滚,水花飞溅。一群长途迁徙的大雁在高低起伏的海面上空排列成整齐的队列,它们伸长脖颈,扇动羽翼,一往无前地飞向远方。

◆ 瑞典 2002 年 5 月 10 日发行一套邮票,共有四枚,邮票面值都是 5 瑞典克朗,以夏日风光为主题。其中第一枚,邮票画面描绘了狂风肆虐、波涛翻滚的大海,几只扑扇着翅膀的海鸟在海面上劈风斩浪,奋力前飞。

◆ 捷克 1960 年 12 月 24 日发行一套邮票,共有六枚,以鸟类为主题。其中邮票面值 1 捷克克朗,邮票画面描绘了一只在水面上缓缓游动的灰雁(Graylag goose)。

◆ 德国 1998 年 5 月 7 日发行一枚附捐邮票,邮票面值 110 芬尼 / 附捐 50 芬尼,以环境保护为主题。邮票画面描绘了惊心动魄的海上风暴:汹涌的浪涛排山倒海,就像大海生命的律动,演奏着气势恢宏的乐章。白色的浪花喷涌飞溅,宛若大海轻盈的舞步,展露出千娇百媚的笑颜。

此时的大海汹涌怒号，巨浪白沫飞溅地从碧绿色的海面上排山倒海而来，似乎在比试哪个最有冲天之势，最有拍沫飞溅之势。但是大雁们对于浪峰涛谷倒并不十分害怕，他们随着波峰浪谷上下地荡漾，就像孩子们玩秋千一般地兴高采烈。然而大雁们并没有完全脱离险境，最要命的是，在水面上下摇荡不可避免地使他们产生了睡意，他们毕竟太疲倦了，甚至连阿卡自己也差点儿打起盹来。

◆ 苏联1982年6月10日发行一套邮票，共有六枚，以珍稀鸟类为主题，纪念在莫斯科举行的第18届鸟类学大会。其中邮票面值10戈比，邮票极限片画面描绘了一只漂浮在蓝色海面上随波逐流的斑头雁（Eulabeia indica）。这种擅长飞行的大雁头部有两条黑色的条斑，因而得名。画面中的这只斑头雁外表文静，神情安详，缓缓前行，牵动着水面上一圈圈逐渐荡漾的水纹。

◆ 朝鲜2004年9月30日发行一套邮票小版张，共有四枚，以鸿雁（Anser cygnoides）为主题。其中邮票面值104分，邮票和极限片画面描绘了两只在水边栖息的鸿雁，其中一只在水边的鹅卵石上甸匐休憩，另一只在波光粼粼的水面上扑翅戏水；邮票面值120分，邮票和极限片画面描绘了一对鸿雁情侣在波纹荡漾的水面上结伴而行，它们卿卿我我，形影不离。

◆ 芬兰1961年9月4日发行一套附捐邮票，共有三枚，以动物为主题。其中邮票面值30分/附捐5分，邮票画面描绘了一只在海水中游泳的海豹，它从水面上探出圆溜溜的头部，瞪着一双亮晶晶的眼睛，仔细观察着海面上的动静。

◆ 俄罗斯1993年12月20日发行一套邮票，共有八枚，邮票面值都是250卢布，以野生动物为主题。其中第二枚，邮票画面描绘了一只正在大海深处游来游去的夏威夷僧海豹（Monachus schauinslandi）。

◆坦桑尼亚 1994 年 7 月 29 日发行一套邮票，共有七枚，以濒危野生动物为主题。其中邮票面值 250 坦桑尼亚先令，邮票画面描绘了一只胖乎乎的僧海豹（Monachus tropicalis），它正在从微波荡漾的海水中慢慢露出圆溜溜的小脑袋。

◆土库曼斯坦 1993 年 10 月 11 日发行一套世界自然基金会濒危野生动物保护邮票（WWF），共有四枚，以里海环斑海豹（Phoca caspica）为主题。其中邮票面值 150 马纳特，邮票首日封画面描绘了一只在海水中游弋的环斑海豹，它从水中探出圆溜溜的头部，好奇地观察着海面上的动静。

　　就在这时候，她忽然注意到在一个浪头的顶峰露出一个圆圆的深颜色的东西。"海豹！海豹！海豹！"阿卡死命大叫起来，扇起翅膀就冲上了天空。在最后一只大雁刚刚离开水面的时候，海豹已经到了跟前，张嘴就会咬那只大雁的趾掌，真是千钧一发之际脱了险。

　　这样，大雁又回到了大风暴之中，而风暴又把他们朝着外海卷过去。大雁拼命往回挣扎，而风暴却一刻不停地劲吹，把他们朝北边的小卡尔斯岛吹过去。尼尔斯骑在鹅背上抬头一看，发现迎面有一座怪岩磷峋、巨石峥嵘的峭壁。山脚下白浪冲天，飞沫四溅。

◆加拿大 1952 年 11 月 3 日发行一枚邮票，邮票面值 7 分，邮票画面描绘了一只加拿大黑雁（Branta canadensis），它伸展着细细长长的脖颈，扑打着风帆般的双翅，在一望无垠的辽阔海面上腾空而起。

◆法国 2003 年 9 月 20 日发行"各地生活风情"系列第二枚小全张，共有十枚邮票，邮票面值都是 0.50 欧元。其中第八枚，邮票画面描绘了海边的一幕风景：鬼斧神工的山石突兀峻拔、奇峰簇立，如同千山万岭向无边的大海深处蜿蜒伸展。

◆ 阿根廷 2002 年 4 月 13 日发行一套邮票,共有四枚,以鸟类为主题。其中第三枚邮票面值 75 分,邮票画面描绘了一只站在水边张望的棕头草雁(Chloephaga rubidiceps)。这种陆栖性的大雁小小的嘴喙,长长的双腿,可长时间保持直立姿态。它们身上的羽毛缀有星星点点的白斑,腹部还有纤细的黑色横斑。棕头草雁主要以水生植物为主,其分布局限于南美洲。

◆ 澳大利亚 1991 年 2 月 14 日发行一套邮票,共有四枚,以水鸟为主题。其中邮票面值 85 分,邮票画面描绘了两只从天而降的澳洲灰雁(Cape barren goose)。它们是澳洲特有的大型雁类,体型粗大壮硕,灰色的翅膀上缀有黑色圆斑。澳洲灰雁在空中飞行时,常喜欢利用自身健壮的体力快速拍打宽大的双翅,从而获得十分优异的飞行速度。

　　大雁们笔直地朝着这座峭壁飞去,原来峭壁上豁开着一个半圆形的洞口。大雁们鱼贯飞入洞口之内,转眼间一切化险为夷了。大雁们开始四处查看这个陌生的山洞。洞口还有一线朦胧的光线射进来,他们就借了这一点点亮光仔细环视,这个山洞又大又深,在一处阴暗的角落里有几个发亮的绿色光点。"那是眼睛,"阿卡惊呼起来,"这里面有大动物!"可是大拇指儿的目力在黑暗中要比大雁们强得多,他向大雁们喊道:"不用跑,角落里是几只绵羊!"

　　大雁们适应了洞里阴暗的光线之后,才看清楚那确实是一群毛茸茸的绵羊。大羊的数目同他们自己差不多,另外还有几只羔羊。其中有一只大公羊长着又长又弯的犄角,看样子像是他们的领头羊。大雁们走到大公羊面前恭恭敬敬地鞠躬致意。"幸会,幸会,荒原上的朋友。"他们招呼说。

◆ 法罗群岛 1979 年 3 月 19 日发行一枚法罗群岛的公羊邮票,邮票面值 25 丹麦克郎。邮票和首日封图案描绘了一只大公羊的头部特征。

◆ 瑞典 1994 年 1 月 17 日发行一套动物邮票。其中邮票面值 3.20 瑞典克郎,邮票图案是瑞典的哥特兰羊(Gotland sheep)。这种绵羊原产於瑞典哥特兰岛,因而得名。这种绵羊外形雍容端庄,被誉为"羊中王子",黑黑的脸膛配上一身夹杂着灰色、黑色和白色的波浪状羊毛,显得十分英俊帅气。它们的羊毛细长而柔软,常被用于制作孩童的服饰。

但是大公羊躺在那里一动不动，甚至连一句欢迎的话也不说。终于，有一只拉长了脸、愁眉不展的老母羊开口说话了，她用凄苦的腔调说道："唉，不是我们当中有人不让你们在这里借宿，可惜这是个不吉利的住所，我们不能像早先光景好的时候那样殷勤待客啦。""啊哟，你们千万不要因此而费心，"领头雁阿卡说道，"要是你们知道今天海上的风暴有多大，那么你们就会明白我们只要有块立足之地安生睡上一夜就心满意足了。"这时，那只大公羊却站起来走到他们面前。大雁们觉得，他们从来没有看见过有哪只羊长着那么长、那么粗的犄角。他身上别处也很引人瞩目：高大而凸起的前额、机灵的眼睛和威严的神态，仿佛他是一只英武扬威、勇不可当的野兽。

邮票上的动物故事

◆ 爱尔兰1991年9月3日发行一套邮票，共有三枚，以爱尔兰绵羊为主题。其中邮票面值32便士，邮票和极限片画面描绘了一头切维厄特绵羊（Wicklow cheviot），它们小小的头部，圆圆的身材，短短的四肢；邮票面值38便士，邮票和极限片画面描绘了多尼戈尔黑脸绵羊（Donegal blackface），它们黑黑的脸膛，弯弯的犄角，胖胖的体型。

◆ 摩尔多瓦2014年发行一套邮票，共有两枚，邮票面值分别是1.20列伊和5.75列伊，邮票画面描绘了郁郁葱葱的牧场景色：天鹅绒般柔软的草地弥漫着清新沁人的甘香，纤细柔密的嫩草像绿宝石一般发出悦目的光彩。在草地上东张西望的母羊和它稚嫩的小羊羔形影不离，相依为命。

大公羊说道,"我不能不负责任地让你们安心睡觉,而不对你们说清楚这里非常不安全。""这荒岛上有三只狐狸是袭击我们的常客。"阿卡好奇地问道:"哦,原来如此,难道狐狸也敢对你们这样的大个儿下手吗?""唔,倒也不是,在白天是不敢的,因为在大白天我可以自卫,还可以保护我的伙伴。"大公羊说道,晃了晃他的大角。"可是他们在晚上趁我们睡在山洞里的时候偷偷地来袭击我们。我们尽量整夜整夜不阖眼睛,可是总难免要睡上一会儿。等我们一睡,他们马上就扑过来了。他们已经把别的山洞里的绵羊都咬死了。"

领头雁阿卡沉思了片刻之后,回头转向大拇指儿说道:"我不知道你肯不肯像以前许多次那样帮助我们。"她问道。不用说,小男孩当然很乐意。"可惜你又要彻夜不睡了,"大雁们说道,"不过我不知道你能不能一直醒着不睡过去,直到狐狸来的时候就把我们叫醒,好让我们飞出去。"

邮票上的动物故事

◆澳大利亚1989年2月27日发行一套邮票,共有四枚,邮票面值分别是39分、39分、85分和1澳大利亚元,以绵羊为主题。四枚邮票画面描绘了一望无垠的草原风光,以及四种绵羊的外形特征和独特风采。

◆位于西亚的以色列2000年5月3日发行一套世界自然基金会濒危野生动物保护邮票(WWF),共有四枚,邮票面值都是1.20谢克尔,以阿富汗狐狸(Blanford's fox)为主题。四枚邮票画面以不同视角描绘了这种狐狸在山林荒野栖居的情景。阿富汗狐狸的耳朵很大,可以用来散发热量。它们的皮毛黄褐色,腹部灰白色,尾巴端部黑色。阿富汗狐狸身后的大尾巴又粗又长,差不多相等于身体的长度。这种动物通常生活在半干旱山区,石坡、峡谷、峭壁以及干涸河床是它们喜爱的栖息地,并比较喜欢吃诸如葡萄和甜瓜这样的水果。

◆瑞典1968年11月9日发行一套邮票,共有五枚,邮票面值都是30欧尔,以动物为主题。其中第三枚,邮票画面描绘了一只在山野间寻找猎物的红狐狸。这种狐狸虽然个子不大,但其捕杀各种猎物时不仅靠仗力气,更依仗攻击的策略和时机。当躲避敌害时,狐狸的聪明智慧也比一般动物技高一筹,是丛林动物中的"智多星"。

◆ 法属圣皮埃和密克隆群岛1952年10月10日发行一套邮票,共有两枚,邮票面值分别是8法郎(棕褐色图案)和17法郎(蓝灰色图案)。邮票画面描绘了在海岛上栖居的银狐(Silver fox)。银狐并非全身银白,也有一些黑毛,所以又叫"银黑狐"。这种狐狸长着圆圆的脸庞,长长的耳朵,蓬松的尾巴,细长的四肢。

男孩子虽然并不太乐意不睡觉,可是这比起承受大风暴的苦楚还是要强一些,因此他也答应了。小男孩尼尔斯来到山洞的洞口,将身子缩到一块石头背后,就在那里睁着眼睛,守候着狐狸。这个山洞位于半山腰里,下方有一条又窄又陡的山路,他过了一会儿,小男孩的耳际忽然响起了野兽利爪在石头上抓挠的声响,果然有三只狐狸趁着夜色顺山路向洞口袭来。这时小男孩想到,如果只去叫醒大雁,而不顾绵羊群的死活,是于心不忍的。他脚步如飞,急忙奔进洞里,用力摇晃大公羊的犄角,把他摇醒,与此同时,小人儿一个箭步骑到山羊背上。"快站起来,往前冲!我们要叫这些狐狸尝尝厉害。"男孩子说道。

◆ 葡萄牙2007年发行一套邮票,共有六枚,以国家森林公园为主题。其中邮票面值0.61欧元,邮票画面描绘了山林中的一幕:苍翠的松柏丛丛簇簇,碧绿的芳草深深浅浅。一头红狐狸奔拉着毛茸茸的大尾巴匆匆前行,在生机盎然的丛林世界中寻觅着自己的猎物。

◆ 匈牙利1966年7月4日发行一套邮票,共有七枚,以狩猎动物为主题。其中邮票面值20菲勒,邮票画面惟妙惟肖地描绘了欧洲红狐狸的头部特征。

◆ 拉脱维亚2007年发行一枚邮票,邮票面值45拉分,邮票画面描绘了森林中夜间的一幕:一只东游西荡的红狐狸竖起尖尖的双耳,瞪大圆圆的眼睛,拖着长长的尾巴,正在蹑手蹑脚地寻找着自己的猎物。

◆ 俄罗斯图瓦1995年发行一套邮票,共有八枚,以野生动物为主题。其中第八枚邮票面值600卢布,邮票画面描绘了一只蜷伏在草地上稍事休憩的红狐狸。

男孩子端坐在公羊背上,看准了那三只狐狸正在悄悄地溜进洞来。"笔直朝前冲!"男孩子向大公羊咬了咬耳朵。大公羊猛地用力将头朝前一顶,就把第一只狐狸顶出了洞口。"朝左边冲!"男孩子把大公羊的大脑袋扳到正确的方向。大公羊用犄角狠狠一戳,击中了第二只狐狸的腰侧。那只狐狸一连翻了好几个筋斗才稳住身形站了起来,匆匆逃走了。男孩子本来也想让第三只狐狸挨一下子,可惜那只早已逃跑了。"我想,他们今天晚上尝到了滋味!"男孩子说道。"是呀,我想也是这样,"大公羊笑呵呵地说道,"现在你快在我的背上躺下来,钻到我的绒毛里去吧!现在该暖和暖和身体,舒舒服服地睡个好觉了。"

◆ 波兰1975年6月23日发行一套邮票,共有八枚,纪念在波兰举办的第二十届欧洲畜牧业联合会会议。其中邮票面值5兹罗提,邮票画面描绘了几只正在草地上低头觅食的绵羊。

◆ 爱尔兰1989年4月11日发行一套邮票,共有四枚,以国家公园和花园为主题。其中邮票面值32便士,邮票和极限片画面描绘了国家公园的风光景色:辽阔的天空云色苍茫,无垠的大海波澜壮阔。山麓的小屋形孤影单,山上的大树枝繁叶茂。悠闲的白马三三两两,烂漫的野花丛丛簇簇。

◆ 丹麦格陵兰岛2013年发行一套邮票,共有两枚,以农庄景色为主题。其中邮票面值20.00丹麦克朗,邮票画面描绘了秀美的山峦,青翠的草地,一群白色的绵羊三三两两地散落在山坡上,仿佛朵朵白云飘落到大地。

◆ 荷兰发行一枚邮票,邮票面值1等邮资,邮票画面描绘了一只红狐狸的头部特征。

◆ 新西兰2005年1月12日发行一套邮票,共有五枚,以农庄动物为主题,纪念中国生肖鸡年。其中邮票面值45分,邮票画面描绘了高低起伏的山峦,铺青迭翠的草地,以及一头英姿勃勃的公羊。两只幼小的羊羔胆怯地依偎在公羊的身旁。

第二天，大公羊背上驮着男孩子尼尔斯在岛上四处转悠，让他看看岛上各处的风光景色。这个岛原来就是一块巨大的岩石礁，四周峭崖壁立，顶部平坦，宛若一幢巨大的房屋。大公羊先带着男孩子去看了看山顶上水草丰茂的草地。男孩子不得不承认，这个岛似乎特别适合羊群的栖居，山上长满了羊儿喜欢吃的酥油草和气味芳香的青草。

Children of Switzerland
Wildflower meadows and snow-capped mountains make tending the goats a summer joy for Swiss youngsters.

◆ 匈牙利 2008 年发行一套邮票，共有四枚，以野生动物为主题。其中邮票面值 170 福林，邮票画面描绘了一只在草原上漫步的公羊，它头顶弯弯的犄角，身披细密的羊毛，显得威风凛凛，英姿勃勃。画面远处有一群绵羊，三三两两地散落在河边的草地上低头吃草。

◆ 瑞士 1979 年 9 月 6 日发行一枚邮票，邮票面值 40 分，纪念国际儿童年。邮票首日封画面描绘了儿童们在高山牧场度假的情景：寒光闪闪，银辉熠熠，巍峨的山峰冰雪覆盖。洁白的花，金黄的花，牧场的野花遍地绽开。云杉挺拔，雪松翩翩，满山的树林郁郁葱葱。脚踩青草，手牵山羊，男孩女孩重归自然。

"这真是一个令人向往的地方，"男孩子尼尔斯说道，"你们羊儿住的地方可真美呵！""是呀，这儿地方倒确实很美，"大公羊说道，"但你独自一人在这里走动的时候，千万要留神脚底下的裂缝，这山上有好几处很大的裂缝啊。要是有人失足掉了下去，那就没命啦。"

◆ 爱尔兰 1980 年 7 月 30 日发行一枚邮票小型张，共有四枚邮票，以野生动物为主题。其中邮票面值 16 便士，邮票画面描绘了一只在山林中四处游荡的狐狸。

◆位于加勒比海的岛国阿鲁巴1993年3月31日发行一套邮票，共有三枚，邮票面值分别为50分、60分和100分，邮票画面描绘了各种神奇的山岩景观：有的嶙峋壁立，仿佛一面鬼斧劈

削的悬崖；有的造型奇特，好似一座神功啄刻的雕塑；有的势如危卵，宛若一块从天而降的巨石……

◆丹麦格陵兰岛1995年4月20日发行一套邮票，共有两枚，以风光景色为主题。其中邮票面值8.50丹麦克朗，邮票画面描绘了大海岸边嶙峋险峻的山石礁岩，以及惊心动魄的悬崖峭壁。

◆德国1998年7月16日发行一枚邮票小型张，共有两枚邮票，邮票面值分别是110芬尼和220芬尼，以国家公园为主题。邮票小型张画面描绘了险峻的高山，嶙峋的岩石，一处处悬崖峭壁鬼斧神工，一个个豁口地洞深不可测。

　　原来这座山上有好几个地方都有又宽又深的大豁口，其中最大的一个叫作地狱洞。小男孩听了大公羊的提醒，不由得思忖起来：这些深不见底的深豁地洞，能否成为那些凶恶狐狸的葬身之地呢？他决定要和领头雁阿卡和大雄鹅莫顿商量一下。那天过了不久，大雄鹅莫顿就驮着男孩子尼尔斯越过山顶的平地朝着"地狱洞"那边去了。大雄鹅无忧无虑地在宽阔的山脊上信步漫游，走起路来右腿一瘸一拐，左边的翅膀耷拉在地上，好像折断了一样。他不时从地面上啄食一根草茎，也不向周围打量一番。男孩子则四仰八叉地平躺在鹅背上，眼睛仰望着蓝色的天空。

　　他们都那么逍遥自在，当然也就没有注意到三只狐狸爬上了山顶。狐狸们很明白，要在开阔地带谋害一只白鹅的性命，那几乎是不能得逞的事情。因此他们跳进了一条很长的裂缝里，打算找机会偷袭大雄鹅。

◆圣马力诺 1999 年 6 月 5 日发行一套邮票，共有五枚，以动物为主题。其中邮票面值 1250 里拉（0.65 欧元），邮票画面描绘了躲藏在绿色丛林中的红狐狸，它竖起尖尖的双耳，瞪圆狡黠的眼睛，时刻等待着扑向猎物的时机。画面背景描绘了高高的山岗和古老的城堡。

◆日本 2006 年 6 月 3 日发行一套地方风情邮票，共有四枚，邮票面值都是 50 日元，以野生动物为主题。其中第一枚，邮票画面描绘了一只狐狸默默地葡匐在野花盛开的草地上。

◆芬兰奥兰岛 2004 年 2 月 2 日发行一套邮票，共有三枚，以野生动物为主题。其中邮票面值 0.60 欧元，邮票画面描绘了一只站在山岩上回眸张望的红狐狸。

当狐狸们快要接近雄鹅时，大雄鹅莫顿想试试看能不能飞起来。他拍打了几下翅膀，但是怎么也飞不起来。于是狐狸们恍然顿悟过来，原来这只白鹅是不会飞的。他们就比先前更加兴冲冲地利用土丘和高处作掩护，继续向雄鹅步步逼近。

◆位于非洲西南部的安哥拉 2000 年 4 月 7 日发行一枚邮票小全张，共有十二枚邮票，邮票面值都是 1.50 安哥拉宽扎，以野生动物为主题。其中第八枚，邮票画面描绘了一头葡匐在草丛中的狐狸，它竖起尖尖的耳朵，瞪大灼灼的双眼，凝神屏息地等待着捕捉猎物的关键一刻。

◆位于非洲北部的利比亚 1983 年 2 月 15 日发行一枚邮票小全张，共有邮票十六枚，邮票面值都是 25 利比亚第纳尔。其中第九枚，邮票画面描绘了一只站在水边东张西望的大鹅。

◆位于中美洲的尼加拉瓜 1985 年 8 月 25 日发行一套邮票，共有六枚，以鸟类为主题。其中邮票面值 2.00 尼加拉瓜科多巴，邮票画面描绘了一只伫立水边的大鹅，它挺直长长的白脖颈，抬起骄傲的高额头，显得英姿勃勃，气宇轩昂。

◆ 丹麦法罗群岛1989年10月2日发行一套邮票，共有四枚，邮票面值分别是320欧尔、350欧尔、500欧尔和600欧尔，邮票画面描绘了波澜壮阔的大海，奇石嶙峋的海岛，以及雄浑壮观的悬崖峭壁风光景色。

邮票上的动物故事

　　终于，那三只狐狸悄然无声地靠近了雄鹅，便一齐纵身向大雄鹅扑去。大雄鹅莫顿谅必在最后一刹那才发觉了动静，因为他朝旁边一闪身，让狐狸们扑了个空。但是这只可怜的雄鹅虽然拼命往前飞跑，但走路还是一瘸一拐的。

　　男孩子倒骑在鹅背上朝着狐狸大呼小喊道："你们这几只狐狸，吃羊肉吃得浑身肥膘，胖得连只大鹅也追赶不上！"他的呼喊激怒了那三只狐狸，他们暴跳如雷，不顾一切地往前直窜。只见那只大白鹅径直朝向那个"地狱洞"大豁口飞跑过去，他来到豁口边上翅膀一挥就飞了过去，而狐狸差一点就能够抓住他了。在飞过了"地狱洞"之后，大雄鹅还是和方才一样大步流星地匆匆飞奔。

◆ 为与非洲南部的南非西斯凯1982年10月29日发行一套邮票，共有四枚，以野生动物为主题。其中邮票面值15分，邮票画面描绘了一只在旷野中寻觅猎物的南非狐狸（Vulpes chama）。

◆ 美国1987年6月13日发行一枚邮票小版张，共有五十枚邮票，邮票面值都是22分，以北美洲的野生动物为主题。其中第五十枚，邮票画面描绘了深秋时节的一幕：红彤彤的枫叶满山满坡，一头红狐狸站在高高的山岩上回头张望。

◆ 阿尔巴尼亚1967年11月25日发行一套邮票，共有八枚，以农庄动物为主题。其中邮票面值20昆塔，邮票画面描绘了一只羽色洁白、脖颈修长的大雄鹅。

◆保加利亚1991年8月21日发行一套邮票,共有五枚,以农场动物为主题。其中邮票面值25斯托丁基,邮票画面描绘了一只伸长脖颈、神态自若的大鹅。

◆阿根廷1999年9月25日发行一套邮票,共有五枚,以自然公园和野生动物为主题。其中第五枚邮票面值75分,邮票画面描绘了一处处嶙峋壁立的悬崖峭壁,一个个神奇险峻的豁口地洞,以及一只山岩下窥测动静的灰狐狸。

可是还没有奔出几公尺远,男孩子就拍拍大雄鹅的脖颈说道:"现在你可以停下来啦,大雄鹅。"就在这时候,他们听见身后传来了疯狂的嚎叫和利爪抓挠岩石的声音,随后又听见身体坠到谷底的沉重响声,那三只狐狸掉进了深不可测的"地狱洞",再也不见踪影了。

◆比利时2006年1月26日发行一套邮票,共有十枚,邮票面值都是0.46欧元,以农庄动物为主题。其中第九枚,邮票画面描绘了一头站在草地上张望的小绵羊;第十枚,邮票画面描绘了三只摇摇摆摆前行的大白鹅。

◆丹麦法罗2007年发行一套邮票,共有三枚,以农庄动物为主题。其中邮票面值25丹麦克朗,邮票画面描绘了两只无忧无虑的大鹅正在嫩绿色的草地上栖息漫步。

◆匈牙利2008年发行一套邮票,共有四枚,以野生动物为主题。其中邮票面值110福林,邮票画面描绘了三只毛茸茸的绵羊在草原上自由自在、无忧无虑地生活栖居。

绿头鸭获救

　　大雪山来的阿卡带领着大雁群继续向北方飞去，途经波涛万顷的维特恩湖、高峰耸立着奥姆山、一马平川的东耶特兰大平原，以及镶嵌在大平原上的明珠——达格大沼泽地和陶庚湖。陶庚湖是一个很大很大的湖，人们觉得这个湖占去了太多肥沃的土地，因此他们试图将湖中的水抽干，在湖底播种粮食。经过排水之后，湖水已经很浅了，几乎没有一个地方水深超过两米。如今有一种植物喜欢让脚站在这样的水中，而头和身子却露在水面上，这种植物就是芦苇。它在这里生活得很惬意，长得比人还高，许多地方稠密得连小船都难以穿过。

大雪山来的阿卡带领着大雁群继续向北方飞去，途经波涛万顷的维特恩湖、高峰耸立着奥姆山、一马平川的东耶特兰大平原，以及镶嵌在大平原上的明珠——达格大沼泽地和陶庚湖。陶庚湖是一个很大很大的湖，人们觉得这个湖占去了太多肥沃的土地，因此他们试图将湖中的水抽干，在湖底播种粮食。经过排水之后，湖水已经很浅了，几乎没有一个地方水深超过两米。如今有一种植物喜欢让脚站在这样的水中，而头和身子却露在水面上，这种植物就是芦苇。它在这里生活得很惬意，长得比人还高，许多地方稠密得连小船都难以穿过。

◆ 奥地利 2003 年 7 月 11 日发行一枚邮票，邮票面值 1.00 欧元，以世界自然遗产保护（UNESCO）为主题。邮票图案描绘了湖泊湿地的美丽景色：天青青，水蓝蓝，光影粼粼若明若暗。沙沙声，簌簌响，微风徐徐时隐时现。东飘飘，西飘飘，一叶小舟无羁无绊。静静飘，慢慢游，几只水鸟随波逐流。

◆ 瑞典 2007 年 5 月 10 日发行一套以"夏日风光"为主题的邮票，共有四枚，邮票面值均为 11 瑞典克朗。其中第四枚，邮票画面描绘了仲夏时节的湖泊风光：几处绿树层层吐翠，落在河中的浓荫朦朦胧胧；一只水鸟缓缓游弋，荡漾水面的波纹重重叠叠。邮票极限片图案描绘了傍晚时分的湖畔风景：一汪平滑如镜的水面，将清澄透明的蓝天、舒展自如的彩云，以及扑朔迷离的树林草丛清晰地倒映了出来，如梦如幻地展现了大自然的博大、神奇和美丽。

◆ 比利时 1999 年 4 月 12 日发行一套欧罗巴"自然保护和公园"专题邮票，共有二枚，邮票面值都是 17 比利时法郎。两枚邮票的画面以朴素淡雅的艺术手法描绘了沼泽湿地的风光景色：层层叠叠的云彩，宛如神秘变幻的帷幕挂在天边。时隐时现的阳光，恰似潺潺泊泊的流水一泻千里。微微摇曳的水草在晨曦中浅吟低唱，沙沙作响的绿树在微风中亭亭玉立……

芦苇把人封锁在陶庚湖之外，但它同时又为其他大批生物提供了保护。芦苇丛中小水塘星罗棋布，小水沟纵横交错。碧绿而静止不动的湖水中，青萍和眼子菜在那里繁殖生长，孑孓、小鱼和蠕虫也在那里大量孵化，各种水鸟可以在水塘和水沟周围许多隐蔽的地方产下鸟蛋和哺育幼鸟，而不会受到敌害的袭扰，也不用担心没有食物吃。

◆乌克兰2002年7月13日发行一枚邮票小型张，共有五枚邮票，邮票面值都是50格里夫纳，以黑海自然保护区为主题。其中第一枚，邮票画面描绘了三只在岸边栖息的蛎鹬（Haematopus ostralegus）；第二枚，邮票画面描绘了一对喁喁私语的细嘴鸥（Larus genei）；第三枚，邮票画面描绘了一丛花色艳丽的矮鸢尾（Iris pumila）；第四枚，邮票画面描绘了一只长嘴细腿的白腰杓鹬（Numenius arquata）；第五枚，邮票画面描绘了一只东张西望的环颈鸻（Charadrius alexandrinus）。

◆孟加拉国1983年8月17日发行一套邮票，共有四枚，以鸟类为主题。其中邮票面值5孟加拉塔卡，邮票画面描绘了一只在水边休息的白翅栖鸭（Cairina scutulata）。

◆瑞士1971年12月1日发行一套附捐邮票，共有四枚，以为主题。其中邮票面值40分/附捐20分，邮票画面描绘了一对在水边栖居的绿头鸭（Mallards）。绿头鸭是一种最常见的野鸭，其雄鸭的头颈部披着金属亮绿色的羽毛，因而得名。其雌鸭则身披棕褐色的羽毛。

在陶庚湖的芦苇丛中栖居着数不清的水鸟，而且还有越来越多的水鸟汇聚到这里来。最先在那里定居的是绿头鸭，至今仍有上千只，但是他们不再拥有整个湖泊，而是不得不与天鹅、白嘴潜鸟、翘鼻麻鸭等其他鸟类分享了。

  陶庚湖上住着一只名叫雅洛的绿头鸭，这是一只小鸭，出生后只过了一个夏天、一个秋天和一个冬天。现在是他度过的第一个春天。他刚刚从北部非洲归来，到达陶庚湖时正值好季节，湖面上还结着冰。一天晚上，绿头鸭雅洛和另外几只小鸭在湖面上互相追逐玩耍。一个猎人向他们放了几枪，结果雅洛的胸部中了弹。他以为他要死了，还是拼命地向远处飞，最后落在湖畔一个大庄园门前。庄园里年轻温柔的女主人把受伤的雅洛放在一只篮子里，还轻轻抚摸着他的背部并擦干了他颈部羽毛里浸出的血。当她看到他那深绿色的闪闪发光的鸭头、白色的颈环、褐色的背羽和蓝色的双翼时，觉得这只绿头鸭非常漂亮。

◆ 位于欧洲西北部的卢森堡2000年5月9日发行一套邮票，共有三枚，以野鸭为主题。其中邮票面值18卢森堡法郎，邮票画面描绘了一只在水草丛中栖息的绿头鸭（Anas platyrhynchos）。绿头鸭也是现在家鸭的祖先之一。

◆ 罗马尼亚1985年6月26日发行一套邮票，共有六枚，以鸟类为主题。其中邮票面值4列伊，邮票画面描绘了一只漂浮在水面的绿头鸭。绿头鸭通常成群结队地栖息于淡水湖畔以及其他水体的芦苇丛中。

◆ 罗马尼亚1968年12月20日发行一套邮票，共有八枚，以保护鸟类和动物为主题。其中邮票面值40巴尼，邮票画面描绘了两只羽翎颜色十分美丽的秋沙鸭（Sheldrakes），它们摇摇摆摆地走到水边的芦苇丛中。

◆ 蒙古1991年4月1日发行一套邮票，共有七枚，以鸟类为主题。其中邮票面值30分，邮票画面描绘了一只在水面上静静飘、慢慢游的翘鼻麻鸭（Tadorna tadorna）。

◆ 波兰1981年7月30日发行一套邮票，共有六枚，以狩猎为主题。其中第六枚邮票面值6.50兹罗提，邮票画面描绘了湖岸边的一丛丛随风摇曳的芦苇、一支狩猎者的猎枪，以及两只受惊后腾空而起的野鸭。

◆ 俄罗斯1999年1月29日发行一套邮票，共有五枚，以狩猎为主题。其中邮票面值1.50卢布，邮票画面描绘了两名乘着小船的狩猎者悄悄隐蔽在湖边浓密的芦苇丛中，准备用猎枪捕杀在湖中生活栖息的野鸭。

过了一会儿，在篮子中熟睡的雅洛被推醒了。他睁开眼睛一看，发现篮子边站着一个比人和猛禽更危险的家伙，那正是花斑长毛狗赛萨尔，所有陶庚湖中野鸭十分惧怕的死敌。"你是谁？"他吼道，"你是怎么到这座房子里来的？你不是住在芦苇丛里的吗？"雅洛艰难地鼓起勇气回答说："赛萨尔，你不要因为我到这个家里来而生气！"他说，"这不是我的过错。我被枪弹击伤了，是这里的女主人把我放在这个篮子里的。""噢！原来是这样，"赛萨尔说，"那么，他们显然是想医治你的伤了。不管怎么说，你在这里是不会受到伤害的。"

有一天早晨，雅洛感觉好多了，就从篮子里爬出来，在地板上来回走动。但是他没有走多远就摔倒在地板上，躺在那里动弹不得了。赛萨尔走过来张开大嘴把他叼起来送回了篮子。正因为这样，雅洛对赛萨尔有了一种信任感。从此，赛萨尔和他成了好朋友，雅洛每天总要在赛萨尔的爪子间睡上好几个小时。但是雅洛对女主人的好感远胜于他对赛萨尔的好感，觉得人类是多么温柔和善良，慢慢喜欢上他们了。屋子里唯一叫人看不顺眼的就是家猫克劳维娜，她因为他喜欢人类而经常跟他发生争吵。

◆丹麦格陵兰岛1990年发行一枚附捐邮票，邮票面值400欧尔/附捐50欧尔，邮票画面描绘了一只匍匐在地的浅黄色小狗，以及两只蜷伏着身子休憩的绒鸭（Common eider）。

◆美国1984年9月7日发行一套邮票，共有四枚，邮票面值均为20美分，以美国名犬为主题。四枚邮票的图案以惟妙惟肖的艺术手法生动地描绘了八种名犬的外观形象和独特风采。

◆印度尼西亚1999年11月5日发行一枚邮票小型张，共有六枚邮票，以农庄动物为主题。其中第二枚和第三枚邮票面值都是500印度尼西亚盾，邮票画面描绘了一只黄狗带着自己的幼仔在院子里闲逛，以及一只小花猫站在石块上抬头张望。

◆挪威1987年11月12日发行一套圣诞邮票，共有两枚。其中第一枚邮票面值2.30挪威克朗，邮票画面描绘了一只乖巧的小花猫，正在看着两名儿童制作圣诞树的装饰物；邮票面值2.70挪威克朗，邮票画面描绘了一只忠实的小花狗，正在相伴两名儿童烹调姜饼点心。

"你以为他们保护你是因为他们喜欢你吗?"克劳维娜说,"你等着瞧吧,等把你养肥了,他们就会把你的头拧下来,我太了解他们了。还有人要把陶庚湖湖水全部抽干,明年湖底就会像地板一样干燥。我不知道,到那时候你们野鸭可往何处去安身。"雅洛和其他水鸟一样,有一颗脆弱而又充满柔情的心,听到这些话时心里非常难过。他简直难以想象他的女主人会把他的头拧掉,人们为什么要使那么多的绿头鸭无家可归,遭受不幸呢。

◆波兰1970年2月28日发行一套邮票,共有八枚,以狩猎动物为主题。其中邮票面值40格罗希,邮票画面描绘了一只站立在草丛中的绿头鸭(Mallard drake)。绿头鸭既善于游泳,又擅长飞行,是一种每年进行长途迁徙的候鸟。每年夏季,绿头鸭在北方的沼泽湿地地带产卵育儿,繁衍后代。到了秋天,它们就成群结队地飞向南方越冬。第二年春暖花开时节,绿头鸭又从南方的越冬地返回北方的故里。

◆苏联1968年12月25日发行一套绘画艺术邮票,共有十枚。其中邮票面值6戈比,邮票画面是俄罗斯风景画家艾萨克·伊里奇·列维坦(I.I.Levitan)的油画作品《湖畔》(On the Lake):蓝色的天空,蓝色的湖泊,白云飘荡在湖里,湖面倒映着矜持的水草,云彩亲吻着矜持的水草,水波揉碎了痴情的蓝天。此画收藏于俄罗斯列宁格勒博物馆。

◆波兰1964年6月5日发行一套邮票,共有九枚,以水鸟为主题。其中邮票面值1.55兹罗提,邮票画面描绘了一只羽色斑斓的琵嘴鸭(Shoveler)在湖面上静静漫游。

◆乌克兰2004年10月26日发行一枚邮票小全张,共有五枚菱形的邮票。其图案相互衔接,构成一幅完整的画面,描绘了一弯清澈透明的河水,倒映着蔚蓝的天空和洁白的云彩,纪念多瑙河自然保护区。其中邮票面值45戈比,邮票画面描绘了一只在水面上空翩翩飞行的疣鼻天鹅(Cygnus olor);邮票面值75戈比,邮票画面描绘了一只站在水草茎杆上东张西望的侏鸬鹚(Phalacrocorax pygmaeus);邮票面值80戈比,邮票画面描绘了一只在浅水中亭亭玉立的大白鹭(Egretta alba);邮票面值2.61格里夫纳,邮票画面描绘了一只体态优雅的小灰雁(Anser anser);邮票面值3.52格里夫纳,邮票画面描绘了一只从水面腾空而起的白琵鹭(Platalea leucordia)。

几天以后，雅洛已经康复，能够在屋子里飞来飞去了。一天清早，女主人在雅洛的身上套了一个绳圈，使他的翅膀不能飞行。然后，一个猎人把他夹在腋下就到湖上去了。湖面上的冰已经化完，各种水生植物已在水中深处开始扎根，绿色的芽尖已冒出水面。现在差不多所有的候鸟都已回来了，麻鹬从芦苇里伸出了弯嘴，䴙䴘带着新颈环到处游逛，沙锥鸟正在运草筑巢。

猎人跳上一只小驳船，把雅洛放在舱底，把船撑到一个四周被芦苇包围着的小泥岛。他跳下船去，在岛上的芦苇堆后面躲了起来。雅洛的翅膀上套着网子，由一根长长的绳子系在船上，但是可以在小岛上来回走动。

◆ 圣马力诺1962年8月25日发行一套邮票，共有十枚，以狩猎为主题。其中邮票面值3里拉，邮票画面描绘了一名狩猎者手持猎枪来到随风摇曳的芦苇丛中，准备猎杀一群湖中游弋的野鸭；邮票面值5里拉，邮票画面描绘了一名带着猎犬的狩猎者，在绿草如茵的旷野上举枪射击在此栖居的鹧鸪；邮票面值150里拉，邮票画面描绘了一名带着猎犬的狩猎者，举枪射击两只从丛林中腾空而起的野鸡。

◆ 罗马尼亚1965年9月10日发行一套菱形邮票，共有十枚，以鸟类为主题。其中邮票面值55巴尼，邮票画面描绘了水边的一幕：一丛丛柔细的芦苇，一层层激滟的水波，一只美丽的绿头鸭在此栖居。

◆ 法属圣皮埃尔和密克隆2010年发行一套邮票，共有两枚，以狩猎为主题。其中第一枚邮票面值1.65欧元，邮票画面描绘了蓝色的湖面水色激滟，波澜不惊。岸上的狩猎者正在举枪射杀湖中的野鸭；邮票面值1.50欧元，邮票画面描绘了一条猎狗叼起了被射杀的野鸭，把它献给自己的主人。其他的野鸭魂飞魄散、惊恐万分，纷纷用力扑打着翅膀四散逃离。

  突然,雅洛看见了几只以前曾和他在湖上戏水玩耍的小鸭,雅洛便向他们大声呼叫。于是,一大群美丽的野鸭向他飞了过来。但是还没有等他们飞近,他的身后传来了两声枪响,三只小鸭应声栽进了芦苇丛中。花斑长毛狗赛萨尔扑通一声窜了出去,把他们叼了回来。雅洛这时才明白过来,原来那些人救他只是要利用他作为诱饵,三只野鸭因为他的呼唤而丧失了性命,他觉得自己应当含羞而死。

◆阿尔巴尼亚1965年10月6日发行一套邮票,共有六枚邮票,以狩猎为主题。其中邮票面值40分,邮票画面描绘了烟波浩渺的湖面,丛丛簇簇的芦苇。一个狩猎者站在湖岸上举枪射杀了一只刚刚起飞的绿头鸭。

  第二天早晨,雅洛被再次带到了浅滩。这次当他看见一些野鸭时,便朝他们喊道:"飞开!飞开!小心!朝别的地方飞去!有一个猎手正藏在芦苇堆后面,我只是一只野鸭囮子!"他果然成功了,使这些不知情的野鸭免遭枪杀。他不希望湖中的任何鸟类因为他而遭到厄运,甚至也向湖中的䴙䴘发出警告,尽管这些䴙䴘曾经把绿头鸭挤出了湖中最好的栖息地。由于这一天雅洛不遗余力的警戒,那个捕猎野鸭的农庄猎人只得空手而归了。

  几天来,绿头鸭雅洛一直苦恼地充当着发出警报的野鸭,陶庚湖上的所有水鸟都认识他了。后来,有一天早晨,一个䴙䴘鸟窝朝雅洛所在的浅滩漂了过来。因为䴙䴘造的鸟窝能像小船一样在水上漂动,所以经常发生䴙䴘窝漂到湖面上的现象。当鸟窝靠近雅洛时,他发现一个从未见过的最小的小人儿坐在鸟窝里,用两根小棍棒作桨向他划过来。那个小人儿向他喊道:"尽量靠近水边,雅洛,做好起飞准备。你很快就会得救了。"

◆民主德国1968年3月26日发行一套邮票,共有六枚,以野生动物为主题。其中邮票面值20芬尼,邮票画面描绘了一对形影不离的绿头鸭在湖面上水草丛中静静飘,慢慢游。

◆美国1985年3月22日发行一套邮票,共有四枚,邮票面值都是22美分,以诱饵木鸭为主题。其中第二枚,邮票和极限片画面描绘了一只木制的诱饵绿头鸭在荡漾着水纹的湖面上随波逐流。

过了不多一会儿,䴙䴘鸟窝靠岸了,那个小船工并没有下来,而是缩着身子坐在窝里的树枝和草秆中间。紧接着,一群大雁朝他们飞了过来,雅洛大声向他们发出警告,但是他们没有理会,在浅滩上空来回飞了好几次。躲在芦苇堆后的长工终于受不住诱惑,对他们开了好几枪。枪声刚一响,男孩子便飞快地跑上岸来,从刀鞘中抽出一把小刀,几下子就割破了套在雅洛身上的绊网。"雅洛,在他重新装弹之前赶快飞走!"他一面喊叫,一面迅速跑回䴙䴘鸟窝撑篙离岸。

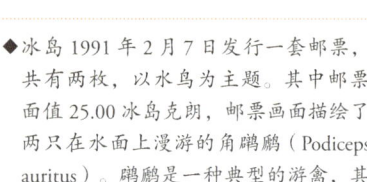

◆ 冰岛1991年2月7日发行一套邮票,共有两枚,以水鸟为主题。其中邮票面值25.00冰岛克朗,邮票画面描绘了两只在水面上漫游的角䴙䴘(Podiceps auritus)。䴙䴘是一种典型的游禽,其身体很象鸭子,但较为肥胖。䴙䴘的羽毛松软如丝,其头部的羽冠或皱领成为重要的识别特征。

◆ 瑞典与中国香港2003年10月4日联合发行一套邮票,共有四枚,以水鸟为主题。其中邮票面值10瑞典克朗/2.40港元,邮票画面描绘了两只在水中游弋的角䴙䴘;邮票面值10瑞典克朗/5.00港元,邮票画面描绘了一只在水中漫游的凤头䴙䴘(Podiceps cristatus)。凤头䴙䴘喜欢栖居在开阔水面的芦苇丛中,是众多水鸟中的"游泳高手"。它们常把头部没入水里,接着完成一个前滚翻动作,在水下作一段高速潜泳,然后在远处露头冒出水面。䴙䴘采用湖中的水草在水面上建造自己的浮巢,宛如湖上一只飘动的草船。这种鸟窝能随着湖面水位的上下而起落,从而免于被洪水淹没。鸟窝中的湿草发酵后还能产生热量,有助于鸟窝中鸟蛋的孵化。

藏在芦苇堆后的猎人一直盯着那群大雁,没有发现雅洛已被放走。但长毛狗赛萨尔对刚才发生的情况看得一清二楚。当绿头鸭雅洛刚要振翅起飞,赛萨尔就窜上前去一口咬住了他的脖子。雅洛惨叫着,但那个为雅洛松绑的小人儿极为镇静地对赛萨尔说:"要是你真的像你外表上看起来那样刚正不阿的话,那么,你肯定不愿让一只好端端的野鸭坐在这里当囮子,诱使其他的水鸟遭殃。"赛萨尔听了这些话以后,放开了雅洛。"飞走吧,雅洛!"他说,"你太善良了,我并不是因为让你当囮子才想把你留下来的,而是因为没有你家里就太寂寞了。"

◆ 苏联1988年5月20日发行一套邮票，共有五枚，以猎犬为主题。其中邮票面值20戈比，邮票画面描绘了波光粼粼的一弯湖面，以及一丛丛随风摇曳的芦苇。一名猎手乘着橡皮小舟在湖面上射杀野鸭，他的猎犬站在主人的身旁，虎视眈眈地观察着前方的猎物。

◆ 比利时2006年5月15日发行一枚邮票，邮票面值4.30欧元，邮票画面描绘了一只凤头䴘䴘匍匐在自己搭建的浮巢里，在湖面上无羁无绊地自由飘荡。

◆ 匈牙利1980年11月11日发行一套邮票，共有六枚，以水鸟为主题。其中邮票面值4福林，邮票画面描绘了一弯水草丛生的湖面，一只凤头䴘䴘（Great crested grebe）趴伏在水草搭建的鸟窝上。

◆ 波兰1964年6月5日发行一套邮票，共有九枚，以水鸟为主题。其中邮票面值6.50兹罗提，邮票画面描绘了一只凤头䴘䴘（Great crested grebe）在一池碧水中安安稳稳地随波逐流，它的倒影清晰地映照在平静的水面上。

◆ 匈牙利1980年11月11日发行一套邮票，共有六枚，以水鸟为主题。其中邮票面值1福林，邮票画面描绘了湖岸边的一幕：柔细的水草丛丛簇簇，袅袅婷婷。一对相亲相爱的琵嘴鸭（Shoveler）在此搭起了爱情的巢穴，卿卿我我，形影不离。

◆ 奥地利1984年8月13日发行一枚风光邮票，邮票面值4奥地利先令。邮票极限片图案描绘了一幕令人怦然心动的美丽风景：蓝盈盈的湖水辽阔无垠，绿茵茵的芦苇袅袅婷婷。一阵微风徐徐吹拂，湖面上荡漾开此起彼伏的波纹：一圈圈抚皱了水面，一层层揉碎了倒影，一重重绽开了微笑……

邮票上的动物故事

125

屋子里没有了绿头鸭雅洛确实显得很寂寞,但最想念雅洛的要数那个小男孩佩尔了,他才三岁,是家里唯一的小孩。当他得知雅洛已经回到了陶庚湖的绿头鸭当中时,他没有就此罢休,而是总想着怎么样让他回来。

◆ 瑞典1979年5月7日发行一套邮票,共有六枚,邮票面值都是1.15瑞典克朗,以运河水道为主题。其中第六枚,邮票画面描绘了一个小男童划着细细长长的船桨,驾驶着自己的独木小舟在水面上缓缓前行。

◆ 位于北大西洋东中部的葡萄牙亚速尔群岛1989年4月26日发行一枚欧罗巴"儿童游戏"专题邮票小型张,共有两枚邮票,邮票面值都是80埃斯库多。其中第一枚邮票,邮票和极限片画面描绘了一弯微波荡漾的蓝色水面,一个喜笑颜开的小男孩驾驶着轻便灵活的小锡船在湖中游弋。

◆ 圣马力诺2002年10月31日发行一套邮票,共有六枚,邮票面值都是0.41欧元,以礼仪问候为主题。其中第二枚,邮票画面描绘了一个天真烂漫的男孩,他心怀欢乐绽开笑颜,轻启小口亲切问候。画面上方是"你好"的英文和意大利文字样。

◆ 比利时1963年12月7日发行一套附捐邮票,共有六枚,以画家彼得·保罗·鲁本斯(Peter Paul Rubens,1577-1640)的画作为主题。其中邮票面值1比利时法郎/附捐40分,邮票画面采用素描的艺术笔法描绘了一个幼童栩栩如生的面部表情。

◆ 法国1965年12月11日发行一套附捐邮票,共有两枚,以绘画艺术为主题。其中邮票面值25分/附捐10分,邮票画面是法国印象派画家皮耶尔·奥古斯特·雷诺阿的画作《手拿小匙的男童》(Infant with Spoon),

雅洛失踪的第二天，小家伙一个人打开一扇门，来到湖边，一遍又一遍地呼喊着绿头鸭雅洛。他还跨上一只很破旧而且漏水的小划子，在湖面上漂来漂去，呼喊着雅洛。最后在湖中游弋的雅洛终于听到了佩尔的呼唤，便像箭一样飞向佩尔，在他的身边坐下，任凭他抚摸。但此时，雅洛发现这漏水的小划子随时都会下沉。他立即飞开去寻求帮助，驮来了一个比佩尔小得多的小人儿。他们一起将小划子划到了一个被芦苇包围的小岛，让佩尔安全地跨上了岸。

◆ 位于太平洋中部的基里巴斯1993年3月28日发行一套邮票，共有八枚，以水鸟为主题。其中第三枚邮票面值60分，邮票画面描绘了一对针尾鸭（Northen pintail）在碧水中游来游去；第四枚邮票面值60分，邮票画面描绘了一对赤颈鸭（Eurasian widgeon）在湖面上慢慢游弋。

◆ 中国发行的世界名画明信片，画面是美国印象派女画家玛丽·卡萨特（Mary Cassatt, 1845-1926）的画作《夏日》（Summer Time），描绘了阳光灿烂、天色明媚的夏日，母亲和女儿乘坐一叶扁身在小河里自由飘荡，时而俯身与河面上游弋的水鸟和野鸭一起嬉戏，欢乐的笑屬和美丽的衣裙倒映在清澈透明的河水中。一阵微风徐徐吹来，抚皱了平滑如镜的河水，荡漾起五色斑斓的粼粼光影。

与此同时，农庄上的人们发现佩尔失踪了，便开始到处寻找。佩尔的母亲在湖岸边寻来找去，找遍了芦苇丛和灯芯草丛，踩遍了泥泞的湖岸。她听见天鹅、野鸭和麻鹏在她周围呼叫着、悲叹着、拗哭着。"他们这样悲叹、一定也有伤心事，"她想。奇怪的是，太阳落山以后他们还不安静下来。她听见栖居在陶庚湖上的无数鸟群发出一阵又一阵的呼叫声。许多水鸟不管她走到哪儿都跟到那儿，其他一些水鸟则快速扇动着翅膀从她身边疾飞而过，整个天空充满着埋怨和悲哀的叫声。

但是，她自己所遭受的痛苦却使她的心境豁然开朗。她感到自己不像别人那样与所有其他动物相隔那么遥远，她比以前任何时候都更能理解这些水鸟的处境。他们和她一样，也常常为家园和孩子操心，他们和她之间的差别不像她以前所想像的那么大。这时她突然想到陶庚湖排水的决定，将使数千只天鹅、野鸭和鹧鸪失去他们在湖上的家园。"这一定会使他们痛苦万分，"她想，"他们到什么地方去抚养他们的孩子呢？"

◆ 新西兰 1993 年 6 月 9 日发行一套世界自然基金会濒危野生动物保护邮票（WWF），共有四枚，邮票面值都是 45 分，以本土特有物种为主题。
四枚邮票图案彼此相连，共同组成一幅全景式的画面，描绘了湖泊湿地的生态系统。其中第一枚，邮票画面描绘了黄眼企鹅（Yellow-eyed penguin）、白头喙头海豚（Hector's dolphin）和新西兰海狗（New Zealand fur seal）；第二枚，邮票画面描绘了山蓝鸭（Blue duck）；第三枚，邮票画面描绘了巨蜗牛（Giant snail）、岩鹪鹩（Rock wren）和滑蹠青蛙（Hamilton's frog）；第四枚，邮票画面描绘了橄榄色鹦鹉（Kaka）、野鸽和沙螽（Giant weta）。

◆ 匈牙利 1980 年 11 月 11 日发行一套邮票，共有六枚，以水鸟为主题。其中邮票面值 2 福林，邮票画面描绘一只白翅浮鸥（Chlidonias leucopterus）站在水边的鸟巢中放声高歌。

◆ 联合国维也纳总部 2001 年 2 月 1 日发行一套邮票，共有四枚，邮票面值都是 7 奥地利先令，以濒危野生动物为主题。其中第二枚，邮票画面描绘了一只在湖面上游弋的黑背鸭（Anas laysanensis）。

◆ 瑞典 1993 年 8 月 26 日发行一套邮票，共有四枚，邮票面值都是 5 瑞典克朗，以海鸟为主题。其中第一枚，邮票画面描绘了两只凤头潜鸭（Aythya fuligula）；第二枚，邮票画面描绘了一只欧绒鸭（Somateria mollissima）；第三枚，邮票画面描绘了一对红胸秋沙鸭（Mergus serrator）；第四枚，邮票画面描绘了两只斑脸海番鸭（Melanitta fusca）。

　　女主人还想到，第二天大家就要对陶庚湖的排水做出决定。她急忙走回庄园，把自己的想法告诉了自己的丈夫。她讲到了那个湖，也讲到了那些鸟，并且认为佩尔的失踪是上帝对他们俩的惩罚。丈夫明白了其中的道理，很快就改变了原先要排走湖水的主意。当男主人和女主人谈论此事的时候，长毛狗赛萨尔躺在火炉前，抬着头仔细地倾听着他们的谈话。当他自认为事情已经有了把握的时候，便走到女主人跟前，扯住她的裙子，拉着她向门口走。

◆芬兰1965年5月10日发行一套附捐邮票，共有三枚，以名犬为主题。其中邮票面值0.15芬兰马克/附捐0.03芬兰马克，邮票画面描绘了一条毛色棕黄的芬兰狐狸犬（Finnish Spitz,）；邮票面值0.35芬兰马克/附捐0.05芬兰马克，邮票画面描绘了一条毛色灰褐的芬兰狩猎犬（Finnish hunting dog）。

◆瑞士1993年3月16日发行一套邮票，共有两枚，以农庄动物为主题。其中邮票面值120分，邮票画面描绘了一个万籁俱寂的夜晚，苍白的月色朦朦胧胧地笼罩着沉睡的大地。一条守夜的小花狗抬头仰望着天上的星空，默默地蹲坐在小屋的门口。

"啊，赛萨尔，难道你知道佩尔在那儿吗？"女主人惊呼起来。赛萨尔高兴地汪汪叫了起来，带着女主人一溜烟地跑向陶庚湖，那里隐隐约约传来了一个小孩子的哭声。佩尔和大拇指儿以及鸟儿们在一起度过了他出生以来最愉快的一天。而现在他却开始哭了，因为他肚子饿了，又害怕黑暗。但是当他的父亲、母亲和赛萨尔来找他时，他却又破涕为笑了。

◆圣马力诺2002年10月31日发行一枚邮票小全张，共有十二枚邮票，邮票面值都是41分，以圣诞节为主题。其中第九枚，邮票画面描绘了一位慈爱的母亲把孩子紧紧抱在怀里。

◆瑞士1962年12月1日发行一套附捐邮票，共有五枚，纪念国家青少年基金建立50周年。其中邮票面值20分/附捐10分，邮票画面描绘了一位身穿绿色长裙的母亲怀抱着自己的孩子。

◆西班牙1964年3月24日发行一套邮票，共有八枚，以西班牙印象派画家华金·索罗拉亚·巴斯蒂达（Joaquín Sorollay Bastida）的画作为主题。其中邮票画面25分，邮票画面是画家的画作《水壶》（The Jug），描绘了外出玩耍的孩子回到家中，慈爱的母亲端起水壶让他饮水。

9

灰驼鹿雄风（上）

大雁群和小人儿在高空中继续飞行，他们身下就是平坦的东耶特兰大平原，其北部和南部则是多山的森林地带，在晨曦中青翠夺目，好像披着一层金色的薄纱。

大雁群和小人儿在高空中继续飞行,他们身下就是平坦的东耶特兰大平原,其北部和南部则是多山的森林地带,在晨曦中青翠夺目,好像披着一层金色的薄纱。

◆巴基斯坦2012年发行一套邮票,共有四枚,邮票面值都是8巴基斯坦卢比,以飞鸟为主题。其中第三枚,邮票画面描绘了一群体羽雪白的雪雁(Snow Geese),它们伸直细长的脖颈,展开黑白的羽翼,在蓝天白云中排列成整齐的队列,越过高山大河,俯瞰森林草原……

◆列支敦士登2011年发行一枚邮票,邮票面值140分,邮票和极限片画面以高空俯瞰的视角描绘了风景如画的平原景色:碧玉般的麦田深深浅浅,翡翠般的草场浓浓淡淡;盆景般的树林丛丛簇簇,玩具般的农舍三三两两……

小人儿尼尔斯坐在大雄鹅莫顿的背上,一个一个地数着矗立在小树林中的许多白色教堂。农庄上的绝大多数院落里坐落着宽敞的、粉刷得雪白的二层楼房,气魄显得那么雄伟。广袤的平原上已经冰消雪融,春耕已经开始。"在田野上爬行的长长的大壳虫是什么东西?"小人儿过了一会儿问道。"那是犁和耕牛。那是犁和耕牛。"大雁们回答道。那些耕牛在地上走得很慢很慢,大雁们向它们喊道:"你们明年也走不到头儿!你们明年也走不到头儿!"但是耕牛们也不示弱,抬起头来,张着大嘴对着天空吼叫起来:"我们一小时干的活,比你们一辈子干的还要多!"

◆南非西斯凯1990年9月6日发行一套邮票,共有四枚,以农具为主题。邮票首日封画面描绘了云霞飘荡的天空,广袤无边的田野,两头健壮的花斑耕牛在农田中辛勤犁地。

◆瑞典1973年10月24日发行一套邮票,共有五枚,邮票面值都是75欧尔,纪念斯德哥尔摩北欧博物馆建立100周年。其中第一枚,邮票图案描绘了一望无垠的北欧原野,两头健壮的耕牛正在黑黝黝的农田里犁地。

有些田野是马儿在拉犁,他们比耕牛拉得要快。但大雁们也要戏弄他们一番,向他们喊道:"你们和牛干一样的活不害臊吗?"而马儿咴儿咴儿地叫着,反驳道:"你们根本不干活,难道不觉得害臊吗?"

◆ 英国1978年7月5日发行一套邮票,共有四枚,以良种马为主题。其中第一枚邮票面值9便士,邮票画面描绘了置放在田头的一套犁具,以及一匹擅长耕地的夏尔马(Shire horse)。

◆ 联合国纽约总部1985年6月26日发行一套邮票,共有两枚,纪念联合国成立40周年。其中邮票面值22分,邮票画面是美国画家安德鲁·威斯(Andrew Wyeth)的油画作品《村落一角》(The Corner);邮票极限片图案描绘了一名农夫在广袤无垠的田野中辛勤犁地的情景。

◆ 列支敦士登1994年6月6日发行一套邮票,共有四枚,邮票面值都是60分,以书信问候为主题。其中第三枚,邮票画面描绘了一头口衔着绿色四叶草的小白猪,它疾驰前行,四蹄生风,为朋友带去"祝你幸运"的问候。

◆ 乌克兰2011年发行一枚邮票小型张,共有五枚邮票,以农庄的春季为主题。其中第五枚邮票面值1.50格里夫纳,邮票画面描绘了一头嬉皮笑脸的小白猪,它扬起长长的耳朵,翘着短短的尾巴。

◆ 芬兰1998年3月12日发行一套附捐邮票,共有三枚,以良种猪为主题。其中邮票面值3.20芬兰马克/附捐0.70芬兰马克,邮票画面描绘了在猪栏中游戏玩耍的三头小白猪。

◆ 新西兰1995年发行一枚邮票小型张,共有五枚邮票,邮票面值都是45分,纪念Singapore'95国际邮票展览。小型张边纸图案描绘了一群可爱的小白猪,它们一面嗷嗷地叫唤,一面欢快地奔跑。

在乡间大路上，有一个农夫赶着一群小猪去出售。这些小猪走起路来互相挤在一起，像是为了寻找依靠。"唉呀，唉呀，我们离开父母亲太早了。唉呀，唉呀，我们这些可怜的小孩该怎么办呢？"小猪们说。"你们的遭遇会比你们想像的要好得多。"大雁们向他们喊道。大雁们飞过大片平原时心情十分舒畅，他们从一个农庄飞到另一个农庄，同那里的家畜和家禽不停地开着玩笑。

◆ 俄罗斯2011年发行一枚欧罗巴"森林"专题邮票，邮票面值15卢布，邮票画面描绘了一片郁郁葱葱的白桦树林。在寒带地区的草原、森林或者山野路旁，都能看到成片成片茂密的白桦树林。

◆ 白俄罗斯2011年4月14日发行一套欧罗巴"森林"专题邮票，共有两枚。邮票小版张画面采用对比鲜明的色块描绘了森林生态系统的美丽多姿：一片片树叶深绿浅翠，一朵朵野花妩紫嫣红。一只只小鸟啼鸣啁啾，一对对彩蝶飞舞蹁跹。其中面值2000卢布，邮票图案描绘了秀丽挺拔的白桦树林，仰天长啸的麋鹿和飞来飞去的小鸟；邮票面值2500卢布，图案描绘了茂密的森林和绵延的草地，东游西荡的狗熊和五彩缤纷的野花。

◆ 奥地利1966年6月16日发行一套邮票，邮票面值1.80奥地利先令，纪念维也纳慈善协会成立120周年。邮票画面描绘了一只小花狗的的头部特征。

◆ 芬兰1989年3月17日发行一枚"瑞典荞狗俱乐部百年"纪念邮票小全张，共有四枚邮票，邮票面值均为1.90芬兰克郎。其中第一枚邮票，邮票图案描绘了一只黑色的牧羊犬；第二枚邮票，邮票图案描绘了一只棕色的芬兰狐狸犬；第三枚邮票，邮票图案描绘了一只黑白两色的卡累利阿熊犬；第四枚邮票，邮票图案描绘了一只栗色的芬兰猎犬。

邮票上的动物故事

在布劳海峡以北的地方有一座山林，长有几十公里，宽有十多公里，到处生长着亭亭玉立的云杉，佳木葱茏、古树参天。山脚四周和山谷里长着槲树和椴树，海滩上长着桦树和桤树，陡峭的山坡上长着松树。那一带溪流上没有桥梁，湖面上没有舟楫，不过野兽的洞穴却多不可数。那里的森林看守人有一条名叫卡尔的猎狗，他除了黄色的腹部和前腿外，浑身的皮毛乌黑锃亮。猎狗卡尔非常有灵性，平时热衷于追逐农庄庭院里的鸡儿和羊儿，而且还到森林里去叼食小兔子和小松鸡，在附近的小动物中臭名昭著。

◆民主德国1959年11月27日发行一套邮票，共有五枚，以野生动物为主题。邮票首日封图案描绘了森林中的一幕：参天的大树郁郁葱葱，栖居的马鹿三三两两。摇曳的绿叶婆娑起舞，啼鸣的小鸟低吟浅唱。

◆瑞典2007年5月10日发行一套以"夏日风光"为主题的邮票，共有四枚，邮票面值都是11瑞典克郎。其中第一枚，邮票和极限片画面描绘了原始森林中的一幕：粗树干，细树干，棵棵松柏笔直挺拔。时而疏，时而密，青枝绿叶微微颤动。暗沉沉，凉飕飕，树荫浓郁青苔满地。沙沙声，簌簌响，林海起伏奏起乐章。

◆日本2007年发行一套地方风情邮票，共有五枚，邮票面值都是80日元。其中第四枚，邮票画面描绘了一头慈爱的母鹿正在与自己的幼仔喁喁私语。

◆苏联1969年9月10日发行一套邮票，共有五枚，以自然保护区和野生动物为主题。其中邮票面值6戈比，邮票画面描绘了一头棕褐色的母红鹿，它正在为满身小白斑的幼仔哺乳。

◆波兰 1982 年 3 月 24 日发行一套邮票，共有六枚，纪念联合国斯德哥尔摩环境会议 10 周年。其中邮票面值 31 兹罗提，邮票画面描绘了一丛古木参天的树林，一片青草丛生的山坡，一头犄角弯弯的水牛，以及在此栖居的一头母鹿和它的幼仔。

◆加拿大 2005 年 10 月 20 日发行一套邮票，共有两枚，以野生动物为主题。其中邮票面值 1 加拿大元，邮票画面描绘了在湖边栖居的白尾鹿（White-tailed Deer）母子。白尾鹿奔跑时尾巴翘起，尾底显露白色，因而得名。它们主要栖息于美洲的苔原、林区、荒漠、灌丛和沼泽地区，是典型的草食性动物，吃草叶、树皮、嫩枝和树苗，而且善于游泳。

◆瑞典 1992 年 1 月 30 日发行一枚邮票小本票，共有十枚邮票，邮票面值都是 2.80 瑞典克朗，以矮鹿（Capreolus capreolus）为主题。矮鹿又称狍子，全身草黄色的皮毛，尾巴根部有白毛。小本票封面图案描绘了矮鹿母亲和孩子在山林中觅食的情景。

一天，这条猎狗把一只刚出生五天的小鹿崽追逼得离开了母鹿，逃到了一块沼泽地里。卡尔倒并不真心要逮住这只小鹿崽，只是想要吓唬吓唬它而已。那只母鹿深知小鹿崽身处十分危险的境地，她突然窜进沼泽地，把猎狗赶跑，带着鹿崽转身跑回陆地。可是就在她马上就要跨到陆地时，突然失足掉入泥潭中，不幸淹死了。而她身边的小鹿崽倒还活着，但已经筋疲力尽。

◆蒙古 1982 年 6 月 25 日发行一套邮票，共有八枚，以幼小动物为主题。其中邮票面值 40 分，邮票画面描绘了一只碧玉丛生的树林，野花飘香的草地。一只满身白花斑的幼鹿在这绿色家园中自由自在地嬉戏玩耍。

◆荷属安德列斯 1992 年 1 月 29 日发行一套世界自然基金会濒危野生动物保护邮票（WWF），共有四枚，以白尾鹿（Odocoileus virginianus）为主题。其中邮票面值 5 分，邮票和极限片画面描绘了一丛丛袅袅婷婷的青草，一朵朵星星点点的野花。一头满身花斑的幼鹿安静地蜷伏在草丛中自由休憩。

◆德国2006年6月8日发行一套附捐邮票，共有五枚，也野生动物为主题。其中邮票面值55芬尼/附捐25芬尼，邮票画面描绘了一头红鹿带着自己的幼仔在郁郁葱葱的山林中漫步。

◆民主德国1976年8月17日发行一套邮票，共有六枚，以名犬为主题。其中邮票面值35芬尼，邮票画面描绘了一只黑色的里森雪纳瑞犬（Giant schnauzer），它仿佛突然发现了陌生的来客，龇牙咧嘴地大声吠叫。

◆芬兰19665年5月10日发行一套附捐邮票，共有三枚，以名犬为主题。其中邮票面值0.25芬兰马克/附捐0.04芬兰马克，邮票画面描绘了一只黑色的卡累利阿熊犬（Karelian bear dog），它翘着尾巴站在高坡上，眺望着远处郁郁葱葱的松树林。

◆冰岛2001年4月18日发行冰岛牧羊犬邮票一套，共二枚。其中80.00冰岛克朗，邮票图案描绘了一条体格健壮、动作机敏的黑色牧羊犬。它竖起双耳，张开大嘴，声嘶力竭地大叫大喊。

猎狗卡尔自知闯下大祸，便站立沼泽地的草墩上声嘶力竭地狂吠。森林看守人闻声赶到，救起了奄奄一息的小鹿。猎狗卡尔喜出望外，他绕在森林看守人身前背后又蹦又跳，用舌头舐舔他的手背，还心满意足地叫唤着。森林看守人把救起的小鹿恩背回了家，将他养在牲口棚的一个围栏里。

◆英国2005年1月11日发行一套"农庄动物"邮票，共有十枚，邮票面值都是一等邮资（28便士）。其中第九枚，邮票画面描绘了一只葡匐在地上的边境牧羊犬（Border collie），它垂下大大的耳朵，圆瞪乌黑的双眼，伸出长长的舌头，显得调皮可爱。

◆捷克斯洛伐克1959年9月25日发行一套邮票，共有五枚，以国家公园为主题。邮票首日封图案描绘了一头初生的小鹿，它懵懵懂懂地东望望，西看看，不知所措地面对这个陌生的世界。

◆捷克斯洛伐克1996年7月16日发行一套邮票，共有三枚，邮票面值都是4斯洛伐克朗，以自然保护为主题。邮票首日封图案描绘了一头文静而羞怯的小鹿，它十分安详地偎依在青草丛中休憩。

从此，猎狗卡尔再也不在森林里偷偷摸摸地追逐小动物了。当主人给名叫灰皮子的小鹿崽喂奶时，他也就跟着来到了牲口棚。小鹿崽脑袋很大，身上的毛皮皱皱巴巴，四条瘦骨嶙峋的细腿松松垮垮地支撑在身体底下。平时，这小鹿崽总是一脸苦相，无精打采。不过当他看到猎狗卡尔站在围栏外面的时候，就会匆匆站立起来，眼睛里突然闪烁出光彩。从那时候起，卡尔每天都去看望他，一呆就是几个钟头。猎狗常常用舌头舔小鹿崽的皮毛，同他一起嬉戏玩耍，并且告诉他森林里的动物都需要知道的事情。

◆ 罗马尼亚1972年3月10日发行一套邮票，共有六枚，以年幼动物为主题。其中邮票面值55巴尼，邮票画面描绘了两只满身白斑的小鹿在一起亲密无间地游戏玩耍。

◆ 瑞士1976年9月16日发行一枚邮票，邮票面值20分，以野生动物保护为主题。邮票画面描绘了一只水边匍匐的青蛙，一只空中飞行的燕子，以及一只在青草丛中回眸张望的小鹿，它的身上布满了星星点点的白斑。

◆ 罗马尼亚1980年3月25日发行一套邮票，共有六枚，以野生动物为主题，纪念欧洲自然保护年。其中邮票面值3.40列伊，邮票画面描绘了一只满身白斑的幼小矮鹿（Roe deer）正在绿茵茵的草地上踏青游玩。

◆ 苏联1974年4月24日发行一套邮票，共有五枚，以保护环境为主题，纪念EXPO'74世界博览会。其中邮票面值20戈比，邮票画面描绘了一头在青草丛中休憩的小鹿，它长着两只大大的耳朵，一双黑黑的眼睛，显得天真烂漫，温和驯良。

◆ 芬兰阿兰岛2000年3月1日发行一套邮票，共有四枚，邮票面值都是2.60芬兰马克，以驼鹿（Elk）为主题。驼鹿是世界上体形最大和身高最高的鹿，堪称鹿类中的庞然大物。其高大的身躯和四条长腿与骆驼相似，高耸的肩部也像骆驼背部的驼峰，因此得名。其中第一枚，邮票画面描绘了冰雪融化的早春时节，几只驼鹿在原野上呼吸着清新的气息；第二枚，邮票画面描绘了烈日炎炎的盛夏时节，母驼鹿和它的两只幼鹿形影不离；第三枚，邮票画面描绘了天高云淡的深秋时节，一对驼鹿在空旷的河边留恋徘徊；第四枚，邮票画面描绘了冰天雪地的寒冬时节，驼鹿一家在雪地里眺望着白雪茫茫的山林景色。

说也奇怪，自从猎狗卡尔同小鹿崽亲近以后，那小东西倒安心住下来，身体也发育长大了。森林看守人不得不把他搬到一个圈有高大栅栏的草地上去。又过了几年，那只鹿崽在栅栏里长成了一只身体强健、长相漂亮的驼鹿。但这头驼鹿仍旧多愁善感，而且似乎懒慵慵的，没有一股子活力。

◆捷克斯洛伐克1973年9月5日发行一套邮票，共有六枚，以猎狗为主题，纪念该国联合狩猎组织成立50周年。其中邮票面值20哈莱士，邮票画面描绘了一只爱尔兰长毛猎犬（Irish setter）；邮票面值30哈莱士，邮票画面描绘了一只捷克猎犬（Czech terrier）；邮票面值40哈莱士，邮票画面描绘了一只巴伐利亚猎犬（Bavarian hunting dog）；邮票面值60哈莱士，邮票画面描绘了一只德国短毛指示犬（German pointer）；邮票面值1捷克克朗，邮票画面描绘了一只英国小猎犬（Cocker spaniel）；邮票面值1.60捷克克朗，邮票画面描绘了一只达克斯狗（Dachshund）。

◆美国1978年6月10日发行一枚邮票小型张，共有八枚邮票，邮票面值都是13美分，以美国—加拿大边界地区的野生动物为主题。其中第五枚，邮票画面描绘了一头正在涉水过河的驼鹿（Moose）。雄驼鹿通常单独生活，雌驼鹿和小鹿集群而居，它们整天都在觅食饮水。

◆德国2009年发行一枚邮票小型张，邮票面值2.20欧元，以国家公园为主题。邮票小型张画面描绘了柔细的青草丰美茂盛，摇曳的树叶五色斑斓。穹曲的小河流光溢彩，雄浑的高山蜿蜒起伏。画面上还描绘了在森林中栖息的各种动物：林中漫步的雄鹿，寻机捕食的猎犹，蓝天翱翔的雄鹰，水边休息的鹳鸟等。

有一天，猎狗卡尔打听到自己的主人要把灰皮子公鹿卖给外国的一家动物园，感到很难过，便马上跑去告诉了这头驼鹿。但灰皮子倒显得无动于衷，既不忧伤亦不欣喜。卡尔站在那儿细细打量了他一番，发现这只驼鹿还没有长出成年鹿的那种扇状宽角、高高隆起的背脊和粗壮的鬃毛，但是他肯定有足够的力量去斗争，去赢得自由。

Fichte

◆ 列支敦士登1986年12月9日发行一套邮票，共有三枚，以树木为主题。其中邮票面值90分，邮票和极限片画面描绘了一棵云杉树（Spruce）。云杉是一种耐寒的常绿乔木，树形高大端庄，具有一种亘古不变的苍劲和静穆。

◆ 波兰1973年5月21日发行一套邮票，共有八枚，纪念国际狩猎联合会大会和波兰狩猎联合会成立50周年。其中邮票面值1.50兹罗提，邮票画面描绘了一头伫立山林的驼鹿（Moose）；邮票面值4.90兹罗提，邮票画面描绘了一头欧洲红鹿（Europian hart）。红鹿是一种毛皮红褐色的大型动物，雄红鹿的犄角细长而分叉多，其枝枝杈杈可达10支以上。

卡尔说道，"你会被关在一个大的动物园里，过上无忧无虑的日子。我只觉得，你要离开这里了，却还没有看见过这里的森林，那真是非常可惜。你的同族有一句名言，就是鹿儿和森林是融为一体的。""我倒也愿意去见识一下大森林，可是我怎样才能越过这栅栏呢？"灰皮子像平时一样慢慢吞吞地说道。"唉，你是办不到的，你的那几条腿实在太短啦。"猎狗卡尔话中有话地说道。驼鹿似信非信地瞅了卡尔一眼，便走到栅栏前面，纵身一跳就跳出了自己的囹圄。卡尔和灰皮子走进了森林，那是夏末的一个晚上，月光皎洁明亮，不过树底下却漆黑一片。驼鹿迈步十分小心，走得蹒跚而缓慢。"唉，我说咱们最好还是转身回去算啦！"卡尔说道，"你从来没有来过原始大森林，很容易把腿蹩折的。"灰皮子经不得这么一激，就加快了脚步，勇气也平添了几分。

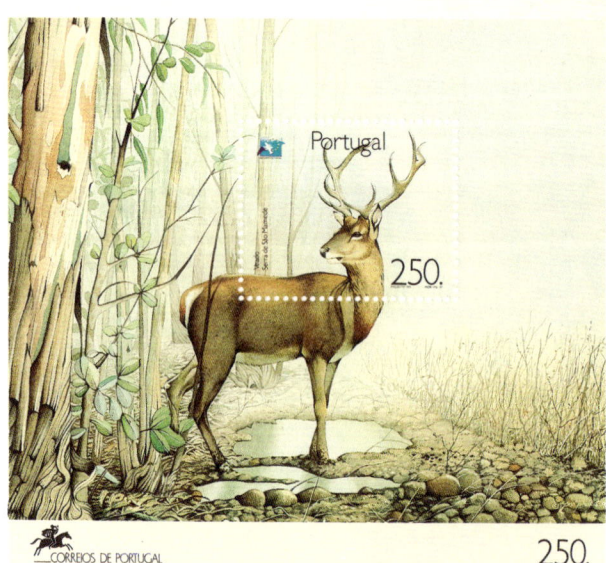

◆ 塞浦路斯2011年5月4日发行一套欧罗巴"森林"专题邮票，共有两枚，邮票面值分别是0.51欧元和0.68欧元。邮票画面以简洁朴素的艺术手法描绘了一幕森林风景：微风吹拂的绿色波浪簌簌作响，展现着大自然雄浑壮丽的畅想。自由出没的狐狸羚羊时隐时现，诉说起山林中生动有趣的故事。

◆ 葡萄牙1991年3月6日发行一套邮票，共有两枚邮票和一枚邮票小型张，纪念欧洲旅游年。其中邮票小型张邮票面值250埃斯库多，画面描绘了一头在山林中回首顾盼的公鹿，它头上的犄角细细长长，七枝八杈。

◆ 加拿大1953年4月1日发行一套邮票，共有三枚，纪念国家野生动物周。其中邮票面值3分，邮票画面描绘了一头驼鹿（Moose）的头部和犄角。

◆ 加拿大和爱尔兰2005年4月22日联合发行一套邮票，共有两枚，以环境生态为主题。其中邮票面值48便士，邮票和小型张边纸画面描绘了蜿蜒起伏的山峦、青草丛生的坡地以及潺潺流淌的河流，一群犄角细长的红鹿在这天然的家园中生息繁衍。

卡尔把灰皮子领到密林丛中，那里参天的大云杉树一棵挨着一棵，密得连风都透不过。"你的同族就是常常在这里避风御寒的，"卡尔告诉他说，"他们通常站在露天里度过整整一冬。你可是要比他们日子好过得多，你到了动物园以后就可以有屋子住了。"灰皮子一句话也不搭理，只顾站在那里拼命嗅着青松翠柏发出来的浓郁芬芳。

邮票上的动物故事

◆ 美国 2002 年 4 月 26 日发行一枚大自然系列邮票小全张（第四组），共有十枚邮票，邮票面值都是 34 美分，以长叶松森林为主题。长叶松（Longleaf pine）是一种常绿乔木，它们宛如青草一样聚集成簇，同时长出针状的芽叶。长叶松在地下的主根又深又长，可以存贮大量的养分，让小树向上蓬勃生长，逐渐形成枝繁叶茂的大树，乃至郁郁葱葱的森林，从而繁育了多样性的物种。长叶松森林是一个长叶松和许多其它生物共享的独特生态系统。松林间杂生着形状奇特的食肉植物小瓶子草和黄猪笼草，昆虫被它们绚丽多彩的颜色和分沁出的蜜汁所引诱，失足掉入它们精心设下"陷阱"，

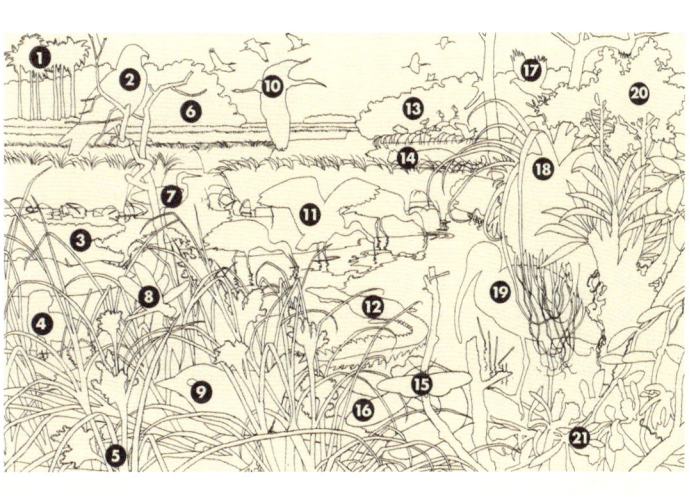

随后便后被其分泌出的消化液溶解吸收，成为它们赖以生长的养分。除此之外，松林间还生长着谷精草、叉唇科雷兰、齿叶梳藓、红门兰等多种植物。同时，这里还是狐松鼠、鸣蛙、啄木鸟、阔头蜥、黄缘蜻蜓等各类动物的大舞台。它们在这里欢聚一堂，共同奏响了长叶松林的交响之声。美国发行的这种大自然系列小全张在画面设计上十分新颖，所有邮票的图案与边纸图连成一片，浑然一体，构成一幅全景式的画面。这枚邮票小全张上表现了多达27种具有代表性的野生动植物：1. 一只轻启小口啼鸣的巴克曼雀（Bachman's sparrow）；2. 一条葡匐在树干上的阔头蜥（Broadhead skink）；3. 一丛紫红色的蒙面猪笼草（Hooded pitcher plant）；4. 一条葡匐在枯木上的长叶松林蝾螈（Flatwoods salamander）；5. 一丛玫瑰色的叉唇科雷兰（Rosebud orchid）；6. 一丛绽开粉白色花朵的谷精草（Pipewort）；7. 一只在长叶松树上啄虫的红冠啄木鸟（Red-cockaded woodpecker）；8. 一丛金灿灿的黄猪笼草（Yellow pitcher plant）；9. 一丛粉红色的多花美须兰（Grass-pink orchid）；10. 两只从森林中腾空而起的白喉鹑（Northern bobwhite）；11. 一棵棵笔直挺拔的长叶松；12. 一只在草丛中飞飞停停的黄缘蜻蜓（Yellow-sided skimmer）；13. 一只在草丛里葡匐的鸣蛙（Ornate chorus frog）；14. 一丛柔细的齿叶梳藓（Toothache grass）；15. 一只在草丛中左顾右盼的棕胁唧鹀（Eastern towhee）；16. 一只站在树上东张西望的狐松鼠（Fox squirrel）；17. 一只飞掠而过的红腹啄木鸟（Red-bellied woodpecker）；18. 一只眺望远方的灰狐狸（Gray fox）；19. 一只缓慢爬行的穴居沙龟（Gopher tortoise）；20. 一条趴伏在草丛中的佛罗里达松蛇（Florida pine snake）；21. 一只在草丛中窥测动静的南方蟾蜍（Southern toad）；22. 一棵枝叶繁茂的苦栎（Turkey oak）；23. 一只在树上栖息的棕头鳾（Brown-headed nuthatch）；24. 一只躲在木兰花瓣中的盲叩头虫（Blind click beetle）；25. 一丛绽开白色花朵的弗吉尼亚木兰（Sweetbay）；26. 一只在绿叶上跳来跳去的松林树蛙（Pine woods treefrog）；27. 一丛绽放红花的萨凡纳鹿草（Sanvnnah meadow beauties）。

卡尔又领他到一片大沼泽地旁边去看那些草墩和泥潭。"当驼鹿们遇到危险的时候，通常都是逃到这里来的，"卡尔告诉道，"尽管他们身躯那么大、那么重，他们照样可以跑到这里来而不至于陷进去出不来。不过有没有本事对你来说也是无所谓啦，因为你以后住在动物园里，决计不会再遭到猎人追捕的。"灰皮子二话不说，纵身一个长跃便跑到沼泽地里。他觉得踩在脚下的草墩微微晃动，心里十分得意，他在沼泽地里跑了一圈又回到卡尔身旁，一次也没有失足掉入泥潭。

◆卢森堡2011年发行一套欧罗巴"森林"专题邮票，共有两枚。其中邮票面值0.60欧元，邮票画面描绘了描绘了五色斑斓的森林景色：墨绿、碧绿、嫩绿，青枝绿叶自然天成；草黄、鹅黄、棕黄，林海草丛浓妆淡抹；松树、榉树、桦树，大树挺拔风姿绰约；红花、紫花、白花，野花烂漫团团簇簇。

◆罗马尼亚1992年11月16日发行一套邮票，共有七枚，以野生动物为主题。其中邮票面值55列伊，邮票画面描绘了一头体格健壮的驼鹿（Alces alces）正在涉水前行。驼鹿是典型的亚寒带针叶林动物，主要在针叶林和针阔混交林中的平坦低洼地带栖息，从不远离郁郁葱葱的森林家园。驼鹿还是名副其实的"辟水金睛兽"，一次可以游泳几十公里，甚至还可以横渡海峡，深潜到海水中觅食水草。

邮票上的动物故事

灰驼鹿雄风（下）

卡尔又把这只驼鹿领到一片阔叶树林，那里遍布着槲树、杨树和椴树。"你的同族就是常常在这里啃树叶和树皮填饱肚子的，"卡尔叹了口气说道，"可你到了外国谅必有更可口的东西吃啦。"灰皮子对于这些树干高大、枝叶浓密的树木在他头顶上形成一个绿色的华盖不免大为惊奇。他把槲树叶和杨树叶都尝了一尝。"唔，味道带点苦涩，不过非常好吃，"他赞美道，"比苜蓿还好吃得多啦。"

卡尔又把这只驼鹿领到一片阔叶树林,那里遍布着椈树、杨树和椵树。"你的同族就是常常在这里啃树叶和树皮填饱肚子的,"卡尔叹了口气说道,"可你到了外国谅必有更可口的东西吃啦。"灰皮子对于这些树干高大、枝叶浓密的树木在他头顶上形成一个绿色的华盖不免大为惊奇。他把椈树叶和杨树叶都尝了一尝。"唔,味道带点苦涩,不过非常好吃,"他赞美道,"比苜蓿还好吃得多啦。"

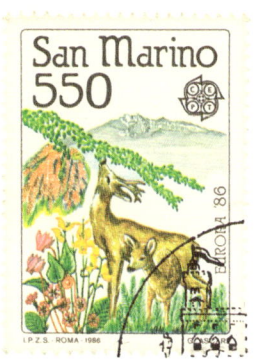

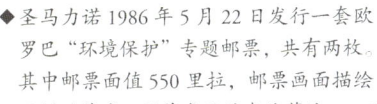

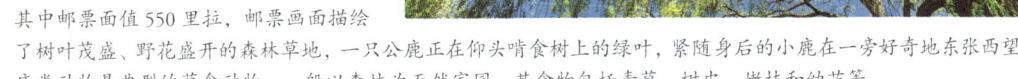

◆ 圣马力诺1986年5月22日发行一套欧罗巴"环境保护"专题邮票,共有两枚。其中邮票面值550里拉,邮票画面描绘了树叶茂盛、野花盛开的森林草地,一只公鹿正在抬头啃食树上的绿叶,紧随身后的小鹿在一旁好奇地东张西望。鹿类动物是典型的草食动物,一般以森林为天然家园,其食物包括青草、树皮、嫩枝和幼苗等。

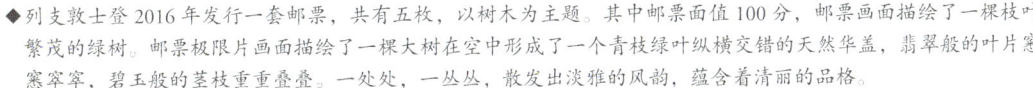

◆ 列支敦士登2016年发行一套邮票,共有五枚,以树木为主题。其中邮票面值100分,邮票画面描绘了一棵枝叶繁茂的绿树。邮票极限片画面描绘了一棵大树在空中形成了一个青枝绿叶纵横交错的天然华盖,翡翠般的叶片窸窸窣窣,碧玉般的茎枝重重叠叠。一处处,一丛丛,散发出淡雅的风韵,蕴含着清丽的品格。

◆ 葡萄牙2007年发行一枚邮票小型张,邮票面值1.25欧元,以国家公园为主题。邮票小型张画面描绘了森林中的一幕:微风吹拂的绿色波浪簌簌作响,展现着大自然雄浑壮丽的畅想。自由出没的松鼠野兔时隐时现,诉说起山林中生动有趣的故事。一头体格健壮的公鹿默默地站立在高坡上,凝望着眼前的高山深壑和林海树涛。它的两只犄角细细长长,宛如两根枝叶凋零的树枝。

◆ 位于东南亚的菲律宾1994年发行一枚邮票小型张,邮票面值12菲律宾比索,以濒危野生动物为主题,纪念SINGPEX'94国际邮票展览。邮票小型张画面描绘了两头米沙鄢梅花鹿(Visayan spotted deer),它的身上布满星星点点的白斑。

随后，猎狗卡尔又把灰皮子驼鹿领到森林里的一个小湖旁边，湖面平静如镜，一点涟漪也不泛起，水气缥缈、轻雾笼罩的湖岸倒映在湖里非常好看。灰皮子一看见那个湖就止住了脚步，站在那里一动不动。"这是什么呀，卡尔？"他迷茫地问道，因为这是他从生下来至今第一次看到微波荡漾的湖泊。

◆荷属安德列斯1992年1月29日发行一套世界自然基金会濒危野生动物保护邮票（WWF），共有四枚，以白尾鹿（Odocoileus virginianus）为主题。其中邮票面值40分，邮票和极限片画面描绘了两只形影不离的白尾鹿，它们一起跳跃着涉水过河，溅起了一堆堆洁白晶莹的水花。

◆捷克2011年发行一枚邮票小全张，共有四枚邮票，以国家森林公园（世界自然文化遗产）的自然生态为主题。其中邮票面值18捷克法郎，邮票画面描绘了绿树繁茂的森林，碧水荡漾的湖泊。一头体格健壮的雄驼鹿（Alces alces）走到水边安静地休憩，在此栖居的各种野生动物还有：两只在草丛中激烈争斗的黑琴鸡（Tetrao tetrix），一只在水面穿梭飞行的小蜻蜓（Aeshna juncea）等。

◆罗马尼亚1992年11月16日发行一套邮票，共有七枚，以野生动物为主题。其中邮票面值55列伊，邮票画面描绘了一头体格健壮的驼鹿（Alces alces）正在湖泊棕涉水前行。它头上庞大的犄角扁扁平平，尖叉密布，宛若一丛枝枝权权的海底珊瑚。

"这是一大片水，也就是一个湖，"卡尔说道，"你的同族常常在这里从这边湖岸游到那边湖岸。可是总不能指望你也能够游泳哇。"卡尔自己先扑通跳进水里，游起泳来。灰皮子站在岸上踌躇了很久，后来终于也硬着头皮下水了。当凛冽的湖水轻柔而凉爽地在他身体上轻拂时，他惬意得连一口气都不透一下，就身不由主地开始游起泳来了，而且还游得灵活自如。

 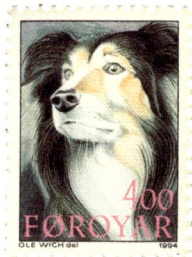 

◆丹麦法罗群岛1994年6月6日发行一套邮票，共有两枚，邮票面值都是4.00丹麦克朗，以牧羊犬为主题。其中第一枚，邮票画面描绘了一只站立在山坡草地上牧羊的黑白花狗；第二枚，邮票画面描绘了一只黑白花狗的头部特征。

◆联合国维也纳总部2000年4月6日发行一套邮票，共有四枚，邮票面值都是7奥地利先令，以濒危野生动物为主题。其中第三枚，邮票画面描绘了蜿蜒起伏的山峦，波光粼粼的河流，一头南美安第斯鹿（huemal）来到河边饮水解渴。

◆白俄罗斯1996年2月6日发行一套邮票，共有五枚，以野生动物为主题。其中邮票面值3000白俄罗斯卢布，邮票画面描绘了一头站在林间草地上的驼鹿。驼鹿的身体深褐色，具有一些明显的特征：硕大的头部、掌形的犄角、短短的脖颈、小小的眼睛。它们肥大的鼻子有些下垂，上嘴唇也比下嘴唇明显长一些。

◆白俄罗斯1995年12月29日发行一枚邮票小型张，邮票面值10000白俄罗斯卢布，以野生动物为主题。小型张画面描绘了森林中的一幕风景：粗树干、细树干，一棵棵大树笔直挺拔。时而疏，时而密，一丛丛绿叶摇曳颤动。一头英姿勃勃的马鹿（Cervus elaphus）在此栖居。马鹿是仅次于驼鹿的大型鹿类，体形宛如骏马，因而得名。马鹿的身体深褐色，背部及两侧有一些白色的斑点。雄马鹿头上有两只发达的犄角，一般分为6个叉，最多可达8个叉。马鹿喜欢群居，喜欢生活于森林或草原地区。它们平时以各种青草、树叶、嫩枝、树皮和果实等为食，擅长奔跑和游泳。

　　他们上岸以后，又转身返回到森林，走到了一块开阔地。月光把这块平地映得通亮，青草和野花上露珠凝结得璀璨发亮，一只公驼鹿、几只母驼鹿和小鹿崽正在林间草地上吃草。灰皮子目不转睛地盯住了那只公驼鹿，把它四枝八杈的宽扇犄角、高高隆起的肩背和脖颈下长着长毛的大肉赘来回打量个不停。"那个家伙是谁？"灰皮子问道，嗓音也由于惊奇而颤动。

"他是你的同族,名叫'角中王冠',"卡尔说道,"你有朝一日也会有那样宽大的扇状犄角,也会长出那样的鬃毛。如果你在森林里呆下去,你也可以率领一个鹿群。但是,现在你是一只仅仅长着枝枝杈杈幼角的年轻小鹿,千万不可以同年老的驼鹿搏斗。他若是不加抵抗就会在整个森林里名声扫地。而你也不消有什么顾虑,反正你就要到外国的动物园去啦。"卡尔还没有来得及说完,灰皮子就掉转身去径直走到草地上。那只老鹿迎了上来,他们二话不说,马上就格斗起来。他们的双角扭在一起,结果灰皮子被顶得连连往后退,他似乎还没有弄懂怎样才使得出力气。

◆ 挪威 2000 年 4 月 7 日发行一套邮票,共有三枚,以动物为主题。其中邮票面值 6.00 挪威克朗,邮票画面描绘了一只雄驼鹿(Elk)的头部特征,它的两只特角又宽又大,被誉为"角中王冠",是所有鹿类动物中最大的特角。雄驼鹿特角的形状特别与众不同,它们宛若一把扁平的铲子,从角基向左右两侧各伸出一小段后分出眉枝和主干。特角主干中央宛如仙人掌般宽阔,端部生出许多尖叉,成为驼鹿的重要特征。

◆ 爱沙尼亚 2006 年 1 月 2 日发行一枚邮票,邮票面值 4.40 爱沙尼亚克朗,邮票和极限片画面描绘了影影绰绰的树林,丛丛簇簇的野草,一头健壮的雄驼鹿独自站在空旷的山坡上。驼鹿的食物种类有 70 多种,包括青草、树叶、嫩枝以及睡莲、浮萍等水生植物。它们的食量很大,每天要吃掉 20 多公斤的植物,和牛一样进食后须反刍,还有舔食盐碱的习性。

◆ 葡萄牙 2007 年发行一套邮票,共有六枚,以国家公园为主题。其中邮票面值 0.30 欧元,邮票画面描绘了几只在草丛中休憩的黇鹿(Cervus dama),它们黄褐色的身体上缀有白色的斑点,两只掌形的特角扁平而多角;邮票面值 0.75 欧元,邮票画面描绘了一群自由自在的马鹿在森林中悠闲漫步。

◆ 孟加拉国 1977 年 11 月 9 日发行一套邮票,共有六枚,以野生动物为主题。其中邮票面值 1 孟加拉塔卡,邮票画面描绘了青枝绿叶的丛林世界,以及一头满身小白斑的印度花鹿(Axis deer)。

可是在他退到森林边上的时候,他把四只脚蹄死命蹬在地上,用两只角狠狠顶住那头"角中王冠"老鹿,逼得他往后倒退。灰皮子闷声不响地用足力气,而"角中王冠"却呼哧呼哧地直喘粗气。那只老鹿这一次被顶得在草地上连连后退。突然之间喀嚓一声响,那只老鹿犄角上的一根枝杈折断了。他不敢再战下去,便猛然挣脱了灰皮子,朝森林里逃了进去。

猎狗卡尔一直站在森林边上观战,等到灰皮子回到他的身边。他们俩都再没有作声,默默地踏上回家之路。灰皮子挺胸昂首,大步流星地往前走,似乎对这次林中探险的成功非常高兴。他走到原先居住的那个栅栏跟前,看了看那块捉襟见肘的小天地。"鹿儿和森林是两位一体的。"他叫喊了一声,把头往后一扬,后脖贴到了背脊上,拨开四蹄,似狂飚一般冲回到森林里去了。

◆ 意大利2011年发行一套欧罗巴"森林"专题邮票,共有两枚邮票,描绘了苍翠的树林影影绰绰,啼鸣的小鸟飞来飞去。茂密的草丛清甜甘香,盛开的野花姹紫嫣红。其中第一枚邮票面值0.60欧元,邮票画面描绘了一棵棵参天的大树和一只低头啃食的松鼠;邮票面值0.75欧元,邮票画面描绘了一片枝繁叶茂的树林、一只扑翅飞行的小鸟和一丛姹紫嫣红的野花。

◆ 朝鲜2009年发行一套邮票,共有四枚,以树木为主题。其中邮票面值160分,邮票和极限片画面描绘了水杉(Metasequoia glyptostroboides)树林。这种高大美观的针叶树树干笔直,郁郁葱葱。

几年以后的一天下午,大雪山来的阿卡带领她的大雁群降落到森林中的一个小湖岸边。所有的大雁都已经从水里上了岸,正站在那儿同一条上了年岁的猎狗谈话。那条猎狗瘦骨嶙峋、虚弱无力,他就是至今还记挂着灰皮子驼鹿的猎狗卡尔。此时,那只领头的老雁阿卡说道:"去年春天的一天早晨,亚克西、卡克西和我一起从锡利延湖飞过那里的大森林。我们俯视下去,只见一顶顶墨绿色的树冠,树梢间还隐隐约约露出厚厚的积雪。河流仍旧冻着冰雪,只有一两个地方露出了黑色的罅隙。我们还看到有三个猎人在森林中快速穿行,他们用脚蹬着滑雪板,手里牵着猎狗,腰带上插着刀子。

◆ 莫桑比克1980年7月30日发行一套邮票，共有六枚，以动物为主题。其中邮票面值7.50美提卡，邮票画面描绘了一只非洲的距翅雁（Spur-winged goose）站立在水边的芦苇丛中东张西望。

◆ 日本1993年3月31日发行一套邮票，共有两枚，邮票面值都是62日元，以水鸟为主题。其中第二枚，邮票画面描绘了一只健壮的白额雁（Ansner albifrons）站立在清澈透明的湖水中。

◆ 爱尔兰1981年8月30日发行一套邮票，共有四枚，以鸟类为主题。其中邮票面值11分，邮票画面描绘了青草丛生的河滩，以及一只在此栖息的格陵兰白额雁（Greenland white-fronted goose）。

◆ 匈牙利1971年发行一套邮票，共有八枚，以狩猎为主题，纪念在布加勒斯特举行的世界狩猎展览会。其中邮票面值80分，邮票画面描绘了两个潜入森林的狩猎者，一个手持猎杀的弓箭，另一个牵着两条凶猛的猎犬，他们正在追踪一头在森林中自由栖居的雄鹿。

◆ 波兰1981年7月30日发行一套邮票，共有六枚，以打猎为主题。其中第一枚邮票面值2.00兹罗提，邮票画面描绘了一头驼鹿的头部特征，以及猎人的狩猎武器；第三枚邮票面值2.50兹罗提，邮票画面描绘了一头麋鹿的头部特征，以及猎人的狩猎武器。

◆ 民主德国1959年11月27日发行一套邮票，共有五枚，以野生动物为主题。其中邮票面值25芬尼，邮票画面描绘了一对在山林中栖居的红鹿，其中的雄鹿扬起脖颈，放声嘶鸣。

◆ 德国2012年发行一套邮票，共有两枚，以动物为主题。其中邮票面值55分，邮票画面描绘一头栖居在山林中的驼鹿，它的犄角又宽又大，宛若一只端部生出众多尖角的巨型手臂。

◆ 卢森堡2002年12月10日发行一套附捐邮票，共有四枚，以野生动物为主题。其中邮票面值0.89欧元/附捐0.21欧元，邮票画面描绘了一只雄鹿站在高坡上瞭望着铺青叠翠的林涛树海。

"我们便来回盘旋,从树木缝中窥探下去,终于在一处茂密的灌木丛中看到三只驼鹿,一只公的,两只母的。当我们降落下来的时候,那只公驼鹿站起身迎上前来。这是我们见到过的最雄壮魁梧、最健美漂亮的驼鹿。"

◆ 爱尔兰 2001 年 6 月 11 日发行一套邮票,共有六枚,以鸟类为主题。其中邮票面值 1 爱尔兰镑,邮票画面描绘了一只在水边蹒跚前行的格陵兰白额雁。

◆ 匈牙利 1971 年 8 月 27 日发行一枚航空邮票小型张,邮票面值 10 福林,以狩猎为主题,纪念在布加勒斯特举行的世界狩猎展览会。邮票画面描绘了森林中的一幕:绿树临风亭亭玉立,芳草柔美微微摇曳。野花吐艳星星点点,小鸟絮语啁啁啾啾。一群红鹿世世代代在这自然天成的家园里生息繁衍。

◆ 罗马尼亚 1977 年 3 月 20 日发行一套邮票,共有六枚,以野生动物保护为主题。其中邮票面值 55 巴尼,邮票画面描绘了一头山林中的红鹿,气宇轩昂地抬头挺胸,面对空旷无人的深山老林放声发出一声声嘶力竭的悲鸣。

◆ 瑞典 1992 年 1 月 30 日发行一套邮票,共有五枚,以野生动物为主题。其中邮票面值 7 瑞典克朗,邮票画面描绘了一只雄壮的驼鹿。为了适应严酷的寒带环境,驼鹿具有许多高超的生存本领。除了眼睛近视外,驼鹿的听觉和嗅觉都很灵敏,而且动作相当灵活,能够在积雪很深的地上自由活动,也可以一口气快速奔跑几个小时。它们还是一种会跳高的鹿,能够拖动千斤重的身躯一跃而起,去取食大树高处的树枝和树叶。

◆ 捷克斯洛伐克 1959 年 9 月 25 日发行一套邮票,共有五枚,以国家公园为主题。其中邮票面值 1.60 捷克克朗,邮票画面描绘了一头正在仰天长啸的雄红鹿(Red deer),它的配偶在一旁紧随左右,形影不离。

"我央求他说，'老伯，快逃跑，跑得要尽量快！森林里来了猎人，他们直奔你藏身的地方来啦！''谢谢关照，大姊，'那只驼鹿含含糊糊地回答说，'不过我们知道，在这个季节是不准偷猎驼鹿的，那些猎人是来打狐狸的吧。''森林里遍地都有狐狸的脚印，可是猎人们偏偏不追着这些脚印走。你相信我一句吧，他们知道你们躺在这儿，大伯。他们只带了长矛和刀子，因为在这个季节禁止狩猎，他们是不敢开枪的。'

◆ 奥地利 1985 年 6 月 28 日发行一枚邮票，邮票面值 6 奥地利先令，纪念国际森林年。邮票画面描绘了郁郁葱葱的森林：深绿色、浅绿色、翠绿色，千枝万叶碧玉妆扮；松柏树、云杉树、白桦树，林海树涛簌簌作响。

◆ 苏联 1886 年 6 月 11 日发行一套邮票，共有五枚，以莫斯科美术馆藏画为主题。其中邮票面值 4 戈比，邮票画面是画家莱勃代夫（M.I. Lebedev）创作于 1837 年的画作《林间小径》（Lane in Albano）：枝叶扶疏的森林荫影斑驳，弯弯曲曲的小路幽深僻静。低吟浅唱的云雀时隐时现，簌簌作响的树涛婆娑起舞。邮票面值 10 戈比，邮票画面是俄罗斯风景画家画家伊万·伊万诺维奇·希斯金（I.I. Shishkin）创作于 1896 年的画作《阳光下的松林》（Sunlit Pine Trees）：笔直的树干亭亭玉立，苍劲的枝条微微颤动。青翠的树叶簌簌作响，浓密的绿荫美丽优雅。

◆ 捷克 2009 年发行一枚邮票小型张，共有四枚邮票，以自然保护为主题。其中第三枚邮票面值 12 捷克克朗，邮票画面描绘了宁静幽深的森林，一头马鹿（Cervus elaphus）趴伏在树下栖息。马鹿属于北方森林草原型动物，分布范围较大，栖息环境也比较多样，但它们特别喜欢丛林、草地等栖居环境，不仅有利于隐蔽，而且食物和隐蔽条件都比较好。

◆ 英国 1992 年 1 月 14 日发行一套邮票，共有五枚，以冬季的动物为主题。其中邮票面值 18 便士，邮票和极限片画面描绘了纷纷扬扬的雪花从天而降，一对黇鹿（Fallow deer）在森林的雪地里四处张望。黇鹿十分漂亮，它们暗栗色皮毛上覆盖着星星点点的小白斑，很容易与梅花鹿混淆。黇鹿一般栖息于混杂的林地和开阔的草地，是典型的森林动物。

"此时那两只母驼鹿骚动不安起来,'静静地给我躺下!'公驼鹿喝道,'猎人是不会到这片灌木丛里来的。'我们束手无策,暗暗叫苦,只好重新飞回天空。这时,只见那只公驼鹿从灌木丛中奔了出来。他嗅了嗅四周的气味,就笔直朝向猎人们过来的方向迎了上去。他大步流星地往前疾走,把散落在地面的枯枝干杈踩得劈啪作响。在他面前出现了一大片空荡荡的沼泽地,那只公鹿就这样站在那里等候着。直到猎人们来到森林边上,他才转过身来,放开四蹄,朝着与来路完全相反的方向狂奔过去,紧随不舍的猎人和猎狗也风驰电掣地追赶过来。

◆罗马尼亚1984年4月26日发行一套邮票,共有四枚,以环境保护为主题。其中邮票面值2列伊,邮票画面描绘了一头健壮的雄鹿,它把头往后一仰,紧贴到自己脊背上,悲愤地放声嘶鸣。

◆乌克兰2008年发行一枚邮票小型张,共有四枚邮票,邮票面值都是1.00格里夫纳。其中第三枚,邮票画面描绘了一头在山林中仰天长啸的马鹿(Cervus elaphus),它扬起高傲的头,张开嘶鸣的嘴,面对苍天诉说着自己的情怀。

◆波兰与乌克兰1999年9月22日联合发行一套邮票,共有两枚,以自然保护为主题。其中邮票面值1.40兹罗提,邮票画面描绘了一头受惊的马鹿正在白雪茫茫的森林中迈开大步快速逃离。

◆比利时2015年发行一枚邮票,邮票面值一等邮资,以野生动物为主题。邮票画面描绘了一头蓦然受惊的马鹿,它绝望地张着嘴巴,仰起犄角,拨开四蹄,在野草丛生的森林中似狂飙一般向前狂奔。

◆哈萨克斯坦1996年11月29日发行一枚邮票,邮票面值5.00坚戈,以猎犬为主题。邮票画面描绘了两条棕黄色的猎犬放开四腿,凶猛地扑向自己的猎物。

"公鹿把头往后一仰,紧贴到脊背上,四蹄如飞,拼命狂奔,蹄子刨起的雪花如同濛濛细雨般扬撒开来。猎人和猎狗不多一会儿便远远被抛在后面。这时候那头公鹿忽然又停住了脚步,站在那里存心等他们迫上来。待到他们进入视野之后,他又重新放开四蹄奔跑起来。我们这些大雁看到这时候才恍然大悟,原来这头公鹿胸有成竹,打算把追踪的猎人们从那两只母鹿藏身的地方引开去。

"这样的追逐捕猎持续了两三个小时。那头公鹿逃避躲闪的速度愈来愈慢了,他往积雪里落下脚去的时候愈来愈小心翼翼。而他提起脚来的时候,脚印四周染上了斑斑血渍。原来驼鹿身体很重,他的蹄脚每次落地都会陷入深深的积雪,雪面上那层冰壳就会像锋利的刀刃一样割破它的腿脚,划出的一道道血口痛彻心扉。

◆ 圣马力诺1962年8月25日发行一套邮票,共有十枚,以狩猎为主题。其中邮票面值4里拉,邮票画面描绘了一名猎手正在举枪射击山林中的一群野鹿。

◆ 阿尔巴尼亚1965年10月6日发行一套邮票,共有六枚邮票,以狩猎为主题。其中邮票面值20分,邮票画面描绘了一名猎人在森林中举枪猎杀一头仓皇逃逸的小鹿。

◆ 匈牙利1971年发行一套邮票,共有八枚,以狩猎为主题,纪念在布加勒斯特举行的世界狩猎展览会。其中邮票面值1.20福林,邮票画面描绘了一头已被猎杀的雄鹿倒在地上,两条猎狗迅速追踪而至。

◆ 丹麦格陵兰岛2000年2月21日发行一套邮票,共有四枚,以风土人情为主题。其中邮票面值5.50丹麦克朗,邮票画面描绘了一条凶猛的猎犬,它正在奋力扑向一头扬蹄飞奔的驯鹿(Reindeer)。

"猎人和猎狗身体都很轻,他们可以在冰面上动作自如地走动,尾随着那只公驼鹿紧追不舍。那只驼鹿逃呀、逃呀,脚步愈来愈蹒跚踉跄。后来,驼鹿终于停住了脚步,等着与猎人和猎狗进行最后的殊死较量。他站在那里等候的时候,眼睛朝天空扫了一下。当他看到我们这几只大雁在他头顶上盘旋飞翔的时候,他大声高喊道:'且不要走开,大雁们,等到一切结束了你们再飞走。请你们告诉那片森林中的猎狗卡尔,他的朋友灰皮子公鹿死得十分壮烈。'"

◆ 美国1987年6月13日发行一枚邮票小版张，共有五十枚邮票，邮票面值都是22分，以北美洲的野生动物为主题。其中第十三枚，邮票画面描绘了一头在山坡上踽踽独行的驼鹿（Moose）。

◆ 加拿大2005年发行一枚邮票，邮票面值5加元，邮票画面描绘了辽阔的荒原旷野，一颗颗松柏时隐时现，一丛丛青草碧绿连天。一头栖居在此的驼鹿头顶一对宽大的扇形犄角，深情享受着大自然家园的安详和宁静。

◆ 罗马尼亚1965年9月10日发行一套邮票，共有十枚，以鸟类为主题。其中邮票面值60巴尼是一枚菱形邮票，画面描绘了一只在湖边水草丛中休憩的白额雁（White-fronted goose）。

◆ 罗马尼亚2004年4月24日发行一套邮票，共有五枚，邮票面值都是16000列伊，纪念野生动物保护国际会议。五枚邮票的画面描绘了一名举枪瞄准的猎手、一条追踪猎物的猎狗、一只振翅欲飞的山雉、一头惊恐万分的雄鹿、一只凝神远望的山羊以及一头匆忙逃逸的棕熊。

◆ 列支敦士登1994年6月6日发行一套邮票，共有四枚，邮票面值都是60分，以书信问候为主题。其中第四枚，邮票画面描绘了一只口衔着鲜花的黄色小狗，它满怀真诚地向各位好友表达"祝你安好"的问候。

　　大雁阿卡讲到这里的时候，那条老态龙钟的猎狗卡尔霍地朝她窜近了两步。"灰皮子驼鹿生得正直，死得壮烈，"他叹息道，"他了解我，他知道我是一只坚强的狗，我会为他英勇无畏的死去而欣慰。多谢啦，大雁，我已经知道了我想知道的一切，现在我可以死得瞑目啦。"

11

大狗熊搬家

　　告别了森林中的猎狗卡尔后，领头雁阿卡带领着大雁们继续向北方拉普兰的故乡飞去。有一天，他们在飞行中遭遇到了强劲的西风，使他们前行的速度迟滞下来。直到傍晚时分，风力才陡然减弱了几分，这些赶路的鸟儿满心希望可以轻松地飞一段时间。不料又是一股狂飚猛吹过来，把大雁们像皮球一般刮得滴溜溜翻来滚去。无忧无虑地端坐在鹅背上的小人儿尼尔斯不曾提防到这个危险，一个倒栽葱从雄鹅莫顿的背上滚落下来，跌到无垠的天空之中。

告别了森林中的猎狗卡尔后,领头雁阿卡带领着大雁们继续向北方拉普兰的故乡飞去。有一天,他们在飞行中遭遇到了强劲的西风,使他们前行的速度迟滞下来。直到傍晚时分,风力才陡然减弱了几分,这些赶路的鸟儿满心希望可以轻松地飞一段时间。不料又是一股狂风猛吹过来,把大雁们像皮球一般刮得滴溜溜翻来滚去。无忧无虑地端坐在鹅背上的小人儿尼尔斯不曾提防到这个危险,一个倒栽葱从雄鹅莫顿的背上滚落下来,跌到无垠的天空之中。

◆捷克2008年发行一枚邮票小型张,共有四枚邮票,以自然保护为主题。小型张边纸图案描绘了一群长途迁徙的灰雁(Anser anser)在天空中伸长脖颈,扑翅远飞。

◆列支敦士登2007年3月9日发行一套邮票,共有三枚,以风光景色为主题。其中邮票面值2.20瑞士法郎,邮票画面描绘了山谷和牧场的绮丽风光:清澄的蓝天近在咫尺,飘荡的白云挂在树梢。嫩绿的青草满山满坡,放牧的牛羊三三两两。孤独的牧人何处寻觅?尖顶的小屋坐落山腰。

◆列支敦士登1972-1973年间发行一套邮票,共有十五枚,以自然风光为主题。其中邮票面值80分,邮票画面描绘了高山深壑里的茂密森林;邮票面值1.30瑞士法郎,邮票画面描绘了悬崖峭壁间的弯弯小河;邮票面值1.80瑞士法郎,邮票画面描绘了崇山峻岭中的嶙峋山石。

男孩子是那么细小和轻盈,所以荡悠悠地随风飘舞了一段路以后,缓缓地飘落到地面上,就像风卷残叶、无声落地一个样。尼尔斯荡在半空中的时候想道:"哦,从天上摔下来原来不那么危险,我就像一张纸那样飘落到地上。"小人儿落到地上后举目四顾,发现自己跌进了一个又深又宽的矿井山谷,四面的岩崖都陡峭壁立。地面上有几块很大很大的石头,石头缝间长着苔藓，蔓越橘枝条和矮小的桦树。他刚要踩着崖壁上凸出来的脚蹬往上爬的时候，忽然发现自己的后背被揪住了，一个粗厉的声音凑到他耳朵旁边吼道："你是什么人？"

◆朝鲜1974年5月10日发行一套邮票，共有九枚，以野生动物为主题。其中邮票面值40分，邮票和极限片画面描绘了一头黑熊的头部特征。黑熊是一种中等体型的熊类动物，除了一身黑毛外，它最明显的特征是胸前有一块白色的月牙形斑纹，其大小和形状在不同的黑熊身上各有不同。

◆波兰1965年11月30日发行一套邮票，共有九枚，以野生动物为主题。其中邮票面值60格罗希，邮票极限片画面描绘了一头坐在山岩旁的大棕熊。棕熊的外表看上去有些迟钝和笨拙，其实它们的动作很机敏灵巧，是一种会奔跑、会爬树、会游泳、会挖洞的全能型动物。棕熊的嗅觉和听觉都很灵敏。在严寒冬天，它们会找一个避寒的洞穴进行漫长的冬眠。在炎炎夏日，它们会到水流湍急的小河边捕获美味的鲜鱼。

◆南斯拉夫1988年2月1日发行一套世界自然基金会濒危野生动物保护邮票（WWF），共有四枚，以棕熊（Brown bear）为主题。其中邮票面值70第纳尔，邮票首日封画面描绘了慈爱的母熊和两头幼熊在一起；邮票面值80第纳尔，邮票首日封画面描绘了两只小熊在森林中亲密地嬉戏玩耍。

男孩子回过头去一看,发现一只大狗熊站在跟前,长着两只铜铃般的圆眼睛和一张血盆大口。那只大野兽一下子把他推倒在地上,用脚掌把他扇过来又揉过去,并且用鼻子不断地嗅他,好像准备一口把他吞下肚去。但这狗熊随即又改变了主意,转身向自己的两个孩子叫喊道:"莫莱和布罗曼,我的小乖乖,到这儿来,给你们点好吃的尝尝!"

◆ 日本2006年6月3日发行一套地方风情邮票,共有四枚,邮票面值都是50日元,以野生动物为主题。其中第二枚,邮票画面描绘了一只棕熊带着幼仔在山林旷野中东游西荡。

◆ 南斯拉夫1988年2月1日发行一套世界自然基金会濒危野生动物保护邮票(WWF),共有四枚,以棕熊为主题。其中邮票面值80第纳尔,邮票和极限片画面描绘了两只小熊在森林中无忧无虑地嬉戏玩耍。

◆ 罗马尼亚1972年3月10日发行一套邮票,共有六枚,以年幼动物为主题。其中邮票面值2.40列伊,邮票画面描绘了两只活泼而调皮的小熊在一起玩耍游戏。

◆ 墨西哥1996年12月11日发行一枚邮票,邮票面值1.80墨西哥元,以野生动物保护为主题。邮票画面描绘了起伏的山峦,繁茂的树林,一头毛茸茸的黑熊带着两只活泼可爱的幼仔在绿草如茵的山坡上嬉戏玩耍。

◆ 苏联1988年10月20日发行一套附捐邮票,共有五枚,以野生动物为主题。其中第一枚邮票面值10戈比/附捐1戈比,邮票画面描绘了一头棕熊的头部特征。

随着喊声,急冲冲连跑带滚地跑过来两只毛茸茸的小兽,他们走路还跌跌撞撞、不大稳当,皮毛柔软蓬松得像小哈巴狗一样。"你弄到什么好吃的啦,妈妈?让我们瞧瞧,让我们瞧瞧!"母熊用前掌把男孩子推给了小熊,一只小熊一口叼起男孩子就跑开了。不过他咬得并不太紧,因为他是在玩儿,想在把大拇指儿吃掉之前先拿他来开开心。另外一只小熊在后面追过来,想要把男孩子抢夺走。于是,这两只小熊便滚抱在一起,又是厮打,又是嘴咬,又是爪抓,吼叫成了一片。男孩子趁着那两只小熊只顾厮打的机会,挣脱开身子,奔到崖壁的脚蹬面前开始往上爬。两只小熊一看到他乘机溜走,便一齐追赶上来,轻巧灵活地爬到峭壁上,把他像扔皮球一样扔到长满苔藓的地上。

◆南斯拉夫1988年2月1日发行一套世界自然基金会濒危野生动物保护邮票(WWF),共有四枚,以棕熊为主题。其中邮票面值200第纳尔,邮票首日封画面描绘了一头棕熊走到河边低头饮水;邮票面值350第纳尔,邮票首日封画面描绘了一头棕熊在丛林中驻足张望。

◆联合国维也纳总部2001年2月1日发行一套邮票,共有四枚,邮票面值都是7奥地利先令,以濒危野生动物为主题。其中第一枚,邮票画面描绘了一头高大魁梧的眼镜熊(Tremarctos ornatus)。这种熊也叫安第斯熊,是南美洲特产的唯一一种熊科动物。眼镜熊具有黑色的体毛,白色的脸部和胸部。其眼睛周围的黑斑宛如眼镜,因而得名。

◆新西兰2004年1月28日发行一套邮票,共有五枚,以动物为主题。其中邮票面值90分,邮票画面描绘了一头正在山岩上前行的马来熊(Malayan sun bear)。马来熊是现存体型最小的熊类动物,黑黑的皮毛,胖胖的体型,短短的脖颈,圆圆的头部,小小的耳朵。它们主要栖息在热带的茂密雨林和亚热带的常绿阔叶林里。

◆法国1991年9月14日发行一套邮票,共有四枚,以野生动物为主题。其中邮票面值2.00法郎,邮票画面描绘了一头在山林中踽踽独行的棕熊(Ursus arctos),以及它的脚印。

"唉，现在我总算领教到了，一只可怜的小耗子落到猫爪子底下的滋味啦！"小人儿使出浑身力气一连好几次想要逃脱开，但那两只小熊总是有办法把他重新抓回来。他们抓到他之后，就马上让他再逃跑，这样抓了又放，放了又抓，他们玩得很开心。男孩子后来又疲劳又烦躁，他干脆一屁股坐在地上。"起来，快逃，"两只小熊齐声吼叫道，"要不然，我们就把你一口吃掉！""好吧，你们要吃的话，就随你们便吧！"男孩子赌气说道，"反正我再也跑不动啦！"两只小熊立刻跑到母熊身边去告状说："妈妈，妈妈，那个小东西不想玩下去啦！""那么你们一人一半把他分着吃了吧！"母熊吩咐道，小人儿听到这句话，吓得要命，就不得不重新玩下去。

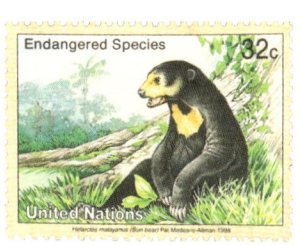

◆联合国纽约总部1998年3月13日发行一套濒危野生动物保护邮票，共有四枚，邮票面值都是32美分。其中第四枚，邮票画面描绘了一头在河边瞭望风景的马来熊（Sun bear）。

◆葡萄牙2011年发行一枚欧罗巴"森林"专题邮票小型张，共有两枚邮票，邮票面值都是0.68欧元。邮票小型张画面描绘了一幕森林景象：一棵棵古木苍翠欲滴，一丛丛绿草随风摇曳；一丛丛灌木连绵不断，一处处野花星星点点。一头头走兽忽隐忽现，一只只飞鸟时高时低。

到了睡觉的时候，母熊把小熊们叫过来，让他们挨在自己身边睡觉。两只小熊把男孩子夹在他们当中，用前掌搂住他，男孩子要是稍一动弹就会把他们惊醒过来。过了一会儿，公熊顺着坑道口爬了下来，那是一只身材硕大粗壮的老公熊，四只脚掌大得出奇，闪闪发亮的大犬牙狰狞地露在外面，一双铜铃般的眼睛射出凶恶的光芒。男孩子一瞅见这只深山老林之王，不禁吓得浑身打了个寒战。

"唔，我跑出去寻找新的住地了，"公熊叹了口气说道，"可惜我竟白跑了一趟，他们统统搬走了，整片森林里连一个熊窝都没有剩下。""我想，那些人类大概是要独占整个大地啦，"母熊也叹息地说道，"甚至我们不再去伤害牲畜和人，只靠吃蔓越橘、蚂蚁和青草过日子，人类还是不肯让我们安安生生在森林里住下去。我正在犯愁，不知道要往哪里搬家才能够有安生日子过。"

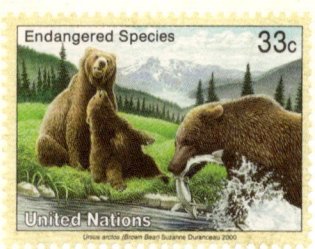  

◆ 联合国纽约总部 2000 年 4 月 6 日发行一套邮票，共有四枚，邮票面值都是 33 美分，以濒危野生动物为主题。其中第一枚，邮票画面描绘了巍峨壮丽的雪山，柔软如茵的草地。一只棕熊带着幼仔在河边休憩，另一只棕熊从河里捕获鲜鱼当作美餐。

◆ 联合国日内瓦总部 2004 年 1 月 29 日发行一套邮票，共有四枚，邮票面值都是 1.00 瑞士法郎，以濒危野生动物为主题。其中第一枚，邮票画面描绘了一头身材健壮的亚洲黑熊（Asiatic black bear），它站在水花四溅的激流险滩中四处张望。

◆ 联合国维也纳总部 2004 年 1 月 29 日发行一套邮票，共有四枚，邮票面值都是 0.55 欧元，以濒危野生动物为主题。其中第一枚，邮票画面描绘了站在山坡上寻觅猎物的懒熊（Melursus ursinus）。懒熊是一种中等体型的熊科动物，主要在夜间活动，白天则在洞穴中睡觉，主要分布在印度和斯里兰卡。懒熊的尾巴粗短，巨大的脚掌有很长的爪钩，不但可挖掘蚁穴，还可帮助爬树。这些爪钩的形状类似树懒，懒熊也因此得名。

◆ 斯洛伐克 2001 年 7 月 10 日发行一枚邮票小型张，共有三枚邮票，以野生动物为主题。邮票小型张边纸画面描绘了一只弓起腰背的猞猁，一头东张西望的狗熊，以及一头窥测前方的灰狼。

公熊边说边用鼻子朝四周嗅起气味来，很快就发现了夹在两只小熊之间的小人儿。公熊本来一口就可以把男孩子吞咽下去，亏得母熊赶紧挡在他们中间，说道："不许动他！他是孩子们心爱的玩意儿！"但是公熊一把将母熊推开，咆哮起来："我要把他马上吃掉，倘若留下了，终究是个祸根，他会施展法术让我们遭受祸害的。"说时迟，那时快，小男孩已经手脚麻利地从衣服口袋里掏出了一根火柴，在皮裤上划了一下点燃起火苗，然后就把燃烧着的火柴塞进公熊嘴里。公熊闻到一股硫磺气味就把鼻子一哼，从鼻孔里喷出来的气息把火苗吹熄了。但是说也奇怪，公熊现在却不再攻击他了。

"哦，你也会这种法术，你能够点出许许多多这样的蓝色小玫瑰花吗？"公熊诧异地问道。"那还用说，我能够点燃许许多多的火花，连整个森林都能够烧掉。"男孩子大言不惭地说道，他想用这种法子来吓唬住公熊。"那么说来，你也能够放火把房子和农庄烧掉喽？"公熊又问道。"这对我来说只是小小的把戏，一点都不费力气。"男孩子吹嘘说。"那再好不过啦，"公熊大喜过望地说道，"那么你可以帮我出一番力啦。我真高兴，幸亏方才我没有把你吃掉。"

于是，公熊小心翼翼地用牙齿轻轻地把男孩子衔起来，朝矿洞顶上的那个洞口爬上去。爬出洞口以后，它就朝着森林里奔跑，跑的速度也很快，他的身影在灌木丛里一隐一没，穿来绕去，就像水上行舟一样轻快。他们一直来到森林边的一个山坡上，从那里望下去能够望见那个大钢铁厂。公熊就在那里蹲了下来，把男孩子放到自己面前，用两只前掌按紧他。"现在你看看下面那个声音嘈杂的大工厂。"他吩咐男孩子说。那个大钢铁厂坐落在一个瀑布边上，厂区里高大的建筑林立，高入云霄的烟囱突突地吐出黑色的浓烟，高炉里火光冲天，所有的窗户都灯光通明。炼钢高炉把半边夜空映得通亮，使天空变成瑰丽的深蓝色，铁水瀑布像条白练一般飞珠迸雪直落而下，这是何等惊心动魄的场面！

◆瑞典1991年8月27日发行一套邮票，共有六枚，邮票面值都是2.50瑞典克朗，以钢铁产业为主题。其中第一枚，邮票画面描绘了原料矿井和采矿设施；第二枚，邮票画面描绘了热火朝天的轧钢过程；第三枚，邮票画面描绘了叮叮当当的锻造过程；第四枚，邮票画面描绘了火花迸溅的焊接过程；第五枚，邮票画面描绘了原料矿井和采矿设施；第六枚，邮票画面描绘了高大巍峨的炼铁高炉。

◆摩纳哥1972年4月27日发行一枚邮票，邮票面值0.90法郎，以治理环境污染为主题。邮票画面的左侧描绘了未受污染的自然原生态，画面中央描绘了工业生产产生的各种污染，右侧描绘了受到污染的自然生态；邮票极限片画面描绘了正在排出废气的工业烟囱和轮船烟囱，以及受到污染危害的大海、森林和草原……

◆ 德国1969年6月4日发行一套邮票，共有四枚，以自然保护为主题。其中邮票面值10芬尼，邮票画面描绘了一处金沙柔软的海岸；邮票面值20芬尼，邮票画面描绘了一片碧草如茵的原野；邮票面值30芬尼，邮票画面描绘了一座林木苍翠的山峦；邮票面值50芬尼，邮票画面描绘了一条水质清澈的河流。

◆ 德国2011年发行一枚欧罗巴"森林"专题邮票，邮票面值55欧分。邮票画面采用简练的艺术笔法展现了森林生态的绚丽多彩：白杨的树叶簌簌作响，桦树的枝条微微颤动，椴木的绿荫美丽优雅，橡树的形态繁盛茁壮……

◆ 瑞典1986年5月27日发行一枚欧罗巴"环境保护"专题邮票小本票，共有两种邮票（每种各有三枚），以工业和交通污染为主题。邮票小本票封面图案描绘了地球受到环境污染的一幕：高高的烟囱和行驶的车辆排放出含有各种有害物质的废气，它们在天空中形成"酸雨"下降，造成对大自然生态的污染和危害。

◆ 罗马尼亚2011年4月27日发行一套欧罗巴"森林"专题邮票，共有两枚。其中邮票面值2.40列伊，邮票画面描绘了山林中的清晨景色：东方的旭日冉冉升起，和煦的阳光飘洒树林。闪烁的光点颤抖跳动，摇曳的树影婆娑起舞。枝头的绿叶绽开娇容，林中的石径展露风采。

◆ 德国1973年6月5日发行一套邮票，共有四枚，纪念国际环境保护和世界环境日。其中邮票面值25芬尼，邮票画面描绘了垃圾、鲜花和土壤环境；邮票面值30芬尼，邮票画面描绘了云彩、游鱼和水体环境；邮票面值40芬尼，邮票画面描绘了噪音、声波和声学环境；邮票面值芬尼，邮票画面描绘了烟囱、飞鸟和大气环境。

"那么我要讲给你听一些昔日往事，"公熊说道，"自从这块土地长出森林以来，我的祖先就居住在这一带。我从他们手上继承了猎场、牧场、洞穴和另外的藏身场所。我在这里生活一直十分安逸舒服。一开始我受到人类的打扰并不太多。他们到山里来，开山劈崖，刨出很少一点点矿石。可是最近这几年来，他们兴建起了这个吵得叫人没法活下去的大工厂，世道就完全变了一个样，我已经没有能耐在这里生活下去了。我曾经想过，我不得不从这里搬走，但是现在我有了更好的主意。"

◆保加利亚1988年9月26日发行一套动物，共有六枚，以熊类动物为主题。其中邮票面值5斯托丁基，邮票画面描绘了一头山中独步的大棕熊（Ursus arctos）；邮票面值13斯托丁基，邮票画面描绘了一头低头前行的大懒熊（Melursus ursinus）；邮票面值20斯托丁基，邮票画面描绘了一头回首张望的马来熊（Helarctos malayanus）；邮票面值32斯托丁基，邮票画面描绘了一头身材健壮的亚洲大黑熊（Selenarctos thibetanus）；邮票面值42斯托丁基，邮票画面描绘了一头模样奇特的大眼睛熊（Tremarctos ornatus）。

◆朝鲜2003年发行一枚邮票小型张，共有四枚邮票，以自然生态保护为主题。其中邮票面值3朝鲜元，邮票画面描绘了蜷匐在山岩上休息的东北虎一家；邮票面值70朝鲜元，邮票画面描绘了在草地上漫游的棕熊一家；邮票面值150朝鲜元，邮票画面描绘了在小河边饮水的野猪一家；邮票面值230朝鲜元，邮票画面描绘了站在岩石上张望的羚羊一家。

◆意大利1967年4月22日发行一套邮票，共有四枚，以国家公园为主题。其中邮票面值40里拉，邮票画面描绘了古木参天的森林，以及一只匆忙前行的棕熊（Brown bear）；邮票面值90里拉，邮票画面描绘了冰封雪冻的高山，以及一只仰天长啸的红鹿（Red deer）。

邮票上的动物故事

◆蒙古1990年1月1日发行一套邮票，以狗熊为主题。其中邮票面值20蒙戈，邮票画面描绘了一头登高眺望的大马熊（Ursus pruinosis）；邮票面值30蒙戈，邮票画面描绘了一头抬头长嘶的叙利亚棕熊（Ursus arctos syriacus）；邮票面值40蒙戈，邮票画面描绘了一头左顾右盼的亚洲黑熊（Ursus thibetanus）。

◆捷克2014年发行一枚邮票小型张，共有四枚邮票，以自然保护为主题。其中邮票面值13捷克克朗，邮票画面描绘了一头在草丛中休憩的狗獾（Meles meles）；邮票面值17捷克克朗，邮票画面描绘了一只趴伏在地上的野猫（Felis silverstris）；邮票面值21捷克克朗，邮票画面描绘了一头匍匐在山坡上的棕熊（Ursus arctos）；邮票面值25捷克克朗，邮票画面描绘了两只在山坡上栖息的灰狼（Canis lupus）。小型张边纸图案还描绘了在森林中栖居的猞猁（Lynx lynx）、铃蟾（Bombina variegata）、蝾螈（Triturus montandoni）、长尾林鸮（Strix uralensis）、灰头绿啄木鸟（Picus canus）、白背啄木鸟（Dendrocopos leucotos）、红腹灰雀（Pyrrhula pyrrhula）、星鸦（Nucifraga caryocatactes）等其他野生动物。

公熊又叼起他来顺着山坡往下跑去，肆无忌惮地从两座厂房之间穿过去，爬到一堆矿碴上。"嘿，我想叫你把这些厂房统统点火烧掉，"公熊说道，"这样我就可以在自己的故乡安安生生地住下去啦。"男孩子浑身像冻住一样，从头到脚都变得冰凉。哦，原来是由于这个原因，公熊才带他到这里来的。"倘若你能够帮我，那么我答应饶你一条性命，"公熊说道，"否则我就叫你马上一命呜呼。"

◆ 瑞典1990年1月26日发行一套邮票，共有五枚，以国家公园为主题。其中邮票面值4.10瑞典克朗，邮票画面描绘了巍然屹立的雪山，水平如镜的湖泊，以及在湖边生活栖息的鹿群；邮票面值4.80瑞典克朗，邮票画面描绘了连绵起伏的山峦，枝繁叶茂的树林，以及在林中四处闲逛的狗熊。

◆ 爱沙尼亚2009年发行一枚邮票，邮票面值5.50爱沙尼亚克朗，邮票画面描绘了一头竖起双耳、瞪圆双眼的棕熊（Ursus arctos），它张开大嘴，露出利牙，凶相毕露。经过漫长的进化过程，现在的熊类动物已经偏离了完全食肉的习性而成为杂食性动物。同时，虽然熊类动物拥有利爪和利牙，其实它们的性格还有温和的一面。它们一般不主动发起攻击，但如果有敌害侵犯了它们的地盘，威胁到它们的幼崽，它们就会勃然大怒，变得十分危险和可怕。

◆ 俄罗斯1970年8月19日发行一套邮票，共有五枚，以野生动物为主题。其中邮票面值10戈比，邮票画面描绘了一头正在爬树的亚洲黑熊。黑熊的体型肥胖，行动缓慢，走起路来慢吞吞的，似乎憨憨傻傻、很是笨拙。其实它们很灵活，追赶猎物的速度令人吃惊，即便是在崎岖的山路上，依然能够健步如飞。

◆ 爱沙尼亚2009年发行一枚邮票，邮票面值5.50爱沙尼亚克朗，邮票极限片画面描绘了一头体型肥胖、有些笨拙的棕熊，它正在山坡丛林中慢吞吞地东张西望，寻觅着自己的猎物。

"我不愿意干。你逼迫我去烧毁一个钢铁厂,那是万万办不到的,"男孩子昂然回答说,"因为钢铁的好处实在太大了。""唔,那就由你!"公熊吼道,慢慢地举起了一只前掌,不过即使在这最后关头,他还是希望男孩子能够改变主意。就在这一刹那,男孩子听见身边咋嚓一声响,一个明晃晃的猎枪枪口在几步之外的丛林中闪烁着光芒。"公熊,"男孩子尖声叫喊起来,"难道你没有听到猎枪的扳机声啊?快点跑!"公熊慌忙转身就逃,但是他仍然不失时机地把男孩子叼走。但听得砰砰几声枪响,子弹从公熊耳朵边呼啸掠过,不过他总算侥幸脱险了。

◆芬兰1989年8月30日发行一枚邮票,邮票面值50.00芬兰马克,邮票画面描绘了一头胖乎乎、圆滚滚的棕熊(Brown bear),它高大魁梧、体格健壮,喜欢栖居在古木参天、枝叶苍翠的松柏树林之中。

◆巴基斯坦1989年10月7日发行一套世界自然基金会濒危野生动物保护邮票(WWF),共有四枚,邮票面值都是4巴基斯坦卢比,以喜马拉雅黑熊(Himalayan black bear)为主题。其中第四枚,邮票和极限片画面描绘了一头坐在草地上稍事休憩的黑熊。

◆美国1987年6月13日发行一枚邮票小版张,共有五十枚邮票,邮票面值都是22分,以北美洲的野生动物为主题。其中第十四枚,邮票画面描绘了一头黑熊(Black bear)正在攀爬一棵大树;第二十五枚,邮票画面描绘了一头阿拉斯加棕熊(Alaskan brown bear)坐在五彩斑斓的草地上休憩片刻。

◆加拿大1997年10月15日发行一枚邮票,邮票面值8加元,邮票画面惟妙惟肖地描绘了一头毛茸茸的大灰熊(Grizzly bear),它体格健壮,步履矫健,正在青草丛生的空旷原野上踽踽独行。

◆白俄罗斯2010年发行一枚邮票小型张,共有三枚邮票。其中第一枚邮票面值300白俄罗斯卢布,邮票画面描绘了郁郁葱葱的森林草地,以及两只在此栖居的棕熊。

◆位于西亚的格鲁吉亚1999年4月28日发行一套欧罗巴"自然保护与公园"专题邮票,共有两枚。其中邮票面值80特瑞,邮票画面描绘了一头棕熊在山泉淙淙的森林中攀爬树木;邮票面值100特瑞,邮票画面描绘了一头小鹿在白雪茫茫的旷野中寻觅食物。

◆位于南亚的斯里兰卡1994年11月24日发行一套邮票,共有四枚,纪念国家野生动物和自然保护协会成立100周年。其中邮票面值17.00斯里兰卡卢比,邮票画面描绘了一头黑黝黝的大懒熊(Sloth bear)在森林中无忧无虑地生活栖息。

◆西班牙1971年5月24日发行一套邮票,共有五枚,以野生动物为主题。其中邮票面值3比塞塔,邮票描绘了一片枝繁叶茂的树林,一只自由自在的棕熊在山坡上四处游荡。

公熊跑进森林一段路之后,停下脚步来,把男孩子放到地上。"多谢你救了我的性命,小家伙,"公熊感谢不尽地说道,"要不是你的话,那几颗子弹一定会打中我的。现在我也要报答你一番,我现在咬耳朵对你讲一句话,往后你再碰上熊的话,只消讲出这句话来,他就不会伤害你!"公熊随后就凑在男孩子耳边,悄声说了几个字。刚刚说完,他隐隐约约听见了狗叫声和猎人的叫喊声,就匆匆逃跑了。男孩子独自留在森林里,既重新恢复了自由,又一点没有受到伤害,连他自己都几乎无法相信怎么会有这样的机遇。

◆ 圣马力诺1962年8月25日发行一套狩猎邮票，共有十枚。其中邮票面值1里拉，邮票画面描绘了草木丛生的森林旷野，一名猎人手持猎枪、带着猎犬，正在紧紧追踪着前方的猎物；面值2里拉，邮票画面描绘了一名狩猎者骑着高头大马，指挥着一群凶悍而敏捷的猎犬前去狩猎。

◆ 俄罗斯1999年1月29日发行一套邮票，共有五枚，以狩猎为主题。其中邮票面值3.00卢布，邮票画面描绘了一名躲在树林里的猎手举枪向一头被追捕的狗熊射击，而几只凶猛的猎犬也从不同方向扑向这头蓦然受惊的黑熊。

◆ 苏联1988年5月20日发行一套邮票，共有五枚，以猎犬为主题。其中邮票面值35戈比，邮票画面描绘了两只凶猛的猎犬在森林中与一头大棕熊进行殊死搏斗的惊险场面。

整整一个晚上，大雁们都在飞来飞去，到处寻找和呼喊，却没有能找到大拇指儿。但是第二天早上，太阳从山顶上露出脸来，把大雁们唤醒了，男孩子像往常一样睡在他们中间。他醒过来的时候，听到大雁们吃惊得叽叽喳喳闹成一片，不由得哈哈大笑起来。他们个个都急于想要知道男孩子究竟经历了什么事情，非要他全都讲了出来之后才肯去觅食。男孩子便生动活泼地把他遇到大狗熊一家的事情一五一十都说了一遍。"说来也稀奇，"男孩子讲下去说，"在公熊从我身边走开以后，我就爬到一棵大云杉树上去睡觉。可是天刚一亮，我被惊醒过来了，有一只大老鹰呼啦一下飞到我的头上，用爪子抓起我就走。我当然以为，这一下我保准活不成了。但没想到，他一点也没有伤害我，而是笔直把我送到这里来，把我扔到了你们中间。我连谢他一声都来不及，他就飞得不见了。我还以为是阿卡大婶派他来接我的哩。"

◆ 丹麦2004年11月5日发行一套邮票，共有四枚，以猛禽为主题。其中第一枚邮票面值4.50丹麦克朗，邮票画面描绘了一只在空中展翅盘旋的红隼（Falco tinnunculus）。

◆ 位于欧洲南部的直布罗陀 2001 年 9 月 3 日发行一枚邮票小型张，共有三枚邮票，邮票面值都是 40 便士，以猛禽的翅膀为主题。其中第一枚，邮票画面描绘了一只捕获猎物的雄鹰（Hobby）；第二枚，邮票画面描绘了一只高空滑翔的白头鹞（Marsh harrier）；第三枚，邮票画面描绘了一只扑翅高飞的雀鹰（Sparrowhawk）。

这只成人之美的老鹰是谁呢？小男孩心中留下了一个神秘的谜团。原来，他就是领头雁阿卡的养子老鹰高尔果。

高山鹰传奇

在北极圈附近的拉普兰崇山峻岭中,有一个用树枝一层层叠起来筑成的老鹰巢,筑在从陡峭的山壁上伸出的一块岩石上。老鹰巢的峭壁底下是一个很大的峡谷,是大雁群极好的栖身之处,每年夏天都有一群大雁栖居在那里。这个峡谷中央有一个圆形小湖,那里有供小雁吃的大量食物。在高低不平的湖岸上,长满了柳树丛和矮小的桦树,大雁们可以在那里找到最理想的筑巢地点。

在北极圈附近的拉普兰崇山峻岭中，有一个用树枝一层层叠起来筑成的老鹰巢，筑在从陡峭的山壁上伸出的一块岩石上。老鹰巢的峭壁底下是一个很大的峡谷，是大雁群极好的栖身之处，每年夏天都有一群大雁栖居在那里。这个峡谷中央有一个圆形小湖，那里有供小雁吃的大量食物。在高低不平的湖岸上，长满了柳树丛和矮小的桦树，大雁们可以在那里找到最理想的筑巢地点。

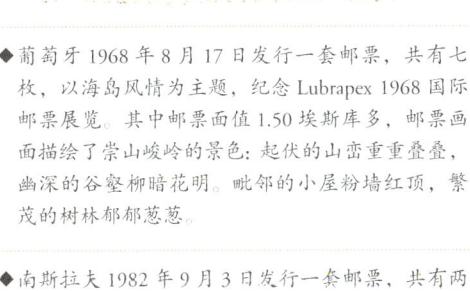

◆ 葡萄牙1968年8月17日发行一套邮票，共有七枚，以海岛风情为主题，纪念 Lubrapex 1968 国际邮票展览。其中邮票面值1.50埃斯库多，邮票画面描绘了崇山峻岭的景色：起伏的山峦重重叠叠，幽深的谷壑柳暗花明。毗邻的小屋粉墙红顶，繁茂的树林郁郁葱葱。

◆ 南斯拉夫1982年9月3日发行一套邮票，共有两枚，以国家公园为主题。其中邮票面值8.80第纳尔，邮票极限片画面描绘了绵延起伏的崇山峻岭，以及高山峡谷中的一弯水质清澈的湖泊。

◆ 匈牙利1992年6月26日发行一套邮票，共有四枚，以猛禽为主题。其中邮票面值9福林，邮票画面描绘了一只猎隼（Falco cherrug）及其鸟巢中的雏鸟；邮票面值10福林，邮票画面描绘了一只靴隼雕（Hieraaetus pennatus）及其鸟巢中的雏鸟；邮票面值15福林，邮票画面描绘了一只短趾雕（Circaetus gallicus）及其鸟巢中的雏鸟；邮票面值40福林，邮票画面描绘了一只红鸢（Milvus milvus）及其鸟巢中的雏鸟。

◆ 加拿大2005年12月19日发行一套邮票，共有两枚，以野生动物为主题。其中邮票面值2加元，邮票画面描绘了一个位于悬崖峭壁顶上的鸟巢，一只凶猛的游隼（Peregrine falcon）正在抚爱着巢中嗷嗷待哺的雏鸟。

◆乌克兰2008年发行一枚邮票小型张，共有四枚邮票，邮票面值都是1.00格里夫纳，以自然保护区为主题。邮票小型张画面全景式地描绘了自然生态的美丽景象：巍峨的高山蜿蜒起伏，展翅的雄鹰来回翱翔。其中第一枚，邮票画面描绘了一只登高远望的秃鹫（Aegypius monachus）；第二枚，邮票画面描绘了几只水中游弋的疣鼻天鹅；第三枚，邮票画面描绘了一头仰天长啸的马鹿（Cervus elaphus）；第四枚，邮票画面描绘了高山上盛开的白色野花（Silene jailensis）。

◆保加利亚2001年发行一套欧罗巴"水——自然的财富"专题邮票，共有两枚。其中邮票面值0.22列弗，邮票画面以全景式俯瞰的视角描绘了绵延不断的山峦，它们环抱着一个水色潋滟的蓝色湖泊。一只扑扇着翅膀的老鹰在湖泊上空来回盘旋，注视着地面上小动物的一举一动。

◆列支敦士登2016年7月6日发行一套邮票，共有四枚，以自然风光为主题。其中邮票面值100分，邮票和极限片画面描绘了高山下的湖泊景色：绵延的山峦高低起伏，巍峨的雪峰银光闪烁。湛蓝的天空映在水面，洁白的云彩落到湖中。柔细的水草轻轻摇晃，婆娑的树影微微颤动。

◆民主德国1985年6月25日发行一套邮票，共有五枚，以野生动物保护为主题。其中邮票面值10芬尼，邮票画面描绘了两只在水边草地栖息的红颈雁（Red-necked goose）。红胸黑雁常以植物嫩茎叶、种子等为食，它们擅长游泳和潜水，飞翔速度也很迅疾。当它们从水面上飞起时，喜欢发出接连不断的大声鸣叫。

◆罗马尼亚 1980 年 3 月 25 日发行一套邮票，共有六枚，纪念欧洲自然保护年。其中邮票面值 1.50 列伊，邮票画面描绘了一只在草地上伸长脖颈的红胸黑雁（Red-breasted goose）。红胸黑雁是一种小型的雁类飞鸟，但它们的体色最为艳丽多彩。这种黑雁的头顶和后颈黑色，眼前有一个椭圆形的白斑，眼后有一个围着白边的栗红色颊斑。它们的胸部栗红色，围着一条窄窄的白边，这条白边沿着颈侧向上与颊部的白边相连。它们的翅膀和上体均为黑色，但翅膀上有两道白色的横斑，黑色的腹部也映衬着白色的两胁和尾部覆羽，显得十分鲜艳而醒目。

◆联合国日内瓦总部 2003 年 4 月 3 日发行一套邮票，共有四枚，邮票面值都是 90 分，以濒危野生动物为主题。其中第一枚，邮票画面描绘了两只在水边草丛中形影不离的红胸黑雁（Branta ruficollis）。这种大雁是典型的冷水性海鸟，不畏严寒，喜欢在海湾、河口等地生息繁衍。

◆罗马尼亚 1987 年 10 月 16 日发行一套邮票，共有十二枚，邮票面值都是 1 列伊，以野生动物为主题。其中第六枚，邮票画面描绘了一只在河边草丛中栖息的红胸黑雁。

◆捷克 2008 年 5 月 28 日发行一枚邮票小型张，共有四枚邮票，以自然保护区和生物圈保护区为主题。邮票小型张边纸图案描绘了一对相亲相爱的灰雁，它们在湖边丰茂的水草丛中生儿育女，享受自然家园的天伦之乐。

◆南斯拉夫 2001 年 5 月 4 日发行一套欧罗巴"水—自然的财富"专题邮票，共有两枚。其中邮票面值 45 第纳尔，邮票画面描绘了山势险峻的悬崖峭壁，以及峡谷中波光粼粼的一池碧水。

◆德国 2006 年 8 月 10 日发行一枚邮票小型张，邮票面值 55 分，以黑森林为主题。邮票小型张画面描绘了风景如画的山谷和森林：茂密的杉树重重叠叠，幽深的河谷曲曲弯弯，平缓的河滩田园阡陌，孤单的小屋红顶粉墙。

自古以来，都是老鹰住在上面的悬崖上，大雁住在下面的峡谷里。每年，悬崖上的老鹰总要叼走几只峡谷里的大雁，但是他们却不叼走太多的大雁，免得大雁不敢在峡谷里住下去。而对大雁来说，他们也从老鹰那儿得到不少好处。老鹰固然是强盗，但是他们却使得其他强盗不敢接近这个地方。

就在小男孩尼尔斯跟随大雁们四处周游的前二三年，有一天早晨，从大雪山来的领头老雁阿卡站在谷底，向上朝悬崖上的老鹰巢望去。老鹰通常是在太阳升起后不久便外出去寻猎，而阿卡每天早晨都是这样等着他们出来，看着他们是留在峡谷呢，还是飞到其他地方去追寻猎物。她用不了等多久，那两只高傲的老鹰就会离开悬崖，他们在空中盘旋着，尽管样子长得很漂亮，但是却十分可怕。每当他们朝山下的平原地带飞去寻猎时，阿卡才松了一口气。

◆朝鲜2004年9月30日发行一套世界自然基金会濒危野生动物保护邮票（WWF）小版张，共有四枚，以鸿雁（Anser cygnoides）为主题。其中邮票面值104分，邮票画面描绘了一对在水中栖息的鸿雁，它们相亲相爱，朝夕为伴；邮票面值120分，邮票画面描绘了一对喜结连理的鸿雁，它们彼此恩爱，形影相随。

◆比利时2008年发行一枚邮票，邮票面值4.40欧元，邮票画面描绘了一只在山岩上眺望远方的游隼（Peregrine falcon）。这种常见的猛禽分布很广，主要栖息于山地、丘陵、沼泽与湖泊沿岸地带，也经常出没于开阔的农田和附近的村屯。

◆意大利1995年3月11日发行一套邮票，共有四枚，邮票面值都是600里拉，以鸟类为主题。其中第二枚，邮票画面描绘了一只凶猛的老鹰站立在山顶的鸟巢中，它正在满怀慈爱地，养育一只白色的雏鸟。

◆韩国1999年6月5日发行一套邮票，共有四枚，邮票面值都是170韩元，以猛禽为主题。其中第四枚，邮票画面描绘了一只虎头海雕（Haliaeetus pelagicus）和它的雏鸟在绿叶掩蔽的鸟巢中栖息。这种海雕头部为暗褐色，且有灰褐色的纵纹，看似虎斑，因而得名。

◆位于西亚的伊朗 2014 年发行一套世界自然基金会濒危野生动物保护邮票（WWF），共有四枚，以小白额雁（Anser erythropus）为主题。其中邮票面值 8000 伊朗里亚尔，邮票画面描绘了一只在湖边草丛中休憩的小白额雁。

　　这只领头雁年岁已大，常常从一个雁窝飞到另一个雁窝，向其他大雁传授产蛋和哺育小鸟的经验。此外，她还为其他大雁担任警戒，不但监视老鹰的行动，还要警惕诸如北极狐、林鹗和其他所有威胁大雁和雏雁生命的敌人。这天中午时分，阿卡又开始监视老鹰的行踪。但一直等到傍晚，她却仍然没有看到那两只老鹰归来。第二天早晨，阿卡又早早地醒来监视老鹰。她在清晨的寂静中，却听见上面悬崖上的鹰巢里传来悲愤而凄惨的叫声。"会不会真是上面的老鹰出了什么事？"她想。她迅速张开翅膀，向上飞去，居高临下地往下看，发现鹰巢里只剩一只羽毛尚未长全的小鹰，躺在那里喊叫着要吃食。

◆斯洛伐克 1994 年 7 月 4 日发行一套邮票，共有三枚，以猛禽为主题。邮票首日封画面描绘了一只金雕（Aquela chrysaetos）正在看护自己的鸟巢，巢中的两只雏鸟叽叽喳喳、嗷嗷待哺。

◆匈牙利 1983 年 8 月 18 日发行一套世界自然基金会濒危野生动物保护邮票（WWF），共有七枚，以鸟类为主题。其中邮票面值 4 福林，邮票首日封图案描绘了位于大树高处的鸟巢，以及在巢中栖居的猎隼（Falco cherrug）和几只白色的雏鸟。

◆直布罗陀 1996 年 7 月 12 日发行一套世界自然基金会濒危野生动物保护邮票（WWF），共有四枚，邮票面值都是 34 便士，以红鸢（Red kite）为主题。其中第四枚，邮票首日封图案描绘了大树高处用枝条草茎搭建的鸟窝，以及一对在鸟窝中栖息的红鸢和几只白色的雏鸟。

◆澳大利亚 2001 年 9 月 11 日发行一套邮票，共有四枚，以猛禽为主题。其中第三枚邮票面值 98 分，邮票画面描绘了一只红苍鹰（Red goshawk）站在鸟巢中为嗷嗷待哺的雏鸟喂食；第四枚邮票面值 98 分，邮票画面描绘了一只斑点鹞鹰（Spotted harrier）在蓝天上展翅翱翔。

◆ 朝鲜 2004 年 9 月 30 日发行一套世界自然基金会濒危野生动物保护邮票（WWF）小版张，共有四枚，以鸿雁（Anser cygnoides）为主题。其中邮票面值 3 分，邮票极限片画面描绘了一只孤零零的鸿雁站在岸边的草丛中，静静地眺望着烟波浩渺的湖面。

◆ 白俄罗斯与俄罗斯 2005 年 4 月 15 日与联合发行一枚邮票小型张，共有四枚邮票，以自然生态为主题。其中第一枚邮票面值 500 白俄罗斯卢布，邮票画面描绘了一只深褐色的金雕（Aquila danga）在蓝天上展翅飞翔；第二枚邮票面值 500 白俄罗斯卢布，邮票画面描绘了两只五彩缤纷的暗红翼蝴蝶（Catocala sponsa）在树丛中翩翩起舞；第三枚邮票面值 1000 白俄罗斯卢布，邮票画面描绘了描绘了一只奔拉着长尾巴的河狸（Castor fiber）在河岸边东张西望；第四枚邮票面值 1000 白俄罗斯卢布，邮票画面描绘了一头狗獾（Meles meles）在草丛中葡匐休憩。

邮票上的动物故事

　　阿卡慢慢地降低高度，迟疑地落在了老鹰窝边上。"太好了，终于有谁来了，"小鹰叫唤道。"快给我弄点吃的来！""慢，慢，且不要着急！"阿卡说。"先告诉我，你的父亲母亲在哪里！""唉，谁知道啊！他们昨天早晨就出去了，只给我留下了一只旅鼠。"阿卡开始意识到，那两只老鹰真的已经被人打死了。她想，如果她让这只雏鹰饿死的话，她就可以永远摆脱那帮强盗。但同时她又觉得，此时此刻她有能力而不去帮助一只被遗弃的小鸟，良心上总有点说不过去。

　　于是，阿卡开始每天为这只雏鹰寻找他所需要的食物。她给他小鱼和青蛙吃，但雏鹰也并没有因为吃这种食物而显得发育不良，相反地，他长得又大又壮。他很快就忘了自己的父母亲，而以为阿卡是他的亲生母亲。阿卡也很疼爱他，就好像他是自己的亲生孩子。她尽力给他以良好的教养，帮助他克服野性和傲慢。

◆ 直布罗陀 1996 年 7 月 12 日发行一套世界自然基金会濒危野生动物保护邮票（WWF），共有四枚，邮票面值都是 34 便士，以红鸢（Red kite）为主题。其中第二枚，邮票画面描绘了一只双目炯炯有神的红鸢在山顶上极目远眺；第三枚，邮票画面描绘了一只英姿勃勃的红鸢蹲在突兀的山岩上搜寻猎物。

◆爱沙尼亚 1995 年 8 月 29 日发行一枚附捐邮票，邮票面值 2.00 爱沙尼亚克朗 / 附捐 0.25 爱沙尼亚克朗，纪念爱沙尼亚清洁海洋协会。邮票画面描绘了一只白尾海雕（Haliaeetus albicilla）展开风帆般宽阔的双翅，在波涛起伏的大海上空慢不紧不慢地翱翔飞行。老鹰在飞行时常常将宽大的双翼保持水平，一动不动，这样就能滑翔飞行很长的距离。老鹰将扑翅飞行和滑翔飞行交替进行，从而可在天空中长时间快速飞行。

后来，这只名叫高尔果的雏鹰在底下的峡谷里和那些小雁一起度过了夏天，并且成了他们的好伙伴。他把自己也当做小雁看待，尽力按照他们的方式生活。当小雁到湖里去游泳时，他也跟着去，差点儿给淹死。不久，雏鹰的翅膀就长大了，可以承受得住他身体的重量在空中飞行了，但是直到秋天小雁学飞的时候，他才想起要使用翅膀去飞行。现在他值得骄傲的时刻来到了，因为在这项运动中他很快就成了冠军。他的伙伴们只能在空中勉强停留一会儿，而他却几乎能整天在空中飞行，练习各种飞翔技巧。

◆英国奥尔德尼岛 2003 年 7 月 3 日发行一枚邮票小型张，共有六枚邮票，以飞行的海鸟为主题。其中邮票面值 22 便士，邮票画面描绘了一只扑翅飞行的北极燕鸥（Arctic tern）；邮票面值 27 便士，邮票画面描绘了一只侧身飞行的大贼鸥（Great skua）；邮票面值 36 便士，邮票画面描绘了一只低空飞行的白嘴端燕鸥（Sandwich tern）；邮票面值 40 便士，邮票画面描绘了一只侧身飞行的灰鹱（Sooty shearwater）；邮票面值 45 便士，邮票画面描绘了一只扑翼振翅的北极贼鸥（Arctic skua）；邮票面值 65 便士，邮票画面描绘了一只掠海飞行的马恩岛海鸥（Manx shearwater）。

秋天，大雁们要迁徙的时候，高尔果也跟随雁群去了。他仍然把自己当成他们中的一员。但是，空中飞满了要到南方去的各种鸟类，当阿卡率领的雁群中出现一只老鹰时，立即在他们之中引起了很大的轰动。大雁群四周总是围着一群一群好奇的鸟，并且大声表示惊讶。"他们为什么把我叫做老鹰？"高尔果不断地问，并且越来越生气。"难道他们看不见我也是一只大雁吗？他们怎么敢给我起这么一个讨厌的名字呢？"

一天，他们飞过一个农庄，那里有一群鸡儿正围着一堆垃圾在刨食吃。"一只老鹰！一只老鹰！"鸡儿们惊叫道，并且四处奔跑，寻找藏身之地。此时，高尔果再也无法抑制住自己的怒火，他夹紧翅膀，"嗖"地冲向地面，用爪子抓住了一只母鸡。"我要教训教训你，我，我不是一只老鹰。"他一边愤愤地喊叫着，一边用嘴去啄她。

◆ 美国1971年6月12日发行一套邮票，共有四枚，邮票面值都是8分，以野生动物保护为主题。其中第一枚，邮票画面描绘了一只加利福尼亚兀鹰（California condor）伸展着宽大的翅膀在蓝天上纵情翱翔。

◆ 中国2005年7月30日发行一套邮票，共有四枚，邮票面值都是80分，以自然保护为主题。其中第四枚，邮票画面描绘了一只身怀飞行绝技的雄鹰，在碧草连天的原野上空轻松自如地滑翔飞行。

◆ 韩国1999年6月5日发行一套邮票，共有四枚，邮票面值都是170韩元，以猛禽为主题。其中第一枚，邮票画面描绘了一只游隼（Falco peregrinus）展开黑白两色的双翼，在云雾缭绕的山岭上空穿插盘旋。这种猛禽的上胸具有黑色斑点，下胸至尾下的覆羽密布黑色横斑，成为其易于识别的显著特征。

◆ 葡萄牙1980年5月6日发行一套动物邮票，共有四枚。其中邮票面值20.00埃斯库多，邮票画面描绘了天空中一只凶相毕露的金雕（Golden eagle），它正以迅雷不及掩耳之势扑向地面上的猎物。绝大多数老鹰对人类利多害少，它们虽然捕食家禽和小鸟，但通常以小型动物和昆虫为食。

◆ 韩国2004年12月1日发行一枚鸡年生肖邮票小型张，含两枚相同的邮票，邮票面值220韩元。邮票图案描绘了一只白羽红冠的母鸡安安稳稳地匍匐在鸡窝中，几只毛茸茸的小鸡在它身旁嘤嘤唧唧，走来走去。

◆ 法国2004年4月26日发行一枚邮票小型张，共有四枚邮票，以农庄动物为主题。其中邮票面值0.50欧元，邮票画面中描绘了阳春三月的农庄，一缕缕明媚的阳光，一丛丛鲜嫩的青草。一只红冠白羽的法国母鸡走到青草地里，几只毛茸茸的鸡雏紧随左右，影形不离。

与此同时，他听见阿卡在空中呼叫他，他只得惟命是从地飞回空中。那只大雁朝他飞过来，并开始惩罚他。"你干什么去了？"她吼叫道，同时用嘴去啄他。"你是不是想把那只可怜的母鸡啄死？你真不知羞耻！"老鹰没有进行反抗，而是任凭阿卡训斥，这时他们周围的其他鸟类发出了一阵嘲笑声和讽刺声。此时，老鹰便用力扇动着翅膀向更高的天空飞去。在大雁们能看得见他的时候，他一直在上面盘旋着。

◆瑞典1981年2月16日发行一枚邮票，邮票面值50瑞典克郎。邮票图案描绘了一只正在天空中展翅翱翔的矛隼（Gyrfalcon）。每只老鹰都具有惊人的视力，是鸟类中名副其实的"千里眼"。白昼时，它们常常在高空中来回盘旋，放眼四顾，能清晰地辨认出地面上小动物的一举一动。

◆保加利亚2008年发行一枚邮票小型张，共有两枚邮票，以自然生态为主题。邮票小型张画面描绘了高低起伏的丘陵，奔流不息的小溪，铺青迭翠的树林，绿草如茵的山坡。其中邮票面值0.60列弗，邮票画面描绘了一条金豺（Canis aureus）正在丛林中匆忙前行，它的两只幼仔紧随其后；邮票面值1.50列弗，邮票画面描绘了一只小斑点鹰（Aquila pomarina brehm）站立在大树枝头极目远眺。

◆匈牙利1983年8月18日发行一套世界自然基金会濒危野生动物保护邮票（WWF），共有七枚，以鸟类为主题。其中邮票面值6福林，邮票首日封图案描绘了一只凶相毕露的毛脚鵟（Buteo lagopus），它从天空中俯冲直下，用一双利爪擒拿一只躲藏在草丛中的小田鼠。当老鹰用强有力的爪子捕获猎物后，就会以其尖锐而强健的嘴喙撕裂、肢解猎物。

◆瑞典1975年11月11日发行一枚邮资封，邮票面值1.10瑞典克朗，邮票画面描绘了一只老鹰突然从天而降，它扑扇一对飞翼，伸出两只利爪，凶猛地扑向地面上的猎物。

三天之后，他又返回了雁群。"我现在知道我是谁了，"他对阿卡说。"因为我是一只老鹰，所以我一定要像老鹰那样地生活。但是我认为，我们还是可以继续做朋友的。你或你们当中的任何一只大雁，我是绝不会来袭击的。"阿卡以前感到极为自傲，因为她将成功地把一只老鹰教养成一只温顺无害的鸟。但是现在当她听到老鹰将要按照自己的意愿去生活时，她再也不能容忍了。"你以为，我会愿意做一只猛禽的朋友吗？"她说，"如果你照我教导的那样去生活，你还可以跟以前一样留在我的雁群里！"

◆法国2012年发行一枚邮票小型张，共有四枚邮票，邮票面值都是0.57欧元，以自然保护为主题。其中第三枚，邮票和小型张边纸图案描绘了空旷辽阔的原野，水色潋滟的河流。一只体格健壮、羽翼宽大的老鹰用利爪从水中捕获一条鲜活的大鱼后腾空而起。

◆葡萄牙1995年2月22日发行一枚邮票小型张，共有三枚邮票，以自然保护为主题。其中邮票面值42埃斯库多，邮票画面描绘了几只大鸨（Otis tarda）在草丛中栖息；邮票面值90埃斯库多，邮票画面描绘了一只鱼鹰（Pandion haliaetus）站在大树枝头眺望远方；邮票面值130埃斯库多，邮票画面描绘了一只绿翡翠蜥蜴（Lacerta schreiberi）趴伏在岩石上抬头张望；邮票小型张边纸图案描绘了一只凶猛的鱼鹰，它以迅雷不及掩耳之势扑向水中的猎物。

双方都很高傲、固执，谁也不肯让步。结果，阿卡不准鹰在她的周围出现，她对他的气愤已经到了极点，谁也不敢在她的面前再提老鹰的名字。从此以后，老鹰高尔果像所有的江洋大盗一样，在森林草原四处游荡，独来独往。他经常情绪低落，不时地怀念起那一段他把自己当作灰雁，与快乐的小雁亲昵地玩耍的时光。在众多的野生动物中，老鹰高尔果以勇敢闻名遐迩，他除了自己的养母阿卡外谁也不怕，并且还从来没有袭击过一只大雁。

当老鹰高尔果有一天被猎人捕获，卖到斯康森公园的老鹰笼时，他才刚满三岁。他和其他的老鹰一起被关在一个用钢筋和钢丝做成的笼子里。笼子里有几棵树，还有一个很大的石堆，但老鹰们还是不喜欢那里的生活。他们那美丽、黑色的羽毛变得蓬松而毫无光泽。他们的眼睛绝望地凝视着远方，渴望着老鹰笼外的自由世界。

◆ 俄罗斯 2015 年发行一枚邮票，邮票面值 19 卢布，纪念列宁格勒动物园建立 150 周年。邮票画面描绘了青枝绿叶的树林，微波荡漾的水塘，以及一座巨大的圆形老鹰笼。

◆ 俄罗斯 2014 年发行一枚邮票小型张，邮票面值 40 卢布，纪念莫斯科动物园建立 150 周年。邮票画面描绘了碧波荡漾的中心湖泊，以及沿湖分布的动物展馆。邮票小型张边纸图案描绘了栖居在动物园中的大象、棕熊、猩猩、鳄鱼、孔雀、老虎等各种动物。

◆ 卢森堡 2003 年 12 月 9 日发行一套附捐邮票，共有四枚，以动物为主题。其中邮票面值 1.00 欧元 /FUJUAN 0.25 欧元，邮票画面描绘了一只苍鹰（Goshawk）的头部特征。

◆ 丹麦法罗群岛 2002 年 9 月 23 日发行一枚邮票，邮票面值 30 丹麦克朗，邮票画面描绘了一只灰背隼（Falco columbarius subaesalon）的头部特征。

◆ 匈牙利 1961 年 2 月 24 日发行一套邮票，共有十枚，纪念布加勒斯特动物园。其中邮票面值 3 福林，邮票画面描绘了该动物园的正门入口。典雅的门楼，尖耸的屋顶，入口两侧有两座醒目的大象雕塑。

　　一天早晨，当老鹰高尔果像往常那样呆呆地站着的时候，他听见底下地面上有人在喊他的名字。他是那样无精打采，连眼皮也懒得抬一下，也不愿意朝地面看一眼。"叫我的是谁呀？"他问道。"怎么，高尔果，你不认识我了？我是经常和大雁们在一起四处飞行的大拇指儿呀。""是不是阿卡也被人关起来啦？"高尔果用一种好像是经过长眠之后刚刚醒来，并且竭力在思索的语调问道。"没有，阿卡，白雄鹅和整个雁群这时肯定已经飞到北方的拉普兰了，"男孩子说。"只有我被囚禁在这里。我没有忘记，你有一次把我从矿井的大狗熊那里背回了大雁群。"

◆苏联1965年12月24日发行一套邮票，共有四枚，以鸟类为主题。其中邮票面值12戈比，邮票画面描绘了一只灰褐色羽翼的金鹰（Golden eagle）在蓝天白云间纵情飞翔。

◆荷兰1995年9月5日发行一枚邮票小型张，邮票面值160分，以猛禽为主题。邮票画面描绘了一只威风凛凛的鹃头蜂鹰（Honey buzzard）在蓝天上展翅翱翔。小型张边纸图案从不同视角描绘了这种猛禽飞行时的各种姿态。

原来前不久，诡计多端的狐狸斯密尔设法将大雁群和小人儿哄骗到洪水泛滥的梅拉伦湖，当狐狸又想残害湖畔栖息的母天鹅时，小人儿用巧计生擒活捉了这个穷追不舍的宿敌。后来，大雁群和小人儿访问了小灰雁邓芬的家乡，不想小人儿遭受到邓芬姐姐的嫉恨而掉落在大海中，与大雁群失散了。小人儿后来被海上的渔民捕获，流落在举目无亲的斯康森公园里。

◆孟加拉国1984年7月17日发行一套邮票，共有两枚，以达卡动物园为主题。其中邮票面值1孟加拉塔卡，邮票画面描绘了一只亭亭玉立的赤颈鹤（Sarus）和一条葡萄水边的印度鳄（Gavial）；邮票面值2孟加拉塔卡，邮票画面描绘了一只站在树上的孔雀（Peafowl）和一只趴伏地上的孟加拉虎（Roya Bengal tiger）。

◆捷克2013年发行一枚邮票小型张，共有四枚邮票，以自然生态为主题。其中邮票面值20捷克克朗，邮票画面描绘了逶迤起伏的山峦，巍然屹立的城堡。一只在蓝天白云间盘旋飞行的雄鹰圆睁着双目，俯瞰着地面上小动物的一举一动。

每当夜幕降临,所有的老鹰都已经熟睡的时候,小人儿便悄悄地前去锯断老鹰笼子的钢丝。直到一天清晨,天刚拂晓,大拇指儿就把老鹰高尔果叫醒了。高尔果抬起头来看了看,发现钢丝网上出现了一个大洞。他活动了几下翅膀,便成功地飞了出去。接着,他又从天空中直飞下来,用他的大爪子抓起小人儿尼尔斯直冲云霄,消失在飞向北方拉普兰的路途中。

在旅途中,老鹰高尔果向男孩子讲述了自己的身世,以及他与阿卡的恩恩怨怨。"你现在大概明白过来了,大拇指儿,我为啥上次在大狗熊出没的矿井里找到你,把你送回到大雁们那里。"他还恳求道,"我听人说道,你深得阿卡的欢心,我打算央求你从中调解,使我们和好如初。"男孩子欣然同意了。

◆荷兰 1982 年 11 月 16 日发行一套附捐邮票,共有四枚,以儿童为主题。其中邮票面值 70 分 / 附捐 30 分,邮票和极限片画面描绘了一个面露喜色的小男孩,他与一只深褐色羽毛的宠物老鹰已经成为亲密无间、朝夕相处的好伙伴。

◆法国 1984 年 9 月 22 日发行一套邮票,共有四枚,以鸟类为主题。其中邮票面值 1 法郎,邮票画面描绘了一只凶猛的秃鹰(Gypeatus barbatus),以及它的头部和脚爪特征;邮票极限片图案描绘了一只秃鹰在蓝天上侧身飞翔,俯瞰着白雪皑皑、高低起伏的崇山峻岭。

13

大雁群南飞

有一天,老鹰高尔果和男孩子一清早就向北飞行了。小人儿在途中昏昏沉沉地打起瞌睡来,当他清醒过来时,却发现自己躺在一条大峡谷的底部。老鹰高尔果在哪里?他站起来朝四周望去,目光落到了悬崖上用松枝搭起的古怪的建筑上。"那肯定是一种老鹰巢,高尔果……"他没有想下去,而是摘下头上的小帽子,挥动着欢呼起来。小人儿尼尔斯知道老鹰高尔果已经把他带到了老鹰住在悬崖上、大雁住在峡谷里那个地方,那就是领头雁阿卡和大雁们的故乡!

有一天,老鹰高尔果和男孩子一清早就向北飞行了。小人儿在途中昏昏沉沉地打起瞌睡来,当他清醒过来时,却发现自己躺在一条大峡谷的底部。老鹰高尔果在哪里?他站起来朝四周望去,目光落到了悬崖上用松枝搭起的古怪的建筑上。"那肯定是一种老鹰巢,高尔果……"他没有想下去,而是摘下头上的小帽子,挥动着欢呼起来。小人儿尼尔斯知道老鹰高尔果已经把他带到了老鹰住在悬崖上、大雁住在峡谷里那个地方,那就是领头雁阿卡和大雁们的故乡!

◆ 列支敦士登 1972-1973 年间发行一套邮票,共有十五枚,以自然风光为主题。其中邮票面值 10 分,邮票画面描绘了峡谷中几处晶莹透明的山泉;邮票面值 70 分,邮票画面描绘了高山下一弯明镜般清亮的湖水;邮票面值 2 瑞士法郎,邮票画面描绘了沟壑里一条潺潺流淌的小河。

小男孩缓缓地向前走着去寻找朋友们。整个山谷里一片宁静。太阳还没有照到悬崖上,大雁们还没有醒来。他看到一只大雁躺着,睡在地上一个小窝里,身旁站着护卫的公雁。他也在一个灌木丛附近看到小灰雁邓芬美美地躺着在孵卵,身旁站着为妻子站岗放哨的白雄雁。

◆ 联合国纽约总部 1998 年 3 月 13 日发行一套邮票,共有四枚,邮票面值都是 32 美分,以濒危野生动物为主题。其中第二枚,邮票画面描绘了一只夏威夷黑雁(Hawaiian goose)和几只雏鸟一起葡匐在青翠的草地上。

◆ 朝鲜 2004 年 9 月 30 日发行一套世界自然基金会濒危野生动物保护邮票(WWF)小版张,共有四枚,以鸿雁(Anser cygnoides)为主题。其中邮票面值 120 分,邮票极限片画面描绘了一只破壳而出的小鸿雁,它走起路来摇摇摆摆、跌跌撞撞,不知所措地张望着眼前的陌生世界。

◆加拿大 2011 年发行一套邮票，共有四枚，以幼小野生动物为主题。其中邮票面值 1.25 加拿大元，邮票画面描绘了两只刚刚破壳而出的小雁，它们浑身毛茸茸的，宛若嫩黄色的绒球。

◆冰岛 1990 年 2 月 15 日发行一套邮票，共有两枚，以水鸟为主题。其中邮票面值 80.00 冰岛克朗，邮票画面描绘了一只粉脚雁（Anser brachyrhynchus）和两只雏鸟。粉脚雁体型较大，头颈部深暗色，嘴喙黄色并伴有黑色斑块，而粉红色的双腿是其最明显的标志。它们的身体以浅棕色和灰褐色为主，饰有白色的羽缘。这种大雁夏季主要栖息于北极的苔原、寒带的沼泽或湖泊，冬季则流连碾转于南方的草甸或谷地。

◆美国 1987 年 6 月 13 日发行一枚邮票小版张，共有五十枚邮票，邮票面值都是 22 分，以北美洲的野生动物为主题。其中第四十四枚，邮票画面描绘了一只扬起黑色脖颈的加拿大黑雁（Canada goose），它正在草丛中的鸟窝里孵蛋。

◆德国 2016 年发行一套邮票，共有两枚，以野生动物为主题。其中邮票面值 70 分，邮票画面描绘了大雁栖息地的一幕：绽开的野花星星点点，迷离的草叶高高低低。两只幼小的灰雁（Graylag goose）在花间草丛中嘤嘤唧唧，嬉戏玩耍。

◆荷兰发行的明信片，画面是一幅儿童图书的封面画作，寓意十分幽默。一只大白鹅来到绿草如茵、野花飘香的山坡上，它看到一棵大树下有四个硕大的鹅蛋，但其蛋壳已被浓墨重彩的画笔涂抹成红艳艳、蓝盈盈、金灿灿和黄澄澄的颜色，焕然一新，面目全非。此时，那只大白鹅顿时感到困惑不解：这四个色彩缤纷的鹅蛋究竟还是不是自己刚才生下的鹅蛋？

 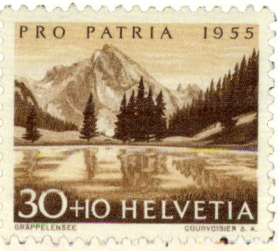 

◆捷克斯洛伐克1957年8月28日发行一套邮票,共有五枚,以国家公园为主题。其中邮票面值1.25捷克克朗,邮票画面描绘了美丽壮观的高山景色:绵延的群山高低起伏,突兀的奇峰巍峋陡峭。高飞的雄鹰空中盘旋,谷壑的树林枝繁叶茂。

◆瑞士1955年6月1日发行一套附捐邮票,共有五枚,以风光景色为主题。其中邮票面值30分/附捐10分,邮票画面描绘了一幕壮丽的风景:巍峨耸立的高山,高低错落的松林,怀抱着晶莹透明的湖泊。隐隐约约的山色,朦朦胧胧的树影,倒映在涟漪荡漾的水面。

◆韩国2007年发行一套邮票,共有四枚,邮票面值都是250韩元,以风光景色为主题。其中第二枚,邮票画面描绘了群山环抱的湖泊风光。

小人儿尼尔斯继续向前走去,在山丘脚下找到了领头雁阿卡,她正精神抖擞地为全峡谷的雁群担任警戒。大拇指儿亲吻了阿卡大婶的双颊,然后开始向她叙述他滞留在斯康森公园的经历。"现在我可以告诉您,狐狸斯密尔被关在斯康森公园的狐狸笼里。"小男孩说。

◆利比里亚1971年10月1日发行一套邮票,共有六枚,以野生动物及它们的幼崽为主题,纪念联合国儿童基金会(UNICEF)成立25周年。其中邮票面值10分,邮票画面描绘了一头红狐狸和两只幼崽亲密无间地嬉戏玩耍。

◆朝鲜1974年5月10日发行一套邮票,共有九枚,以动物为主题。其中邮票面值10分,邮票画面描绘了一只狐狸的头部特征。邮票极限片画面描绘了一只蜷伏在铁笼中的狐狸,它显得垂头丧气、神情沮丧。

◆美国1998年发行一枚邮票,邮票面值1美元,邮票画面描绘了一只趴伏在树上的红狐狸,它竖起尖尖的耳朵,瞪圆两只炯炯的眼睛,密切窥测着森林中小动物的一举一动。

"但斯密尔却总是垂头丧气地蹲着,渴望着自由。有一天,一只拉普兰狗告诉我,一个遥远的海岛需要狐狸去对付老鼠。我马上跑到斯密尔的笼子那里对他说:'明天,斯密尔,有人要到这里来取走几只狐狸,到时候你要站到前面想办法被抓住,这样你就能重新得到自由!'他听从了我的劝告。现在,他自由自在地在那遥远的海岛上四处奔跑。您觉得我这件事做得怎么样,阿卡大婶?""是的,我自己也会这样做的。"领头雁阿卡说。

◆ 联合国日内瓦总部1993年3月3日发行一套邮票，共有四枚，邮票面值都是80分，以濒危野生动物为主题。其中第二枚，邮票画面描绘了一只站立在山岩上的游隼（Falco Peregrinus）。游隼是一种中型猛禽，头部至后颈灰黑色，其余的上体蓝灰色。下体胸部灰白色，布满黑色细斑，而腹部至尾下的覆羽密布着黑色横斑。这种猛禽性情凶猛，主要捕食野鸭、海鸥、鸠鸽、乌鸦和家鸡等中小型鸟类，偶尔也捕食鼠类和野兔等小型哺乳动物。

◆ 奥地利1987年9月25日发行一枚邮票，邮票面值4奥地利先令，以动物园为主题。邮票画面描绘了一只凶猛的兀鹫（Bearded vulture），它威风凛凛地站立在山顶，俯瞰着大地上的森林草原。

◆ 位于北欧的冰岛1966年4月26日发行一枚邮票，邮票面值50冰岛克朗，邮票画面描绘了蓝盈盈的天空，轻飘飘的白云。一只站立在山岩顶上的白尾海雕（White-tailed sea eagle）英姿勃勃，傲立苍穹。这种猛禽的成鸟羽毛多为暗褐色，头部和颈部羽毛沙褐色或黄褐色。它们后颈和胸部的羽毛较长，为披针形。而楔形的尾羽呈现靓丽的纯白色，白尾海雕因而得名。

◆ 摩纳哥1970年5月4日发行一套邮票，共有六枚，纪念第二十届保护动物国际大会。其中邮票面值1.00法郎，邮票画面描绘了一头白尾海雕（White-tailed sea eagles）的头部特征，以及它从天空中向猎物俯冲的凶猛姿态。白尾海雕主要以海鱼为食，常在水面低空飞行，发现大鱼后利用鹰爪伸入水中抓捕。此外，它们也捕食鸟类和中小型的哺乳动物。在冬季缺乏食物时，这种猛禽偶尔也会以古诸如鸡鸭、猫狗、羊羔这样的家禽和家畜。

◆ 瑞典2009年发行一套邮票，共有四枚，以猛禽为主题。其中第一枚邮票面值标准邮资，邮票和极限片画面描绘了一只英姿勃勃的白尾海雕在蓝天上展翅翱翔。它们拥有一张呈倒钩状的坚硬嘴喙，一双强壮而锐利的爪子，还有一双大大的眼睛。它们的视力十分惊人，它们常常在空中来回盘旋，俯瞰大地，能十分清晰地看清地面、水中甚至树上的猎物。锁定目标后，它们就会以迅雷不及掩耳之势直扑下去，将其一举捕获。

"还有一件事要听您的意见,"小男孩说。"有一天,我看到老鹰高尔果被抓到斯康森公园的老鹰笼里。我想把钢丝网锯断,放他出来,但是我又想他是个危险的强盗,食鸟的坏家伙。我不知道我放掉这样一个恶人是不是正确?阿卡大婶?" 领头雁阿卡回答说,"老鹰比其他动物更傲气,更热爱自由,把他们关起来是不行的。" "我想您是会这么说的,阿卡大婶,"小男孩说。"如果您愿意向把我驮到您这儿来的人说句感谢的话,我想您会在山上的悬崖上见到他。"

◆挪威1983年3月24日发行一套北欧邮政联盟专题邮票,共有两枚。其中邮票面值2.50挪威克朗,邮票画面描绘了白雪覆盖的崇山峻岭。

◆德国1999年5月4日发行一枚欧罗巴"自然保护与公园"专题邮票小型张,邮票面值110芬尼,邮票画面描绘了寒风凛冽、冰封雪冻的芬芬群山,以及在严寒山林中过冬的松鸡、羚羊等野生动物。

◆冰岛1983年3月24日发行一套北欧邮政联盟专题邮票,共有两枚。其中邮票面值4.50冰岛克朗,邮票画面描绘了寒气凛冽的深海大洋,银装素裹的高山雪坡。

◆瑞典2009年11月19日发行一套邮票,共有三枚,邮票面值都是12瑞典克朗,以冰雪世界中的野生动物为主题。其中第一枚,邮票和极限片画面描绘了一只白鼬躲在黑黝黝的地洞中东张西望;第二枚,邮票和极限片画面描绘了一只雪兔趴在白茫茫的雪地上窥测动静。

时间过得真快，大雁群栖居的北方拉普兰大山已经下了很多的雪，极目望去，崇山峻岭一片白茫茫，该是大雁群和小人儿南飞的时候了。现在，小雁们的翅膀终于长硬朗了，南飞的旅程也开始了，男孩子是如此的高兴。他坐在白雄鹅莫顿背上，在高空中飞行向前。三十一只大雁排成整齐的人字形向南快速地飞行着。风儿在大雁的羽毛中呼呼作响，那么多翅膀拍打着空气发出的飕飕声，使他们连自己的叫声也听不见了。

◆ 芬兰奥兰岛 2004 年 2 月 2 日发行一套邮票，共有三枚，以野生动物为主题。其中邮票面值 0.20 欧元，邮票画面描绘了一只在林海雪原中过冬的白鼬（Mustela erminea）。白鼬全身的冬毛纯白色，只有尾巴的端部黑色。当白鼬外出觅食时，它的尾巴拖在雪地上，留下自己清晰的行迹，白鼬"扫雪"的故事由此得名。

◆ 奥地利 1997 年 4 月 25 日发行一枚邮票，邮票面值 7 奥地利先令，邮票极限片画面描绘了寒冬时节的一幕风景：苍翠的松柏银装素裹，寂寞的山林琼玉满地。林中的驯鹿左顾右盼，雪下的落叶酣然入睡。

◆ 苏联 1962 年 12 月 26 日发行一套邮票，共有五枚，以鸟类为主题。其中邮票面值 4 戈比，邮票画面描绘了两只色彩斑斓的红胸黑雁（Red-breasted geese）在天空中比翼齐飞；邮票面值 6 戈比，邮票画面描绘了三只浑身洁白的雪雁（Snow geese）在蓝天上拍翅远行。

　　大雪山来的大雁阿卡领头飞行，跟在她后面的是亚克西和卡克西、科尔美和奈利亚、维茜和库西、雄鹅莫顿和灰雁邓芬。去年秋天跟随他们一起飞行的六只小雁现在已经离开雁群独立生活了。老雁们却带着今年夏天在大山峡谷里长大的二十二只小雁在飞行，十一只飞在右边，十一只飞在左边，他们尽力同大老雁一样相互之间保持着同等的距离。这些可怜的小雁过去从来没有作过任何长距离飞行，开始时，他们对这样快速的飞行很难跟得上。

"大雪山来的阿卡！大雪山来的阿卡！"他们可怜巴巴地叫道。"什么事？"领头雁问道。"我们的翅膀累得动不了啦，我们的翅膀累得动不了啦。"小雁们叫道。"你们飞得越远，就越不会感到累。"领头雁回答说，速度一点没有放慢，而是继续像原先那样向前飞着。看来她说的话真是一点不错，因为当小雁们飞了两三个小时后就再也不抱怨累了。但是，他们在大山峡谷里习惯于一天到晚嘴巴不停地吃，所以，没过多久，他们开始想吃东西了。

◆苏联1972年1月12日发行一套邮票，共有五枚，以鸟类为主题。其中邮票面值10戈比，邮票首日封画面描绘了两只藤壶黑雁（Barnacle geese）伸长黑色的脖颈，在波涛翻滚的海面上展翅远行。

◆白俄罗斯2009年发行一枚邮票小版张，共有七枚相同的邮票，邮票面值1000白俄罗斯卢布，以灰雁（Anser anser）为主题。邮票画面描绘了两只灰雁在天空中展翅远飞，小版张边纸图案描绘了一对灰雁在微波荡漾、水草丛生的栖息地湖泊繁育后代。

"阿卡，阿卡，大雪山来的阿卡！"小雁们凄婉地叫道。"又有什么事？"领头雁问道。"我们饿得飞不动了，"小雁们叫道，"我们饿得飞不动了。""大雁应该学会吃空气喝大风。"领头雁回答道，她没有停下来，而是继续像原先那样向前飞着。看起来，似乎小雁们已经学会靠空气和风生活，因为当他们飞了一会儿之后就再也不抱怨肚子饿了。

◆ 瑞士1990年6月5日和9月3日分别发行一套邮票，各有四枚，邮票面值分别是5分、45分、70分、1.00瑞士法郎和10分、35分、60分、1.20瑞士法郎，以山脉景色为主题。四枚邮票的画面以不同的视角和色彩描绘了高山峻岭的雄伟险峻和美丽壮观。

邮票上的动物故事

　　雁群仍然在大山上空飞行。老雁们为了使小雁们学到每座山峰的名字，他们每飞过一座山峰，就喊出它奇离古怪的名字。但是，当他们这么喊着飞了一会儿之后，小雁们又不耐烦了。"阿卡，阿卡，阿卡！"他们伤心地叫道。"什么事？"领头雁问道。"我们脑子里装不下更多的名字了，"小雁们叫道，"我们脑子里装不下更多的名字了。""脑子里装的东西越多，脑子就越好使。"领头雁回答道，继续像原先那样叫喊着奇里古怪的名字。

◆ 奥地利1997年4月25日发行一枚邮票，邮票面值7奥地利先令，邮票画面描绘了白雪皑皑、银装素裹的森林和旷野，几只不畏严寒的驯鹿在松软的雪地里寻觅过冬的食物。

◆ 芬兰1960年发行一套附捐邮票，共有三枚，以野生动物为主题。其中邮票面值10盆尼/附捐2盆尼，邮票画面描绘了蜿蜒起伏的山峦，琼玉满地的原野。一群体格健壮的驯鹿迈开大步，四蹄生风，在白茫茫的雪地里奔驰前行。驯鹿是一种不畏严寒的森林动物，主要分布于北半球的环北极地区。

◆ 芬兰1957年9月5日发行一套附捐邮票，共有三枚，以野生动物为主题。其中邮票面值30盆尼/附捐5盆尼，邮票画面描绘了绚丽璀璨的北极光，以及一头伫立在雪原上的驯鹿。驯鹿又名角鹿，头上的鹿角细细长长，而且枝叉繁多，甚至可达30多个枝杈，成为其外观上的重要特征。驯鹿身体上覆盖着轻盈而耐寒的毛皮，其毛色随着季节的不同而发生变化。

◆丹麦格陵兰岛 1979 年 10 月 18 日发行一枚邮票，邮票面值 2.00 丹麦克朗，纪念国际儿童年。邮票画面描绘了一个身穿毛皮冬装的男孩，他神态自若，目光炯炯。画面左侧的背景图案描绘了明亮璀璨的北极光，画面右上方描绘了国际儿童年的国际徽志。

◆丹麦格陵兰岛 1993 年 10 月 14 日发行一套邮票，共有三枚，以野生动物为主题。其中邮票面值 10.00 丹麦克朗，邮票画面描绘了一群

在白茫茫的旷野中踏雪前行的驯鹿（Rangifer tarandus），它们的头上竖着长长的犄角，弯弯曲曲，七枝八杈。

◆瑞典 1970 年 6 月 5 日发行一套邮票，共有五枚，以北极圈风情为主题。其中邮票面值 45 欧尔，邮票画面描绘了北极圈的一幕风景：远方的山峦蜿蜒起伏，辽阔的大地白雪茫茫。一个牧人乘着小雪橇，带着牧羊犬，在寂静无声的旷野上放牧一大群驯鹿。

拉普人和鹿群也在从高山上往下迁移。他们秩序井然地走着：一个拉普人走在队伍最前列，后面跟着由几排大公鹿领队的鹿群，接着是一长溜驮着拉普人帐篷和行李的运货鹿，最后是七八个人。大雁看见鹿群的时候就往下飞行并且喊道："谢谢你们今年夏天对我们的款待！谢谢你们今年夏天对我们的款待！""祝你们旅途愉快，欢迎下次再来！"鹿群回答说。

但是，当大狗熊们看见大雁群时，他们却指着大雁群对自己的孩子嗥叫道："快来看这些大雁呀，他们一点寒冷都经不住，连冬天呆在家里都不敢！"老雁们不屑回答他们，而是对自己的小雁们叫道："快来看这些大狗熊呀，他们宁愿躺在家里睡上半年，也不肯麻烦一点到南方去！"

◆瑞典 1993 年 1 月 28 日发行一套邮票，共有六枚，以野生动物为主题。其中第一枚邮票面值 2.90

瑞典克朗，邮票画面描绘了两只小熊仔正在嬉戏玩耍；第二枚邮票面值 2.90 瑞典克朗，邮票画面描绘了一头棕熊（Ursus arctos）蜷缩在山岩上东张西望。

◆西班牙 1971 年 5 月 24 日发行一套邮票，共有五枚，以野生动物为主题。其中邮票面值 3 比塞塔，邮票首日封图案描绘了一只栖居在森林中过冬的棕熊，它身披厚厚的毛皮冬装，独自在寂静的雪地里慢慢悠悠地东游西荡。

邮票上的动物故事

◆ 奥地利 1998 年 2 月 6 日发行一套邮票，邮票面值 9 奥地利先令，以狩猎与环境为主题。邮票画面描绘了一对步履蹒跚的黑山鸡（Black cock）在白雪皑皑的山坡上结伴前行，共同享受着琼玉世界的安详和宁静。

◆ 丹麦格陵兰岛 2001 年 10 月 16 日发行一套圣诞邮票，共有两枚。其中邮票面值 4.50 丹麦克朗，邮票画面描绘了一只在冰天雪地里觅食浆果的松鸡（Grouse）。松鸡善于忍耐刺骨的严寒，常在厚厚的雪地里挖穴过冬；邮票面值 4.75 丹麦克朗，邮票和极限片画面描绘了白茫茫的山坡雪原，以及一群翩然起飞的松鸡。

在下面的杉树林里，小松鸡们缩紧身子，竖起羽毛，冻得发抖，看着所有的大鸟群喜洋洋、乐滋滋地向南飞去。"什么时候轮到我们飞呢？"他们问母松鸡，"什么时候轮到我们飞呢？""你们得同妈妈爸爸一起呆在家里，"母松鸡回答说，"你们得同妈妈爸爸一起呆在家里。"

◆ 意大利 2013 年发行一套邮票，共有五枚，邮票面值都是 0.70 欧元，以鸟类为主题。其中第五枚，邮票画面描绘了两只山鸡（Uccelli dellealpi）在林间雪地里寻觅着过冬的食物。

◆ 瑞典 2009 年 11 月 19 日发行一套邮票，共有三枚，邮票面值都是 12 瑞典克朗，以冰雪世界的野生动物为主题。其中第三枚，邮票和极限片画面描绘了一只圆溜溜、胖乎乎的松鸡在洁白松软的雪堆中避寒栖身。

当骑在雄鹅背上又笑又唱的小人儿尼尔斯看见第一个杉树林的时候，他挥动帽子，高声呼喊"好哇"，他以同样的方式欢迎着第一幢开拓者的灰色屋子、第一只山羊、第一只猫和第一群鸡。他飞越过汹涌澎湃的大瀑布，它的右面是壮丽的高山。当小人儿尼尔斯看到山麓下的小教堂和小村庄的时候，他觉得这里是那么的美丽，以致兴奋得眼睛里充满了泪水。

◆挪威1977年5月2日发行一套欧罗巴"风光"专题邮票,共有两枚。其中第二枚邮票面值1.80挪威克朗,邮票画面描绘了冰山融化的雪水瀑布飞泻而下,喷涌出千万朵洁白晶莹的水花,然后汇聚成水色清亮的潺潺溪流。

◆奥地利1982年7月1日发行两枚邮票,以风光景色为主题。其中邮票面值5.60奥地利先令,邮票和极限片画面描绘了从高处俯瞰森林草地的情景:绵延起伏的山峰白雪皑皑,房舍毗邻的村落炊烟袅袅。洁白嫩黄的野花星星点点,铺青叠翠的松柏丛丛簇簇。

◆爱尔兰1992年10月15日发行一套邮票,共有四枚,邮票面值都是32便士,以农作和食物为主题。其中第一枚,邮票画面描绘了琳琅满目的新鲜食物;第二枚,邮票画面描绘了三三两两的放牧牛群;第三枚,邮票画面描绘了金黄灿灿的麦田风光;第四枚,邮票画面描绘了纵横交错的田垄菜棚。

◆列支敦士登1988年3月7日发行一套邮票,共有三枚,纪念欧洲保护土地资源运动。其中邮票面值80分和1.70瑞士法郎,邮票画面描绘了从空中俯瞰的田园风光:弯弯的小河流水潺潺,静静的田园阡陌纵横。青翠的树林丛丛簇簇,尖顶的小屋三三两两;蜿蜒的村路回转延伸,丰饶的原野五色斑斓;邮票面值90分,邮票画面描绘了高低村落的乡间建筑。

◆德国2008年发行一枚邮票,邮票面值100分,以瑞典作家塞尔玛·拉格洛夫的文学作品《尼尔斯骑鹅旅行记》为主题,纪念她诞生150周年。邮票画面描绘了小男孩骑在一只大白鹅身上,跟着一群大雁进行了一次奇异的旅行。

◆位于欧洲中部的列支敦士登1999年3月1日发行一套风光景色邮票,共有五枚,邮票面值都是90分,以田园风光为主题。五枚邮票的图案相互衔接,构成一幅完整的画面:墨绿色、深绿色、浅绿色、嫩绿色、绿色的山峦都郁郁葱葱;斜屋顶、尖屋顶、方屋顶、圆屋顶,田庄的小屋高高低低;高树林、矮树林、大树林、小树林,苍翠的树木亭亭玉立;橘黄色、深红色、浅蓝色、灰褐色,教堂的尖顶缤纷多彩。

邮票上的动物故事

　　大雁们飞啊,飞啊,飞越过哈兰德山脉进入斯康耐省,离小男孩尼尔斯的家越来越近了,但是他却显得闷闷不乐。据说,家里的小精灵已经答应让小人儿变回人,但是必须宰杀大雄鹅莫顿作为家中的美餐,而这样的条件是小男孩无法接受的。这一天大雾弥漫,阴霾满天,领头雁就驮着小男孩尼尔斯降落在他父亲那座农舍的石头围墙背后。"你说奇怪不奇怪,这里什么东西都跟早先一模一样。"男孩子说道,他性急慌忙地爬到围墙上去观看四周。"我只觉得,自从今年春天坐在这里看见你们在天上飞过到现在,好像连一天的功夫都不到哩。"

　　"我不知道你父亲有没有猎枪。"阿卡蓦地这么说道。"喔,他倒有一支,"男孩子说道,"就是因为那支枪的缘故,我才宁可呆在家里而没有上教堂去。""既然你们家有猎枪,那么我就不敢站在这里等你了,"阿卡说道,"你就可以在家里住上一夜。"

◆圣文森特格林纳丁斯1995年12月1日发行两枚邮票小全张,各有九枚邮票,邮票面值都是1东加勒比元,以野生动物为主题。第二枚小全张中的第七枚,邮票画面在褐色背景下描绘了一只夏威夷黑雁(Hawaiian goose)站立在草丛中东张西望。

◆冈比亚1966年2月18日发行一套邮票,共有十三枚,以鸟类为主题。其中邮票面值2先令6便士,邮票画面描绘了一只站立在草地上的距翅雁(Spurwinged goose)。距翅雁的生物学特征介于大雁和野鸭之间,主要分布在非洲。它们的脖颈又长又粗,翅膀宽大,双腿细长。

◆ 位于非洲西部的布基纳法索 1996 年 6 月 25 日发行一套邮票，共有四枚，以鸟类为主题。其中邮票面值 1000 非共体法郎，邮票画面描绘了一只加拿大黑雁（Branta canadensis）在水边的草丛中抬头张望。

◆ 圣马力诺 1962 年 8 月 25 日发行一套狩猎邮票，共有十枚。其中邮票面值 15 里拉，邮票画面描绘了一名狩猎者站在草丛中，准备猎杀一只在水边栖息的麦鸡；邮票面值 50 里拉，邮票画面描绘了一名狩猎者站在湖岸边，举枪射击几只飞行的野鸭；邮票面值 70 里拉，邮票画面描绘了一名狩猎者乘着小船驶进湖中，向一群水中栖息的野鸭举枪射击。

◆ 瑞典 2000 年 3 月 17 日发行一套邮票，共有四枚，以森林为主题。其中邮票面值标准邮资（3.80 瑞典克朗），邮票画面描绘了：幽深的森林古木参天，青翠的草丛野花吐艳。弯弯的小径扑朔迷离，好奇的游客左顾右盼。

◆ 比利时 2004 年 9 月 27 日发行一枚邮票小型张，共有四枚邮票，邮票面值都是 0.44 欧元，以国家森林周为主题。其中第一枚，邮票画面描绘了一只正在爬树的松鼠和一只正在飞行的黑冠莺（Blackcap）；第二枚，邮票画面描绘了一只夜莺和一只知更鸟在树上栖居，以及一只彩蝶（Red admiral butterfly）在花间枝尖飞飞停停；第三枚，邮票画面描绘了一只大黄蜂（Bumblebee）在空中盘旋，一只小田鼠在草丛边东张西望、一只黄鼠狼在草地上低头前行，以及一丛形同小伞的蘑菇；第四枚，邮票画面描绘了一只松鸡站立在草丛中觅食野果。小型张边纸图案描绘了绿树婆娑、青草丛生的森林生态环境，以及其他一些在此栖居的野生动植物。

"不，阿卡大姊，您先别忙着走啊！"男孩子叫了起来，匆忙从围墙上爬了下来。他自己也弄不清楚是怎么回事，不过隐隐约约总是有种不祥的感觉，似乎他和大雁经此一别便永难再相见了。阿卡长长舒了一口气，接着说："有一桩事情我早就应该同你推心置腹地谈一谈。要是你从我们身上学到了什么好东西的话，大拇指儿，那么你大概会觉得，人类不应该把整个大地占为己有的。"

УКРАЇНСЬКЕ ПОДВІР'Я

14

尼尔斯返家

领头雁神色庄重，一本正经地说道，"你想想看，你们有了那么一大片土地，你们完全可以让出几个光秃秃的岩石岛、几个浅水湖和潮湿的沼泽地，还有几座荒山和一些偏僻遥远的森林，把它们让给我们这些穷得无立锥之地的飞禽走兽，使得我们有地方安安生生地过日子。我这一生时时刻刻都遭受着人类的追逐和捕猎。倘若人类能有良知，明白像我这样的一只鸟儿也需要有个安身立命之处就好了。"

领头雁神色庄重,一本正经地说道,"你想想看,你们有了那么一大片土地,你们完全可以让出几个光秃秃的岩石岛、几个浅水湖和潮湿的沼泽地,还有几座荒山和一些偏僻遥远的森林,把它们让给我们这些穷得无立锥之地的飞禽走兽,使得我们有地方安安生生地过日子。我这一生时时刻刻都遭受着人类的追逐和捕猎。倘若人类能有良知,明白像我这样的一只鸟儿也需要有个安身立命之处就好了。"

◆尼泊尔1996年11月20日发行一套邮票,共有四枚,邮票面值都是5尼泊尔卢布,以蝴蝶和鸟类为主题。其中第一枚,邮票画面描绘了一只孔雀蝴蝶(Krishna peacock butterfly)在树梢头飞飞停停;第二枚,邮票画面描绘了一只喜马拉雅巨嘴鸟(Great Himalayan barbet)站在大树上眺望远方;第三枚,邮票画面描绘了一只赤颈鹤(Sarus crane)在水边亭亭玉立;第四枚,邮票画面描绘了一只皇后蝴蝶(Northern junglequeen butterfly)在野花闲草间流连忘返。四枚邮票画面彼此相连,共同组成一幅全景式的画面,描绘了高低起伏的崇山峻岭,铺青迭翠的森林草地,以及流水淙淙的山溪小河。

◆联合国日内瓦总部1991年3月15日与纽约总部和维也纳总部联合发行一套邮票,共有四枚,邮票面值0.90瑞士法郎,以自然生态环境为主题。四枚邮票图案彼此相连,共同组成一幅全景式的画面。其中第一枚,邮票画面描绘了一只栖居树上的猫头鹰和一只从天而降的海鸥;第二枚,邮票画面描绘了一只站在枝头的小苇鹈(Bittern)和一只爬上大树的水獭(Otter);第三枚,邮票画面描绘了一只在水中游弋的天鹅和一条在岸边爬行的蜥蜴(Lizard);第四枚,邮票画面描绘了一只在水中漂浮的凤头䴙䴘(Great crested grebe)和两只在水边栖息的刺猬。

◆联合国维也纳总部1991年3月15日与纽约总部和日内瓦总部联合发行一套邮票,共有四枚,邮票面值都是5奥地利先令,以自然生态环境为主题。四枚邮票图案彼此相连,共同组成一幅全景式的画面。其中第一枚,邮票画面描绘了一只窥测动静的鼬鼠(Weasel)和一只羽冠美丽的戴胜鸟(Hoopoe);第二枚,邮票画面描绘了了一只腾空而起的莺鸟(Warbler)和两只直上云天的天鹅(Swans);第三枚,邮票画面描绘了两只在草丛中觅食的狗獾((Badgers)和一只东张西望的松鼠(Squirrel);第四枚,邮票画面描绘了在海水中栖居的各种海洋生物。

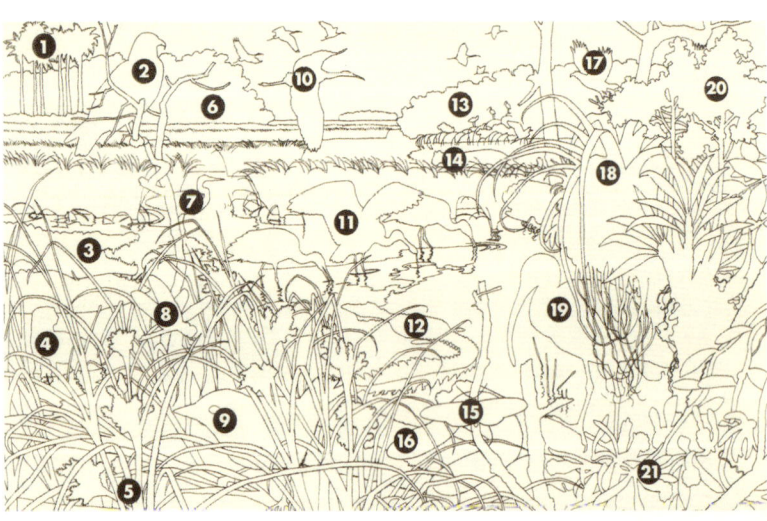

◆ 美国 2006 年 10 月 4 日发行一枚大自然系列邮票小全张（第八组），共有十枚邮票，邮票面值都是 39 美分，以佛罗里达南部湿地（South florida wetlands）的自然生态为主题。这个湿地生态系统包含世界上最大的锯齿草沼泽和美洲红树湿地，在此生息和繁衍的野生动植物种十分丰富。这枚邮票小全张上表现了多达 27 种具有代表性的野生动植物：1. 一丛高大挺拔的皇家棕榈树（Royal palm）；2. 一只站在树枝上张望的蜗牛鸢（Snail kite）；3. 一条张开大嘴的窄吻鳄（American crocodile）；4. 一只在水边回首张望的北美水貂（Everglades mink）；5. 一丛茎叶细长的锯齿草（Saw grass）；6. 一片郁郁葱葱的桃花心木（West Indian mahogany）；7. 一只在水边亭亭玉立的大白鹭（Great egret）；8. 一只色彩斑斓的万圣节旗帜蜻蜓（Halloween pennant dragonfly）；9. 一只在草丛中蹦跳的海滩雀（Cape sable seaside sparrow）；10. 几只在湿地上空翩翩飞行的树林鹳（Wood storks）；11. 几只在水中低头啄食的粉红琵鹭（Roseate spoonbills）；12. 一条游入水中的窄吻两爪鳄（American alligator）；13. 一丛在水边生长的美洲红树（Red mangrove）；14. 一只在丛林中寻找猎物的佛罗里达美洲豹（Florida panther）；15. 一只在草丛中飞飞停停的黄条袖蝶（Zebra longwing）；16. 一条在草丛中游动的东部靛蓝蛇（Eastern indigo snake）；17. 一只在湿地上空振翅飞翔的白头海雕（Bald eagle）；18. 一棵草叶苍翠的气生菠萝（Giant wild pine）；19. 一只在水边栖息的美洲白鹮（White ibis）；20. 一丛盛开的牛角兰（Cowhorn orchid）；21. 一丛金黄色的香草兰花（Leafy vanilla orchid）。

◆列支敦士登2007年9月3日发行一套邮票,共有三枚,邮票面值分别是1.00瑞士法郎、1.40瑞士法郎和2.20瑞士法郎,以高山牧场为主题。邮票画面描绘了一幕绿色的风景:一片片林海郁郁葱葱,一阵阵树涛此起彼伏。当风儿在崇山峻岭掠过,千枝万叶绽露轻柔的微笑;当风儿在枝头树梢嬉闹,高山深壑发出嘈杂的喧嚣……

◆奥地利2002年10月25日发行一枚邮票,邮票面值0.58欧元,以国家公园为主题。邮票画面描绘了潺潺流淌的河流,层层叠翠的树林,以及在此栖居的各种水鸟和野生动物。

◆保加利亚1999年4月13日发行一套欧罗巴"自然保护与公园"专题邮票,共有两枚。其中邮票面值180斯托丁基,邮票画面描绘了清水激滟、莲花盛开的水塘,野鸭在水乡泽国生息繁衍;邮票面值600斯托丁基,邮票画面描绘了峭壁嶙峋、绿树苍翠的山岭,羚羊在高山深壑自由栖居。

◆捷克发行一枚邮票小全张,共有四枚邮票,以自然保护为主题。其中邮票面值10捷克克朗,邮票画面描绘了一只展翅飞翔的红翅旋壁雀(Tichodroma muraria)和一只翩翩起舞的金凤蝶(Papilio machaon);邮票面值12捷克克朗,邮票画面描绘了一只四肢细长的灌木蟋蟀(Saga pedo);邮票面值14捷克克朗,邮票画面描绘了一条匍匐前行的蜥蜴(Lacerta viridis);邮票面值18捷克克朗,邮票画面描绘了一只站在枝头的戴胜鸟(Upupa epops)。邮票小全张边纸图案还描绘了红隼(Falco tinnunculus)、旖凤蝶(Iphiclides podalirius)、拉步甲虫(Carabus hungaricus)和红裙灯蛾(Callimorpha quadripunctarla)等野生动物。

领头雁阿卡张开翅膀飞走,旋即又飞了回来,恋恋不舍地用嘴喙把大拇指儿从上到下摩挲抚摸了好几遍,然后才悄然离去。那时是大白天,但是院子里却没有一个人走动,小男孩到牛棚和马厩转了一下,就听得院子里有人在说话。他看见爸爸和妈妈从外边走进院子,他们比早先苍老得多了。妈妈脸上又比过去增添了几道皱纹,爸爸的两鬓华发丛生。他如今听到,爸爸妈妈倚门翘首等待着浪子回头,对他仍旧满怀着舐犊深情。小男孩的心里又是喜悦又是激动,恨不得马上就跑到他们身边去。"可是他们看到我现在这副怪模样,那会更加心酸的。"他想道。

◆ 摩尔多瓦2012年发行一套绘画艺术邮票,共有四枚。其中邮票面值4.50列伊,邮票画面是画家康斯坦丁·科泰克（Constantin Kitaika）创作于1950年的画作《戴草帽的男孩》（Baiat cu Palarie）。

◆ 瑞典1995年3月17日发行一套邮票,共有五枚,邮票面值都是3.70瑞典克朗,以屋舍建筑为主题。其中第三枚,邮票画面描绘了一处农庄建筑:繁茂的花草袅袅婷婷,低矮的柴门半掩半开。宁静的庭院空旷无人,桃花和梨花嫣红粉白。

◆ 澳大利亚1996年发行一套邮票,共有五枚,邮票面值都是45分,以动物为主题。其中第二枚,邮票画面描绘了一只挺直脖颈的大白鹅带着两只吱吱嘎嘎的幼鹅在绿茵茵的草丛中踏青散步。

就在这时候,院子里又有了动静,有一批新的客人大模大样地不请自来。原来大雄鹅莫顿一心要让农庄上的至爱亲朋同自己的妻子和儿女见面,于是率领着灰雁邓芬和几只小雁浩浩荡荡飞回来了。大雄鹅大摇大摆地带领着邓芬到各处转悠一圈,想对她炫耀炫耀他过去还是一只家鹅时生活有多么惬意。正当他们绕了整个庭院一圈之后,小男孩的妈妈发现了他们。于是,她兴冲冲地准备今天晚上就把他们全都宰掉,做成烤鹅的美餐拿到城里去卖。

◆英国 2005 年 1 月 11 日发行一套"农庄动物"邮票，共有十枚，邮票面值都是一等邮资（28 便士）。第一枚，邮票画面描绘了一群正在觅食的不列颠鞍背猪（British Saddleback pigs）；第二枚，邮票画面描绘了三头栖息的短角牛（Shorthorn cattle）；第三枚，邮票画面描绘了一头犄角弯弯的山羊（Bagot goat）；第四枚，邮票画面描绘了一匹棕红色的骏马和一匹形影不离的小马驹（Clydesdale horses）；第五枚，邮票画面描绘了两只站在水边的鸭子（Khaki Campbell ducks）；第六枚，邮票画面描绘了几只叽叽喳喳的小鸡雏（Chicks）；第七枚，邮票画面描绘了一群在草地上觅食的绵羊（Suffolk sheep）；第八枚，邮票画面描绘了三只肥大的黑火鸡（Norfolk Black turkeys）；第九枚，邮票画面描绘了一条伸出舌头的边境牧羊犬（Border collie）；第十枚，邮票画面描绘了三只步履蹒跚的白鹅（Embden geese）。

◆瑞士1995年11月28日发行一套邮票，共有四枚，以农庄动物为主题。其中邮票面值110分，邮票画面描绘了两只在河边草丛中左顾右盼的大灰鹅。

◆乌克兰2012年发行一枚邮票小型张，共有五枚邮票，以农庄动物为主题。其中第一枚邮票面值2.50格里夫纳，邮票画面描绘了一只跳上屋顶啼鸣的白公鸡；第二枚邮票面值2.50格里夫纳，邮票画面描绘了一只坐在马车谷物袋上的小灰兔；第三枚邮票面值2.00格里夫纳，邮票画面描绘了一匹棕红毛色的小马；第四枚邮票面值2.00格里夫纳，邮票画面描绘了一头浑身洁白的小山羊；第五枚邮票面值2.00格里夫纳，邮票画面描绘了两只举步蹒跚的大白鹅。邮票小型张边纸图案描绘了五色斑斓的农庄风景，枝叶繁茂的果树上挂着红艳艳的苹果、黄橙橙的梨子，碧绿的青草地里盛开着星星点点的各种野花……

◆波兰1975年6月23日发行一套邮票，共有八枚，纪念在波兰举办的第二十届欧洲畜牧业联合会会议。其中邮票面值1兹罗提，邮票画面描绘了几只脖颈细长、举步蹒跚的大白鹅。

◆新西兰2005年1月12日发行一套邮票，共有五枚，以农庄动物为主题。邮票首日封图案描绘了低头啄食的花公鸡、趴伏草地的白绵羊、携儿带女的绿头鸭、悠闲散步的花奶牛等农庄动物在草地上自由休憩的情景。

听到了大雄鹅一家子的拼命呼救，男孩子再也沉不住气了。他像脱弦之箭一般冲过庭院，跳上房门前的榭木板，奔进了门廊。他习惯成自然地在那里把木鞋脱下来，光着脚走到门口。可是他实在不愿意让自己的这副小人儿怪模样在爸爸妈妈面前出乖露丑，所以他抬不起手臂来敲门。

◆意大利 1978 年 7 月 12 日发行一枚绘画艺术邮票，邮票面值 520 里拉。邮票画面是意大利 17 世纪画家斯特罗兹（Bernardo Strozzi, 1581-1644）的画作《农妇与大白鹅》（Woman with Goose），邮票画面描绘了一家农户的厨房，一位中年农妇手里拿着一只大白鹅，准备烹制香喷喷的美味佳肴。

◆瑞典 1995 年 3 月 17 日发行一套邮票，共有两枚，以农庄动物为主题。其中邮票面值 7.40 瑞典克朗，邮票画面描绘了两只斯堪尼亚大白鹅（Scanian goose）的头部特征。邮票首日封画面描绘了一名农夫将一只身材肥硕的大白鹅紧紧抱在怀中。

"这是大雄鹅莫顿性命攸关的时刻呀，"他心头悚然一震，"自从你离开家门那一天起，难道他不就成了你最知心的朋友了吗？"他这样反躬自问。霎时间，雄鹅和他生死与共的经历全都涌现在他的脑际，他的心里溢满了感激和疼爱之情，终于克服了自己的疑惧，不顾一切地用拳头拼命捶打屋门。"哦，外面是谁那么心急着要进来？"爸爸嘟囔了一声把门打开。"妈妈，您千万不要动手宰大雄鹅！"男孩子高声大叫，就在这时候被捆在凳子上的雄鹅莫顿和灰雁邓芬惊喜交集地发出一声尖叫，男孩子一听总算放心了，因为他们还活着。屋里惊喜交集地发出一声尖叫的还有一个人，那便是他的妈妈。"啊唷，我的孩子，你长高啦，也长得好看啦！"她叫喊起来。

◆丹麦 1979 年 1 月 25 日发行一枚附捐邮票，邮票面值 1.20 丹麦克朗/附捐 20 欧尔，纪念国际儿童年。邮票画面描绘了一个活泼可爱的小男孩，飘逸的金发掩映前额，调皮的微笑挂在嘴边。闪亮的眼睛流光溢彩，童真的神采自然天成。画面右侧描绘了国际儿童年的徽志。

◆瑞典 1995 年 3 月 17 日发行一套邮票，共有两枚，以农庄动物为主题。其中邮票面值 7.40 瑞典克朗，邮票画面描绘了两只斯堪尼亚大白鹅的头部特征。

◆印度尼西亚 1999 年 11 月 5 日发行一枚邮票小型张，共有六枚邮票，以农庄动物为主题。其中第五枚邮票面值 1000 印度尼西亚盾，邮票和小型张边纸画面描绘了两只身材丰满的大白鹅，它们站在草丛边好奇地抬头张望。

男孩子没有走进屋去，仍旧站在门槛上仿佛像一个不知道会看到主人怎样脸色的不速之客。"感激上帝，我可把你盼回来啦，"妈妈涕泪交加地说道，"快进来呀！快进来呀！""欢迎你回家来！"爸爸哽咽得再多一句话也讲不出来了。男孩子还是局促不安地站在门槛上，迟迟疑疑不敢举步。他莫名其妙，怎么父母亲看到他那么小不点儿的怪模样还如此高兴和激动。妈妈走了过来，张开双臂把他拦腰搂住，拖着他进屋里去。这时候他才发觉自己陡然长得比原来还高一些。"爸爸，妈妈，我变大啦，我又变成人啦。"男孩子喜出望外地喊叫起来。

◆圣马力诺1995年3月24日发行一套欧罗巴"和平与自由"专题邮票，共有两枚。其中邮票面值850里拉，邮票画面描绘了宁静安详的田园景色：清澄的蓝天白云轻飘，起伏的原野田埂纵横。苍翠的树林丛丛簇簇，洁白的羊群三三两两。

◆德国2000年5月12日发行一枚附捐邮票，邮票面值110芬尼/附捐50芬尼，以环境保护为主题。邮票画面描绘了美丽富饶的地球生态：一朵朵野花万紫千红，一丛丛绿树婀娜多姿。一垄垄泥土散发清香，一只只彩蝶翩翩起舞。

第二天早上天还没有亮，男孩子就起床出门，朝海边走去。大海的海面上烟波浩淼，风平浪静，连天空上的空气似乎也凝止不动了。男孩子不禁想到大雁们真是挑了一个好日子飞过大海长途旅行呵。他来到海边就站到海岸的最边缘处，好让大雁们看到他那高大的身躯。

◆芬兰奥兰岛1985年9月16日发行一套邮票，共有三枚，以风光景色为主题。其中邮票面值5.00芬兰克朗，邮票画面描绘了大海岸边的一幕风景：一朵朵白云缓缓飘荡，一缕缕晨风轻轻吹拂。一只只海鸟高高飞翔，一阵阵波涛微微起伏。

◆法属圣皮埃和密克隆群岛2005年2月16日发行一枚绘画艺术邮票，邮票面值0.75欧元，邮票画面描绘了海滨的一幕风景：海潮起，海潮落，阵阵潮水澄蓝碧绿；后浪推，前浪到，层层波涛流光溢彩。海面上涌起的狂涛巨浪向礁岩嶙峋的海岬席卷而来，惊天动地，势不可挡。

◆ 丹麦法罗群岛1995年4月10日发行一套邮票,共有两枚,以自然风光为主题。邮票首日封图案描绘了海滨的自然景色:粉白、洁白、雪白、变幻的彩云轻盈飘逸。深蓝、浅蓝、淡蓝、起伏的大海薄雾缭绕。墨绿、翠绿、嫩绿、繁茂的草木郁郁葱葱。

◆ 英国马恩岛1986年4月10日发行一套欧罗巴"自然与环境保护"专题邮票,共有四枚。邮票首日封图案描绘了寥廓的蓝天晴朗清澄,宛如一条泛滥无边的河流;轻盈的白云团团簇簇,好像几座飘荡河中的小岛。起伏的大海波澜壮阔,宛若一片飘落人间的蓝天;青翠的山坡郁郁葱葱,好像几朵飘荡蓝天的彩云。

◆ 乌克兰2002年7月13日发行一枚邮票小型张,共有五枚邮票,邮票面值都是50格里夫纳,以自然保护区为主题。邮票小型张边纸图案描绘了一群海鸟在辽阔无边的天空上列队飞翔。

　　大雁们浩浩荡荡地飞过来了,一大群接着一大群络绎不绝。这时,又有一群大雁飞过来了,这一群飞翔得比其他大雁更矫健,鸣叫得比其他大雁更嘹亮。他们还放慢速度,沿着海岸来回盘旋。男孩子立刻明白过来,那就是他的雁群。

　　小男孩尼尔斯用尽力气想发出摹仿鸟语的声音,然而想不到舌头直僵僵地不听使唤了!他再也发不出来那种正确的鸟语了。他耳际传来了阿卡在空中的鸣叫,可是他再也听不懂她在说些什么。这时候他总算明白过来了!大雁们并不知道他已经又变成人了,他们认不出他来。他再也没有办法可以把雁群呼唤到自己的身边。人是不会讲鸟语的,他一旦变成了人,也就不会讲鸟语了,也自然就听不懂鸟儿的讲话了。

◆瑞典2010年发行一枚北欧邮政联盟专题邮票小型张，共有两枚邮票。邮票小型张边纸图案描绘了海岸边的一幕风景：辽阔的大海一望无垠，岸边的小屋鳞次栉比。白色的海鸥低空盘旋，蓝色的波涛汹涌澎湃。

尽管男孩子为了自己终于解脱了那小精灵的魔法蛊惑而兴高采烈，然而他觉得就此要同自己最心爱的伙伴们分道扬镳却不免黯然神伤。他一屁股坐在沙滩上，双手捂紧了面孔。可是过了半响，他又听得扑扑的翅膀扇动声。

◆联合国维也纳总部2003年4月3日发行一套濒危野生动物保护邮票，共有四枚，邮票面值都是0.51欧元。其中第四枚，邮票画面描绘了一只从天而降的埃及雁（Alopochen aegyptiacus）。

◆伊朗2014年发行一套世界自然基金会濒危野生动物保护邮票（WWF），共有四枚，以小白额雁（Anser erythropus）为主题。其中邮票面值5000伊朗里亚尔，邮票画面描绘了一只小白额雁在水边休憩；6000伊朗里亚尔，邮票画面描绘了一只小白额雁正在蓝天白云间振翅远飞。邮票面值7000伊朗里亚尔，邮票画面描绘了一只小白额雁在微波荡漾的湖水中自由游弋；邮票面值8000伊朗里亚尔，邮票画面描绘了一只小白额雁在水边回眸张望。小型张边纸图案描绘了清澄透明的蓝天，轻柔舒展的白云，水色潋滟的湖泊，袅袅婷婷的水草。

◆冰岛2011年发行一套世界自然基金会濒危野生动物保护邮票（WWF），共有四枚，邮票面值都是50克信件的标准邮资，以水禽为主题。其中第一枚，邮票画面描绘了一只在岸边草地振翅欲飞的白额雁（Anser albifrons）；第二枚，邮票画面描绘了一只在海边东张西望的白颊黑雁（Branta leucopsis）。

原来领头雁阿卡大婶离开大拇指几心情非常沉重,她又忍不住飞回来一次,再来看个究竟。这时候男孩子一动不动地静坐着,她就敢飞得离他近一些。蓦地,那熟悉的身影使她豁然开朗,她终于看清楚并认准了他是谁,便降落在他的身旁。男孩子喜出望外地欢呼起来,他把老雁阿卡紧紧搂在怀里。别的大雁也都围了上来,用嘴喙在他身上摩来擦去,在他身边挤来挤去。他们叽叽呱呱鸣叫不停,似乎都在讲出他们的由衷祝贺。男孩子动情地爱抚着领头雁阿卡,又依次抚摩和轻拍那些从最起初就同他在一起的老雁,像亚克西和卡克西啦,科尔美和奈利亚啦,还有库西和维芮。

◆朝鲜2004年9月30日发行一套世界自然基金会濒危野生动物保护邮票(WWF)小版张,共有四枚,以鸿雁(Anser cygnoides)为主题。其中邮票面值3分,邮票画面描绘了一只鸿雁在岸边草丛中抬头张望;邮票面值97分,邮票画面描绘了一只鸿雁在水草丛中寻觅食物。

◆德国1991年6月4日发行一套邮票,共有四枚,以海鸟为主题。其中邮票100芬尼,邮票画面描绘了一对黑雁(Branta bernicla)在海岸边的岩礁上休憩,它们相亲相爱,形影不离。

◆位于中亚的乌兹别克斯坦2009年发行一套邮票,共有四枚,以水鸟为主题。四枚邮票的图案彼此相连,构成一幅全景式的画面。其中邮票面值310苏姆,邮票画面描绘了一对羽色鲜艳的红胸黑雁(Rufibrenta ruficollis),它们在岸边的草丛中相会,卿卿我我,喁喁私语;邮票面值750苏姆,邮票画面描绘了一只羽色美丽的小白额雁(Anser erythropus),它站在岸边的岩石上瞭望波光粼粼的大海,另一只小白额雁站在浅水中低头觅食。

◆芬兰1979年1月2日发行一枚邮票,邮票面值1.10芬兰马克,纪念国际儿童年。邮票画面描绘了一个聪明活泼的小男孩,一头飘逸的金发,一双明亮的眼睛。画面右侧描绘了国际儿童年的徽志。

◆新西兰1989年10月11日发行一套邮票，共有六枚，以海岛风情为主题。其中邮票面值1.00新西兰元，邮票画面描绘了碧蓝碧蓝的大海，金黄灿灿的沙滩，一群白白亮亮的海鸟在海滩上空飞来飞去，时高时低，时远时近。

◆比利时1988年2月6日发行一套邮票，共有四枚，邮票面值都是10比利时法郎，以海滨风光为主题。这四枚邮票的画面彼此相连，共同组成一幅全景式的图案。其中第三枚，邮票和极限片画面描绘了两个在沙滩上堆沙的男孩、几间游客更衣的小屋，以及海上航行的海轮和帆船；第四枚，邮票和极限片画面描绘了风光秀丽的海湾，以及岸边栖息的海鸟。几只从天而降的大雁在海岸边心事重重，左顾右盼。

邮票上的动物故事

◆伊朗2014年发行一套世界自然基金会濒危野生动物保护邮票（WWF），共有四枚，以小白额雁（Anser erythropus）为主题。邮票小型张边纸图案描绘了一群小白额雁在蓝天上排成人字形雁阵向前飞行。

◆德国1991年6月4日发行一套邮票，共有四枚，以海鸟为主题。其中邮票100芬尼，邮票极限片画面描绘了一群拍翼振翅的黑雁（Branta bernicla），它们在蓝天上排列好整齐的人字形雁阵比翼齐飞，一起飞向遥远的迁徙地。

◆法属圣皮埃密克隆岛1994年8月17日发行一套邮票，共有两枚，邮票面值分别为2.80法郎和16.00法郎，以大海风光为主题。两枚邮票和附票的画面彼此相连，共同组成一幅完整的画面，描绘了大海岸边的景色：蜿蜒的山坡铺青叠翠，浩瀚的大海风平浪静。岛上的人家形孤影单，岸边的水草袅袅婷婷。盘旋的海鸥三三两两，远飞的大雁比翼齐飞。

男孩子脉脉深情地目送着他们远去，心里无限惆怅，似乎在盼望能够再一次变成一个名叫大拇指儿的小人儿，再跟随着大雁群飞过陆地和海洋，遨游各地。

◆丹麦格陵兰岛1969年9月18日发行一枚邮票，邮票面值80欧尔，以风土人情为主题。邮票首日封图案描绘了清晨的一幕风景：一轮红日从山峦背后冉冉升起，一个男孩站在海边眺望着远方的天空，心中满怀着伤感和惆怅……

◆德国2010年发行一枚邮票小型张，邮票面值145欧分，纪念黑尔戈兰岛鸟类保护区（Vogelwarte Helgoland）建立100周年。邮票小型张画面描绘了大海的壮丽风景：寥廓的天空云雾缭绕，无垠的海洋波涛起伏。远飞的海鸟排成"人"字，突兀的海岬蜿蜒伸展。

II 走进丛林世界

1

大象的孩子

在远古时代，我最亲爱的朋友，大象并没有长长的鼻子，只长着一个黑黑的凸鼻子，像靴子一般大，可以左右扭动，却不能用来卷东西。有一头小象——一头新生的小象——一头大象的孩子——充满了难以满足的好奇心，也就是说它提的问题非常的多。

在远古时代,我最亲爱的朋友,大象并没有长长的鼻子,只长着一个黑黑的凸鼻子,像靴子一般大,可以左右扭动,却不能用来卷东西。有一头小象——一头新生的小象——一头大象的孩子——充满了难以满足的好奇心,也就是说它提的问题非常的多。

◆ 波兰1978年11月10日发行一套邮票,共有七枚,以动物为主题。其中邮票面值1.50兹罗提,邮票画面描绘了一头舐犊情深的大象用自己的长鼻子亲切地抚爱自己的孩子。大象是世界上最大的陆地动物,通常以家族为单位生息繁衍。

◆ 法国2006年6月19日发行一枚邮票小型张,共有五枚相同的邮票,邮票面值都是0.53欧元,以生日祝福为主题。邮票画面描绘了一只喜气洋洋的小象,它头戴金王冠,身穿绿礼服,小巧的鼻子高举着一只烛光熠熠的生日蛋糕。小型张边纸图案描绘了小象庆贺生日的其他场面:身穿绿衣的小象手持一束五彩缤纷的鲜花;身穿红衣的小象与两个身穿白衫的小象一起做游戏;小象和小猴一起表演马戏节目;身穿绿衣的小象和身穿白裙的小象一起庆贺生日等。

◆ 瑞典1992年5月21日发行一套邮票,邮票面值都是2.50瑞典克朗,以儿童画作为主题。其中第四枚,邮票画面描绘了亭亭玉立的绿树,翩翩起舞的彩蝶,一只牵拉着尾巴的小象在花香鸟语的原野上自由自在地观赏着明媚的春光。

这只小象生活在非洲,因此,它那难以满足的好奇之心撒满了整个非洲。小象向高个子的鸵鸟姑姑提问,问为什么鸵鸟尾巴上的羽毛长成了这个样子,而高个子鸵鸟姑姑便用特别特别硬的爪子打了它的屁股。小象向大个子长颈鹿叔叔提问,问为什么长颈鹿的皮肤上有斑点,而大个子长颈鹿叔叔便用特别特别硬的蹄子踢了它的屁股。

◆ 捷克斯洛伐克1976年11月3日发行一套邮票，共有六枚，以非洲动物为主题。其中邮票面值20赫勒，邮票画面描绘了一头非洲大象，它用自己的长鼻子抚爱着自己的孩子。

◆ 坦桑尼亚1993年6月30日发行一套野生动物邮票小全张，共有四枚。其中第四枚邮票小全张共有邮票十二枚，邮票面值都是100先令，以非洲平原上的野生动物为主题。其中第一枚，邮票画面描绘了两只在树上栖息的丛林婴猴（Bushbaby），它们在夜间发出婴儿啼哭般的叫声，因而得名；第二枚，邮票画面描绘了一只捕猎食物的西域兀鹫（Eghptian vulture），它是目前世界上体型最大的飞禽，也是一种濒临灭绝的野生动物；第三枚，邮票画面描绘了两只在草原上健步如飞的非洲鸵鸟（Ostrich）；第四枚，邮票画面描绘了两只东张西望的大捻角羚（Greater kudu）；第五枚，邮票画面描绘了一只在树上爬行的戴安娜长尾猴（Diana monkey）；第六枚，邮票画面描绘了一头啃食树叶的长颈鹿（Giraffe）；第七枚，邮票画面描绘了一只快速追捕猎物的猎豹（Cheetah）；第八枚，邮票画面描绘了一只飞快逃逸的黑尾牛羚（Chimpanzee）；第九枚，邮票画面描绘了两只在树下嬉闹玩耍的黑猩猩（Chimpanzee）；第十枚，邮票画面描绘了一头浑身黝黑的非洲野猪（Warthog）；第十一枚，邮票画面描绘了两头在草地上栖息的斑马（Zebra）；第十二枚，邮票画面描绘了一头步履蹒跚的非洲犀牛（Rhinoccros）。

◆ 尼日尔1960年发行一组动物邮票，共有十一枚。其中邮票面值50非共体法郎和60非共体法郎，邮票画面描绘了在草原旷野栖居的一对非洲鸵鸟，它们体型高大魁梧，脖颈又粗又长，双脚强刚劲有力，羽翼黝黑锃亮。鸵鸟是世界上最大的鸟，体型高大，全身的羽翼大多为黑色，但翼端及尾羽末端的羽毛为白色，并呈现美丽的波浪状。鸵鸟是一种日行性走禽，嗅觉灵敏，奔跑迅速，适合栖居于非洲广阔的沙漠和草原。它们十分善于采集那些在旷野荒原中稀少而分散的食物，主要归功于它们开阔的步伐、灵活的脖颈以及准确的喙食。

◆ 位于非洲东部的肯尼亚1989年7月12日发行一套世界自然基金会濒危野生动物保护专题邮票（WWF），共有四枚，以非洲长颈鹿为主题。其中邮票面值3.40肯尼亚先令，极限片画面描绘了一头长颈鹿正在非洲的稀树草原上寻觅食物。它凭借长脖颈的优势，可以轻而易举地采食树木高处的树叶。

◆南非2007年发行一枚邮票,邮票面值B4,邮票画面描绘了一只身披黑白羽翼的非洲鸵鸟,它迈开大步,在青草丛生的原野上快速前行。鸵鸟拥有敏锐的眼睛、强健的双腿,擅长快速奔跑。在遇到敌害威胁时,鸵鸟抑或摆出姿势、挥舞双翅,抑或健步如飞、快速逃跑。

◆坦桑尼亚1995年5月31日发行一套邮票,共有七枚邮票和一枚邮票小型张。其中邮票小型张面值500坦桑尼亚先令,邮票画面描绘了两只在水边草地栖居的长颈鹿。它们栖息于非洲干旱而开阔的稀树草原地带,是世界上身材最高的陆生草食动物。长颈鹿高高的个子、长长的脖颈,很容易观察到远处的风吹草动,还可以轻而易举地采食树木高处的树叶,成为它们得天独厚的生存优势。长颈鹿性情温顺,但对敌害却毫不留情。它的四个蹄子仿佛铁锤,甚至能够踢死凶猛的非洲雄狮。

然而,它仍然充满了难以满足的好奇心!小象向胖墩墩的河马阿姨提问,问为什么河马的眼睛是红的,而胖胖的河马阿姨便用胖墩墩的蹄子踢了它一脚。小象向毛茸茸的狒狒伯伯提问,问为什么甜瓜是这种味道,而毛茸茸的狒狒伯伯便用毛茸茸的爪子扇了它一巴掌。然而,它仍然充满了难以满足的好奇心!对于它看过、听过、摸过、闻过,以及接触过的所有东西,它都会问这问那,而它所有的叔叔、伯伯、姑姑和阿姨们也全都会揍他。可他仍然充满了难以满足的好奇心!

◆联合国维也纳总部2000年4月6日发行一套邮票,共有四枚,邮票面值都是90分,以濒危野生动物为主题。其中第一枚,邮票画面描绘了一头在河水中张开血盆大口的河马。河马是一种大型的杂食性哺乳动物,经常把自己的水桶般的身体没入水中。

◆南非博普塔茨瓦纳1977年12月6日发行一套邮票,共有十七枚,以野生动物为主题。其中邮票面值1兰特,邮票画面描绘了一只张开大嘴的河马。河马的长相实在不雅,大大的嘴巴、小小的眼睛以及朝天的鼻孔都长在头顶上,但这样的五官有利于它在水中的生活。它们只需把头稍稍露出一点,就能观察到水面上的情况,还能很好地隐蔽自己。

◆坦桑尼亚1993年6月30日发行一套野生动物邮票小全张,共有四枚。其中第二枚邮票小全张共有邮票十二枚,邮票面值都是100先令,以非洲河流湖泊的野生动物为主题。其中第七枚,邮票画面描绘了一头站立在河水中河马。它们怪异的外表长得十分狰狞可怕,但其行为却出奇地胆小谨慎。

◆几内亚2000年发行一套世界自然基金会濒危野生动物保护邮票（WWF），共有四枚，邮票面值都是250几内亚法郎，以狒狒为主题。其中第一枚，邮票画面描绘了一只几内亚狒狒（Papio Papio）的面部特征；第二枚，邮票画面描绘了一对几内亚狒狒和它们的幼仔在草木茂盛的非洲丛林中栖居。

◆位于非洲东部的索马里1989年10月20日发行一套邮票，共有四枚，以非洲动物为主题。其中邮票面值200索马里先令，邮票画面描绘了一只拖拉着尾巴的狒狒正在山林中匆匆前行。狒狒是一种灵长目的大型猿猴，主要栖息于非洲的热带雨林、稀树草原和高原山地。

大约在春分前后的一个晴朗的上午，这只好奇心难以满足的大象的孩子提了几个从未问过的问题。它问道："鳄鱼拿什么当晚餐？"大家都呵叱它说："闭嘴！"而且，全体马上动起手来，不停歇地揍了它很长时间。

◆上沃尔特1973年5月3日发行一套航空邮票，共有五枚，以非洲野生动物为主题。其中邮票面值500非共体法郎，邮票画面描绘了一条在河岸边匍匐的鳄鱼，它张开狰狞可怕的血盆大嘴，凶相毕露。

◆中非1982年1月22日发行一枚邮票小型张，邮票面值600中非法郎，以非洲野生动物为主题。邮票小型张画面描绘了非洲原野上繁茂的丛林和宽阔的河流，以及满身鳞甲的尼罗河鳄鱼（Nile crocodiles）。尼罗河鳄鱼是非洲最大的鳄鱼，也是一种十分凶残的鳄鱼。它们会捕食羚羊、斑马、水牛等野生动物，甚至可以猎杀河马和狮子这样的大型猛兽。

渐渐地，这件事总算平息下来。它遇见了考拉考拉鸟。考拉考拉鸟正坐在带有钩刺儿的荆棘丛中。小象说："我的爸爸揍我，我的妈妈揍我，我的叔叔姑姑们全都揍我，就因为我有难以满足的好奇心，可我仍然想知道鳄鱼拿什么当晚餐！"考拉考拉鸟悲伤地叫了一声，说："你到灰绿黏稠的林波波大河去吧，那里长满了金鸡纳树。你会找到答案的。"

◆西南非洲 1988 年 11 月 3 日发行一套邮票，共有四枚，以非洲鸟类为主题。其中邮票面值 16 分，邮票画面描绘了一只拟鹟鸫（Namibornis herero）；邮票面值 30 分，邮票画面描绘了一只格氏漠百灵（Ammomanes grayi）；邮票面值 40 分，邮票画面描绘了一只大鸨鸟（Eupodotis rueppellii）；邮票面值 50 分，邮票画面描绘了一只犀鸟（Tockus monteiri）。

◆联合国维也纳总部 1994 年 3 月 18 日发行一套濒危动物专题邮票，共有四枚，邮票面值都是 7 奥地利先令。其中第四枚，邮票画面描绘了一头小象在丛林中迈开大步，匆匆前行。

第二天上午已经无事可做，因为春分时节的安排都是按惯例进行的。于是，这只难以满足的大象的孩子带上一百磅香蕉（是一种又短又小的红色香蕉）、一百磅甘蔗（是那种紫色长甘蔗）和 17 个甜瓜（是那种绿色的脆甜瓜），向所有的亲人说："再见！我要到灰绿黏稠的林波波大河去了，那里长满了金鸡纳树。我要看看鳄鱼拿什么当晚餐。"大家又一次动手揍了它，以此表达祝福，尽管它曾彬彬有礼地求它们住手。

◆苏里南 1978-1985 年间发行一套邮票，共有七枚，以水果为主题。其中邮票面值 5 分，邮票画面描绘了挂在树上的一颗颗椰子；邮票面 10 分，邮票画面描绘了挂在枝条上的一颗颗柑橘；邮票面值 20 分，邮票画面描绘了一串金黄灿灿的香蕉；邮票面值 25 分，邮票画面描绘了一颗青色的红毛榴莲；邮票面值 35 分，邮票画面描绘了一只甜美的红瓤西瓜。

小象出发了，虽然有点儿激动，不过一点儿也不惊讶。它一路上吃着甜瓜，把瓜皮扔得到处都是，因为它不会捡瓜皮嘛。它从格雷厄姆镇走到金伯利城，再从金伯利城走到卡马国，又从卡马国向东北方走去。它一路上吃着甜瓜，最后终于来到了灰绿黏稠的林波波大河边。这里长满了金鸡纳树，就跟那只考拉考拉鸟描述的一模一样。

我最亲爱的朋友,你要知道,直到这一周、这一天、这一小时、这一分钟之前,这头好奇心难以满足的大象的孩子还从未见过鳄鱼,不知道鳄鱼长成什么样子呢。它所拥有的,只是难以满足的好奇心。它看到的第一种动物,是一条盘绕着的双色岩蟒。"请问,"大象的孩子很有礼貌地说,"在这个纷乱的地方,您见过鳄鱼这种动物吗?""你问我见过鳄鱼没有?"双色岩蟒用一种轻蔑的口吻说,"接下来还要问什么?""请问,"大象的孩子说,"你能否告诉我,它拿什么当晚餐?"话一出口,双色巨蟒就飞快地在盘绕的岩石上展开身体,摆起像鞭子一样的鳞尾,重重地拍了小象一下。

邮票上的动物故事

◆ 位于非洲中西部的尼日尔1960年4月11日发行一枚邮票,邮票面值500西非法郎,以国家公园和野生动物为主题。邮票画面描绘了在非洲原野栖居的各种野生动物:非洲象、野牛、羚羊等。

◆ 塞拉利昂1990年9月24日发行一枚邮票小全张,共有十八枚邮票,邮票面值都是25利昂,以野生动物为主题。其中第一枚,邮票画面描绘了一只金猫(Golden cat);第二枚,邮票画面描绘了一只白背夜鹭(White-backed night heron);第三枚,邮票画面描绘了一只短尾雕(Bateleur eagle);第四枚,邮票画面描绘了一只非洲秃鹳(Marabou stork);第五枚,邮票画面描绘了一只白脸树鸭(White-faced whistling duck);第六枚,邮票画面描绘了一头土豚(Aardvark);第七枚,邮票画面描绘了一头倭新小羚(Royal antelope);第八枚,邮票画面描绘了一头侏儒河马(Pygmy hippopotamus,);第九枚,邮票画面描绘了一头金钱豹(Leopard);第十枚,邮票画面描绘了一只非洲朱鹭(Sacred ibis);第十一枚,邮票画面描绘了一只白颊猴(Mona mondey);第十二枚,邮票画面描绘了一只鹈鸟(Darter);第十三枚,邮票画面描绘了一只黑猩猩(Chimpanzee);第十四枚,邮票画面描绘了一头非洲象(African elephant);第十五枚,邮票画面描绘了一头树熊(Potto);第十六枚,邮票画面描绘了一头西非海牛(African mamatee);第十七枚,邮票画面描绘了一只非洲海雕(African fish eagle);第十八枚,邮票画面描绘了一只非洲琵鹭(African spoonbill)。

"真奇怪，"大象的孩子说，"我的爸爸妈妈，我的叔叔姑姑，更别提像河马阿姨这样的其他阿姨，以及像狒狒伯伯这样的其他伯伯了，它们全都因为我的难以满足的好奇心而揍我，现在恐怕又是这样。"于是，它彬彬有礼地跟双色岩蟒道别，还帮助巨蟒重新盘回岩石上，接着便继续赶路了。它虽然有点儿激动，不过一点儿也不惊讶。它一路吃着甜瓜，把瓜皮扔得到处都是，因为他不会捡瓜皮嘛。

◆坦桑尼亚1996年发行一套邮票，共有七枚，以蛇类动物为主题。其中邮票面值140坦桑尼亚先令，邮票画面描绘了一条棕黄两色的铜斑蛇（Agkistrodon contortrix）；邮票面值180坦桑尼亚先令，邮票画面描绘了一条黑黄两色的金环蛇（Bungarus fasciatus）；邮票面值200坦桑尼亚先令，邮票画面描绘了一条红黄两色的南部珊瑚蛇（Micrurus frontalis）。

◆民主德国1985年6月25日发行一套邮票，共有五枚，以野生动物保护为主题。其中邮票面值85芬尼，邮票画面描绘了一条在水边匍匐的鳄鱼（Sunda Straits crocodile），它全身披挂着一片片坚硬的盔甲。

◆波兰1972年8月20日发行一套，共有九枚，以动物为主题。其中邮票面值3.40兹罗提，邮票画面描绘了一条在河边张开大嘴、露出利齿的鳄鱼，其面目十分凶恶狰狞。

◆古巴1969年12月15日发行一套邮票，共有七枚，以沼泽动物为主题。其中邮票面值5分，邮票画面描绘了一条满身鳞甲的鳄鱼匍匐在河岸边。鳄鱼是一种凶恶的爬行动物，它们潜入水中时，常把眼睛和鼻孔留在水面上，密切关注着岸边的风吹草动。因此，那些到河边喝水的动物往往就在毫无戒备的情况下被鳄鱼咬住，并拖入水中吃掉。

◆坦桑尼亚1993年6月30日发行一套野生动物邮票小全张，共有四枚。其中第二枚邮票小全张共有邮票十二枚，邮票面值都是100先令，以非洲河流湖泊的野生动物为主题。其中第十枚，邮票画面描绘了两条出没于河流水塘的鳄鱼。

最后，在长满了金鸡纳树的灰绿黏稠的林波波大河之滨，小象踩到了一样东西，它还以为那是一段木头呢。可其实，我最亲爱的朋友，那正是一只鳄鱼。那鳄鱼眨着一只眼睛——就像这样！"请问，"大象的孩子很有礼貌地说，"在这个纷乱的地方，您碰见过鳄鱼吗？"鳄鱼又眨了眨另一只眼睛，将一半尾巴拖出淤泥。大象的孩子彬彬有礼地后退几步，因为他不愿意再挨揍了。"到这儿来，小家伙。"鳄鱼说，"你为什么这么问？""请原谅，"大象的孩子彬彬有礼地说，"我的爸爸打我，我的妈妈打我，更别提高个子鸵鸟姑姑、大个子长颈鹿叔叔了——它踢人可狠呢——还有我那胖墩墩的河马阿姨，毛茸茸的狒狒伯伯，就连那边河岸上摆动着像辫子一样的鳞尾的双色岩蟒——他揍人最厉害了——也一样，大家全都揍我。所以，要是你也与它们一样，我可不想再挨揍了。"

邮票上的动物故事

◆位于非洲西部的多哥 1996 年 7 月 30 日发行一枚邮票小型张，共有九枚邮票，邮票面值都是 200 非共体法郎，以濒危野生动物为主题。其中第一枚，邮票画面描绘了两头在草原上行走的非洲大象；第二枚，邮票画面描绘了一只展翅高飞的巨嘴犀鸟（Toucan）；第三枚，邮票画面描绘了一条缠绕在树上的曼巴眼镜蛇（Mamba）；第四枚，邮票画面描绘了两头在河边饮水的母狮；第五枚，邮票画面描绘了一头在河边徘徊的黑斑羚（Impala）；第六枚，邮票画面描绘了一头东张西望的白斑羚（Nyala）；第七枚，邮票画面描绘了一头在水中张开大嘴的河马；第八枚，邮票画面描绘了一条正要潜入水中的鳄鱼；第九枚，邮票画面描绘了一只站在树枝上的翠鸟。

◆乌干达 1977 年 9 月 26 日发行一套世界自然基金会濒危野生动物保护邮票（WWF），共有五枚。其中邮票面值 1 乌干达先令，邮票画面描绘了一条凶恶的尼罗河鳄鱼，它身披坚硬的盔甲，张开长长的大嘴，露出密布的利齿。

◆刚果 1987 年 1 月 22 日发行一套世界自然基金会濒危野生动物保护邮票（WWF），共有四枚，以非洲鳄鱼为主题。其中邮票面值 150 中非法郎，邮票画面描绘了一条在河边爬行的鳄鱼；邮票极限片画面描绘了一条鳄鱼的头部，它身披坚硬的盔甲，张开长长的大嘴，露出密布的利齿，面目十分凶恶狰狞。令人感到诡异的是，鳄鱼经常会流"眼泪"，这可不是它们在为自己的"罪恶"忏悔，只是通过眼睛附近的腺体排泄体内的盐分。

"到这儿来,小家伙,"鳄鱼说道,"我就是鳄鱼呀。"说完,它还挤出了几滴鳄鱼的眼泪,以示自己说的是真话。大象的孩子猛然间听到这些,惊讶得喘不过气来,接着又大口喘起气来。它跪在河边说:"原来你就是我这许多天来一直寻找的鳄鱼呀。请你告诉我,你拿什么当晚餐呢?""到这儿来,小家伙,"鳄鱼说道,"让我悄悄地告诉你。"

于是,大象的孩子将头放低,凑到了鳄鱼那臭烘烘、长满猫鼬牙的嘴巴前。鳄鱼一口咬住了它的小鼻子。直到这一周、这一天、这一小时、这一分钟之前,小象的鼻子还跟靴子差不多大小,只是比靴子有用得多罢了。"我想,"鳄鱼说着——鳄鱼的话是从牙缝里挤出来的,"我想,从今天开始,我就用大象的孩子来当晚餐吧!"

◆ 英国2002年1月15日发行一枚邮票小本票,共有十枚邮票,邮票面值都是一等邮资(27便士),纪念英国作家约瑟夫·鲁德亚德·吉卜林的作品《原来如此的故事》发表100周年。其中第五枚,邮票和极限片画面描绘了该书中的动物故事《大象的孩子》:鳄鱼咬住象孩子的鼻子使劲往河里拖,象孩子觉得自己的四条腿渐渐体力不支,而鼻子变得越来越长了。此时,在一旁的双色岩蟒盘起身子,在象孩子的两条后腿上紧紧地缠了两圈,用力把朝后拽……

◆ 马里1976年7月19日发行一枚邮票,邮票面值130西非法郎,以英国作家约吉卜林的作品《原来如此的故事》(Just So Stories)为主题。邮票画面描绘了该书中的动物故事《大象的孩子》:大象的孩子将头放低,凑到了鳄鱼那臭烘烘、长满猫鼬牙的嘴巴前,鳄鱼便一口咬住了它的小鼻子。

◆ 英国奥尔多尼岛2007年发行一套邮票,共有四枚,以英国作家吉卜林的作品《原来如此故事集》为主题。其中邮票面值45便士,邮票画面描绘了书中的动物故事《大象的孩子》:凶恶的鳄鱼一口咬住了小象的鼻子,使出吃奶的劲儿使劲拖拽。每拖一下,象孩子的鼻子就长一分,简直疼死了!

我最亲爱的朋友,大象的孩子一听这话十分气恼,它用鼻子哼着:"放开我!你把我咬疼了!"此刻,双色岩蟒从河岸上逶迤而至,说道:"年轻的朋友,假如你现在不立即、马上行动,拼尽全力向后拽,我认为你的这位身穿大格子皮外套的新朋友(它指的是鳄鱼),就会说时迟那时快地把你拖进清澈的溪流中去啦。"双色岩蟒总是用这种方式说话。于是,大象的孩子将小屁股坐下来,开始拽它的鼻子,拽啊拽啊,鼻子开始拉长了。

鳄鱼拼力潜入水中,使出吃奶的劲儿,剧烈地摆动着尾巴,使劲地拖啊拖。而大象的孩子的鼻子变得越来越长。只见它蹬住四条小腿,用力地向后拽,鼻子一直在伸长。鳄鱼像划桨一样拍打着尾巴,不停地拖啊拖。每拖一下,大象的孩子的鼻子就长一分——简直疼死它了!后来,大象的孩子觉得自己的四条腿渐渐体力不支,于是哼着鼻子——此时它的鼻子已经差不多五英尺长了——说:"这真是糟透了!"就在此时,双色岩蟒从河岸上爬下来,盘起身子,在小幼象的两条后腿上紧紧地缠了两圈,然后说道:"鲁莽而缺乏经验的过路人啊,咱们要严肃认真地加倍努力一番了。因为你要是不努力的话,我感觉这艘装甲战舰(我最亲爱的朋友,他指的是鳄鱼),将会一劳永逸地毁掉你的前程。"双色岩蟒总是用这种方式说话。双色岩蟒边说边朝后拽,大象的孩子也在向后拽。可鳄鱼却在向水下拖。

 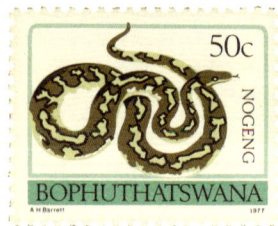 

◆ 南非博普塔茨瓦纳1977年12月6日发行一套邮票,共有十七枚,以野生动物为主题。其中邮票面值5分,邮票画面描绘了一条张开血盆大嘴的鳄鱼;邮票面值50分,邮票画面描绘了一条盘成一团的双色蟒蛇。

◆ 英国泽西岛2010年发行一套欧罗巴"儿童书籍"专题邮票,共有四枚。其中邮票面值42便士,邮票画面描绘了英国作家约瑟夫·鲁德亚德·吉卜林(Joseph Rudyard Kipling, 1865-1936)的作品《大象的孩子》(The Elephant's Child):这条凶恶的鳄鱼张嘴咬住象孩子的小鼻子,拼力潜入水中,剧烈地摆动着粗壮有力的尾巴,使劲地拖拽。

不过,大象的孩子和双色岩蟒加在一起的力量更大,最后,鳄鱼不得不松开了大象的孩子的鼻子——发出的"扑通"一声巨响,整个林波波大河的上下都能听得见。大象的孩子生硬地猛然坐在了地上。不过,它倒是很细心,先对双色岩蟒说了声"谢谢",接下来便开始照料起自己被拉长的可怜的鼻子来。他用冰凉的香蕉叶把鼻子包裹起来,再浸入灰绿黏稠的林波波大河里冷却。"你这是做什么?"双色岩蟒问道。"不好意思,"大象的孩子说道,"我的鼻子严重变形,我在等它缩回去。""那你可得等上很长时间了。"双色岩蟒说,"有些人就是不知道什么对自己最有利。"

◆丹麦1994年10月20日发行一套邮票，共有五枚，以野生动物为主题。其中邮票面值12.00丹麦克朗，邮票画面描绘了一条在草丛中蜿蜒游动的草蛇（Grass snake）。

◆阿根廷2002年8月24日发行一套附捐邮票，共有四枚，以爬行动物为主题。其中第一枚邮票面值25分/附捐25分，邮票画面描绘了一条缠绕树上的红尾蟒蛇（Boa constrictor occidentalis）；第二枚邮票面值50分/附捐50分，邮票画面描绘了一条趴伏岸边的凯门鳄鱼（Caiman yacare）。

  大象的孩子在那里连坐了三天，等待鼻子缩短。可它的鼻子却一直没有缩短，反而这种等待还让它变成了斜视眼儿。我最亲爱的朋友，你要知道，鳄鱼把小象的鼻子拖成了地地道道的长鼻子，和今天所有大象的鼻子一个样。第三天结束的时候，一只苍蝇飞过来，在小象的肩上叮了一口。还没等自己反应过来，它便下意识地扬起长鼻子，用鼻尖将苍蝇打死了。"这是长鼻子的第一个优点！"双色岩蟒说，"仅靠以前的短家伙，你是办不到这一点的。现在试着吃点东西吧。"还没等自己反应过来，大象的孩子便已经伸出长鼻子，卷起一大捆草，还在两条前腿上拍打干净，然后塞进了自己的嘴里。"这是长鼻子的第二个优点！"双色岩蟒说，"仅靠以前的短鼻子，你是办不到这一点的。这儿的阳光太晒了，是不是？"

◆乌干达1991年8月1日发行一套世界自然基金会濒危野生动物保护邮票（WWF），共有四枚，以非洲森林大象（African forest elephant）为主题。其中邮票面值140乌干达先令，首日封画面描绘了莽莽苍苍的非洲草原，一头大象正在利用自己的长鼻子卷起一大捆青草。

◆乌干达1991年8月1日发行一套世界自然基金会濒危野生动物保护邮票（WWF），共有四枚，以非洲森林大象为主题。其中邮票面值100乌干达先令，首日封画面描绘了一头大象利用自己的长鼻子卷起一团泥巴，甩在自己的身上。

◆乌干达1991年8月1日发行一套世界自然基金会濒危野生动物保护邮票（WWF），共有四枚，以非洲森林大象为主题。其中邮票面值200乌干达先令，首日封画面描绘了两头大象正在利用自己的长鼻子在河流中嬉水玩耍。大象喜欢把自己的长鼻子伸到河流中汲水，然后将水放入口中解渴。

于是，大象的孩子横穿非洲大陆回家去了，一路上不断摆动着自己的长鼻子。想吃水果了，它便用鼻子从树上摘下来，再不像以前那样等着水果从树上掉下来了；想吃草了，它便用鼻子从地上拔起来，再不像从前那样跪在地上吃了。要是有苍蝇叮它，它就用鼻子折一根树枝当苍蝇拍用；要是阳光太晒的时候，它便为自己做一顶凉爽润滑的泥帽子戴。

◆乌干达1996年10月8日发行一套邮票，共有五枚，以非洲的水果为主题。其中邮票面值150乌干达先令，邮票画面描绘了黄橙橙的芒果；邮票面值350乌干达先令，邮票画面描绘了圆溜溜的柑橘；邮票面值500乌干达先令，邮票画面描绘了青绿色的牛油果；邮票面值550乌干达先令，邮票画面描绘了红瓜瓤的的西瓜。

它独自横穿非洲大陆，孤独时就用长鼻子唱歌，那声音比几个铜管乐队加到一起的乐声还要响亮。它还特意绕道几找了一只胖墩墩的河马（这只河马不是它的亲戚），狠狠地揍了它一顿，以确保双色岩蟒说的有关它的长鼻子的话不是假话。余下的时间里，它把自己去林波波大河时路上的甜瓜皮全都捡了起来，因为它是只爱干净的小象。在一个黑漆漆的夜晚，它回到了亲人身旁。它将长鼻子卷了起来，问候说："你们好！"大家见到它都非常高兴，张嘴便说："过来！为了你难以满足的好奇心，我们得揍你一顿。""哈，"大象的孩子说，"恐怕你们不怎么懂得揍人吧，可我懂，让我演示给你们看吧。"它展开长鼻子，把两个哥哥摔了个四脚朝天。

◆民主德国1956年12月14日发行一套邮票，共有六枚，以动物为主题。其中邮票面值5芬尼，邮票画面描绘了非洲草原上的两只大象，它们利用自己的长鼻子相互嬉闹。

◆乌干达1992年9月25日发行一套邮票，共有八枚邮票和两枚邮票小型张。其中第二枚邮票小型张邮票面值2500乌干达先令，画面描绘了一群大大小小的河马匍匐在河边草地。河马家族是颇为典型的母系社会，统治全家的雌河马会露出巨大的牙齿告诫不听话的家庭成员，甚至还会动用武力。

◆喀麦隆1988年发行世界自然基金会濒危野生动物保护专题邮票（WWF），共有四枚，以狒狒（Babbons）为主题。其中邮票面值30中非法郎，邮票和极限片画面描绘了一只成年狒狒。狒狒喜欢成群生活，每群都有一只年龄较大、身体强壮和经验丰富的雄狒狒担任狒王。

◆加纳2000年2月28日发行一枚邮票小型张，邮票面值7000塞地，以非洲鸵鸟为主题。邮票画面描绘了绿叶婆娑的树林，青草丰茂的原野，以及一只在此生活栖息的鸵鸟。它弯曲起细长柔软的脖颈，扑扇着乌黑锃亮的翅膀，踮起了强健有力的下肢，显得身强体壮，英姿勃勃。

"看上去丑陋极了。"毛茸茸的狒狒伯伯说。"不错，"大象的孩子说，"可它非常有用。"随后它举起长鼻子，勾住毛茸茸的狒狒伯伯的一条毛茸茸的腿，将它抛进了一个黄蜂窝。"真厉害！"大家都称赞说，"你从哪儿学的这一招？你的鼻子怎么啦？""我从灰绿黏稠的林波波大河之滨的一条鳄鱼那里得到了一个新鼻子。"大象的孩子说，"我问它拿什么当晚餐，它便给了我这个长鼻子。"

◆新西兰1994年8月16日发行一套邮票，共有十枚，邮票面值都是45分，以野生动物为主题，纪念PHILAKOREA'94国际邮票展览。其中第四枚，邮票画面描绘了一只勃然大怒的非洲象挥舞着自己的长鼻子。画面右上方的地图描绘了这种大象在非洲的分布地域。

◆柬埔寨1997年2月12日发行一套世界自然基金会濒危野生动物保护邮票，共有四枚，以大象（Elephas Maximus）为主题。其中邮票面值900瑞尔，邮票画面描绘了两头狭路相逢的大象正在河岸边争斗厮打。

◆捷克斯洛伐克1962年4月24日发行一套邮票，共有四枚，以动物为主题。其中邮票面值1捷克克朗，邮票画面描绘了一只非洲大象和一只印度大象，它们伸出又粗又长的鼻子彼此钩在一起，互致亲切友好的问候。

这只"小坏象"还揍了所有的亲人,而且揍了它们很长时间,直揍到大家都非常生气、非常惊讶为止。它把高个子鸵鸟姑姑尾巴上的羽毛拔下来,它还拽住高个子长颈鹿叔叔的后腿,在荆棘丛中拖着走。它冲着胖墩墩的河马阿姨大喊大叫,还趁它饭后在水里睡觉时,往它的耳朵里吹泡泡。不过,它从来不许任何人动考拉考拉鸟一下。

◆民主德国1965年3月24日发行一套邮票,共有三枚,以动物为主题。其中邮票面值10芬尼,邮票画面在暗绿色的背景上描绘了一头满身花斑的长颈鹿,它站立在疏疏密密的树丛中东张西望。

◆波兰1972年8月20日发行一套,共有九枚,以动物为主题。其中邮票面值40格罗希,邮票画面描绘了一头全身深色花斑的长颈鹿,其拉丁文名字的意思是"长着豹纹的骆驼"。长颈鹿的毛皮浅黄色,布满深棕色的花斑图案,从而具有自然天成的丛林保护色彩。

◆印度1986年12月15日发行一套邮票,共有两枚,以野生动物为主题。邮票首日封图案描绘了丛林中栖居的老虎和羚羊,河流中缓缓游动的鳄鱼,以及一群在原野上长途迁徙的大象。大象喜欢成群结队地栖居在丛林、草原和河谷地带。

最终,激动人心的场面出现了——它的家人一个个全都急急忙忙地跑到了灰绿黏稠的林波波大河之滨——那里长满了金鸡纳树——向鳄鱼索要新鼻子。大家回来之后,也没有谁欺负别人了。

◆印度2011年发行一枚邮票小型张,共有两枚邮票,纪念第二届非洲-印度高峰论坛。其中邮票面值25.00印度卢比,邮票画面描绘了一群在非洲丛林中长途迁徙的非洲大象。

◆塞拉利昂1995年9月5日发行一枚邮票小型张,邮票面值1500塞拉利昂利昂,邮票画面描绘了辽阔的天空碧蓝盈盈,无垠的草原金黄灿灿,两头长途迁徙的非洲象一前一后,匆匆前行。

◆ 位于非洲西北部的毛里塔尼亚1978年2月28日发行一套世界自然基金会濒危野生动物保护专题邮票（WWF），共有六枚。其中邮票面值60乌吉亚，邮票画面描绘了广袤无垠的森林和草原，一头非洲象在空旷的原野上迈开大步踽踽独行。

◆ 匈牙利1997年5月5日发行一枚邮票小型张，邮票面值90福林，以非洲野生动物为主题。邮票小型张画面描绘了一群携老带幼的非洲草原象（Loxodonta africana）迈开大步，在非洲原野上匆匆忙忙地长途迁徙。满身斑纹的长颈鹿、犄角弯弯的野羚羊、引颈眺望的骆驼、体格健壮的野牛、身材臃肿的水牛等非洲野生动物在一旁好奇地驻足观望。非洲草原象是一种最常见的非洲象，也是世界上最大的陆地动物。它们喜欢群居，每群都由雌兽统帅，结成大小不一的象群。

从那一天起，我最亲爱的朋友，你看到的所有大象（也包括所有你看不到的大象）都长着长鼻子，和那只好奇心难以满足的大象的孩子一模一样。

◆ 瑞典2002年5月2日发行一套欧罗巴"马戏"专题邮票，共有四枚，邮票面值都是8瑞典克朗。其中第四枚，邮票和极限片画面描绘了一位身材苗条的女驯象师，她伸开双手指挥着三头白象和一头黑象正在进行精彩纷呈的马戏表演。这些身材庞大的动物时而笨拙地抬起宛若柱子般的象脚，时而灵巧地弯卷着长长的象鼻，显得十分滑稽可笑。

◆ 英国2002年1月15日发行一枚邮票小本票，共有十枚邮票，邮票面值都是一等邮资（27便士），纪念英国作家约瑟夫·鲁德亚德·吉卜林的作品《原来如此的故事》发表100周年，《大象的孩子》就是其中的一篇脍炙人口的故事。邮票小本票封面描绘了白云飘荡的天空，绿草丛生的大地。一个坐在红色沙发中的老人手捧一本厚厚的书籍，正在讲述娓娓动听的丛林故事，他的身旁竖着一把长长的猎枪。坐在草地上倾听的男孩和女孩被这些生动有趣的动物故事深深吸引，屏声静气，如痴如醉。

犰狳的诞生

　　这故事发生在天地初开的那一阵子。有只刺猬,家住浊浪滔天的亚马逊河边,吃着蜗牛之类的东西。他有个朋友乌龟,也住在浊浪滔天的亚马逊河边,吃着青莴苣之类的东西。

这故事发生在天地初开的那一阵子。有只刺猬,家住浊浪滔天的亚马逊河边,吃着蜗牛之类的东西。他有个朋友乌龟,也住在浊浪滔天的亚马逊河边,吃着青莴苣之类的东西。

◆ 法国 2008 年与巴西联合发行一套邮票,共有两枚,以自然保护为主题。其中第二枚邮票面值 2.00 雷亚尔/0.55 欧元,邮票画面描绘了郁郁葱葱的亚马逊热带雨林和水流湍急的亚马逊河。亚马逊河被誉为世界"河流之王",源于南美洲安第斯山中段,沿途接纳雪峰之水,一路汇集大江小河,最终流入烟波浩渺的大西洋,成为一条世界上流域最广、流量最大的河流。这条河流滋润着广袤的土地,孕育了世界最大的热带雨林,成为世界上最神秘的"生命王国"。

◆ 捷克 2013 年发行一枚邮票小型张,共有四枚邮票,以自然生态为主题。其中邮票面值 10 捷克克朗,邮票和小型张边纸画面描绘了一只竖起两根触角的大嘴蚂蚱(Chorthippus vagans)在狭长的草叶上静静葡匐,一只背负五彩甲壳的彩纹蜗牛(Cepaea vindobonensis)在花叶上缓缓徐行。

◆ 位于南美洲的巴西 1984 年 7 月 9 日发行一套邮票,共有三枚,邮票面值分别是 65.00 新克鲁塞罗、65.00 新克鲁塞罗和 80.00 新克鲁赛罗,以亚马逊三角洲岛屿上的野生水牛为主题。三枚邮票的图案彼此相连,共同组成一幅全景式的画面:亚马逊河的河口水面宽阔、波涛翻滚,一群群饥渴的野牛在丰茂的草丛中饮水,一只只白色的水鸟在晴朗的蓝天上盘旋⋯⋯

可是那时还有只花斑美洲虎也住在浊浪滔天的亚马逊河边,他逮住什么就吃什么,没有小鹿和猴子,就吃青蛙和甲虫。连青蛙和甲虫都逮不到,就回家请教母老虎妈妈如何吃刺猬和乌龟。母老虎多少次典雅曼妙地摇着尾巴,教她儿子说:"孩子啊,你要是抓到刺猬,就把他扔进水里,他的刺就会散开。你要是抓到乌龟,就拿爪子把他从壳里挖出来。"

◆ 奥地利2006年11月6日发行发行一枚邮票，邮票面值55分，邮票和首日封邮戳画面描绘了一只深褐色的欧洲池龟（Emys orbicularis）背负着沉重的甲壳，在河边慢慢悠悠地爬行。

◆ 白俄罗斯2003年3月12日发行一套邮票，共有两枚，以野生动物为主题。其中邮票面值600白俄罗斯卢布，邮票画面描绘了一只深褐色的欧洲池龟在河边缓慢爬行。

◆ 芬兰2003年5月7日发行一枚邮票小全张，共有六枚邮票，邮票面值均是0.65欧元，以野生动植物为主题。其中第六枚，邮票画面描绘了一只匍匐在绿草丛中的小刺猬，它的幼仔在一旁紧紧相随。

◆ 爱沙尼亚2014年发行一枚邮票，邮票面值0.45欧元，以野生动物为主题。邮票画面描绘了一只匍匐在草丛中低头觅食的小刺猬（Erinaceus europaeus）。

◆ 尼加拉瓜1999年发行一套邮票，共有三枚邮票小全张和两枚邮票小型张，以濒危野生动物为主题。其中第二枚邮票小全张共有九枚邮票，邮票面值都是2.50尼加拉瓜科多巴。其中第一枚，邮票画面描绘了两只正在树上攀援的狐猴（Lemurs）；第二枚，邮票画面描绘了两只正在飞翔的蓝鹦鹉（Blue gliding parrot）；第三枚，邮票画面描绘了一只止在树上休憩的巨嘴鸟（Toucan）；第四枚，邮票画面描绘了一条缠绕在树上的花蟒蛇（Boa）；第五枚，邮票画面描绘了一头匍匐在树枝上打盹的美洲虎（Jaguar）；第六枚，邮票画面描绘了一只爬在树上东张西望的虎猫（Margay）；第七枚，邮票画面描绘了一只躲藏在灌木丛中的懒猴（Loris）；第八枚，邮票画面描绘了一只伫立在水边的白鹭鸶（White egret）；第九枚，邮票画面描绘了一只走向河边饮水的犰狳（Armadillo）。

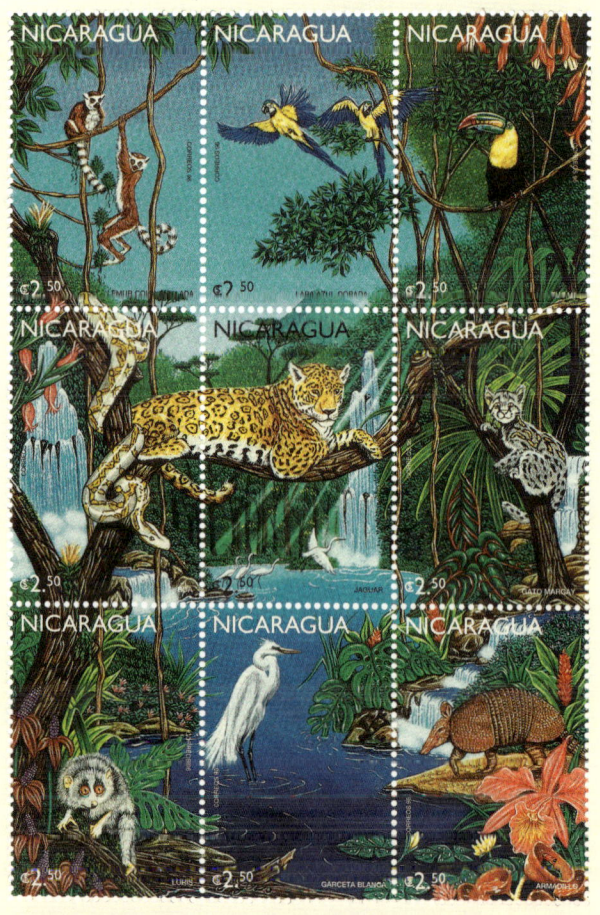

◆ 比利时1992年9月7日发行一套邮票，共有四枚，邮票面值都是15比利时法郎，以动物为主题。其中第三枚，邮票画面描绘了一只在灌木草丛栖居的小刺猬。刺猬宛如一名辛勤的园丁，它们可以在田园中清除虫蛹、老鼠和草蛇，也会偷食一些瓜果和粮食。

◆ 尼加拉瓜1993年1月20日发行一套邮票，共有一枚邮票小全张和两枚邮票小型张，以热带雨林的野生动植物为主题。其中第一枚邮票小型张邮票面值10.00尼加拉瓜科多巴，画面描绘了草木繁茂的美洲丛林，一只满身花斑的美洲虎一跃而起，凶猛地捕食一只藏身草丛的毛臀刺鼠（Dasyprocta punctata）。

◆ 巴西2001年11月20日发行一枚邮票小本票，共有十枚邮票，邮票面值都是0.55新克鲁塞罗，以南美洲的潘塔纳尔湿地为主题。十枚邮票的图案彼此相连，共同组成一幅完整的画面，描绘了该湿地丰富多彩的野生动物，其中包括凯门鳄（Caiman crocodiles yacare）、美洲蛇鹈（Anhinga anhinga）、黑冠白颈鹭（Ardeacocoi）、裸颈鹳（Jabiru mycteria）、条纹鸭嘴鲶（Pseudoplatystoma fasciatum）、黑鲷（Leporinus macrocephalus）、水豚（Hydrochoerus hydrochoeris）、南浣熊（Nasua nasua）、大白鹭（Casmerodius albus）、美洲紫水鸡（Porphyrula martinica）等。

◆ 伯利兹1983年12月9日发行一套世界自然基金会濒危野生动物保护专题邮票(WWF)，共有四枚，以美洲虎为主题。其中邮票面值5分，邮票首日封画面描绘了一只身材矫健的美洲虎，它带着幼崽站在草丛里东张西望；邮票面值10分，邮票画面描绘了一只站在山林中虎视眈眈的美洲虎；邮票面值1伯利兹元，邮票首日封画面描绘了一只站在山岩上窥测小动物动静的美洲虎。

在一个美丽的夜晚,花斑美洲虎来到浊浪滔天的亚马逊河岸边,发现刺猬和乌龟坐在一根横倒的树干下。他们见了花斑美洲虎并没有逃跑,刺猬蜷成一个圆球,因为他是浑身带刺的刺猬;乌龟头和四足都缩进壳内,因为他是身披盔甲的乌龟。这样一来,可不就是天下太平了?

◆阿根廷2002年8月24日发行一套附捐邮票,共有四枚,以爬行动物为主题。其中第四枚邮票面值75分/附捐75分,邮票画面描绘了一只在地上缓慢爬行的红腿象龟(Chelonoidis carbonaria)。

◆荷兰1976年4月6日发行一套附捐邮票,共有四枚。其中邮票面值40分/附捐20分,邮票邮票首日封图案描绘了一只满身棘刺的小刺猬,它小心翼翼地在草丛中左顾右盼,警惕着四周的动静。

◆匈牙利1995年5月9日发行一套邮票,共有四枚,邮票面值都是14福林,纪念欧洲自然保护年。其中第四枚,邮票画面描绘了一只在野花闲草中葡匐的小刺猬。它圆圆的身体,尖尖的脑袋、短短的腿脚,小小的尾巴,再加上满身密密匝匝的长刺,看上去好似扎满了棘刺的皮球。刺猬身上棘刺的最大作用就是避害防身。当遇到敌害袭击时,刺猬就把头朝腹面弯曲,身体蜷缩成一团,包住头部和四肢,将满身的棘刺露在外面,使凶恶的敌害无从下手。

◆法国1991年9月14日发行一套野生动物邮票,共有四枚。其中邮票面值3.00法郎,邮票画面描绘了一只葡匐在地上的野生乌龟。乌龟一般生活在溪流、河湖、沼泽和山涧之中,有时也上岸栖息活动。在自然环境中,乌龟常以蠕虫、螺类、鱼虾等为食,也吃植物的茎叶。

"你们给我听好了,"花斑美洲虎对他们说,"我要发表演说啦。我妈妈指教我:遇上刺猬就要扔进水里,让他的刺散开。遇上乌龟,就要用爪子把他从乌龟壳里挖出来。但是你们哪一个是刺猬,哪一个是乌龟啊?自觉一点儿告诉我。因为,凭我身上的花斑起誓,我分不清楚。"刺猬说:"你的记性靠得住吗?你妈妈的指教不是说你遇上乌龟就该散开他的壳,遇上刺猬就该用爪子塞进壳里去吗?"

乌龟说:"你的说法靠得住吗?你妈妈的指教不是说你遇上刺猬就该用你爪子塞进去,遇上乌龟就该扔到到水里吗?"这么一来,花斑美洲虎已经有点拿不定主意了,他说,"我明明记得我妈妈不是这么说的。请你们重新说一遍,要说清楚哦。"刺猬说:"记好了,听着,当你用爪子舀水的时候,要用刺猬松开它。这一条再紧要不过了。"乌龟说:"你还不明白?你妈妈告诉你用爪子挖肉的时候,记住将它用勺子塞进乌龟壳里。"花斑美洲虎发现自己越来越糊涂了,他说:"你们绕得我头好晕啊,再说啦,我又没让你们来开会提意见!老实一点,快说你们俩谁是乌龟谁是刺猬!"

◆泰国2004年3月1日发行一套邮票,共有四枚,邮票面值都是3泰铢,以乌龟为主题。其中第一枚,邮票画面描绘了一只安布闭壳龟(Cuora amboinensis),它在草丛中好奇地扬起头,仿佛轻启小口,侃侃而谈。

◆联合国纽约总部1998年6月19日发行一枚邮票小型张,邮票面值2.00美元,以热带雨林为主题。画面描绘了郁郁葱葱的树林、灌木和草丛,在此生息繁衍的水禽和蝴蝶,以及一只趴伏在绿草丛中的美洲虎。满身花斑的美洲虎体型匀称,行动矫健,是一种性情凶猛的"丛林杀手"。

◆尼加拉瓜1983年发行一枚邮票小型张,邮票面值15尼加拉瓜科多巴,纪念1983年8月在巴西城市里约热内卢举行的BRASILIANA'83国际邮票展览。邮票小型张画面描绘了一只凶相毕露的美洲虎(Jaguar)匍匐在河边的大树上,它瞪圆双眼,竖起耳朵,耐心地等待着稍纵即逝的捕猎时机。美洲豹是南美丛林中出类拔萃的猎手,它们就像幽灵一样在丛林中悄无声息地游荡,来无影,去无踪。

邮票上的动物故事

　　刺猬说:"我才不告诉你呢,不过你要喜欢,可以把我从壳里面挖出来。"花斑美洲虎大喜道,"啊哈!这回你自我暴露了不是?乌龟!你当我真不敢啊,我们老虎向来不怕鬼不信邪,你等着。"这时,刺猬蜷起身体,花斑美洲虎一爪子下去——哇,满爪子都是刺。更糟的是,花斑美洲虎一下子把刺猬蹽进了森林灌木丛,那里又黑又暗,再也找不到他了。花斑美洲虎把自己的爪子放进嘴里,自然痛得更凶。等到他刚恢复说话的能力时便说:"这会儿我知道他不是乌龟了,但是——"他摸着扎满刺的爪子说,"我怎么知道剩下这一个是不是乌龟呢?"

　　一旁的乌龟答道:"可我就是乌龟啊。你妈妈的指教一贯正确,要你用爪子把我从壳里挖出来。你还等什么?"花斑美洲虎一面从爪子上拔出刺来,一面说道:"刚才你可不是这么说的,上次你讲的完全两样,你当我是傻瓜啊。""得啦得啦!就算你说的我说的她说的话完全两样,又有什么大不了的?如果你说的我说的她说的话真是她说的,那就跟我说的她说的教导一般无二。反过来,要是你非要以为你妈妈要你用勺子松开我,而不是用爪子把我塞进壳里去。我也拿你没辙,对不对?"

◆ 匈牙利1986年12月15日发行一套邮票，共有六枚，以野生动物保护为主题。其中邮票面值4福林，邮票画面描绘了一只棕褐色的小刺猬（Erinaceus concolor），它身披密密匝匝的长刺，藏身在青草丛中低头觅食；邮票面值6福林，邮票画面描绘了一只黑色的欧洲池龟，它背负着坚硬的花纹甲壳，小心翼翼地伸长头部，在小河边的草丛中缓慢爬行。

◆ 圭亚那2002年7月1日发行一套邮票，共有六枚邮票和一枚邮票小型张，纪念国际生态旅游年。其中邮票小型张邮票面值400圭亚那元，画面描绘了南美洲的热带雨林：气势磅礴的瀑布飞流直下，水花喷溅。枝繁叶茂的雨林碧玉丛生，翡翠满树。一只满身花斑的美洲虎，静静地匍匐在大树高处休憩。

　　花斑美洲虎说："我才不上当呢。你把我妈妈的教导跟你想要我干的事情掺和在一起，以为我不知道啊。你弄得我完全搞不清妈妈到底说了什么，连脑袋在前还是尾巴在前都分不清了。这回你又来讲些我听得懂的东西，害得我比原来更晕。我妈妈说要把你们中哪一个扔进水，现在你倒像是急着被人扔下水，我看你其实是又想骗我，根本不想让人扔下去。好！我让你自个儿跳下去，往浊浪滔天的亚马逊河里跳，快点！"

◆ 伯利兹1983年12月9日发行一套世界自然基金会濒危野生动物保护专题邮票（WWF），共有四枚，以美洲虎为主题。其中邮票面值5分，邮票画面描绘了一只凶相毕露的美洲虎趴坐在山林中休憩。

◆ 位于南美洲加勒比海的格林纳达2005年2月10日发行一枚邮票小型张，邮票面值6东加勒比元，以野生动物为主题。邮票画面描绘了南美洲郁郁葱葱的丛林，汩汩流淌的河流，以及一头在河岸边漫步的美洲虎。它瞪圆目光炯炯的双眼，翘起又粗又长的尾巴，显得威风凛凛、英姿勃勃。

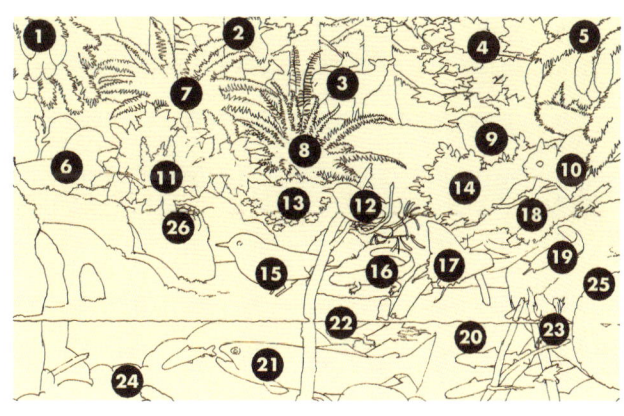

◆ 美国 2000 年 3 月 29 日发行一枚邮票小全张，共有十枚邮票，邮票面值都是 33 美分，以太平洋海岸热带雨林（Pacific coast rain forest）的自然生态为主题。欣赏这版邮票画面，仿佛置身于密林深处，层层绿荫恣意舒展，潺潺流水清澈见底，凤蝶、渡鸦翩翩起舞，松鼠、马鹿穿梭其间，好一幅令人陶醉的原生态景象。这里的动物大多生活在地面上，安静而温和。其中最可爱的要属道格拉斯红松鼠了，在巨大的松树和云杉之间，随处可见这种以主人姿态出现的小精灵，它们活泼好动、频频穿梭于林间，以各种各样的坚果和种子为食。每天清晨，阳光从树顶的缝隙漏进来，冲破雨林中弥漫的淡绿色雾气，一片极其美丽的景色映入眼帘。酢浆草等低等植物如绒毯般覆盖在大地上，随处可见的藻类、苔藓和蕨类植物布满了每棵树的枝干。小溪、河流纵横交错，王鲑、大鲵等很多鱼类和两栖动物生活在其中。同时，这里也是哺乳动物和鸟类的家园，丑鸭、杂色鸫、罗斯福马鹿等珍贵物种在这里繁衍生息。

◆ 这枚邮票小全张上表现了多达 26 种热带雨林中具有代表性的野生动植物：1. 一棵碧玉丛生的异叶铁杉树（Western Hemlock）；2. 两只扑翅飞行的黑渡鸦（Common Raven）；3. 三头在树林中东张西望的罗斯福马鹿（Roosevelt Elk）；4. 几棵郁郁葱葱的藤槭树（Vine Maple）；5. 一棵果实累累的西加云杉（Sitka Spruce）；6. 一对羽翼斑斓的丑角鸭（Harlequin Duck）；7. 一丛枝叶舒展的西方剑蕨（Western Sword Fern）；8. 一株铺青叠翠的穗乌毛蕨（Deer Fern）；9. 一只葡萄草丛的杂色鸫（Varied Thrush）；10. 一只在树枝上探头探脑的道格拉斯松鼠（Douglas Squirrel）；11. 一丛青枝绿叶的矮葡萄（Dwarf Oregongrape）；12. 一只站在树枝上歇息的冬鹪鹩（Winter Wren）；13. 一丛生长繁茂的酢浆草（Oregon Oxalis）；14. 一丛生气勃勃的越橘（Red Huckleberry）；15. 一只身材丰满的美洲河乌（American Dipper）；16. 一条蜿蜒爬行的太平洋大鲵（Pacific Giant Salamander）；17. 一只飞飞停停的西部燕尾虎凤蝶（Western Tiger Swallowtail）；18. 一丛色彩晦暗的叶状地衣（Foliose Lichen）；19. 一条体色草黄的香蕉蛞蝓（Banana Slug）；20. 两条黑白斑纹的奇努克幼鲑鱼（Chinook Salmon parr）；21. 一条正在吞食鲑鱼的切喉鳟鱼（Cutthroat Trout）；22. 一条体色花俏的粗皮蝾螈（Rough-skinned newt）；23. 一只在水边抬头张望的尾蟾（Tailed Forg）；24. 一条在河底卵石上匍匐的石蚕（Caddisfly larvae）；25. 一丛绢丝光泽的塔藓（Stair-step Moss）；26. 一只在河边青石上爬行的食蜗步甲虫（Snail-eating Ground Beetle）。

◆圭亚那1995年10月18日发行一枚邮票小全张，共有九枚邮票，邮票面值都是60圭亚那元，以野生动物为主题。其中第一枚，邮票画面描绘了一只在树上休憩的橄榄绿疣猴（Olive colobus）；第二枚，邮票画面描绘了一只张嘴啼鸣的白腹紫椋鸟（Violet-backed starling）；第三枚，邮票画面描绘了一只在树上爬行的狄安娜长尾猴（Diana monkey）；第四枚，邮票画面描绘了一只拿拉着长尾巴的非洲棕榈灵猫（African palm civet）；第五枚，邮票画面描绘了一头站在树下的长颈鹿（Giraffe）和一头驻足张望的斑马（Zebras）；第六枚，邮票画面描绘了一只在树上爬行的非洲灵猫（African linsang）；第七枚和第八枚，邮票画面描绘了几只在丛林中漫步的倭新小羚（Royal antelope）；第九枚，邮票画面描绘了一只在树上东张西望的棕榈松鼠（Palm squirrel）。

◆摩尔多瓦2005年9月29日发行一枚邮票小型张，共有四枚邮票，以爬行动物和两栖动物为主题。邮票小型张描绘了池塘边的一幕：柔细的水草微微摇曳，清澈的池塘水色潋滟。其中邮票面值40巴尼，邮票画面描绘了一只背负着花纹甲壳的池塘乌龟（Emys orbicularis）慢慢悠悠地爬入水塘。

　　乌龟说："我提醒你，你妈妈可不会满意的，将来别说我没打招呼。" 花斑美洲虎喊道："你再敢说我妈妈一句话，我就——"话还没说完，乌龟已经悄悄跳进浊浪滔天的亚马逊河，在水下游出去很长一段路，前往刺猬等他的那段河岸了。"好险啊，"刺猬说，"我可不喜欢花斑美洲虎。你告诉他你是谁了？" "我实话实说我是乌龟，他偏不信，逼我跳河看我是不是。结果我是，他好纳闷啊！现在他回去找妈妈了。听！他来了。"他们听到花斑美洲虎气势汹汹地蹿过浊浪滔天的亚马逊河边的森林灌木，找到了他的妈妈。

　　母老虎和蔼地摇着尾巴："孩子，孩子，你干了什么不该干的事吗？" 花斑美洲虎说："我用爪子掏那个想要被掏出壳的家伙，结果扎了一爪子刺。"母老虎从容不迫地摇着尾巴："孩子呀，孩子，你一定是抓到刺猬了。你应该把他扔进水里。"花斑美洲虎说："我把另一个家伙扔进水里了。他说他是乌龟,我不信,结果是真的。他潜进浊浪滔天的亚马逊河里,再也不出来了。我没东西可吃,我看我们最好找别的地方安家。浊浪滔天的亚马逊河这边的家伙们太聪明啦,可怜的我招惹不起。"母老虎不动声色地摇着尾巴,"孩子呀,孩子,你好好听着,刺猬蜷成圆球,球上都是刺。凭这一点你就能认出来。而乌龟蜷不起来,他只会把头和四肢缩进壳里。凭这一点你就能认出来。"

◆位于南美洲西北部的厄瓜多尔1961年7月13日发行一套邮票,共有四枚,以野生动物为主题。其中邮票面值80分,邮票画面描绘了南美洲枝繁叶茂的丛林世界,一只满身花斑的美洲虎正在东张西望,四处寻觅着自己的猎物。美洲虎生活在南美洲,既不是豹,也不是虎,是一种介于虎和豹之间的猫科动物。美洲虎身上的花纹和豹子相近,而体型更接近老虎。

◆巴西1995年9月30日发行一枚邮票小型张,共有两枚邮票,以河流两岸的野生动物为主题,纪念Lubrapex'95国际邮票展览和第15届巴西-葡萄牙集邮展览。其中第一枚邮票面值1.50雷亚尔,邮票画面描绘了一只水獭从小河中猎取了一条鲜鱼;第二枚邮票面值1.50雷亚尔,邮票画面描绘了一只褐色小鸟在河岸边栖息。小型张边纸图案描绘了河流两岸的树林和草地,以及在此栖居的各种飞禽走兽。

◆瑞典1975年10月11日发行一枚邮票小本票,共有十枚邮票,邮票面值都是55分,以刺猬为主题。小本票封面图案以艺术夸张的手法描绘了一只正在旷野草丛中迅疾前行的小刺猬。

◆英国2011年发行一枚欧罗巴"森林"专题邮票小型张,共有四枚邮票,以森林保护为主题,同时纪念世界自然基金会(WWF)成立50周年。四枚邮票的画面描绘了郁郁葱葱、绚丽多姿的亚马逊热带雨林,以及在雨林中栖居的濒危珍稀动物。其中邮票面值一等邮资,邮票画面描绘了一只脸上长着白色须毛的黑色蜘蛛猴;邮票面值60便士,邮票画面描绘了一只羽翼靓丽的蓝紫色的金刚鹦鹉;邮票面值88便士,邮票画面描绘了一只五彩斑斓的箭毒蛙;邮票面值97便士,邮票画面描绘了一只满身金黄花斑的美洲虎。

一旁偷听的刺猬藏在宽大的叶片下说："我一点也不喜欢这位老夫人,她还知道些什么?"乌龟说:"我压根儿不喜欢这位老夫人,就算是笨到花斑美洲虎这个地步,也不至于忘掉这些说明。刺猬你不会游泳,真是太糟糕了。" 刺猬说:"别跟我提这个,还是多想想你自己要是会蜷成刺球该多好!少管闲事,听花斑美洲虎怎么说。"

◆位于中美洲的伯利兹1983年12月9日发行一套世界自然基金会濒危野生动物保护专题邮票(WWF),共有四枚,以美洲虎为主题。其中邮票面值10分,邮票首日封画面描绘了一只花斑美洲虎的头部特征;邮票面值85分,邮票画面描绘了一只在河水中游泳的美洲虎,邮票首日封画面描绘了一只在树上攀援的美洲虎。

花斑美洲虎坐在浊浪滔天的亚马逊河岸上,一面从爪子上挑刺,一面背书——

不会蜷,只会游,

慢吞吞的乌龟就是他!

蜷成球,不会游,

圆溜溜的刺猬就是他!

刺猬说:"他这个月的周末是忘不掉了,乌龟,撑住我的下巴,我要学游泳,这一招可能有用。" 乌龟说:"太棒了!你准会学成游泳高手。"在刺猬跳进浊浪滔天的亚马逊河里游泳时,乌龟便撑住他的下巴。接下来,刺猬还向乌龟学习了在水中侧泳和从岸上跳水的本领。乌龟说:"我也要尝试一下解开背壳系带,学学蜷起身体,可能会有用的。"

◆伯利兹1983年12月9日发行一套世界自然基金会濒危野生动物保护专题邮票(WWF),共有四枚,以美洲虎为主题。其中邮票面值1伯利兹元,邮票画面描绘了一只满身花斑的美洲虎,它站在丛林中双耳竖起,怒目圆睁。

◆南非1993年9月3日发行一套邮票,以濒危野生动物为主题。其中邮票10分,邮票画面描绘了一只几何沙龟(Psammobates geometricus)背负着半球形的花纹甲壳,慢慢吞吞地爬行;邮票面值20分,邮票画面描绘了一只深褐色的南非刺猬(Atelerix frontalis)匍匐在落叶满地的山林中。

◆法国2001年4月21日发行一枚邮票小型张,共有四枚邮票,以野生动物为主题。其中邮票面值3.00法郎(0.46欧元),邮票画面描绘了一只躲在青石旁左顾右盼的小刺猬。

◆巴西1984年6月5日发行一套邮票,共有三枚,邮票面值分别是65.00新克鲁塞罗、65.00新克鲁塞罗和80.00新克鲁塞罗,以沼泽湿地的自然生态为主题。三枚邮票的图案彼此相连,共同组成一幅全景式的画面:宽阔的水面涟漪荡漾,波光粼粼,岸边的水草丛丛簇簇,高高低低。树上的红花朵朵盛开,灿若云霞。空中的白鹭翩翩起飞,直上云天。邮票画面还描绘了匍匐的美洲虎翘起尾巴,仰头的鳄鱼张开大嘴,河中的水豚结伴而行,岸边的小鹿回眸张望……

◆美国1987年6月13日发行一枚邮票小版张,共有五十枚邮票,邮票面值都是22分,以北美洲的野生动物为主题。其中第四十一枚,邮票画面描绘了一只在水边草丛爬行的箱龟(Box turtle)。这种乌龟拥有可以摺合的腹甲,当它们的身体完全缩入甲壳中时,整个外观有如一个密封的箱子或盒子,因而得名。

◆爱尔兰2002年4月23日发行一套邮票,共有四枚,以野生动物为主题。其中邮票面值1爱尔兰镑,邮票画面描绘了三只在灌木草丛中低头觅食的刺猬。

◆阿根廷2001年7月28日发行一套邮票,共有六枚,以动物为主题。其中第二枚邮票面值25分,邮票画面描绘了一只站立在山岩高处俯瞰四周动静的美洲虎。

◆捷克斯洛伐克1967年9月25日发行一套邮票,共有六枚,以野生动物为主题。其中邮票面值1.40捷克朗,邮票画面描绘了一只在旷野草丛休憩的刺猬,以及一只匍匐在它身旁的刺猬幼仔。

于是，刺猬便帮着乌龟解开系带，好让乌龟练习伸展蜷曲身体。接下来，乌龟还向刺猬学习了曲身术和把脚蜷到耳后的本领。他们互相帮助，一直练到第二天早晨才休息。这时，太阳升起老高，把他们的身体晒干了。现在，他们的样子已经跟原来完全不同。吃过早饭后，乌龟说："刺猬，昨天我好像没玩够，今天我想逗逗花斑虎。"刺猬回答说："我也这么想，我看你的壳进步不小，我游泳的事谁也别提。哈哈，花斑虎会大吃一惊的！我们去找他。"

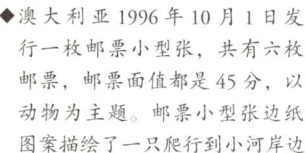

◆ 澳大利亚1996年10月1日发行一枚邮票小型张，共有六枚邮票，邮票面值都是45分，以动物为主题。邮票小型张边纸图案描绘了一只爬行到小河岸边的乌龟。

◆ 英国2002年1月15日发行一枚邮票小本票，共有卜枚邮票，邮票面值都是一等邮资（27便士），纪念英国作家约瑟夫·鲁德亚德·吉卜林的作品《原来如此的故事》发表100周年。其中第七枚，邮票和极限片画面描绘了该书中的动物故事《犰狳的诞生》（The Beginning of the Armadilloes）：花斑美洲虎看到刺猬和乌龟都蜷成球形在地上滚动，感到十分困惑和疑虑。

◆ 圭亚那1981年发行一枚邮票小全张，其中邮票面值30分，邮票画面描绘了一只六带犰狳（Euphractus sexcinctus）。它们是地球上唯一一种带硬壳的哺乳动物，目前已成为珍稀的保护动物。

◆ 美国1987年6月13日发行一枚邮票小版张，共有五十枚邮票，邮票面值都是22分，以北美洲的野生动物为主题。其中第十三枚，邮票画面描绘了一头在美洲荒原上栖居的犰狳（Armadillo）。

◆ 苏里南1969年8月20日发行一套邮票，共有三枚，以野生动物为主题。其中邮票面值25分，邮票画面描绘了一只满身鳞甲的犰狳。当与敌害不期而遇时，犰狳就将自己的身体蜷缩成一个满是盖甲的"铁球"，再凶猛的敌害用齿咬不破，用脚踢不伤，只能望"球"兴叹了。

他们发现花斑美洲虎正在养爪子上的伤。花斑虎一看到他们，惊得花斑尾巴一连摇了三圈。刺猬说："早安，您可敬的老太太平安吗？"花斑虎回答说："多谢，她好得很。抱歉，我有点分不清你们俩的称呼。"刺猬说："你太不厚道，想想昨天，你要用爪子把我从壳里掏出来。"花斑虎说："问题是你根本没壳，全是刺。我清楚的很，瞧我爪子就行了！"乌龟说："你逼我跳进浊浪滔天的亚马逊河。今天怎么记不起来啦？真没礼貌！"刺猬说："你忘了妈妈的教导吗？"——

不能蜷，但能游，

慢吞吞的乌龟就是他！

蜷起来，不会游，

圆溜溜的刺猬就是他！

◆巴西1982年6月4日发行一套邮票，共有三枚，以野生动物为主题。其中邮票面值17.00克鲁塞罗，邮票画面描绘了一只在茫茫旷野上低头前行的犰狳。

◆联合国纽约总部1998年6月19日发行一枚邮票小型张，邮票面值2.00美元，以热带雨林为主题。邮票极限片画面描绘了草木繁茂的南美洲热带雨林，一只满身花斑的美洲虎竖起尖耳，圆瞪双眼，蹑手蹑脚地寻觅着自己的猎物。

于是刺猬和乌龟都蜷成球形，一路滚过去。花斑美洲虎把眼睛瞪得比车轮还大。他回过头找妈妈去。"妈妈，妈妈，"他说，"今天森林里来了两只新动物。你说不会游的那个在游泳，你说不会蜷的那个在蜷曲，连刺都平分了。现在他们都有鳞甲，不是一个带刺而一个光滑，而且他们一起滚来滚去打圈，我很不开心。"

◆尼加拉瓜1990年10月10日发行一套邮票，共有七枚，以动物为主题。其中邮票面值5分，邮票画面描绘了一只美洲虎（Panthera onca）趴在一棵大树上龇牙咧嘴。

邮票上的动物故事

◆联合国纽约总部1995年3月24日发行一套濒危动物保护邮票,共有四枚,邮票面值都是32分。其中第一枚,邮票画面描绘了一只正在草原上疾行的大犰狳(Giant armadillo)。犰狳是南美洲特有的珍稀动物,其外表和名称一样古怪。虽然它们怪模怪样,但已经在地球上生存了6000万年,也算是资格最老的地球居民了。

◆位于南美洲中部的巴拉圭1988年6月14日发行一套自然基金会濒危野生动物保护邮票(WWF),共有四枚。其中邮票面值3巴拉圭瓜拉尼,邮票和极限片画面描绘了一只正在河滩边漫步的大犰狳(Priodontes giganteus)。它长着尖尖的嘴巴,小小的耳朵,头顶上被有鳞片,就像戴着一副头盔。其身体可以分为前、中、后三段,外面都被有一层宛如瓷砖般整齐排列的骨质鳞片。前段和后段的骨质鳞片连成如同龟壳般的整块结构,不能伸缩,中段的鳞片呈条带状绕而形成"绊",有筋肉相连,可以自由伸缩。它的四肢和尾巴上也被有鳞甲,鳞片之间长有稀疏而粗糙的短毛。这种奇特的动物分布于南美洲东部的亚马逊河流域地区。

邮票上的动物故事

　　母老虎神闲气定地摇着尾巴:"孩子,孩子!刺猬总是刺猬,绝不会是别的;乌龟总是乌龟,绝不会是别的。"花斑虎说道:"可他们既不是刺猬又不是乌龟,两样都带点。我不知道该叫什么。"母老虎说,"扯淡!什么东西都有名字。如果一时找不到真名,我们叫他'犰狳'不就好了。随他去吧。"

◆巴拉圭1988年6月14日发行一套自然基金会濒危野生动物保护邮票(WWF),共有四枚。其中邮票面值5巴拉圭瓜拉尼,邮票画面描绘了一只在河边饮水的大犰狳(Priodontes giganteus);极限片图案描绘了一只大犰狳在山林中低着头掘土挖洞。它们白天躲在洞内休憩,晚上便从洞里钻出来觅食。它的美肴包括昆虫、蠕虫、甲虫、蚂蚁、鸟卵、蜗牛、蛇类、蜥蜴、蝗虫等,是名副其实的害虫克星。

◆越南1985年7月5日发行一套邮票，共有七枚，以南美洲野生动物为主题，纪念在布宜诺斯艾利斯举行的Argentina'85国际邮票展览。其中邮票面值2越南盾，邮票画面描绘了一头满身花斑的美洲虎正在旷野中四处游荡；邮票面值4越南盾，邮票画面描绘了一只怪模怪样的大犰狳（Priodontes giganteus）正在荒坡野岭上觅食。

◆法国2007年发行一枚邮票小型张，共有四枚邮票，以野生动物为主题。其中邮票面值0.60欧元，邮票画面描绘了枝繁叶茂的美洲热带雨林，一只满身花斑的美洲虎张牙舞爪地从绿色的树丛中跳跃出来。

花斑虎遵命而行，随他们自己去好了。从那天起，怪事发生了，浊浪滔天的亚马逊河岸边人人都管刺猬和乌龟叫犰狳。别的地方也有乌龟和刺猬，譬如我家花园里就有，照样叫原来的名字。只有天地初开时节亚马逊河岸边传下来的乌龟和刺猬才叫犰狳，因为他们太聪明啦。

◆巴西1995年9月30日发行一枚邮票小型张，共有两枚邮票，以河流两岸的野生动物为主题，纪念Lubrapex'95国际邮票展览和第15届巴西-葡萄牙集邮展览。小型张边纸图案描绘一只栖居在河岸边的犰狳。犰狳除了身上的盔甲可以防御敌害外，逃跑的速度也很快。当它发现危险时，第一反应是飞奔进附近的树丛，用浓密的枝条作为屏障掩护自己。只需要一两分钟，犰狳就可以在地上刨出一个窄洞钻进去，让敌害无可奈何。犰狳还采用"狡兔三窟"的策略，平时常常多挖几个洞，每个洞又有好几个出口，让敌害的追捕无功而返。

3

白熊与海象

　　北极的春天刚刚来临,万物复苏。连日阳光普照大地,带来阵阵让人兴奋的暖意。冰川向阳面,永不融化的冰层之上覆盖着一层薄土,薄土下面的种子仿佛也感受到了阳光的热情,一夜之间冒出了嫩芽,彰显出蓬勃的生命力。在向阳的山谷中,一条条小溪苏醒过来。仿佛一眨眼的工夫,岸边的小草也都破土而出,翠绿一片,上面还像星星般点缀着盛开的花朵,有白色的、黄色的和蓝色的,为冰冷的北极增添了一抹亮色。

北极的春天刚刚来临，万物复苏。连日阳光普照大地，带来阵阵让人兴奋的暖意。冰川向阳面，永不融化的冰层之上覆盖着一层薄土，薄土下面的种子仿佛也感受到了阳光的热情，一夜之间冒出了嫩芽，彰显出蓬勃的生命力。在向阳的山谷中，一条条小溪苏醒过来。仿佛一眨眼的工夫，岸边的小草也都破土而出，翠绿一片，上面还像星星般点缀着盛开的花朵，有白色的、黄色的和蓝色的，为冰冷的北极增添了一抹亮色。

◆丹麦格陵兰岛1991年5月15日发行一套北欧邮政联盟专题邮票，共有两枚，以北极海域的风光景色为主题。其中邮票面值4.00丹麦克郎，邮票画面描绘了海中雪白晶莹的冰山，巍然耸立，鬼斧神工；岸边丛丛簇簇的花草，缤纷多彩，生机盎然。

◆印度2009年发行一枚邮票小型张，共有两枚邮票，邮票面值都是5.00印度卢比，以极地和冰川保护为主题。其中第一枚，邮票画面描绘了白雪皑皑的极地旷野，以及一群蹒跚前行的企鹅；第二枚，邮票画面描绘了洁白晶莹的海上浮冰，以及一头东张西望的北极熊。小型张边纸图案描绘了北极海域冰清玉洁、熠熠生辉的冰川奇观。

◆蒙古1989年1月1日发行一套邮票，共有七枚，以野生动物为主题。其中邮票面值50图格里克，邮票画面描绘了一只站在浮冰上引颈眺望的北极熊。它体格健壮，动作敏捷，被誉为北极世界的"冰上霸主"。

◆联合国日内瓦总部1997年3月15日发行一套邮票，共有四枚，邮票面值都是80分，以濒危野生动物保护为主题。其中第一枚，邮票画面描绘了一头站立在北极浮冰上四周张望的北极熊。北极熊的模样似乎有些笨拙，其实它们可是捕获猎物的好手，不仅勇猛无敌，而且很有计谋。其中最常用的招数就是"按兵不动"。为了抓到最爱吃的海豹，北极熊常常要在冰盖上静静守候几个小时，一动也不动。一旦海豹从冰水中露出头来呼吸，北极熊就会以迅雷不及掩耳之势发动突然袭击。

◆波兰1978年11月10日发行一套邮票，共有七枚，纪念华沙动物园建立50周年。其中邮票面值1.00兹罗提，邮票画面描绘了一只北极熊和它的幼仔。北极熊头小耳圆，身躯庞大，白白亮亮的毛皮之下却是让人意想不到的黑色皮肤，能够在北极地区极其寒冷的环境中生息繁衍。

◆ 墨西哥1998年8月14日发行一枚邮票小全张，共有二十五枚邮票，邮票面值都是2.30墨西哥元，以海洋生物为主题。其中第一枚，邮票画面描绘了一条在海面上露出头部的灰鲸（Gray whale）、一只正在飞翔的军舰鸟（Frigatebird）和其他海鸟；第二枚，邮票画面描绘了一条跃出海面的灰鲸、一群在海面上盘旋的信天翁（Albatross）等海洋生物；第三枚，邮票画面描绘了一头鲸鱼露出海面的巨大尾鳍（Whale's tail flukes）；第四枚，邮票画面描绘了两条跃出海面的海豚（Dolphins）和几只展翅飞翔的火烈鸟（Flamingos）、一只抓捕海鱼的老鹰和其他在海边栖居的水鸟；第六枚，邮票画面描绘了三只在岩礁上栖息的海狮（Sea lions）和海豹；第七枚，邮票画面描绘了一群展翅飞翔的海鸥（Elegant swallows）和一只跃出水面的海豚（Dolphin）；第八枚，邮票画面描绘了一条跃出海面的虎鲸（Killer wale）和几只在海面上腾跃的海豚；第九枚，邮票画面描绘了两只岸边栖息的火烈鸟（Flamingos）和其他水鸟。

◆ 美国1999年3月12日发行一套邮票，共有五枚，邮票面值都是33分，以北极动物为主题。其中第二枚，邮票画面描绘了一只在雪地里酣然入睡的北极狐；第三枚，邮票画面描绘了一只圆瞪着双眼的雪鸮；第四枚，邮票画面描绘了一头毛色洁白的北极熊；第五枚，邮票画面描绘了一条凝神远眺的北极灰狼。

◆ 挪威2006年3月29日发行一套邮票，共有五枚，以栖居在北极圈的野生动物为主题。其中邮票面值10.50挪威克朗，邮票画面描绘了一头在冰原雪地上驻足张望的北极狐（Arctic fox）。北极狐的身躯娇小而肥胖，皮毛洁白而光亮，尾巴蓬松而硕大，被誉为"生活在寒冷北极的雪地精灵"。

似乎是感受到春天的召唤而从冬眠中醒来，成群的北方的蝴蝶和不计其数的黄蜂般大小的苍蝇和甲虫蜂拥而来。而在悬崖边危险的暗礁上，居住着成群的海雀和海鸥，它们时而为了邀邀的鸟巢互相争吵，时而又呼啦啦地结伴飞过宁静的海洋，自由自在地翱翔于天际。北极世界正慢慢忘却冬季所带来的折磨以及无尽的孤寂和死一般的寒冷与黑暗。

庞大而笨重的海象也感受到了这热情洋溢的北极之春，惬意地嘟囔着以示回应，并欢快地在海里游来游去。就在近海处，一个岩石小岛边的礁石上，几头海象正在晒太阳。它们中包括两头年长的雄海象、四头雌海象、还有笨拙可爱的海象宝宝们。此时，它们舒服地躺在一起，互相友好地把头或前肢搭在对方身上，不难看出，现在的它们定是无比的悠闲快乐。刺眼的阳光暖洋洋地照在它们粗糙的皮肤上，它们嘟囔着、哼哼着，发出各种各样的声音来表达内心的满足感。

◆坦桑尼亚 1997 年 10 月 30 日发行一枚邮票小全张，共有九枚邮票，邮票面值都是 250 坦桑尼亚先令，以北极野生动物为主题。其中第六枚，邮票画面描绘了冰封雪冻的海岛，一头身材臃肿、皮肤褶皱的海象（Walrus）趴伏在岸边，它口中伸出两根长长的獠牙，默默地凝望着前方。海象的獠牙可以用于进行自卫和争斗，或在泥沙中掘取蚌蛤、虾蟹等食物，或在爬上冰块时支撑身体，所以又有"象牙拐杖"之称。在冰雪封冻的海面以下，海象的獠牙还能用来凿开冰洞，便于它们探头呼吸。

◆安提瓜和巴布达 2016 年发行一套邮票小型张，共有两枚，以海洋动物为主题。其中第一枚小型张邮票面值 10 东加勒比元，画面描绘了一群在北极冰原上栖息的海象。它们舒服地躺在一起，互相友好地把头或前肢搭在对方身上，显得逍遥自在，悠闲快乐。

坦白地说，这些笨拙的海洋生物长得是一点也没有吸引力。通常，成年海象体长十至十一英尺，圆圆乎乎的就像一个大桶，而且还没有尾巴，全身呈现出脏脏的黄棕色。它们的皮肤上分散地生长着稀疏的毛发，就像一块块铁锈色的补丁，而短小有力的四肢滑稽地伸展着。由于这副模样，它们看上去总是一种破烂不堪的穷酸相。海象脑袋的上半部分生得又小又扁，还没有耳朵。相反，脑袋的下半部分却生得宽大无比，长成这样是为了支撑向下生长的巨大獠牙，獠牙的长度足有十五英寸。在獠牙的衬托下，海象的上颌显得十分宽大，再加上点缀其上的那些根根竖立的长胡须，海象的面相显得凶猛易怒。至于小海象，它们身材矮胖，长得就像是父母的翻版。但是因为年幼，它们的皮肤还很干净光滑，身上也没有因战斗留下的伤疤。

◆位于亚洲中南部的阿富汗1996年发行一套邮票，共有五枚，以熊类动物为主题。其中邮票面值600阿富汗尼，邮票画面描绘了白雪皑皑的北极冰原，一只健壮的北极熊外出寻觅食物，它的幼仔在一旁紧随不舍、形影不离。

◆坦桑尼亚1999年11月15日发行一枚邮票小全张，共有九枚邮票，邮票面值都是300坦桑尼亚先令，以海洋生物为主题。九枚邮票的图案彼此衔接，共同组成一幅全景式的画面。其中第一枚，邮票画面描绘了一头长着两根长牙的海象（Walrus）；第二枚，邮票画面描绘了一头跃出海面的虎鲸（Killer whale）；第三枚，邮票画面描绘了一只展翅飞翔的北极燕鸥（Arctic tern）；第四枚，邮票画面描绘了一条快速游弋的白鲨（White shark）；第五枚，邮票画面描绘了一条满身斑点的独角鲸（Narwhale）；第六枚，邮票画面描绘了身躯庞大的蓝鲸（Blue shale）；第七枚，邮票画面描绘了一只沉在海底的巨蛤（Giant clam）；第八枚，邮票画面描绘了一条腕足众多的章鱼（Octopus）；第九枚，邮票画面描绘了一条身材细长的海鳗（Conger eel）。

◆苏联1978年7月30日发行一套动物邮票，共有五枚。其中邮票面值10戈比，邮票画面描绘了海滩上的一只海象。首日封画面描绘了一个海象家庭在海滩上栖居，阳光暖洋洋地照在它们粗糙的皮肤上，它们嘟囔着、哼哼

着，发出各种各样的声音来表达内心的满足感。海象母亲与幼仔的眷恋性很强，会细心照料幼仔约两年时间。若幼仔遇到危险，海象母亲就会前往营救，甚至奋不顾身地与凶猛的北极熊展开殊死搏斗。

◆丹麦格陵兰岛1991年3月14日发行一套邮票，共有六枚，以北极动物为主题。其中邮票面值7.25丹麦克朗，邮票画面描绘了白雪茫茫的冰原，一头身材庞大的海象（Odobenus rosmarus）匍匐在雪地上，它胖乎乎的身体宛如一只臃肿肥胖的圆桶。

其中，一头神情无助的小海象和妈妈一起躺在岩洞中，那里是一个隐秘而舒适的场所，距离岸边约有二十英尺远，阻挡了所有来自北方和东方的风。原来，就在那天清晨小海象在海里玩耍时，被一头路过的独角鲸刺伤了肩部，焦虑的海象妈妈试图安抚它，便笨拙而轻柔地将它揽到身边，哄它吃奶。

◆新西兰1994年8月16日发行一套邮票，共有十枚，邮票面值都是45分，以野生动物为主题，纪念PHILAKOREA'94国际邮票展览。其中第四枚，邮票画面描绘了一只北极熊带着自己的幼仔在茫茫冰原上寻找过冬的食物。

◆加拿大2005年10月20日发行一套邮票，共有两枚，以野生动物为主题。其中第二枚邮票面值1加拿大元，邮票画面描绘了一群庞大而笨重的大西洋海象（Atlantic walrus）在冰原雪地上休憩。它们舒服地躺在一起，还时而互相友好地把头或前肢搭在对方身上。海象的大部分时间在海象群中度过，海象群会一起在浮冰上漂流，也会成群地爬向陆地。一个海象群可以有几千头海象，它们常常相互叠在一起，一个压着一个，相互间有时也会发生打架争斗。

此时，海象群里其他成员都沉浸在对生活的无限满足中，只有海象妈妈一心扑在孩子身上，根本顾不得享受春日的暖阳。而剩下的所有海象则都聚在一起，躺在距离岸边很近的地方。有时，深绿色的海水涌上岸来，溅起浪花，拍打在它们身上。小海象们挣扎着想爬到离岸远点的地方，因为海水太凉了。但妈妈却坚持不让它们乱跑，就待在原地。

◆瑞典1991年5月15日发行一套北欧邮政联盟专题邮票，共有两枚，以动物为主题。其中邮票面值2.50瑞典克朗，邮票画面描绘了一只毛色白亮的北极熊正在潜入海水捕食，它的幼仔在一旁恋恋不舍。

◆苏联1987年3月25日发行一套世界自然基金会濒危野生动物保护专题邮票（WWF），共有四枚，以北极熊为主题。其中邮票面值35戈比，邮票画面描绘了北极熊母亲和它的幼仔，极限片画面描绘了一头白白亮亮的北极熊在北极雪地里踽踽独行，它圆圆的耳朵，小小的眼睛，黑黑的鼻子。北极熊之所以能够生存在寒冷的北极，是因为它们穿了一身天赋的防寒服。北极熊全身有两层体毛，一层是长长的外毛，具有极好的隔热作用；另一层是细细的内毛，具有超强的防水性能。有了这样的御寒武器，北极熊就不再畏惧北极的严寒天气了。

与此同时，纵然春光无限美好，不远处的另一位母亲也同样无心享受。就在小岛的后面，大陆的岸边，一头消瘦的北极熊正在徘徊觅食，它的孩子紧紧地跟在它的身边。在小岛和大陆之间有一条狭窄的海湾，无数的大块浮冰随着潮水的起伏晃动着，而许多像这样脏兮兮、随波逐流的浮冰都堆积在岸边浪花消逝的地方。在阳光的照射下，它们渐渐消融，最终变成晶莹剔透的小碎块沉入海中。北极熊妈妈就在海岸边来回踱步，渴望能找到一些死鱼，或是其他可以填饱肚子的东西。

◆联合国瑞士日内瓦总部1998年5月20日发行一枚邮票小全张，共有十二枚邮票，邮票面值都是0.45瑞士法郎，纪念国际海洋年。其中第一枚，邮票画面描绘了一头匍匐在极地浮冰上的海象。海象的身体呈圆筒形，粗壮而肥胖，是海洋中除了鲸类以外最大的动物。它们大部分的时间在沿岸陆地或浮冰上度过，在那里繁殖、换毛和休息。海象常常是成千上万只紧紧地挤在一起，当偶尔有几只海象发生争吵时，就像水中的涟漪一样，在海象群中传播开去。它们彼此挥舞着锋利的獠牙和粗壮的鳍脚，引起一波波骚动和不安，发出一阵阵吼叫和嘶喊。有的海象为了驱赶身上的寄生虫，不停地用鳍肢磨擦自己的身体，即使在睡眠中也不停息。

◆德国1999年6月10日发行一套附捐邮票，共有五枚，以儿童卡通形象为主题。其中第一枚邮票面值100芬尼/附捐50芬尼，邮票画面描绘了一只北极熊幼仔，它端坐在一块浮冰上吃着香蕉；邮票极限片画面描绘了一只毛色洁白的北极熊幼仔在北极冰原上嬉戏玩耍。

◆ 阿塞拜疆2007年发行一枚邮票小型张，共有四枚图案相同的邮票，邮票面值都是60新马纳特。邮票画面描绘了一头白白亮亮的小北极熊，它蜷伏着毛茸茸的身子安然入睡。邮票小型张边纸画面描绘了一头健壮的北极熊带着两只举步蹒跚的幼崽，在北极的海岸浅滩上徘徊觅食。

最近，它的运气不太好，因为不知道为什么，大马哈鱼没有像往年一样出现在海岸浅滩，这让它饱受饥饿之苦。不得已，北极熊妈妈也赶了回节食减肥的时尚，每天以灯心草的嫩枝或其他绿色植物为食，但这可都不是它爱吃的啊！尽管自己承受着营养不良的痛苦，但北极熊妈妈还是尽量保证有充足的奶水，让孩子能吃饱吃好。

◆ 德国2008年4月10日发行一枚附捐邮票，邮票面值55分/附捐25分，以极地自然保护为主题。邮票画面描绘了一只毛色洁白的北极熊幼仔，它懵懵懂懂地张望着这个粉妆玉砌的冰雪世界。

◆ 巴西2009年发行一套邮票，共有两枚，邮票面值都是1.00雷亚尔，纪念国际极地年。两枚邮票的画面彼此衔接，共同构成一幅全景式的图案，描绘了北冰洋雪白晶莹的冰山、冰川和冰原，以及碧蓝澄澄的冰海。一只挥动着前鳍的豹海豹（Hydrurga leptonyx）从白皑皑的冰原爬到海岸边龇牙咧嘴，一只形孤影单的北极熊（Ursus maritimus）站立在一块浮冰上寻觅着可以果腹的猎物。

◆ 美国1971年6月12日发行一套邮票，共有四枚，邮票面值都是8分，以野生动物保护为主题。其中第二枚，邮票画面描绘了北冰洋黑黝黝的海水和白茫茫的浮冰，一头北极熊正在慈爱地呵护两只懵懵懂懂的幼仔。

◆ 保加利亚1988年9月26日发行一套动物，共有六枚，以熊类动物为主题。其中邮票面值8斯托丁基，邮票画面描绘了一只白白亮亮的北极熊，它孤零零地站在浮冰上，凝视着波光粼粼的北冰洋。

◆ 葡萄牙2008年发行一枚邮票小型张，邮票面值2.95欧元，纪念国际极地年。邮票小型张画面描绘了白雪皑皑的浮冰，波光粼粼的海洋。一头匍匐在岸边的北极熊伸长脖颈，凝视着前方微波荡漾的海水。一只胖乎乎、圆滚滚的海豹栖息在一块浮冰上。远处是碧蓝的海水和雪白的冰原，几只白海豚正在结伴戏水，两只独角鲸将头部探出水面，几只燕鸥在空中高声鸣叫……

可久而久之，可怜的北极熊妈妈再怎么努力，奶水也还是供应不足了，孩子不得不跟着挨饿。当北极熊妈妈驻足用鼻子去够一大团海藻时，小北极熊拼命挤到妈妈肚子底下去吃奶，但是它因为吸不到多少奶水而失望地呜咽着。瞬间，北极熊妈妈本该凶悍的眼睛湿润了，它急忙转过头温柔地舔舔自己的小宝贝，心中满是歉意。虽然时不时有漂到岸上的浮冰，却没有什么可以吃的，于是，凄凉的北极熊妈妈打算沿着海岸向下走。突然，一股诱人的香气从海面上飘过来，这味道来自小岛的那边，闻起来像是海象的气味。北极熊妈妈猛地抬起头，伸出自己的长鼻子，深深地嗅了一下，接着，它便一动不动地定在原地，周密透彻地审视着这个小岛。

◆ 密克罗尼西亚2014年发行两枚邮票小型张，以北极熊为主题。其中第一枚小型张共有四枚邮票，邮票面值都是75美分。这四枚邮票和小型张边纸图案描绘了波涛翻滚、水色澈艳的北极冰海，以及一头北极熊在海水中游泳的各种姿势和形态；第二枚小型张邮票面值2.50美元，邮票小型张画面描绘了一头毛色洁白的北极熊，它从寒冷刺骨的海水中悄悄爬上海岸，瞪圆眼睛，竖起双耳，张开嘴巴，十分机警地眺望着前方的动静。

小岛实际是高出水面的一座小山，呈倾斜的平面一直向下延伸到海中，北极熊妈妈知道若是直接爬上小山，然后再向下偷袭海象并不是明智的选择。它明白，此刻海象们一定严防死守着陆地方向所有的潜在威胁，因为从这个方向来的可都是重量级的敌人。北极熊妈妈游到小岛边，继续沿着海岸向前游，直到游到尽头。然后，在一大块浮冰的遮挡下，它爬上岸，顺势平平地趴在岩石上，就好像要与岩石融为一体。小北极熊依然一个动作不差地认真模仿着。此时，北极熊妈妈直起腰，透过浮冰上的裂缝小心观望前方的情况，而小北极熊则躲在隐蔽的位置，歪着脑袋忧心忡忡地看着妈妈。

◆加拿大1954年4月1日发行一套邮票，共有两枚，纪念国家野生动物周。其中邮票面值4分，邮票画面描绘了一头蜷蹲在北极浮冰上休憩的海象（Walrus），它睁开小小的眼睛，耸动短短的鼻子，奢拉着长长的獠牙。

◆苏联1987年3月25日发行一套世界自然基金会濒危野生动物保护专题邮票（WWF），共有四枚，以北极熊为主题。其中邮票面值5戈比，邮票极限片画面描绘了一只浑身水淋淋、湿漉漉的北极熊，它在微波荡漾的冰海中探出身子，攀爬上岸。

◆保加利亚1991年12月24日发行一套邮票，共有六枚，以海洋动物为主题。其中邮票面值62斯托丁基，邮票画面描绘了一对海象正在海边滩地上栖息。在冰原雪地上休憩时，海象总是身披一件棕红色的"外套"。而到了海水中游动时，它们就会换上灰白色的外衣。原来，海象能通过调整血液循环来防寒保暖，从而改变皮肤的颜色。

◆俄罗斯2006年8月29日发行一套邮票，共有五枚，以动物为主题。其中邮票面值5.00卢布，邮票画面描绘了北极地区冰封雪冻的荒原，北极熊母亲带着它的幼仔四处寻找度讨寒冬的猎物。

◆挪威1996年2月22日发行一套邮票，共有两枚，以北极地区风光为主题。其中邮票面值20挪威克朗，邮票画面描绘了一头体格健壮的北极熊。它宛若一个白色的幽灵在茫茫冰原上悄无声息地匆匆前行，用饥饿的眼神搜寻着过冬的食物。

◆丹麦格陵兰岛1973年2月15日发行一枚邮票，邮票面值10丹麦克朗，邮票画面描绘了两头长着獠牙的海象（Walruses），它们舒舒服服、安安稳稳地躺卧在海边的冰原上，沐浴着温煦的阳光，呼吸着清新的空气，十分悠闲自在。

◆ 匈牙利1961年2月24日发行一套邮票,共有十枚,纪念布加勒斯特动物园。其中邮票面值1.40福林,邮票画面描绘了寒风凛冽的冰雪世界,一只饥肠辘辘的北极熊在冰原上无声无息地踽踽独行,寻找着自己的猎物。

◆ 朝鲜2003年发行一枚邮票小全张,共有五枚邮票,以极地动物为主题。其中邮票面值15分,邮票画面描绘了一群在皑皑冰原上蹒跚学步的企鹅;邮票面值70分,邮票画面描绘了一头趴伏在岸边岩礁上的海象;邮票面值140分,邮票画面描绘了一头匍匐在地的北极熊及其幼仔;邮票面值150分,邮票画面描绘了一头张开血盆大嘴的北极露脊鲸;邮票面值220分,邮票画面描绘了几只正在冰海中嬉戏玩耍的斑海豹。

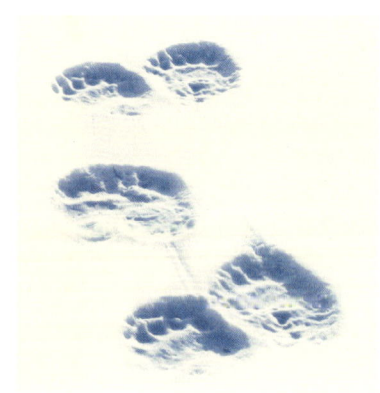

◆ 苏联1977年12月16日发行一套邮票,共有八枚,以野生动物保护为主题。其中邮票面值16戈比,邮票画面描绘了一只引颈张望的北极熊和它的幼仔;邮票面值20戈比,邮票画面描绘了一头红褐色的海象和它的幼仔。

◆ 加拿大1998年10月27日发行一枚邮票,邮票面值2加拿大元,以北极熊为主题。邮票首日封图案描绘了琼玉满地的北极冰原,以及四处觅食的北极熊在雪地里留下的一个个爪印。

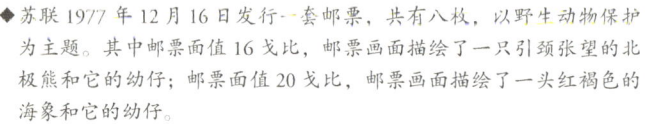

于是,它趴在地上,沿着岩石向斜坡上慢慢蠕动着,依靠突起的小山丘和烈日下折射出的阴影给自己作掩护,小北极熊依旧紧随其后。北极熊妈妈匍匐着向猎物靠近时,竟能将自己庞大的身躯蜷缩得如此之小,让人惊叹。此外,它行动起来像猫一样,悄无声息。不过,它也必须如此,因为海象的听力可是难以想象的灵敏。此时,周围一片寂静,除了海象沉重的呼吸声和呼噜声,偶尔清脆的叮当声,还有冰块破碎的声音。

在距离猎物不到二十码远的地方,北极熊妈妈停了下来,快速回头瞄了一眼自己的孩子。小北极熊立刻停下来,机警地蜷伏在一块岩石后面。看到孩子很安全,北极熊妈妈继续独自匍匐前进。它相信自己的孩子足够机敏，能够躲过海象的攻击，但若是行动时也把小北极熊带在身边，它肯定会变得畏首畏尾，不敢冒险。突然，雌海象像是感应到有危险来临，猛地抬起头，不安地东张西望起来。虽然目光所及之处根本看不到什么危险，但雌海象却越发地心神不宁。它赶紧用头抵住孩子圆胖的身体，想把孩子推下斜坡，好与其他成员汇合。

在这千钧一发的时刻，在不到十二英尺远的地方，就像变魔术一样，突然间，一个巨大的可怕的白色身影从光秃秃的岩石上纵身跃起。斜坡下的雄海象赶忙怒吼一声发出警告，然而几乎与此同时，北极熊妈妈已经扑到了畏缩的小海象身上，瞬间撕破了它的脖子，可怜的小海象还没明白发生了什么就一命呜呼了。

◆ 保加利亚2008年发行一枚邮票小型张，共有两枚邮票，纪念国际极地年。其中邮票面值0.55欧元，邮票和小型张边纸图案描绘了冰天雪地的北极海岸，两只毛茸茸的北极熊在冰面上蹑手蹑脚地悄悄前行，宛若白雪世界中一缕飘过的轻烟。

◆ 苏联1978年7月30日发行一套动物邮票，共有五枚。其中邮票面值10戈比，邮票和极限片画面描绘了一只在海滩上匍匐的海象。海象脑袋的上半部分生得又小又扁，而脑袋的下半部分却宽又大，可支撑向下生长的两条巨大的獠牙。海象的上嘴唇周围长有一圈又长又硬的钢髯，其触觉十分灵敏。它们的颈部有一对气囊，使头部能够经常露在水面以上进行呼吸。其肉乎乎的四肢颇似鱼鳍，所以称为鳍脚。

雌海象暴跳如雷，直起自己肥胖的身躯就朝北极熊妈妈撞去，它攻击的速度快得惊人，但北极熊妈妈明显还是略胜一筹。因为，就在北极熊妈妈发动致命袭击之后，便立刻用惊人的力量将小海象的尸体推到了数英尺外的斜坡上。而且，它还马上将身体弯成拱形，才得以成功抵挡住雌海象的攻击，不然它肯定会被撞倒，接着被压死了。虽然躲过了攻击，但它还是被雌海象像打桩机一样的獠牙擦伤了，雪白的皮毛上留下了一条长长的血痕。一瞬间，当发狂的雌海象又一次发动攻击时，北极熊妈妈已经拖着到嘴的猎物快速逃走了。

◆ 苏联1964年6月18日发行一套邮票,共有七枚,纪念莫斯科动物园建立100周年。其中邮票面值4戈比,邮票画面描绘了一头在极地栖居的北极熊。北极熊的毛发白中带黄,并且呈现般透明状。但在太阳的照射下,显得又白又亮。太阳的热量能够轻易透过半透明的毛发,被北极熊的皮肤高效吸收,从而增强它们御寒的能力。

◆ 斯洛文尼亚2009年发行一枚邮票小型张,共有两枚邮票,邮票面值都是0.45欧元,纪念国际极地年。邮票小型张图案画面描绘了北极辽阔壮丽的自然景色:光影粼粼的北冰洋微波荡漾,雪白晶莹的浮冰块层层叠叠。这里便是海象的栖居地,它们匍匐在浮冰上摆动笨拙的躯体,露出长长的牙齿,喘着粗大的气息……还时而嘟囔着、哼哼着,发出各种各样的声音。这种庞然大物长着两枚长长的獠牙,因而得名。海象,顾名思义,就是海中的大象,也是北极地区身材最为庞大的"土著"居民。

邮票上的动物故事

现在,岩石斜坡上像炸开了锅一样,乱哄哄的一片。见状,其他雌海象都惊慌失措地把惊恐万分的孩子们赶进海里,自己也紧跟着跳进海里,溅起了巨大的水花。三头雄海象一边吼叫着,一边挣扎着想爬上斜坡去找敌人报仇雪恨。痛失爱子的雌海象却瘫在岩石上,费力地大口喘着粗气,刚才与杀子仇人战斗时已然耗尽了它的力气。

◆ 保加利亚1966年5月23日发行一套邮票,共有八枚,以动物为主题。其中邮票面值5斯托丁基,邮票画面描绘了一头在冰面上低头前行的北极熊。

◆ 利比里亚发行一枚邮票小型张,共有四枚邮票,邮票面值都是35利比里亚元,以极地濒危动物为主题。其中第一枚,邮票画面描绘了一头蹲坐在冰原上的北极熊(Poler bear);第二枚,邮票画面描绘了一只扑翅飞翔的矛隼(Gyrfalcon);第三枚,邮票画面描绘了一只站在雪地里张望的雪雁(Snow geese);第四枚,邮票画面描绘了一头栖居在岸上的海象(Walrus)。

◆美国1999年3月12日发行一套邮票,共有五枚,邮票面值都是33分,以北极动物为主题。邮票小版张边纸图案描绘了粉妆玉砌的极地世界,北极熊母亲和它的两个幼仔在白雪茫茫的冰原上彼此依偎,相濡以沫。

◆坦桑尼亚1992年发行一套邮票,共有四枚,以海洋生物为主题。其中邮票面值100坦桑尼亚先令,邮票画面描绘了一只趴伏在冰面上的海象,它扬起头部,嘴巴里奔拉着两根白白亮亮的獠牙。

  在拖拽的过程中,小海象的尸体不小心卡在一个裂缝里,北极熊妈妈被迫停下来好把它拽出来。整个过程至多花费了几秒钟,但它差点因此丢了性命。因为,与其说是看见,还不如说它直接感受到体形庞大的雌海象马上就要撞上自己了。于是,它像个弹簧一样突然松弛下来,接着又猛地发力向旁边跳去。然后,北极熊妈妈心有余悸地回头一看,只见雌海象长长的獠牙正好刺在了自己刚才站的位置,那力道足有泰山压顶之势。

◆加拿大2011年发行一套邮票,共有四枚,以幼小动物为主题。其中邮票面值1.75加拿大元,邮票画面描绘了一只懵懵懂懂的北极熊幼仔,它懒洋洋地匍匐在雪白晶莹的冰堆上,沐浴着北冰洋灿烂的阳光。

◆丹麦格陵兰岛与新西兰罗斯领地2014年联合发行一枚邮票小型张,邮票面值21.50丹麦克朗,以极地风光为主题。邮票小型张边纸图案描绘了地球上大陆和海洋的地图,以及一头在北极地区栖居的北极熊。

借着优势，绝望的雌海象再度发起攻击，可是这一次，它却完全处于下风。原来，头脑灵活的北极熊妈妈已经绕到了它的身后，趁它跳起发动进攻时，从身后狠狠地咬住了它的脖子。雌海象瞬间失去平衡，滚下斜坡，直接摔了个四脚朝天，它费了好大劲才站稳。而此时，三头正奋力爬坡的雄海象看到眼前发生的一切，都停了下来关切地望着摔下去的雌海象。

◆加拿大1989年1月18日发行一套邮票，共有二枚，以野生动物为主题。其中邮票面值44分，邮票画面描绘了一头匍匐在海边瞭望远方的海象。它的身材宛如一只圆滚滚的大桶，布满褶皱的皮肤上长着稀疏的毛发，就像一块块铁锈色的补丁。

◆苏联1987年3月25日发行一套世界自然基金会濒危野生动物保护专题邮票（WWF），共有四枚，以北极熊为主题。其中邮票面值10戈比，邮票和极限片画面描绘了白雪皑皑的极地世界，以及一个相濡以沫、彼此呵护的北极熊家庭。

◆苏联1971年8月12日发行一套邮票，共有五枚，以海洋动物为主题。其中邮票面值12戈比，邮票画面描绘了一头匍匐在冰原上的海象，它嘴里耸拉着白色獠牙，厚实的皮肤上布满了此起彼伏的褶皱。

◆斯洛文尼亚2009年发行一枚邮票小型张，共有两枚邮票，邮票面值都是0.45欧元，纪念国际极地年。画面描绘了辽阔壮丽的北极景色：站在北冰洋浮冰上的北极熊与它的孩子们隔水相望，不远处便是海象的栖息地。浩瀚无垠的海洋波光粼粼、海涛翻滚，白海豚、独角鲸、象海豹等极地动物隐约可见……

与此同时，北极熊妈妈已经成功地拖着猎物爬到了峭壁上，这下雌海象是绝对追不上了。再向上爬了几码之后，它到达了一处宽敞的岩架上，这里是距那些愤怒的海象约二十英尺高的地方。几秒钟过后，小北极熊听到了妈妈发出的暗号，于是，它敏捷地爬过岩石堆，赶来和妈妈汇合。意识到敌人已经成功逃脱，三头雄海象也就调转方向，气呼呼地回到海中。然而，雌海象因为内心的悲痛和愤怒久久不能释怀，于是眼前的岩石成了它的发泄对象，它不停地用后背去撞击，用巨大的鳍状肢无力地拍打，同时还用自己的獠牙去攻击，就好像非要岩石屈服于它，给它认错似的。它不断后退，调整气息，然后继续徒劳而又惹人心疼地发动进攻。

　　有时，北极熊妈妈在给孩子喂奶的时候，会向下瞥一眼雌海象，眼神却异常冷漠。最终，似乎是恢复了一点理智，伤心的雌海象转过身来，怀着沉重的心情缓缓地爬下斜坡。接着，它跳入水中，慢慢地朝离海岸几英里远的海象群游去，身后溅起了巨大的浪花。

天鹅的家乡

距地面约一英里的高空，一群白色的大鸟扇动翅膀以每分钟半英里的速度从南方飞来，它们飞过大片棕榈树环绕的蔚蓝色泻湖。在明亮而又充满神秘感的天际间，在散发着臭气的绿色大沼泽之上，鸟群呈楔形划破天空，坚定不移地向前飞去。它们强有力地扇动翅膀，韵律感十足，巨大而洁白的翅膀不时闪现，就像白雪映衬着湛蓝的天空。

距地面约一英里的高空，一群白色的大鸟扇动翅膀以每分钟半英里的速度从南方飞来，它们飞过大片棕榈树环绕的蔚蓝色潟湖。在明亮而又充满神秘感的天际间，在散发着臭气的绿色大沼泽之上，鸟群呈楔形划破天空，坚定不移地向前飞去。它们强有力地扇动翅膀，韵律感十足，巨大而洁白的翅膀不时闪现，就像白雪映衬着湛蓝的天空。

◆日本1990年10月1日发行一枚地方风光邮票，邮票面值62日圆。邮票图案描绘了白雪皑皑的崇山峻岭，绿水盈盈的沼泽湿地。几只白天鹅正在水面上悠闲地休憩和漫游，另两只白天鹅从波光粼粼的水面腾空而起，直上云天。

◆中国1983年11月18日发行一套邮票，共有四枚，以天鹅为主题。邮票图案以水粉画进行艺术创作，既展现了天鹅的形态和习性，又注入了人类寄寓的情感和志趣。其中邮票面值80分，邮票和极限片画面描绘了一群白天鹅排成人字形的队列展翅高飞。蓝盈盈的天空、绿盈盈的水面，衬托出它们从容而安详的飞行姿态。

◆丹麦1999年4月28日发行一套欧罗巴"自然保护和公园"专题邮票，共有两枚。其中邮票面值4.50丹麦克郎，邮票画面描绘了沼泽湿地的一幕：结伴的鹡鹩缓慢游弋，牵动一道道荡漾的水纹；孤独的风车巍然屹立，聆听一声声水鸟的啼鸣。邮票面值5.50丹麦克郎，邮票画面描绘了自然公园的一幕：丰茂的水草此起彼伏，掩映一只只嬉戏的游禽；扑翅的鹬鸟腾空而起，惊动一片片如茵的绿草。

◆法国1981年3月14日发行一枚邮票，邮票面值1.40法郎，以儿童画为主题。邮票极限片图案描绘了一只白天鹅从沼泽地的水草丛中一跃而起，搧动着巨大而洁白的双翅直上青天。天鹅的身体沉甸甸的，为了能够顺利起飞，它们往往要在水面或地面上向前冲跑一段距离。

邮票上的动物故事

　　这支正在高空中飞行的队伍由十五只白色天鹅组成，它们的体形巨大，叫声清澈响亮。天鹅群严格地按照楔形队形飞行，短的一边有四只天鹅，长的一边有十一只天鹅。天鹅群中最聪明、地位最高的那只天鹅毫无疑问就是首领，它总是飞在楔形队伍的最前端。身在佛罗里达这一片片金色和蓝色的泻湖之中，它突然收到了来自北方之春遥远的召唤。

　　这两天里，整个天鹅群的成员都显得特别兴奋，欢快地在湖面上游来游去，精心梳洗着它们洁白的羽毛，而且整个黄色的湖岸都回荡着它们清澈响亮的叫声。这里有温暖的碧绿色潮水，还有充足的食物，它们可舍不得离开。最后，在一个凉爽的黎明，一群野雁从它们头顶上飞过，去往遥远的北方，一路上发出悦耳的鸣叫声。这对天鹅首领来说正是一种鼓舞，它发出一阵悠长的叫声，然后强有力地扇动着翅膀，飞向空中。紧接着，整个天鹅群都骚动了，它们哗啦哗啦地拍动着翅膀，发出欢快的鸣叫，紧紧跟随在首领的后面。

◆ 联合国维也纳总部1991年3月15日发行一套邮票，共有四枚，邮票面值都是5奥地利先令，纪念欧洲经济会议。四枚邮票的图案彼此相连，构成一幅完整的画面，描绘了大自然山川秀丽、万物生息的美丽生态系统。邮票极限片图案描绘了两只白天鹅在水面上空从容而安详地扑翅远行，就像白雪映衬着湛蓝的天空。

◆ 朝鲜1996年8月5日发行一枚鸟类邮票小全张，共有三枚邮票，以候鸟为主题。邮票小型张边纸画面描绘了一大群天鹅在蓝天上成群结队地展翅飞行。天鹅飞行时向前伸直长长的脖颈，缓缓扇动宽大的翅膀，飞行的姿态安详而优雅。它们喜欢排列成"人"字的阵形，从而降低飞行的空气阻力，节省远距离迁徙的体力。

　　一番激烈地争抢之后，这些天鹅终于排好了楔形队伍，呈一条斜线奋力地扇动翅膀爬升高度。直到最后，天鹅群到达了云层的高度，便追随野雁的身影向北飞去。这些天鹅身长不足五英尺，翅膀宽大，除了脸蛋两侧有两个黄点外，全身的羽毛都洁白无瑕，再搭配上墨黑色的腿和喙，完全引领了时尚的潮流。它们那饱满的拱形结构的头骨彰显出极高的智力水平，充满野性的眼睛时时流露出一丝轻蔑。

◆圣马力诺1995年3月24日发行一套欧罗巴专题邮票，共有两枚，纪念二次大战胜利50周年。其中邮票面值750里拉，邮票图案描绘了天空中的五彩祥云，大海里的万顷碧波，一群白天鹅在辽阔无垠的天地间展翅翱翔。它们长长的脖颈微微上扬，双翼缓慢而优雅地上下搧动。

◆芬兰2002年1月1日发行一枚邮票，邮票面值0.50欧元，邮票画面描绘了芬兰的国鸟大天鹅（Cygnus cygnus, Whooper swan），它舒展地张开美丽的双翅，在树影婆娑的蓝色湖面上飞掠而过。大天鹅是一种大型的候鸟，全身的羽毛洁白无瑕，嘴喙基部黄色，端部黑色。它们长途迁徙时以家族为单位，呈现"一"字形、"人"字形或"V"字形的飞行队列，是世界上飞得最高的鸟类之一。

◆瑞典1953年发行一枚航空邮票，邮票面值20瑞典克朗，邮票图案描绘了两只伸长脖颈、展翅飞翔的天鹅，它们洁白的翅膀一闪一闪，宛如两朵飘荡的白云映衬着深蓝的天空。由于天鹅每年都要进行远距离迁徙，它们的飞行能力十分高超。

◆乌克兰2004年10月26日发行一枚邮票小全张，共有五枚邮票，其图案相互衔接，构成一幅完整的画面，纪念乌克兰的多瑙河自然保护区。其中邮票面值45戈比，菱形的邮票画面描绘了一只羽色洁白的疣鼻天鹅正在河流上空无声无息地翩翩飞翔，成为水面上一道款款流动的美丽风景。

◆中国1983年11月18日发行一套邮票，共有四枚，以天鹅为主题。邮票首日封图案描绘了两只天鹅在碧蓝的天空中展开巨大而洁白的翅膀纵情翱翔，宛如两朵轻柔的云彩，舒卷自如地飘向遥远的天边。

◆芬兰2002年1月1日发行一枚邮票，邮票面值0.50欧元，邮票画面描绘了芬兰的国鸟大天鹅（Cygnus cygnus, Whooper swan）。邮票极限片画面描绘了两只比翼双飞的大天鹅，它们不紧不慢地扑扇着船帆般的翅膀，飞越过一片挺拔俊秀的白桦树林，宛如两片洁白的云彩在树梢枝头翩翩起舞。

高空中的天鹅可以俯视其他一切迁徙中的族群，但是野雁除外，因为它们的飞行高度与天鹅不相上下。在天鹅群之上的那片蔚蓝的天空里，偶尔能看到盘旋飞行的雄鹰，或翱翔的黑色秃鹰，或伺机俯冲向猎物的猎鹰。不过，天鹅可不怕它们，因为黑色秃鹰生性温顺，而雄鹰，包括行动敏捷的隼和苍鹰，即使它们的性情十分凶残，也断然不会冒着被甩到地面上的风险捕食天鹅。确实，在如此高的天空中，天鹅几乎没有敌手。天鹅就这样一天天地飞呀飞，飞过的地区越来越荒凉。最终到达了巴勒地，那里地处哈得逊湾的西北海岸，称得上是一片极度荒凉、广阔的荒原。然而，湖面上的冰还没有融化，所以天鹅们在湖面上方失望地大叫，盘旋数圈后，便沿着浅浅的溪流向下游飞去了。

◆ 哈萨克斯坦2006年发行一套邮票，共有三枚，以动物为主题。其中邮票面值100坚戈，邮票画面描绘了一只拍翼振翅、纵情翱翔的大天鹅（Whooper swan）。它们伸长柔软的脖颈，扇动宽大的翅膀，在蔚蓝的天空上从容而安详地飞向远方。

◆ 奥地利1984年8月13日发行一枚邮票，邮票面值4奥地利先令，以风光景色为主题。邮票画面描绘了湖泊的美丽风光：起伏的山峦烟雨朦胧，平静的湖面水色潋滟。岸边的芦苇轻轻摇曳，远行的天鹅飞上青天。

◆ 瑞典1990年1月26日发行一套邮票，共有五枚，以国家公园为主题。其中邮票面值3.70瑞典克朗，邮票画面描绘了一群大天鹅（Whooper swans）飞越森林湖泊的一幕风景：天青青，水蓝蓝，湖面光影隐隐约约。沙沙声，簌簌响，林涛树海层层叠叠。"一"字形，"人"字形，一群天鹅结伴齐飞。

将近三个星期，整个天鹅群团结一致，一直在潮汐水域活动，这里食物充足，它们现在的任务是筑巢。天鹅们就睡在海滩的背风处，随回流的海水轻柔地摇摆。大多数情况下，这里是安全的，能免遭一切敌人的侵袭。有一晚，天鹅们都已睡着，它们白色的身影倒映在水面上，可是突然又出现了一个白色的身影，它像一缕轻烟一样悄无声息地移动着，下至海岸，最后停在了天鹅栖息的冰块堆上，一动不动地注视着熟睡的天鹅。

◆日本1992年3月25日发行一套邮票，共有两枚，邮票面值都是62日元，以水鸟为主题。其中第一枚，邮票画面描绘了一只站立在水中栖息的大天鹅（Cygnus cygnus）。

◆民主德国1956年12月14日发行一套邮票，共有六枚，以动物为主题。其中邮票面值30芬尼，邮票和极限片画面描绘了一头栖居在极地的北极熊，庞大的身躯，小巧的头部，圆圆的耳朵，黑黑的鼻子。

◆加拿大1998年10月27日发行一套邮票，共有两枚，以动物为主题。其中邮票面值2加拿大元，邮票画面描绘了北极冰雪覆盖的旷野，一头身材高大的北极熊饥肠辘辘，四处觅食。

　　然后，它小心翼翼地撤退，在水中走了约五十码远，接着又游出了约五十码远，转面从公海向熟睡的天鹅靠近，因为那里是天鹅防备最弱的地方。它在水里游的时候，全身都藏在水下，只露出尖尖的黑色鼻子和嘴巴，原来这是一头大白熊。这个潜伏的敌人来得太突然了，天鹅们丝毫没有察觉。就在靠近天鹅群的一刹那，它将一半身子露出水面，猛地抓住一只天鹅的脖子，只是凶残地一摇，就把天鹅杀死了。

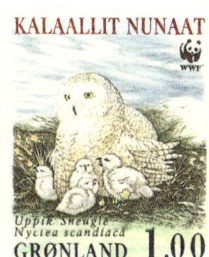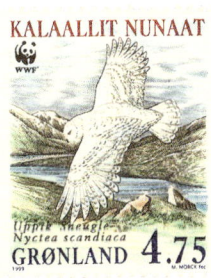

◆丹麦格陵兰岛1999年2月8日发行一套世界自然基金会濒危野生动物保护邮票（WWF），共有四枚，以雪鸮（Snowy owl）为主题。其中邮票面值1.00丹麦克朗，邮票画面描绘了一只正在哺育雏鸟的雪鸮；邮票面值4.74丹麦克朗，邮票画面描绘了一只正在空中飞翔的雪鸮；邮票面值5.50丹麦克朗，邮票画面描绘了两只栖居在极地的雪鸮；邮票面值5.75丹麦克朗，邮票画面描绘了一只伫立山峰顶部的雪鸮。雪鸮是一种生活在北极圈寒冷地区的白色猫头鹰，全身体羽为雪白色，头顶、背部、双翅及下腹则遍布着黑色的斑点。雪鸮的白色羽毛十分浓密，在白雪皑皑的高寒地区易于伪装。此外，由于北极圈极昼的关系，雪鸮早已改变了一般猫头鹰的夜行习惯，可利用其特别敏锐的视觉和听觉，在白昼到冰山雪原活动和捕猎。

这一下，所有的天鹅都猛然惊醒，它们一边惊慌失措地尖叫着，一边扇动翅膀飞向了空中。接下来的半小时，它们竖起脑袋浮在海面上，仔细搜查每一块浮冰，甚至波浪的拍打声都让它们有所戒备。此后，只要天鹅聚在一起，它们睡觉时都会派一只警觉的天鹅放哨。除了黑色嘴巴的庞然大物北极熊，它们还要严密提防同样凶险的雪鸮、蓝色北极狐、红狐狸等天然敌害，还有四处游荡的山猫。

◆ 芬兰1993年3月19日发行一套世界自然基金会濒危野生动物保护邮票（WWF），共有四枚，邮票面值都是2.30芬兰马克，以北极狐（Alopex lagopus）为主题。其中第一枚，邮票和极限片画面描绘了一只毛色雪白的北极狐，它奔拉着蓬松的长尾巴，正在冰雪覆盖的荒原旷野中低头觅食；第二枚，邮票和极限片画面描绘了一只北极狐的头部特征。它们换上了雪白的冬装，在天寒地冻的北极地带具有很好的伪装效果。

◆ 丹麦格陵兰岛1993年10月14日发行一套邮票，共有二枚，以野生动物为主题。其中邮票面值5.00丹麦克朗，邮票画面描绘了一只在荒原旷野上驻足张望的大狼（Canis lupus）。

◆ 爱尔兰1999年4月29日发行一套欧罗巴"国家公园"专题邮票，共有两枚。其中邮票面值30爱尔兰新便士，邮票图案描绘了水色潋滟的湖泊湿地，以及一群羽翼丰满的大天鹅。它们气质高贵，体态优雅，在水中三三两两地自由栖息。

◆ 中国1983年11月18日发行一套邮票，共有四枚，以天鹅为主题。其中第一枚邮票面值8分，邮票和极限片画面描绘了一对终日厮守的天鹅情侣，它们彼此脉脉含情地看着对方，仿佛在卿卿我我地倾诉衷肠。天鹅保持着鸟类中稀有的"一夫一妻制"，喜结连理的情侣永不变心、相伴终生。当它们向爱侣求偶时，雌天鹅和雄天鹅会趋于一致地做出相同的动作，还会十分体贴地互相梳理羽毛。如果一只死亡，另一只也能为爱侣"守节"，终生单独生活，继续演绎着爱情的坚贞不渝。

一个星期后，天气突然转晴，寒冷一夜之间被温暖所取代。姗姗来迟的春天，终于迈着温柔的脚步来了。一日，轻柔的碧波流经沼泽地，洗净无尽的污物。另一日，碧波与鲜花为伴。天鹅们立刻成双成对地四散开来，飞向各自的爱巢。天鹅首领和它的配偶无须飞向远处，因为它们的爱巢早已选好。

数年来，它们一直定居在附近湖泊中的一个小岛上，湖岸是一片沼泽地，这为它们阻挡了大部分敌人的侵扰。当然，它们的爱巢在冬季飓风的咆哮下已经荡然无存，年年如此。所以，它们早已习惯于每年修筑一个新巢。

小岛仅仅高出湖面一英尺左右，倾斜的岩石上面杂乱地生长着少量的苔藓和杨柳矮灌木丛。两只天鹅合力共筑爱巢，聪明的雄天鹅在筑巢时和雌天鹅一样勤劳，它们一起在湖岸四处搜寻枯树枝和木柴。天鹅首领和它的配偶一丝不苟地编织出鸟巢牢固的地基，接着又把它放到离地面约两英尺高的地方，这样巢里的天鹅宝宝便可免遭洪水的侵袭了。

◆ 乌克兰 2008 年发行一枚邮票小型张，共有四枚邮票，克里米亚动物保护区为主题。其中邮票面值 1.00 格里夫纳，邮票图案描绘了湖边的一幕风景：丛生的水草层层吐翠，落在河中的浓荫朦朦胧胧；游弋的水鸟无羁无绊，荡漾水面的波纹重重叠叠。一对朝夕相伴的疣鼻天鹅（Mute Swan）在沼泽湿地自由自在地休憩。它们性情温顺而文静，行动胆怯而谨慎，常在开阔而幽静的湖心水面游泳和觅食，晚上多栖息在远离纷扰和敌害的湖心岛上。

◆ 瑞典 2009 年发行一套邮票，共有四枚，邮票面值都是标准邮资，以情人节为主题。其中第一枚，邮票画面描绘了一对在水中喁喁私语的天鹅情侣，成为纯洁、忠诚和爱心的表征。

◆ 爱尔兰 1979 年 9 月 13 日发行一套邮票，共有三枚，以儿童画为主题，纪念国际儿童年。其中邮票面值 17 便士，邮票画面是一幅儿童画作《湖中的天鹅》（Swans on a Lake），描绘了绿茵茵的草地，蓝盈盈的湖水，一对洁白的天鹅情侣在水中终日厮守，形影不离。

◆ 挪威 1999 年 4 月 12 日发行一套邮票，共有三枚，以旅游风光为主题。其中邮票面值 4.00 挪威克郎，邮票图案描绘了一对谈情说爱的天鹅情侣，它们含情脉脉地低垂着眼睛、弯曲着脖颈，在宁静的湖面上倾吐心曲、互诉衷肠，水色潋滟的湖面上留下了它们美丽优雅的倒影。

在鸟巢就快完工的时候，雌天鹅便卧在里面开始下蛋了。直到最后，整个巢里满是细密的绒毛。天鹅蛋很大，最宽处的周长足有十二英寸，颜色暗淡，还有像小山羊皮一样粗糙的手感。下完全部六个蛋，雌天鹅便坐下开始孵蛋。在这漫长而又艰辛的生产过程中，雄天鹅却一直都不在雌天鹅的身边。

◆多米尼加发行一枚邮票小型张，邮票面值5东加勒比元，邮票小型张画面描绘了一只羽翼丰满的喇叭天鹅（Trumpeter swan），它从容而安详地匍匐在芦苇丛中的鸟巢中孵蛋，眼睛里闪烁着温柔而满足的光芒。这种天鹅的外形与大天鹅相似，但嘴喙黑色，鸣叫声十分高亢嘹亮，犹若吹奏小号的乐音，因而得名。

◆日本1990年10月1日发行一枚地方风光邮票，邮票面值62日圆。邮票首日封图案描绘了湖泊沼泽的自然生态：远方的雪峰连绵起伏，湖边的青山郁郁葱葱，一群天鹅正在微波荡漾的湖面上三三两两地栖息和漫游，在水中留下了白白亮亮、影影绰绰的身影。

邮票上的动物故事

◆英国1993年1月19日发行一套邮票，共有五枚，以疣鼻天鹅为主题。其中邮票面值28便士，邮票和极限片图案描绘了鸟巢中两只脖颈弯弯的白天鹅和一只懵懵懂懂的小天鹅；邮票面值33便士，邮票和极限片画面描绘了采用树枝草茎搭建的天鹅鸟巢，以及几只浅绿色的大鹅蛋。大鹅每年5-6月进行繁殖，鸟巢一般置于干燥的地面上或浅滩上的芦苇丛间，每窝产卵4-7枚。

不过，雄天鹅可不是漠不关心，而是一直守卫在附近，还不忘时时刻刻关注着辛苦生产的雌天鹅，就算去觅食，它也绝不会离巢太远。当雌天鹅起身出去觅食时，它就会立刻站在巢边，悉心看管着鸟蛋。有好奇心重的鞍背鸟或银鸥从天空飞过时，如果它们胆敢觊觎天鹅巢中的蛋，它就会张开翅膀，愤怒地发出刺耳的叫声，警告它们离远一点。

有一对灰白相间的北极鹰鸮在离天鹅巢约半英里的沼泽地上筑了巢，它们的体形几乎与老鹰一般大，却比老鹰凶残得多。不过，这两个凶悍的掠夺者对天鹅巢暂时还不感兴趣，因为它们不像海鸥一样喜欢吃鸟蛋。如果不是饿极了，它们也不想去招惹小岛上天鹅巢的守卫者雄天鹅。但是，一旦小天鹅孵化出来，它们可能就开始对天鹅巢上心了。就目前而言，它们不打算靠近天鹅巢，以免引起雄天鹅的警觉。

◆丹麦格陵兰岛1999年2月8日发行一套世界自然基金会濒危野生动物保护邮票（WWF），共有四枚，以雪鸮为主题。其中邮票面值5.50丹麦克朗，邮票和极限片画面描绘了两只栖在北极地带栖居的雪鸮。

◆瑞典1989年8月22日发行一枚邮票，邮票面值30瑞典克朗，以鹰鸮（Eagle owl）为主题。邮票首日封图案描绘了两只在巢穴中栖息的鹰鸮，它们栖息于山地阔叶林中，喜欢在清晨、傍晚和夜间活动。这种不畏严寒的猛禽飞行时迅捷无声，平时喜欢捕食昆虫、小鼠和小鸟等动物。

◆利比里亚发行一枚邮票小型张，共有四枚邮票，邮票面值都是35利比里亚元，以极地濒危动物为主题。其中第二枚，邮票画面描绘了蓝天上一只凶猛的北极矛隼（Gyrfalcon），它扑扇着巨大的翅膀在蓝天上纵情翱翔，炯炯的眼睛搜索着地面上小动物的一举一动。

湖岸的沼泽地上,除了雪鸮外,还有白鼬、水貂以及许多体形较小的蓝色北极狐和少量体形较大也更凶险的红狐。但是,它们要想靠近天鹅巢,只能游泳前进,雄天鹅知道但凡它们其中一个守在巢边,这些小偷就没有胆量靠近,除非有极个别胆子极大的红狐。

◆ 罗马尼亚1993年6月30日发行一套邮票,共有六枚,以野生动物为主题。其中邮票面值15列伊,邮票画面描绘了一只龇牙咧嘴的猞猁,正在荒山野岭上寻找着自己的猎物。猞猁是一名十分冷静而谨慎的杀手,它通常先躲在隐蔽处观察自己的猎物,分析自己与对手间的力量对比,然后才决定是否对猎物发动攻击。

◆ 斯洛伐克2001年7月10日发行一枚邮票小型张,共有三枚邮票,以野生动物为主题。其中邮票面值16斯洛伐克克朗,邮票画面描绘了一只猞猁的面部特征:尖尖的双耳,长长的须毛,冷酷的表情,凶狠的目光。

◆ 斯洛伐克2001年7月10日发行一枚邮票小型张,共有三枚邮票,以野生动物为主题。邮票小型张边纸画面描绘了一只身手矫健的猞猁,它默默地匍匐在地,弓起后腰,全神贯注地注视着眼前的猎物。

当然,也有体形较大的灰色山猫专挑沼泽地里较干燥的部分走,偷偷摸摸地向小岛靠近,还时不时地停下来,用饥渴的眼神注视着湖中间威严的天鹅巢守卫者。雄天鹅明白,就算现在恰逢捕猎的好时节,山猫也舍不得为这么一次捕猎而弄湿自己油光滑亮的皮毛。

五个星期过去了,就在耐心的雌天鹅即将结束漫长的孵蛋工作之际,巴勒地却遭遇了史无前例的大干旱。无数的溪流几乎吸干了沼泽地里的水分,在这里世代居住的天鹅还从没见过这么浅的水。在长时间的阳光暴晒下,湖面以惊人的速度缩小。最后,让天鹅巢的守卫者苦恼的是,它们居住的小岛现在已经算不上是个岛了。天鹅们眼睁睁地看着原本保卫小岛的屏障日渐消失,心里越发担忧起来。

◆ 英国泽西岛2004年4月6日发行一套邮票,共有六枚,以水鸟为主题。其中邮票面值33便士,邮票图案描绘了一只疣鼻天鹅(Mute swan)平静的湖面上慢条斯理地游动,它叫而小小丰满的翅膀,叫而梳理洁白的羽毛。邮票仿纸描绘了两只毛茸茸的小天鹅,它们正在体验下水游泳的感觉。

◆联合国纽约总部 1996 年 11 月 20 日发行一套邮票，共有两枚，以童话故事为主题。其中邮票画面 60 分，邮票和极限片画面描绘了一只灰褐色的小天鹅，它摇摇摆摆、懵懵懂懂地走到水边，与一群鹅黄色的小鸭子嬉戏玩耍。

直到有一天，耐心的雌天鹅听到了若有似无的呢喃，而这声音正是从它身下那六个珍贵的蛋里传出来的。有时，它会低下头，把耳朵贴在蛋壳上，着迷似地细细聆听。有时，它还会对着蛋发出温柔的叫声，似乎是在安抚和鼓励蛋里的小宝贝。此时，雄天鹅则茶饭不思地守卫在巢边，尤其警惕地注视着通向湖岸的这片暗礁。很快，其中一只小天鹅用自己尖尖的喙将蛋壳啄成两半，接着用力推开顶部盖子似的东西，成功破壳而出了。

◆苏联 1959-1960 年发行一套邮票，共有七枚，以野生动物为主题。其中邮票面值 1 戈比，邮票图案描绘了波光潋滟的湖水，以及一只在水中漂浮的疣鼻天鹅。它优雅地弯曲着细长而柔软的脖颈，低头梳理自己洁白无瑕的羽毛。

◆联合国苏黎士总部 2000 年 4 月 6 日发行一套世界濒危动物保护邮票，共有四枚，邮票面值都是 0.90 瑞士法郎。其中第二枚，邮票图案描绘了一只羽翼丰满的扁嘴天鹅（Coscoroba swan），它带着两只小天鹅在波光粼粼的湖面上慢悠悠地游动。

◆韩国 2006 年 11 月 1 日发行一枚邮票，邮票面值 340 韩元，以天鹅为主题。邮票画面描绘了两只喜结连理的白天鹅，它们扬起脖颈，带着两只羽毛未丰的小天鹅，在宁静的湖面上举家出游。

◆乌兹别克斯坦 2010 年发行一枚邮票小型张，邮票面值 1900 苏姆，以疣鼻天鹅为主题。邮票画面描绘了天鹅栖息地的一幕风景：浅蓝色的天空上飘荡着一朵朵白云，深蓝色的水面上漂浮着一只只天鹅。一汪平滑如镜的水面，将清澄透明的蓝天、舒展自如的彩云，以及扑朔迷离的树林草丛清晰地倒映了出来，如梦如幻地展现了大自然的博大、神奇和美丽。一对终日厮守的白天鹅带着毛茸茸的小天鹅，在微微摇曳的水草丛中游来游去。

然后，它舒展了一下湿漉漉的翅膀，扑进了妈妈温暖的怀抱。雌天鹅将两半蛋壳压在一起，以免占用太多巢里的空间。过了一会儿，它就把蛋壳扔到巢外去了，害怕它若是扣在别的蛋上，会闷坏里面的小宝贝。不一会儿，另外两只小天鹅几乎同时破壳而出了。欣喜若狂的雌天鹅立刻半蹲在巢里，想要给刚出生的小宝贝留出足够的活动空间。

这时，只见那只狡猾的灰色山猫一反常态，开始在湖边徘徊起来，它可是对那些洁白的且很美味的小天鹅垂涎已久了。通常情况下，即使是体形最健硕的天鹅，也不是山猫的对手。但若是为了保护幼崽，野生动物却总能迸发出超乎寻常的力量和勇气，也时常创造奇迹。

◆捷克2011年发行一枚邮票小全张，共有四枚邮票，以国家森林公园（世界自然文化遗产）的自然生态为主题。邮票小全张画面描绘了碧水荡漾的湖泊，青枝绿叶的森林，姹紫嫣红的野花。其中邮票面值20捷克克朗，邮票画面描绘了一只满身斑纹的猞猁，它静静地匍匐在大树高处，等待着捕获猎物的时机。

◆乌克兰2006年7月14日发行一枚邮票小型张，共有五枚邮票，邮票面值都是70格里夫纳，以国家森林公园为主题。其中第二枚，邮票和小型张边纸画画描绘了茂密的森林郁郁葱葱，丛生的青草袅袅婷婷。一只满身花纹的猞猁躲藏在浓密的树荫下，它耷拉着脸上的长毛，默默窥测着猎物的一举一动。

◆西班牙1971年5月24日发行一套邮票，共有五枚，以动物为主题。其中邮票面值2比塞塔，邮票画面描绘了一只西班牙猞猁（Pardine lynx）在荒山野岭中寻觅食物。

◆捷克斯洛伐克1966年11月28日发行一套邮票，共有七枚，以狩猎动物为主题。其中邮票面值60赫勒，邮票画面描绘了一只满身斑纹的猞猁，它竖起两只尖尖的耳朵，耷拉着脸上的一缕缕长毛，凶相毕露地准备攻击前方的猎物。

◆ 匈牙利1996年8月12日发行一套邮票，共有四枚，邮票面值都是13福林，纪念Expo'96自然世界博览会。其中第三枚，邮票画面描绘了一只龇牙咧嘴的猞猁（Lynx lynx），它瞪着眼睛，弯着身子，翘着尾巴，丛林杀手的形象栩栩如生。

◆ 爱沙尼亚2007年发行一枚邮票，邮票面值0.28欧元，以比伊克氏天鹅为主题。邮票图案描绘了一只羽翼洁白的比伊克氏天鹅（Cygnus columbianus bewickii），它在水边强劲有力地拍打着自己的翅膀。

毫无疑问，两只天鹅都清楚地知道眼前面临的危险是致命的，雌天鹅站了起来护着蛋和刚出壳的小天鹅，它小心翼翼地在巢中来回踱步，一边鸣叫，一边拍打翅膀。并且，两只天鹅都知道最好别在陆地或水中攻击山猫。于是，它们费力地飞向空中，叫声中充满恨意。此时，山猫已经爬到第二块踏脚石上了，就在它全神贯注于起身跳跃时，雄天鹅狠狠地在它头的侧面拍了一下，它差点从石头上掉下去。事实上，山猫的前爪和长有胡须的嘴确实扑进了水里，但是强有力的后爪却依然稳稳地抓住石头。

◆ 英国1993年1月19日发行一套邮票，共有五枚，以疣鼻天鹅为主题。其中邮票面值24便士，邮票画面描绘了一只灰褐色的幼小天鹅在湖面上学习游泳；邮票面值39便士，邮票画面描绘了一只小天鹅的头部特征。天鹅幼鸟与天鹅成鸟相比差别很大，它们的脖颈很短，身上布满了灰色或褐色的稠密绒毛，有的还长有暗色的杂纹，看起来并不起眼，俗称丑小鸭。但是经过天鹅父母的精心照料，这些幼雏两年以后就会长成美丽优雅的白天鹅。

◆ 白俄罗斯1994年9月30日发行一套邮票，共有三枚，以鸟类邮票为主题。其中邮票面值400白俄罗斯卢布，菱形的邮票画面描绘了一只在羽翼丰满的疣鼻天鹅，它神态从容而安详，在波光粼粼的湖面上静静地漫游。

◆ 位于欧洲东南部的科索沃2006年5月23日发行一套邮票，共有五枚，以动物为主题。其中邮票面值0.50欧元，邮票画面描绘了一只在宁静的湖面上缓慢游动的白天鹅，它的羽毛洁白光亮，宛如熠熠生辉的软缎丝绒。

山猫惊诧地吐了吐嘴里的水,又爬回到所站的脚踏石上。紧接着下一秒钟,它就做了件蠢事,因为它竟直立起身子,开始攻击天鹅,还妄图把天鹅从空中拽下来。就在山猫摇摇晃晃无法保持平衡的时候,雌天鹅却完全不计后果地向它冲了过去,身体重重地撞在它身上,由于惯性作用,雌天鹅和山猫都冲进了水里。混乱之间,山猫紧紧地用爪子抓住雌天鹅,扯掉了它的羽毛,还抓伤了它的胸口和大腿。片刻之后,山猫就不得不松开爪子了,因为它跌进水里喘不过气,所以游回地面成了第一要紧的事。就在它奋力爬上暗礁的时候,两只天鹅又立刻开始攻击它。可是,此时的山猫没有一丁点战斗的欲望,因为它并不饥饿,它只想找个安静且阳光充足的地方晒干自己的皮毛,它就这样偷偷摸摸地在一片混乱中逃跑了。

◆日本2010年发行一枚邮票,邮票面值5日元,邮票图案描绘了一只在水中漫游的天鹅,它时而欢快地拍打蓝色的湖水,时而细心地梳理洁白的羽毛。白天鹅在深蓝色湖水的衬托下凸显出高贵和优雅的形态,弯弯曲曲的浅兰色水痕表现了白天鹅由远而近慢悠悠游动的纵深感觉。

◆吉尔吉斯斯坦2015年发行一套世界自然基金会濒危野生动物保护邮票(WWF),共有四枚,以大天鹅为主题。其中邮票面值36.00索姆,邮票画面描绘了三只大天鹅在碧空如洗的蓝天上比翼齐飞;邮票面值39.00索姆,邮票画面描绘了一只大天鹅母亲带着四只小天鹅在湖面上游来游去;邮票面值48.00索姆,邮票画面描绘了一只大天鹅在微波荡漾的湖面上静静飘荡;邮票面值117.00索姆,邮票画面描绘了一只大天鹅在水色潋滟的湖面上振翅欲飞。

◆索马里1998年发行一枚邮票小型张,邮票面值1000索马里先令,以天鹅为主题。画面描绘了一只健壮的疣鼻天鹅站在水边,它生气勃勃地扇动着自己洁白的双翅,眼睛里闪烁着自信和勇敢的光芒。

当山猫逃到足够远的地方时，就见两只天鹅伸长身子，舒展开翅膀，发出刺耳的叫声，似乎是在警告所有试图入侵的敌人别痴心妄想了。之后，它们急忙赶回巢里，那里才是最让它们牵挂的地方。雌天鹅急切地继续着它的孵蛋工作，还温柔地对着尚待孵化的蛋低语着。显然，它根本没注意到自己身上累累的伤痕。而雄天鹅一如往常的镇静，就好像什么事情都没发生过，而且什么事情都不会再发生一样，自顾自地整理起翅膀上凌乱的白色羽毛。

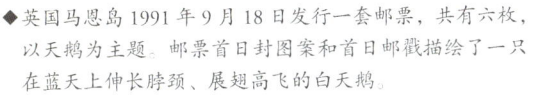

◆英国马恩岛1991年9月18日发行一套邮票，共有六枚，以天鹅为主题。邮票首日封图案和首日邮戳描绘了一只在蓝天上伸长脖颈、展翅高飞的白天鹅。

◆日本1990年10月1日发行一枚地方风光邮票，邮票面值62日元。邮票首日封图案描绘了湖泊沼泽的自然生态：巍峨的雪山重重叠叠，苍翠的绿树郁郁葱葱。一群洁白的天鹅在微波荡漾的湖面上嬉水玩耍，宛如从雪峰上飘落下一团团洁白晶莹的冰雪，在蓝盈盈的水波上游动着，漂浮着，喧闹着。

◆苏联1972年12月7日发行一枚邮票，邮票面值50戈比，以绘画艺术为主题。邮票画面是俄罗斯画家阿凯迪·里洛夫（Arcadi A. Rylov）的画作《蓝天》（Blue Space），描绘了海阔天空的一幕风景：湛蓝的天穹白云朵朵，深蓝的海面帆影点点。嶙峋的礁岩形孤影单，远飞的天鹅成群结队。

◆中国1983年11月18日发行一套邮票，共有四枚，以天鹅为主题。其中第三枚邮票面值10分，邮票和极限片画面描绘了四只伸长脖颈的小天鹅在水中结伴游弋，它们洁白的羽翼、优雅的姿态倒映在微波粼粼的湖面上，影影绰绰，时隐时现。邮票首日封图案描绘了四只生气勃勃的白色小天鹅接二连三地跃入水中，一起在水色潋滟的湖面上无拘无束地嬉戏玩耍。

Ⅲ
白海豹科迪克

1

海豹摇篮曲

哦！嘘，轻点，我的宝贝，黑夜在我们身后，
黑色的海水闪烁着绿色的光芒。
月亮，在海浪上方，俯视着我们，
看着我们在起伏奔涌的海浪中休憩。
浪头一个接着一个，那是你柔软的枕头。
啊，长鳍的小家伙，自在地蜷着身子！
风暴不会把你吵醒，鲨鱼也不会将你追赶，
在轻轻荡漾的海水怀抱里睡吧！
——《海豹摇篮曲》

哦！嘘，轻点，我的宝贝，黑夜在我们身后，
黑色的海水闪烁着绿色的光芒。
月亮，在海浪上方，俯视着我们，
看着我们在起伏奔涌的海浪中休憩。
浪头一个接着一个，那是你柔软的枕头。
啊，长鳍的小家伙，自在地蜷着身子！
风暴不会把你吵醒，鲨鱼也不会将你追赶，
在轻轻荡漾的海水怀抱里睡吧！
——《海豹摇篮曲》

邮票上的动物故事

◆丹麦法罗群岛 1992 年 6 月 9 日发行一套邮票，共有两枚，邮票面值都是 3.70 丹麦克朗，以海豹为主题。邮票首日封画面描绘了两只在蓝色大海中休憩的海豹，它们把鳍贴着身子收起来，只让自己的小鼻子露在水面上。当夜幕徐徐降临时，这些可爱的海洋动物喜欢蜷缩着滑溜溜的身子，头枕着一个接着一个的海浪，漂浮在起伏奔涌的海面上，摇摇晃晃地进入梦乡。

◆苏联 1986 年发行的绘画艺术明信片，画面是杰出的俄罗斯海景画家伊凡·康斯坦丁诺维奇·艾瓦佐夫斯基（Ivan Konstantinovich Aivazovsky，1817-1900）创作于 1851 年的优秀画作《海岸边的风车磨坊》，描绘了辽阔大海的一幕夜景：皎洁的明月透出云层，苍白的面容难掩羞涩。辽阔的海面波光粼粼，岸边的风车巍巍矗立。夜半的桨声咯吱咯吱，飘荡的渔舟晃晃悠悠。

这些事情几年前发生在一个叫诺瓦斯图什纳，或称东北岬的地方，它位于白令海深处的圣保罗岛上。这个故事是冬鹪鹩林默尔辛告诉我的。它被风吹到开往日本的轮船的缆绳上，我把它带进船舱，给它暖暖身子，喂养了几天，直到它有充足的体力再飞回到圣保罗岛。林默尔辛是一只非常离奇有趣的鸟儿，但是它会说实话。

◆ 毛里塔尼亚1986年6月12日发行一套世界自然基金会濒危野生动物保护邮票（WWF），以地中海僧海豹（Monk seal, Monachus monachus）为主题。其中邮票面值2乌吉亚，邮票首日封画面描绘了大海中的一群海豹及其幼仔，它们头枕着夜晚柔软的海浪，在大自然轻微晃动的摇篮中安然休憩；邮票面值18乌吉亚，邮票画面描绘了在海岸边休憩的一个僧海豹家庭，邮票极限片画面描绘了黑沉沉的夜色宛如柔软的帐幕，悬挂在水雾濡湿的海面上。一群在海水中飘浮的海豹随波逐浪，如痴如醉地进入甜甜美美的梦乡。

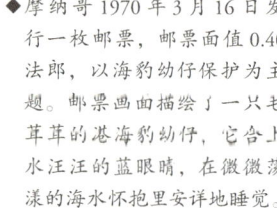  

◆ 摩纳哥1970年3月16日发行一枚邮票，邮票面值0.40法郎，以海豹幼仔保护为主题。邮票画面描绘了一只毛茸茸的港海豹幼仔，它合上水汪汪的蓝眼睛，在微微荡漾的海水怀抱里安详地睡觉。

◆ 苏联1966年12月25日发行一套邮票，共有七枚，以俄罗斯远东领土为主题。其中邮票面值1戈比，邮票画面描绘了丹麦探险家维他斯·白令（Vitus Jonassen Bering, 1681-1741）的海船在北太平洋白令海航行的情景，以及他探险航行的海上航线。这位曾在俄罗斯海军服役的探险家对于海洋地理发现卓有贡献，白令海峡、白令海、白令岛和白令地峡都是以他的名字命名；邮票面值10戈比，邮票画面描绘了北太平洋勘察加海湾的风光景色；邮票面值12戈比，邮票画面描绘了白令岛的海滩，一大群海豹在此上岸生息繁衍，黑压压的一片。到处都是可怕的啸叫声、咆哮声、怒吼声和打架声；邮票面值16戈比，邮票画面描绘了邻近北极的北太平洋海岛，海滩上栖息着成千上万只引颈远望的海雀（Guillemots）。

◆ 英属福克兰群岛2009年发行一套世界自然基金会濒危野生动物保护邮票（WWF），共有四枚，以科氏鹪鹩（Troglodytes cobbi）为主题。其中邮票面值27便士，邮票画面描绘了一只站在礁岩上瞭望大海的鹪鹩；邮票面值65便士，邮票画面描绘了一只鹪鹩正在哺育石缝鸟巢中的雏鸟；邮票面值90便士，邮票画面描绘了一只放声啼鸣的鹪鹩；邮票面值1.10福克兰镑，邮票画面描绘了一对鹪鹩伴侣在海边礁岩上相聚。科氏鹪鹩常栖息于岛屿上的海岸裂隙里，主要以无脊椎动物和海藻为食。

◆丹麦法罗群岛1992年6月9日发行一套邮票，共有两枚，邮票面值都是3.70丹麦克朗，以海豹为主题。其中第一枚，邮票画面描绘了一只在深海中潜泳的灰海豹（Halichoerus grypus）；第二枚，邮票画面描绘了一只伸头露出海面的港海豹（Phoca vitulina）。海豹是一种大家喜爱的海洋动物，它们长着胖乎乎的身材，滑溜溜的皮肤，圆墩墩的脑袋和黑黝黝的双眼，十分聪明可爱。

◆美国1996年10月2日发行一枚邮票小全张，共有邮票十五枚，邮票面值都是32分，以濒危野生动物为主题。其中第三枚，邮票画面描绘了一只圆溜溜的夏威夷僧海豹（Hawaiian monk seal）在海水中侧身游泳。僧海豹是一种古老而稀有的海豹，也是世界上唯一一种一生都在热带海域中生活的海豹。它们身披棕灰色或灰褐色的毛皮，黑黑的眼睛又大又亮，长长的刚须又黑又密。由于人类的狂捕滥杀，这种曾经在加勒比海和地中海大量繁殖的海豹已经濒临灭绝。

◆瑞典2010年发行一枚北欧邮政联盟专题邮票小型张，共有两枚邮票。其中第二枚邮票面值12瑞典克朗，邮票画面描绘了一条远洋渔船在海上捕鱼，成群的海鸥在渔船周围飞来飞去、放声尖叫。

◆瑞典1974年6月7日发行一套邮票，共有五枚，邮票面值都是65欧令，以风光景色为主题。其中第三枚，邮票画面描绘了渔船正在大海上围网捕鱼，引来成群的海鸥前来捕食。它们有的高空盘旋，有的低头俯冲，有的凝视海面，有的扑打翅膀，有的飘落水面，有的溅起涟漪。

◆德国1998年10月8日发行一枚邮资封，邮票面值110芬尼，以历史邮船为主题，纪念国家邮票日。邮票首日封图案描绘了一艘在大海上航行的古代帆船，船上有几根粗大的桅杆高高竖起，悬挂着巨大的船帆和飘扬的旗帜。船上的水手们忙忙碌碌，有的紧握缆绳，有的观察气象，有的掌握航向……

◆葡属马德拉群岛1993年6月30日发行一套邮票，共有四枚，邮票面值都是42埃斯库多，以地中海僧海豹（Monachus monachus）为主题。其中第一枚，邮票画面描绘了一只僧海豹在海边礁岩上休憩；第二枚，邮票画面描绘了一群僧海豹在海洋里游泳；第三枚，邮票画面描绘了一只僧海豹正在哺育自己的幼仔；第四枚，邮票画面描绘了一对海豹在海边礁岩上久别重逢。以上四枚邮票的图案彼此相连，组成一幅全景式的图案。全世界有二十多种海豹，其中僧海豹最为珍稀。

除非有事情可做，否则没有人会到诺瓦斯图什纳来。而经常在这里活动的是那些海豹。夏季的那几个月，来自冰冷、灰暗的海里的成千上万只海豹在这里上岸，因为诺瓦斯图什纳海滩是世界上最适合海豹居住的地方。西卡奇深知这一点。每年春天——不论身在哪里——它都会像鱼雷艇一样，笔直游向诺瓦斯图什纳，在那里花上一个月的时间和同伴打架，争夺岩石上的好地盘，越靠近海的越好。

◆荷兰2003年5月6日发行一套邮票，共有四枚，邮票面值都是39分，以海岛生物为主题。其中第四枚，邮票画面描绘了一只抬头张望的港海豹（Harbor seal）。它们对自己栖息的地方有很高的忠诚度，喜欢栖息在沙质的潮间带或河口海港，还会经常光顾自己出没过的海港，故得此名。

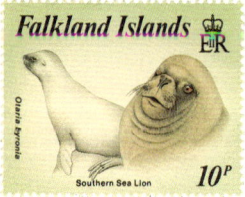   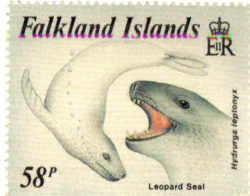

◆位于南大西洋的福克兰群岛1987年4月27日发行一套邮票，共有四枚，以海洋动物为主题。其中邮票面值10便士，邮票画面描绘了一只南方海狮（Southern sea lion）；邮票面值24便士，邮票画面描绘了一只福克兰海狗（Falkland fur seal）；邮票面值29便士，邮票画面描绘了一头象海豹（Elephant seal）。这种海豹又名象鼻海豹，分为北象海豹和南象海豹两种。雄性南象海豹不仅是最庞大的鳍足动物，更是地球上个头最大的食肉目动物；邮票面值58便士，邮票画面描绘了一只豹海豹（Leopard seal）。豹海豹背部深灰色，腹部浅灰色。颈部白色并布有黑色斑点，有点像猎豹的斑纹，因得此名。

◆位于中亚的土库曼斯坦1993年10月11日发行一套世界自然基金会濒危野生动物保护邮票（WWF），共有四枚，以里海环斑海豹（Phoca caspica）为主题。其中邮票面值15马纳特，邮票画面描绘了一只躺卧在冰原上的里海环斑海豹。邮票极限片画面描绘了一群在海边栖居的环斑海豹，它们密密麻麻地拥挤着、翻滚着、喧闹着，海滩上到处都是可怕的啸叫声、咆哮声、怒吼声、打架声。环斑海豹是个头最小的海豹。

◆瑞典2010年5月13日与加拿大联合发行一枚邮票小本票，共有四枚邮票，邮票面值都是12瑞典克朗，以海洋生物为主题。邮票小本票封面图案描绘了一条环斑海豹（Pusa hispida）的头部特征：圆滚滚的脑袋，亮闪闪的双眼，毛茸茸的嘴巴，滑溜溜的皮肤。

西卡奇15岁了,是一头巨大的灰皮毛海豹,肩上的鬃毛已经快长满一圈儿了,还长着长长的、凶狠的犬牙。用两只前鳍把身子撑起来的时候,它的头距离地面足有四英尺高。说到它的体重,如果真有人敢称一下的话,将近七百磅。它满身都是凶残打架时留下的疤痕,但它总会随时为下一次打架做好准备。它会故意把头歪向一边,装成好像害怕得不敢正视它的敌人的样子;然后它像闪电一样冲出去,当它的大牙齿紧紧咬住另外一头海豹的脖子时,这头海豹只有逃命的份儿了,但是西卡奇是不会让它逃走的。不过,西卡奇从来不追逐一头被打败的海豹,因为那是违反"海滩法则"的。它只想在海边找好一处适合育儿的地方。但因为每年春天都有约四五万只海豹一同来这里找窝,所以海滩上到处都是可怕的啸叫声、咆哮声、怒吼声、打架声。

◆ 韩国2006年1月18日发行一套野生动物邮票,共有四枚,邮票面值都是220韩元。邮票首日封画面描绘了一对在海滩上栖居的西太平洋斑海豹(Phoca vitulina largha)。这种善于潜泳的海豹身材宛若纺锤,浑圆而肥壮。它们全身长着细密的短毛,背部灰黑色并布满棕灰色或棕黑色的花斑。

◆ 法国南方和南极领土2001年1月1日发行一套邮票小型张,共有四枚,以海洋动物为主题。其中第三枚小型张邮票面值3.00法郎,画面描绘了阿姆斯特丹岛上的海豹:蓝色的海水波涛起伏,有时浪高,有时浪低;坚硬的礁岩高低错落,有的方整,有的圆滑;栖居的海豹三三两两,有的瞌睡,有的嬉闹。小型张边纸上方描绘了阿姆斯特丹岛和圣保罗岛的地理位置和岛屿形状,它们都位于波涛万顷的南印度洋。

◆ 阿根廷2007年发行一枚邮票小型张,共有八枚邮票,邮票面值都是75分,以海洋动物为主题。其中第二枚,邮票画面描绘了一只韦德尔氏海豹(Leptonychotes weddelli)的头部特写:圆溜溜的额头,亮晶晶的双眼,乱蓬蓬的长须。这种海豹是大海中的游泳高手,其潜水能力在各种海豹中首屈一指。

站在那座名叫哈奇森的小山上，你可以看到方圆三英里半的地方都是正在打架的海豹。海浪里也聚拢来海豹那密密麻麻的头，它们正匆匆忙忙地赶往海滩，加入打架的行列里。它们在浪花里打架，在沙地里打架，在磨光的用来做小海豹窝的玄武岩上打架，因为它们和男人一样愚蠢好斗。它们的妻子要到五月底至者六月初才到岛上来，它们可不想被扯成碎片。那些年轻的还没组成家庭的两三岁、三四岁的海豹，从打架的成年海豹中间穿过，往小岛深处走上大约半英里，然后成群结队地在沙丘上玩耍，把地上长的所有绿色的东西都蹭得精光。它们被称为霍卢斯奇科——单身汉的意思——光是在诺瓦斯图什纳一处，大概就有二三十万只。

◆ 毛里塔尼亚1986年6月12日发行一套世界自然基金会濒危野生动物保护邮票（WWF），共有四枚，以地中海僧海豹（Monk seal, Monachus monachus）为主题。其中邮票面值5乌吉亚，邮票首日封画面描绘了波涛汹涌的海面，一对海豹情侣正在谈情说爱、互诉衷肠。邮票面值18乌吉亚，邮票首日封画面描绘了一对僧海豹情侣在浪涛起伏的海滩上久别重逢。僧海豹的视觉和听觉十分敏锐，其纺锤形的身材很适合在海水中快速游泳和潜水，而且它们的动作十分机敏灵巧，很容易捕捉到各种鱼类。僧海豹游泳的姿势从容优雅，仿佛只是身体略略晃动，便能轻松自如地在水中转来转去。当它们吃饱喝足以后，边喜欢在水中互相追逐、翻滚打闹。

有年春天，西卡奇刚打完第45场架，它那皮毛光滑油亮、眼神温柔的妻子马特卡便从海里爬上岸来。西卡奇抓住妻子颈背上的皮把它拎起来放在自己抢到的位置上，粗鲁地说：“又这么晚。你去哪里了？”西卡奇通常可不是这个样子。因为在海滩上作战的四个月里，西卡奇是不吃东西的，所以它的脾气往往变得很暴躁。马特卡当然知道最好不要顶撞它。它转过身，轻轻地说：“你想的真周到啊！你又占了老地方。”"我当然应该找老地方，"西卡奇说，"你看看我！"它的身上被抓得伤痕累累，有二十处地方在流血；一只眼睛都快掉出来了，身体两侧被扯得像一条条缎带似的。

"哦，你们这些男人啊，你们这些男人！"马特卡说，它用后鳍给自己扇着风。"你们就不能理智一点，和平地解决地盘的问题吗？你看上去好像和虎鲸打过架一样。我常常想，如果我们不到这个拥挤的地方，而是转移到海獭岛去，我们会更快乐的。""呸！只有霍卢斯奇科才去海獭岛。如果我们也去那里，它们会以为我们害怕了。我们必须维护颜面，亲爱的。"

◆ 苏联1971年8月12日发行一套邮票，共有五枚，以海洋动物为主题。其中邮票面值6戈比，邮票画面描绘了一只匍匐在浮冰上回眸张望的海獭（Sea otter）。

◆ 瑞典2010年5月13日与加拿大联合发行一套邮票，共有四枚，邮票面值都是12瑞典克朗，以海洋生物为主题。其中第二枚，邮票和极限片画面描绘了一只在海洋深处潜泳的海獭（Enhydra lutris）。海獭经常潜入深海寻觅食物，或是仰躺着漂浮在海面上。有趣的是，海獭是一种爱美的海兽。当它们漂浮在海面上时会一直梳理自己身上的毛皮，乐此不疲地打扮自己。其实，它们这般爱美是为了满足生存的需要。如果皮毛脏兮兮、乱蓬蓬的，就可能在冰冷的海水中保留不住身体的热量。

◆ 土库曼斯坦1993年10月11日发行一套世界自然基金会濒危野生动物保护邮票（WWF），共有四枚，以里海环斑海豹（Phoca caspica）为主题。其中邮票面值50马纳特，邮票画面描绘了一只胖乎乎、圆滚滚的环斑海豹，它从海滩上抬起上身，好奇地东张西望；邮票面值100马纳特，邮票和首日封画面描绘了一只在海岸上栖息的环斑海豹，一只白色的幼仔偎依在它的身旁；邮票面值150马纳特，邮票画面描绘了一只环斑海豹划动着一双侧鳍，在深海大洋中纵情游弋。

在这片喧闹的海滩上，少说也有一百万只海豹——成年海豹、海豹妈妈、小海豹和霍卢斯奇科，它们打架混战，嗷嗷地叫着，爬来爬去，一起玩耍——成群结队地游到海里，又浮出海面。满眼望去，海滩上躺满了海豹，它们在雾气笼罩中打着群架。诺瓦斯图什纳几乎一直都是雾蒙蒙的，只有当太阳出来的时候，一切看上去才是珍珠般明亮和五彩缤纷的。

◆ 英属格恩济岛1990年10月16日发行一套世界自然基金会濒危野生动物保护专题邮票（WWF），共有四枚。其中邮票面值20便士，邮票画面描绘了一只灰海豹（Grey seal）和它的幼仔在海边自由自在地栖息。画面左侧的海豹身披深色花斑，呲牙咧嘴地打着哈欠。画面右侧的海豹幼仔长得白白净净，乳臭未干，匍匐在地上爬行。灰海豹是一种大型海豹，也是海豹家族中的一个主要成员。

◆ 波兰1978年11月10日发行一套邮票，共有七枚，纪念华沙动物园建立50周年。其中邮票面值4.20兹罗提，邮票画面描绘了一只满身斑纹的灰海豹（Grey seal），它的白色幼仔在偎依在一旁形影不离。

◆ 民主德国1975年3月25日发行一套邮票，共有八枚，以动物园为主题。其中邮票面值30芬尼，邮票画面描绘了一只圆滚滚的波罗的海海豹（Baltic seal），它的幼仔毛色洁白，拍打着四鳍在妈妈身边爬来爬去。

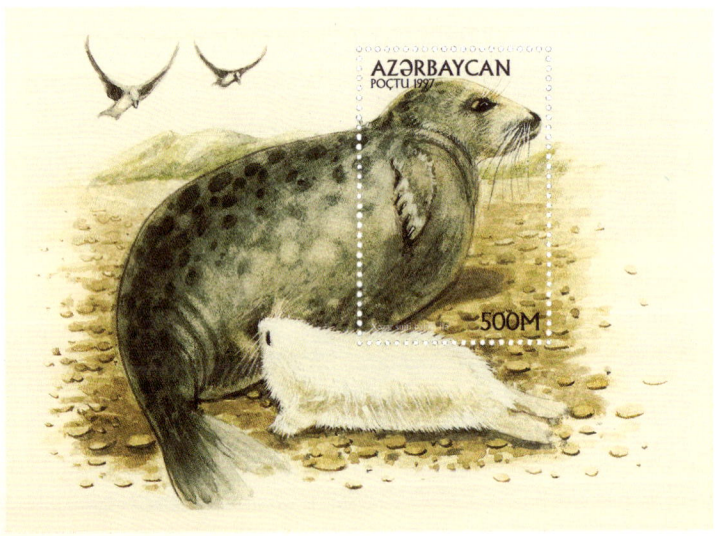

◆ 日本1993年5月17日发行一枚地方风情系列邮票，邮票面值62日元，以北海道为主题。邮票画面描绘了一只匍匐在冰原雪地上的港海豹（Phoca vitulina），一只白色幼仔睁开了水汪汪的蓝眼睛，拍打着四鳍在一旁爬行。港海豹主要猎食诸如鲱鱼、鲈鱼、鳕鱼、比目鱼这样的海鱼，有时也会捕食虾蟹和鱿鱼等海洋动物。

◆ 阿塞拜疆1997年7月1日发行一枚邮票小型张，邮票面值500新马纳特，以里海斑纹海豹（Caspian seals）为主题。邮票小型张画面描绘了一只慈爱的海豹母亲正在哺乳白花花、毛茸茸的小海豹。

马特卡的孩子科迪克就是在这片混乱状态中出生的。像所有小海豹那样,它的脑袋和肩膀特别大,长着一双苍白的水汪汪的蓝眼睛。但是它的皮毛不对劲儿,使得它的妈妈不得不仔细地查看一番。"西卡奇,"它终于说道,"我们的孩子将来会长成白色的海豹!""瞎说!"西卡奇哼着鼻子说,"世界上从来就没有白色的海豹。"

◆英属格恩济岛1990年10月16日发行一套世界自然基金会濒危野生动物保护专题邮票(WWF),共有四枚。其中邮票面值20便士,邮票首日封画面描绘了一只在海边躺卧的灰海豹(Grey seal),一只白色的海豹幼仔睁大苍白的蓝眼睛,在一旁挥动四鳍,爬来爬去。

◆荷兰1985年9月10日发行一套邮票,共有两枚,以野生动物保护为主题。其中邮票面值70分,邮票画面描绘了一只海豹的剪影;邮票极限片画面描绘了一只舐犊情深的海豹正在在海滩上呵护它的幼仔。

◆日本1993年5月17日发行一枚地方风情系列邮票,邮票面值62日元,以北海道风光为主题。邮票首日封画面描绘了一只滑溜溜的海豹,它带着自己毛茸茸的白色幼仔在波涛起伏的海水中练习游泳。

◆英国南极领地1992年10月20日发行一套世界自然基金会濒危野生动物保护邮票(WWF),共有六枚,以极地动物为主题。其中邮票面值7便士,邮票首日封画面描绘了一只威德尔氏海豹(Leptonychotes weddelli)匍匐在白色的冰面上,它的幼崽收起侧鳍紧紧偎依在它的身旁。另一只海豹从冰窟窿中探出头来,好奇地张望着岸上的世界。这种海豹主要分布于南极洲沿岸海域,能在海冰下面的海水中度过漫长而黑暗的寒冬。它们也能依靠其锋利的牙齿啃冰钻洞,从而伸出头来呼吸新鲜空气。

"我也没办法,"马特卡说,"但从这以后就有了。"然后它开始低声地轻唱起所有海豹妈妈都会唱给它们的孩子听的歌:

不到六个月大,你千万不要去游泳,

否则你会头朝下鳍朝天沉到水里;

夏天的风暴和虎鲸,

会伤害我们的小海豹。

会伤害我们的小海豹,我们亲爱的小东西,它们坏透了;

但是戏水吧,快快长大吧,

你会功成名就的。

大海的孩子!

◆ 法属圣皮埃密克隆岛1988年11月2日发行一套邮票,共有两枚,邮票面值2.20法郎和13.70法郎,以海岛风光为主题。两枚邮票和附票的画面彼此相连,共同组成一幅全景式的画面。蓝蓝的天空白云朵朵,蓝蓝的大海波光粼粼。坚固的山崖伸入大海,起伏的波涛昼夜不息。啼鸣的海鸟四处盘旋,潜行的鲸鱼蓦然出水。

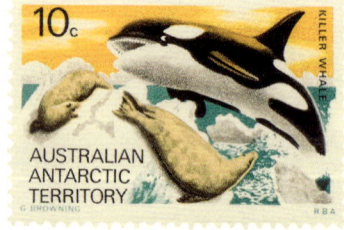

◆ 澳大利亚南极领土1973年8月15日发行一套邮票,共有十二枚,以海洋生物和极地探险为主题。其中邮票面值10分,邮票画面描绘了一条凶残的虎鲸从海水中一跃而起,十分迅疾地捕猎栖居在岩礁上的海豹。虎鲸是一种十分凶猛的大型哺乳动物,号称"海洋霸主"。它们长有一口锋利的牙齿,生性十分凶猛,连"海洋杀手"鲨鱼都不是它的对手。这位"海上霸主"在大海中所向披靡,平时经常袭击海豚、海豹、海狮、海象等海洋动物,甚至还袭击巨大的蓝鲸。

◆ 俄罗斯1993年7月6日发行一套邮票,共有五枚,以海洋生物为主题。其中邮票面值50卢布,邮票和极限片画面描绘了几只环斑海豹(Pusa hispida),它们有的在浮冰上休憩,有的在海水中捕食。

◆ 苏联 1971 年 8 月 12 日发行一套邮票，共有五枚，以海洋动物为主题。其中邮票面值 14 戈比，邮票画面描绘了一只斑纹清晰的带斑海豹（Ribbon seals），它带着自己的幼仔在冰冷而灰暗的海水里学习游泳和捕食。这种海豹分布于北太平洋和白令海，身体黑褐色，缀有浅黄色条状斑纹。

◆ 格林纳达格林纳丁斯 1998 年 8 月 19 日发行一套邮票小全张，纪念国际海洋年。其中第一枚小全张共有十二枚邮票，邮票面值都是 75 分。其中第三枚，邮票图案描绘了一只口衔小鱼的海豹（Seal）。

◆ 毛里塔尼亚 1986 年 6 月 12 日发行一套世界自然基金会濒危野生动物保护邮票（WWF），以地中海僧海豹（Monk seal, Monachus monachus）为主题。其中邮票面值 10 乌吉亚，邮票首日封画面描绘了两只僧海豹在深海中游刃有余地捕食各种鱼类。

◆ 法国 2002 年 5 月 4 日发行一枚邮票小型张，共有四枚邮票，以世界自然基金会濒危野生动物保护（WWF）为主题。其中第一枚邮票面值 0.41 欧元，邮票画面描绘了一只在海底缓缓游动的海龟（Sea turtle）；第二枚邮票面值 0.46 欧元，邮票画面描绘了一条在海面上露出头部的海豚（Dolphin）；第三枚邮票面值 0.46 欧元，邮票画面描绘了一条在海面上飞身腾跃的虎鲸（Killer whale）；第四枚邮票面值 0.69 欧元，邮票画面描绘了一只在礁岩上栖息的港海豹（phoque veau marin）。这种海豹的头部硕大而圆润，身体呈现黑褐色、黄褐色或灰褐色，腹部浅色，每一只港海豹都有其独特的斑点或斑纹。

◆ 丹麦 2005 年 11 月 11 日发行一套邮票，共有两枚，以海豹为主题。其中邮票面值 4.50 丹麦克朗，邮票画面描绘了一只港海豹和它的幼仔（Phoca vitulina）。港海豹经常出没于大西洋及太平洋的海岸水域，是一种分布最广的鳍足类动物；邮票面值 5.50 丹麦克朗，邮票画面描绘了一只灰海豹和它的幼仔（Halichoerus grypus），这种海豹主要分布在北大西洋沿岸。

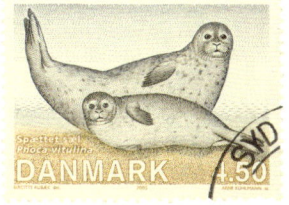

就这样，它茁壮地成长起来了。接下来，你就可以想象它和它的同伴们一起度过的快乐时光了。它们像鸭子一样突然一头扎进浪头里；或者踏着海浪，随着浪峰冲向海滩，猛得一下落在沙滩上，水花四溅；或者像成年海豹那样用尾鳍站立，用前鳍搔搔自己的脑袋；或者在海滩上凸出的、长满野草的滑溜溜的岩石上玩"我是城堡国王"的游戏。

◆美国1990年10月3日与苏联联合发行一套邮票，共有四枚，邮票面值都是25美分，以海洋生物为主题。其中第二枚，邮票画面描绘了两条凶猛的虎鲸（Killer whales），它们正在茫茫大海中寻觅着自己的猎物。虎鲸背部黑色，腹部白色，全身黑白分明。它们流线型的身体表面圆润光滑，其前肢演化为一对侧鳍，背上则有一条背鳍，在海中游泳的速度十分迅疾。

◆墨西哥1998年8月14日发行一枚邮票小全张，共有二十五枚邮票，邮票面值都是2.30墨西哥元，以海洋生物为主题。其中第八枚，邮票画面下方描绘了几条在海面上腾空跳跃的海豚，画面上方描绘了一条黑白分明的虎鲸正在跃出海面，露出了黑色的背部和突出的背鳍。

◆联合国维也纳总部2000年4月6日发行一套邮票，共有四枚，邮票面值都是7先令，以濒危野生动物为主题。其中第四枚，邮票画面描绘了一条身材庞大的虎鲸（Orcinus orca）突然从水面一跃而出，显露出黑色的脊背、侧鳍和背鳍，激扬起朵朵晶莹透明的水花。

◆爱尔兰1997年3月6日发行一枚邮票小型张，共有邮票四枚，以海洋哺乳动物为主题。其中邮票面值28便士，邮票画面描绘了一对正在海滩边栖居的海豹（Halichoerus grypus），以及它们的白色幼仔；邮票面值32便士，邮票画面描绘了一群正在大海中纵情游弋的宽吻海豚（Tursiops truncates）；邮票面值44便士，邮票画面描绘了一群正在海面上高高跃起的普通海豚（Phocaena Phocaena）；邮票面值52便士，邮票画面描绘了两条正在冰冷而灰暗的深海中悄然潜行的虎鲸（Orcinus orca）。

时常，它会在水面上看到一个薄薄的鳍，很像大鲨鱼的鳍，向海边越漂越近。它知道那是虎鲸格兰普斯，要是它抓到小海豹的话，就会把它们吃掉。每当这些时候，科迪克会像一支箭一样向海滩冲去，而那个鳍就装作没什么事儿似的，慢慢地游开了。当然小家伙开始听不懂这些话。它拍打着四鳍在妈妈身边爬来爬去，它还学会了在爸爸和其他海豹吼叫着打架，在光滑的岩石上滚来滚去的时候，躲到一边。马特卡常常到海里去找吃的，小家伙只要两天喂一次就够了，但是每次它都吃得饱饱的。

◆ 澳大利亚南极领土 1973 年 8 月 15 日发行一套邮票，共有十二枚，以南极生物为主题。其中邮票面值 9 分，邮票画面描绘了一只豹纹海豹（Leopard seal）正在海水中得心应手地追捕和吞食鱼虾。

◆ 爱尔兰 1997 年 3 月 6 日发行一枚邮票小型张，共有邮票四枚，以海洋哺乳动物为主题。小型张边纸图案描绘了海阔天空的一幕风景：纯净的蓝天一望无垠，宽阔的大海波澜起伏。飘荡的白云层层叠叠，飞翔的海鸟三三两两。

到了十月末，海豹们开始一家家地，或者一群群地离开圣保罗岛，向深海游去。这时成年海豹不再为抢窝而打架了，霍卢斯奇科们也可以自由自在地在海里玩耍了。"明年，"马特卡对科迪克说，"你就是一只霍卢斯奇科了，但今年你必须学会如何捕鱼。" 它们一起出发横渡太平洋，马特卡教它怎样仰面躺在海面上，把鳍贴着身子收起来，只让它的小鼻子露在水面上。没有什么摇篮能比太平洋上摇晃的长波浪还要舒服了。

2

霍卢斯奇科

　　当科迪克感到全身的皮肤有些刺痛时，马特卡说它感受到了"海水的感觉"。那种刺痛的感觉意味着坏天气就要来了，它必须奋力游离这片海域。"很快，"她说，"你就会知道该往哪里游，但是现在我们就跟着海豚希皮格吧，因为它们非常聪明。"

当科迪克感到全身的皮肤有些刺痛时,马特卡说它感受到了"海水的感觉"。那种刺痛的感觉意味着坏天气就要来了,它必须奋力游离这片海域。"很快,"她说,"你就会知道该往哪里游,但是现在我们就跟着海豚希皮格吧,因为它们非常聪明。"

◆ 毛里塔尼亚1986年6月12日发行一套世界自然基金会濒危野生动物保护邮票(WWF),以地中海僧海豹(Monk seal, Monachus monachus)为主题。其中邮票面值2乌吉亚,邮票画面描绘了一只僧海豹在海水中露出圆溜溜的头部;邮票面值10乌吉亚,邮票和极限片画面描绘了两只僧海豹划动着两只侧鳍游泳,它们从冰冷而灰暗的海水中探出脑袋,瞪大双眼,好奇地东张西望。

◆ 澳大利亚2009年发行一枚世界自然基金会濒危野生动物保护专题邮票(WWF),共有四枚邮票,以澳大利亚海岸的海豚为主题。其中邮票面值55澳分,邮票画面描绘了一对张开大嘴的斑点宽吻海豚(Spotted bottlenose dolphin);邮票面值1.35澳元,邮票画面描绘了两条腾空跳跃的沙漏斑纹海豚(Hourglass dolphin);邮票面值1.40澳元,邮票画面描绘了一对正在深海中潜游的南露脊鲸豚(Southern right whale dolphin);邮票面值2.05澳元,邮票画面描绘了三条跃出海面的暗色斑纹海豚(Dusky dolphin)。

一群海豚在水里扎着猛子，飞快地游着，小科迪克拼命地跟着它们。"你们怎么知道该往哪里游呢？"它喘着气问。海豚的首领转动着它的白眼睛，一头扎进水里。"我的尾巴有点刺痛，年轻人，"它说，"那就是说在我身后有一场风暴。快点儿游！不过，当你在'粘乎乎的海水'（它指的是赤道海域）南面的时候，如果你的尾巴感到刺痛，那就是说在你面前会有一场风暴，因此你必须往北面去。快点儿游！我觉得这里的海水不太对劲。"

◆ 保加利亚1991年12月24日发行一套邮票，共有六枚，以海洋动物为主题。其中邮票面值1列弗，邮票画面描绘了一只滑溜溜的地中海僧海豹（Monachus monachus）带着幼仔在清澈透明的海水中慢悠悠地游泳。

◆ 毛里塔尼亚1986年6月12日发行一套世界自然基金会濒危野生动物保护邮票（WWF），以地中海僧海豹为主题。其中邮票面值2乌吉亚，邮票极限片画面描绘了一对僧海豹带着它们的幼仔在波涛起伏的大海中学习游泳。

◆ 德国1964年4月10日发行一套附捐邮票，共有四枚，以鱼类为主题。其中邮票面值40芬尼/附捐20芬尼，邮票画面在深蓝色背景上描绘了一条在深海大洋中生息繁衍的鳕鱼（Cod）。

◆ 比利时2006年5月15日发行一枚邮票小型张，共有五枚邮票，邮票面值都是0.46欧元，以北海（The North Sea）鱼类为主题。其中第一枚，邮票画面描绘了一条划动着侧鳍游弋的角鲨鱼（dogfish）；第二枚，邮票画面描绘了一条浅褐色的鳕鱼（cod）；第三枚，邮票画面描绘了一条身材扁平的团扇鳐鱼（thornback ray）；第四枚，邮票画面描绘了一群身材修长的鲱鱼（herring）；第五枚，邮票画面描绘了一条在海底栖息的比目鱼（flounder）。

这是科迪克所学的许多事情当中的一件，而它总在不断地学习。马特卡教它如何沿着海底的沙洲追猎鳕鱼和大比目鱼，从海草丛中的洞穴里挖出五须鳕鱼来；教它如何避开水下一百英寻（1英寻≈1.83米）深的失事船只的残骸，像鱼群那样，有如一颗步枪子弹一样，从一扇舷窗穿进、从另外一扇穿出；教它在天空电闪雷鸣的时候，如何在浪尖上跳跃，并彬彬有礼地向顺风而行的短尾巴信天翁和军舰鹰挥挥它的鳍。

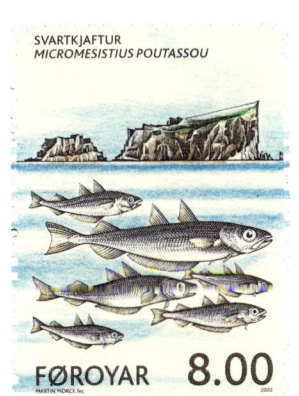

◆位于太平洋的新西兰属托克劳群岛1984年12月5日发行一套邮票，共有十枚，以海洋鱼类为主题。其中邮票面值2分，邮票画面描绘了两条飞鱼正在海面上腾空飞翔。

◆位于美洲加勒比海东部的圣文森特1975年4月10日发行一套邮票，共有十九枚，以海洋生物为主题。其中邮票面值45分，邮票画面描绘了两条大西洋飞鱼（Atlantic flying fish）蓦然跃出海面低空滑翔。

◆丹麦邮政2002年9月25日与同属丹麦的法罗群岛、格陵兰岛邮政联合发行一枚邮票小型张，共有两枚邮票，纪念国际海洋探测委员会成立100周年。联合发行的三枚小型张具有相同的六幅图案，三地邮政分别选取其中的两幅图案作为其邮票画面。法罗群岛邮政发行的邮票选取小型张中间的两幅图案，邮票面值都是8.00丹麦克朗。其中第一枚邮票图案描绘了一群身材狭长的蓝鳕鱼（Micromesistius poutassou）。

◆福克兰群岛2009年发行一套邮票，共有三枚，以信天翁为主题。信天翁是一种全能的鸟类，它们既能在天空中飞翔，在大海中游泳，也能在陆地上步行。但是，在天空中轻松自如地飞行滑翔是它们最擅长的本领。其中邮票面值22便士，邮票画面描绘了波涛翻滚的大海，一只黑眉信天翁（Black-browed albatross）贴着海面展翅飞翔。这种分布很广的大型海鸟眼后黑色，故名"黑眉"。它们的翼展很长，经常成群结队地在大海上长时间飞行滑翔；邮票面值60便士，邮票画面描绘了一只灰背信天翁（Light-mantled sooty albatross）在风急浪高的海面上飞掠而过；邮票面值90便士，邮票画面描绘了一只漂泊信天翁（Wandering albatross）在海面上空来回盘旋。

马特卡还教它如何像海豚那样，把鳍贴着身子收起，卷起尾巴，跳出水面三四英尺高；教它不要去理会那些飞鱼，因为它们瘦骨嶙峋；教它在距离海面十英寻深的地方，全速前进的同时一口咬下鳕鱼肩头的肉；教它永远不要停下来看一艘小船或者是海船，特别是划艇。六个月以来，它的鳍都没有碰过干燥的土地。

◆联合国维也纳总部1994年3月18日发行一套邮票，共有四枚，邮票面值都是7奥地利先令，以濒危野生动物为主题。其中第三枚，邮票画面描绘了一只地中海僧海豹匍匐在海滩上，它抬起上身与形影不离的幼仔喁喁私语。

◆位于印度洋的澳属科克斯群岛2006年6月13日发行一枚邮票小全张，共有二十枚邮票，以海洋生物为主题。其中第一枚至第五枚邮票面值10分，邮票画面描绘了栖居在海岛上的各种海鸟；第六枚至第十五枚邮票面值25分，邮票画面描绘了栖居在珊瑚丛中的各种鱼类和海龟等海洋生物；第十六枚至第二十枚邮票面值50分，邮票画面描绘了各种栖居在海底的各种鱼类和海星等海洋生物。

◆ 英属格恩济岛1990年10月16日发行一套世界自然基金会濒危野生动物保护专题邮票（WWF），共有四枚。其中邮票面值26便士，邮票画面描绘了一条黑白两色的宽吻海豚（Bottlenose dolphin）在海面上欢快地腾空跳跃。

◆ 葡萄牙1983年7月29日发行一套邮票，共有四枚，以濒危海洋动物为主题，纪念在巴西里约热内卢（Rio de Janeiro）举行的BRASILIANA'83国际邮票展览。其中邮票面值30埃斯库多，邮票画面描绘了一条胖乎乎、滑溜溜的海豚（Dolphin）在海面上高高跃起。

◆ 直布罗陀1998年5月22日发行一枚邮票小型张，共有四枚邮票，纪念国际海洋年，以及Italia'98和Portugal'98国际邮票展览。其中第一枚邮票面值5便士，邮票画面描绘了一条条纹原海豚（Striped dolphin）在海面上高高地跃水腾空；第二枚邮票面值26便士，邮票画面描绘了一条凶猛无比的虎鲸（Killer whale）在海面上腾空翻身；第三枚邮票面值1.20直布罗陀镑，邮票画面描绘了一条身材庞大的蓝鲸（Blue whale）在海水中划鳍潜行；第四枚邮票面值5便士，邮票画面描绘了一条真海豚（Common dolphin）跃出海面腾空后跳回海中。

然而有一天，它正半梦半醒地躺在距离南太平洋胡安费尔南德斯群岛不远处的温暖海水里，突然觉得全身软弱无力、懒洋洋地，就像人们感觉到春天即将到来一样。它又想起了它千辛万苦游到那儿的那个柔软而坚实的沙滩，想起了它和同伴们一起玩的游戏，想起了海草的味道、海豹的怒吼和斗殴。就在那一霎那，它一转身，朝着北方坚定地游过去。

一路上，它碰到了几十只同伴，都朝同一个地方奔去。它们说："你好啊，科迪克！今年我们是霍卢斯奇科了，我们可以在卢卡农那里的浪花上跳火焰舞了，也可以在新长出草的草地上玩耍了。但是你从哪里弄来的这身皮毛？"科迪克的皮毛现在几乎是纯白的了，尽管它对此十分自豪，但它只是回答说："快点儿游！我的骨头想陆地都想疼了。"于是，它们一起来到它们出生的海滩上，听到了老海豹，也就是它们的父亲们在飘忽的雾气中争斗着。

◆法属南极领地2015年发行一枚邮票,邮票面值1.05欧元,邮票画面描绘了波光粼粼的南极海洋,一只滑溜溜的阿德利海豹(Leopard de mer en terre adelie)侧着身子躺卧在雪白晶莹的浮冰上。

◆保加利亚1995年6月29日发行一套邮票,共有六枚,以野生动物为主题。其中邮票面值5.00列弗,邮票画面描绘了一只滑溜溜的威德尔氏海豹(Leptonychotes weddelli)在白雪皑皑的冰面上划动着强壮有力的侧鳍快速前行。

◆瑞典1988年3月29日发行一套邮票,共有三枚,以海岸野生动物为主题。其中第二枚邮票面值2.20瑞典克朗,邮票画面描绘了一只灰海豹(Halichoerus grypus),亦名大西洋灰海豹,在海滩上划动侧鳍匍匐前行。它们主要分布于北大西洋一带,平时以鲑鱼、鳕鱼、鲱鱼、鲽鱼等海鱼和头足类、节肢动物为食。

邮票上的动物故事

接着它们跑到内陆,来到霍卢斯奇科的地盘上,在新长出的野小麦地里滚来滚去,互相讲述着它们在海上发生的故事。它们谈起太平洋的样子,就像一群男孩子在谈论它们采坚果的小树林一样,如果有人能听懂它们的语言的话,那么他回去一定可以画出一副前所未有的海洋图来。一群三四岁的霍卢斯奇科从哈奇森的小山上嘻嘻哈哈地蹦下来,喊着:"让开,小家伙们!大海可深了,里面你们不知道的东西还多着呢。等你们绕过了合恩角再谈论吧。嘿!那个一岁的小家伙,你从哪里弄来的这身白皮毛?"

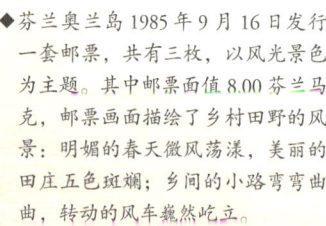  

◆芬兰奥兰岛1985年9月16日发行一套邮票,共有三枚,以风光景色为主题。其中邮票面值8.00芬兰马克,邮票画面描绘了乡村田野的风景:明媚的春天微风荡漾,美丽的田庄五色斑斓;乡间的小路弯弯曲曲,转动的风车巍然屹立。

◆丹麦法罗群岛1992年10月5日发行一套邮票,共有四枚,邮票面值分别是3.40丹麦克朗、3.70丹麦克朗、6.50丹麦克朗和8.00丹麦克朗,以传统农屋建筑为主题。邮票画面描绘了各式各样粉墙尖顶、风格简朴的北欧农屋。

"我没从哪里弄来,"科迪克说,"它自己长出来的。"它正要把说话的这个海豹掀翻,两个黑头发、长着扁平的红脸颊的人从沙丘后面走出来。科迪克以前从来没见过人,它干咳着低下了头。这群霍卢斯奇科匆匆逃开几码远,傻坐在那里看着。那两个不是别人,正是捕猎海豹的首领科里克·布特林和他的儿子帕达拉蒙。他们是从一个距离海豹集聚的海滩不到半英里的村子里来的。他们正在考虑把哪些海豹赶到屠宰场去——因为海豹和羊一样,是赶着走的——稍后,他们会把它们变成海豹皮外套。

"喔!"帕达拉蒙说,"看!那里有只白海豹!"科里克·布特林尽管脸上蒙着油烟,脸色还是一下子变得苍白。他是阿留申人(爱斯基摩人的一支)——阿留申人都不怎么清白,然后他开始低声祈祷:"别碰它,帕达拉蒙。从——从我出生到现在,从没看到过一只白色的海豹。也许这是老扎哈罗夫的鬼魂。他去年在大风暴里失踪了。""我不会走过去的。"帕达拉蒙说,"它很不吉利的。你真的认为它是老扎哈罗夫回来了?我还欠它几只海鸥蛋呢。""别看它,"科里克说,"去赶那些四岁大的吧。工人们今天原本应该剥两百只海豹皮,但是这一季还刚刚开始,他们又都是新手,一百只就够了。快点儿!"

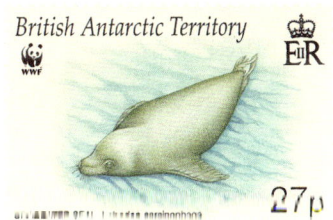  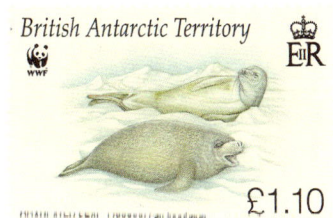

◆ 英国南极领土2009年6月11日发行一套世界自然基金会濒危野生动物保护邮票(WWF),共有四枚,以食蟹海豹(Crabeater seal)为主题。其中邮票面值27便士,邮票画面描绘了一只匍匐在冰原上的食蟹海豹;邮票面值65便士,邮票画面描绘了一只食蟹海豹的头部特征;邮票面值1.10英镑,邮票画面描绘了两只食蟹海豹在极地冰原上躺卧着休息。这种海豹分布在极地周围的海域,它们喜欢独自栖息,在浮冰或冰原上活动,用动作轻捷而迅捷。

◆ 保加利亚2008年发行一枚邮票小型张,共有两枚邮票,纪念国际极地年。小型张边纸图案描绘了冰天雪地的北极海岸,一只灰白色的海豹正在冰面上匍匐前行。海豹的身体虽然臃肿肥胖,但却能够在陆地上快速移动。它们的前肢强壮有力,可以支撑沉重的身躯迅疾前行,还能将牢牢抓住的猎物快速送入口中。

帕达拉蒙拿着一副海豹的肩胛骨在一群霍卢斯奇科面前敲得格格响,它们都呆在了那里,一动不动,呼呼地喘着粗气。等他走近一些,海豹们便开始移动了。于是,科里克赶着它们往内陆走了,它们也没想过要回到它们的同伴那里。几十万只海豹就眼睁睁地看着它们被赶走,可它们还继续像往常一样玩耍着。科迪克是惟一一个提出疑问的海豹,但是没有一个同伴能给出答案,只是说每年这个季节的六周或者两个月里,人们都会这样驱赶海豹的。

"我要跟着它们,"科迪克对自己说。当它拖着步子跟在海豹群后面的时候,它的眼睛都要从眼眶里瞪出来了。"那只白海豹在跟踪我们,"帕达拉蒙叫道,"我还是第一次看到有只海豹自己走向屠宰场呢。""嘘!别回头看,"科里克说,"那是扎哈罗夫的鬼魂!我得和牧师谈谈这件事。"当这群霍卢斯奇科被赶到屠宰场时,有十到十二个男人走了过来,每人手上拿着一根三四英寸长的包着铁皮的棍子。科里克说:"动手吧!"那些人就用棍子狠狠地敲着海豹们的脑袋。

邮票上的动物故事

◆ 丹麦格陵兰岛2001年2月5日发行一套邮票,共有四枚,以风土民俗为主题。其中邮票面值1.00丹麦克朗,邮票画面描绘了一名捕杀海豹的猎手,以及雪地里已经被猎杀的两只海豹。

◆ 丹麦格陵兰岛1981年10月15日发行一套邮票,共有两枚,以风土民俗为主题。其中邮票面值5.00丹麦克朗,邮票画面描绘了几名猎手正在雪地上拖曳一只被猎杀的巨大海豹。

◆ 澳属南极领地1968年9月25日发行一枚邮票,以风土民俗为主题。其中邮票面值5分,邮票画面描绘了一片白雪皑皑的冰原雪地,几只龇牙咧嘴的象鼻海豹。几名猎手正用火烫的烙铁在一头象海豹(Elephant seals)身上烙上标记。

十分钟以后,尾随着这群海豹的小科迪克再也认不出它的朋友们了,因为它们的毛皮从鼻子一直到后鳍都被剥了下来,扔在地上堆成了一堆。科迪克再也看不下去了。它转过身,飞奔起来(一头海豹能飞奔一小会儿),朝着海边跑过去,它新长出来的小胡子吓得都竖了起来。

◆ 坦桑尼亚1992年发行一套邮票,共有四枚,以海洋生物为主题。其中邮票面值20坦桑尼亚先令,邮票画面描绘了一只海豹摆动着两只强壮的侧鳍匍匐前行,从平坦的岸边滩地上扑向碧蓝开阔的大海。

跑到海狮岬，它鳍朝上，一头扎进清凉的海水里，在那里颤抖着，痛苦地喘着气。大海狮们正坐在那里的海岸边上。"这是什么？"一只海狮生硬地问道，因为通常海狮不和别人打交道。"斯库奇尼！噢，斯库奇尼！"（"我很寂寞，非常寂寞！"）科迪克说，"它们把沙滩上所有的霍卢斯奇科都杀死了！"

大海狮一边把头转向海岸，一边说，"我想从你的角度来看，这很可怕。但是要是你们海豹年年都来这里，人类当然都会知道了，除非你能找到一个人类从来没有去过的小岛，否则人们总是会来赶走你们的。""有这样的小岛吗？"科迪克问道。"我跟着波尔冬（大比目鱼）有二十年了，还从来没有找到过这样的一个地方。但你听我说——你似乎挺喜欢和比你身份高的长辈们说话——我想你可以去海象岛，找西维奇谈谈。它可能知道些什么。"

◆ 法国南方和南极领土 2010 年发行一枚邮票小型张，共有五枚邮票，邮票面值都是 0.56 欧元，以阿姆斯特丹岛海狮（Otarie d'amsterdam）为主题。其中第一枚，邮票画面描绘了海滩上高低错落的礁石，以及一只龇牙咧嘴时的成年海狮；第二枚，邮票画面描绘了一对朝夕相伴的海狮情侣；第三枚，邮票画面描绘了海岸边的山崖，以及一只抬头张望的海狮；第四枚，邮票画面描绘了两只东张西望的海狮；第五枚，邮票画面描绘了一只匍匐在海滩上的海狮，以及它身旁的幼仔。

◆ 福克兰群岛 2011 年发行一套世界自然基金会濒危野生动物保护邮票（WWF），共有四枚，以南美海狮（Southern sea lion）为主题。其中邮票面值 27 便士，邮票画面描绘了几只海狮在海滩上成群结队地躺卧休憩；邮票面值 40 便士，邮票画面描绘了一群海狮在深海中潜水游弋；邮票面值 70 便士，邮票画面描绘了一群海狮在海滩上争斗嬉闹；邮票面值 1.15 福克兰镑，邮票画面描绘了一只海狮的头部特征。

◆坦桑尼亚1998年8月31日发行一枚邮票小型张,共有六枚邮票,邮票面值都是370坦桑尼亚先令,以世界濒危野生动物为主题。其中第四枚,邮票画面描绘了一只海狮(Sea lion)在海水里划动着一对侧鳍游泳前行。

◆美国1990年10月3日与苏联联合发行一套邮票,共有四枚,邮票面值都是25美分,以海洋生物为主题。其中第二枚,邮票画面描绘了两只纺锤形身材的海狮在海水中快速潜泳。

◆土库曼斯坦1993年10月11日发行一套世界自然基金会濒危野生动物保护邮票(WWF),共有四枚,以里海环斑海豹(Phoca caspica)为主题。其中邮票面值15马纳特,邮票首日封画面描绘了一只全身滑溜溜的环斑海豹,它在白茫茫的海冰窟窿中伸出头部,充满好奇地东张西望;邮票面值50马纳特,邮票首日封画面描绘了一只环斑海豹奋力划动双鳍,从波涛起伏的大海中爬上平坦柔软的海滩。

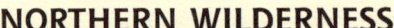

◆坦桑尼亚1997年10月30日发行一枚邮票小全张,共有九枚邮票,邮票面值都是250坦桑尼亚先令,以北极野生动物为主题。其中第一枚,邮票画面描绘了一只蹲在树枝上的大雕鸮(Great horned owl);第二枚,邮票画面描绘了一只正在天空中扑向猎物的白头海雕(Bald eagle);第三枚,邮票画面描绘了两条站在雪坡上仰头嚎叫的野狼(Coyotes);第四枚,邮票画面描绘了一头徜徉在海岸边的大灰熊(Grizzly bear);第五枚,邮票画面描绘了一群站在雪地里东张西望的北美驯鹿(Caribou),它们头上的犄角又长又弯;第六枚,邮票画面描绘了一头趴伏在冰原上的海象(Walrus),它口中伸出两根长长的獠牙;第七枚,邮票画面描绘了两只正在侧身漫游的北极冠海豹(Hooded seal);第八枚,邮票画面描绘了一条浮出海面的座头鲸(Humpback whale);第九枚,邮票画面描绘了一只满身斑纹的格陵兰海豹(Harp seal),它沉入冰海中纵情潜游。

科迪克认为这是个好建议,于是它休息了一会儿,就径直朝海象岛游去。海象岛是位于诺瓦斯图什纳正东北方的一座低矮多岩的小岛。岛上都是岩脊、岩石和海鸥巢,海象在那里成群地生活。它在靠老西维奇——一头北太平洋的又大又丑的海象——很近的地方上了岸。西维奇身材臃肿,身上长满了脓包,还长着肥肥的脖子和长长的象牙。它对别人毫无礼貌,除非它睡着了——那时候,它正在睡觉,它的后鳍一半露在水面,一半在水下。

◆坦桑尼亚1999年11月15日发行一枚邮票小全张,共有九枚邮票,邮票面值都是300坦桑尼亚先令,以海洋生物为主题。其中第一枚,邮票画面描绘了一头庞大而笨重的海象趴伏在海边的岩礁上,它长着肥胖的身子,粗壮的脖子,细长的象牙。

◆朝鲜1994年6月10日发行一枚邮票小型张,共有三枚邮票,以海洋动物为主题。其中邮票面值50分,邮票画面描绘了白雪皑皑的北极冰原,以及一头长着两根獠牙的海象。它蠕动着圆筒形的肥胖身躯在海边岩礁上休憩。

◆利比里亚发行一枚邮票小型张,共有四枚邮票,邮票面值都是35利比里亚元,以极地濒危动物为主题。其中第四枚,邮票画面描绘了一头栖居在极地冰原上的海象。当海象在雪地里爬行时,这两根獠牙可用于支撑十分臃肿而沉重的身体,所以又有"象牙拐杖"之称。

"醒醒!"科迪克大声地喊道,因为海鸥正发出很响的噪音。"哈!嗬!哼!谁啊?"西维奇说,它用自己的象牙拱了一下旁边的海象,把它弄醒,旁边的海象又把下一头海象叫醒。就这样,直到所有的海象都被弄醒了,它们东张西望,就是不往该看的方向看。"嗨!是我!"科迪克喊道,它在浪花中上窜下跳,看上去就像一条小小的白色鼻涕虫。

◆联合国瑞士日内瓦总部1998年5月20日发行一枚邮票小全张,共有十二枚邮票,邮票面值都是0.45瑞士法郎,纪念国际海洋年。其中第一枚,邮票画面描绘了一头匍匐在极地冰原上的海象,它小小的眼睛,短短的鼻子,圆筒形的身体粗壮而肥胖,厚厚的皮肤上有很多褶皱。

◆韩国2006年1月18日发行一套邮票,共有四枚邮票,邮票面值都是220韩元,以野生动物保护为主题。邮票版张边纸图案描绘了在浅海底部栖居的各种蛤蜊。

◆ 朝鲜2003年发行一枚邮票小全张，共有五枚邮票，以极地动物为主题。其中邮票面值70分，邮票画面描绘了一头趴伏在岸边的海象，它们在冰冷的海水中和陆地的冰块上过着两栖的生活。

◆ 俄罗斯2002年8月29日与哈萨克斯坦联合发行一套邮票，共有两枚。其中邮票面值2.50卢布/10.00哈萨克斯坦坚戈，邮票画面描绘了两只白色的渔鸥（Larus ichthyaetus）在风起浪涌的海面上振翅飞翔。

"哎呀！天哪——剥了我的皮吧！"西维奇说。所有的海象都看着科迪克。你可以想象一下，这就像在一个俱乐部里，一群昏昏欲睡的老绅士看到一个小男孩的情景。科迪克那时不愿再听到任何有关剥皮的事情，它已经看够了。所以它喊道："有没有一个人类从来没去过的地方可以让海豹去呢？""你自己去找啊，"西维奇说完又闭上了眼睛，"走开 我们这里忙着呢。"

◆ 坦桑尼亚1999年11月15日发行一枚邮票小型张，共有九枚邮票，邮票面值都是250坦桑尼亚先令，以海鸟为主题。其中第一枚，邮票画面描绘了一只正在飞翔的马恩岛海鸥（Manx shearwater）；第二枚，邮票画面描绘了一只搧动着翅膀的环嘴鸥（Ring-billed gull）；第三枚，邮票画面描绘了一只低头俯冲的银鸥（Herring gull）；第四枚，邮票画面描绘了一只羽翼洁白的红尾燕带鸟（Red-tailed tropic bird）；第五枚，邮票画面描绘了一只展开双翅的黑背信天翁（Laysan albatross）；第六枚，邮票画面描绘了一只扑打双翅的红嘴鸥（Blackheaded gull）；第七枚，邮票画面描绘了一只张嘴鸣叫的蓝脚鲣鸟（Blue-footed booby）；第八枚，邮票画面描绘了一只驻足瞧岩的鹦鹉嘴海雀（Parakeet auklet）；第九枚，邮票画面描绘了一只东张西望的红腿鸬鹚（Red-legged cormorant）。

◆ 朝鲜1994年6月10日发行一枚邮票小型张，共有三枚邮票，以海洋动物为主题。邮票小型张边纸图案描绘了一群栖居在海岛岩礁上的海象，它们有的在波涛起伏的大海中游弋觅食，有的在洁白晶莹的浮冰上葡匐休憩。一群白色的海鸟在它们身旁飞来飞去，发出一声声刺耳的鸣叫。

科迪克像海豚一样凌空跳起,大声地喊道:"吃蛤蜊的家伙!吃蛤蜊的家伙!"它知道,尽管西维奇总是装成很吓人的样子,但它这一生中从未捕到过一条鱼,总是用鼻子拱土找蛤蜊和海草吃。当然,那些总是一有机会能显示粗鲁的奇基、古维卢斯基和伊帕特卡——领头鸥、三趾鸥和角嘴海雀马上就  响应了,然后   林默尔辛是这样告诉我的——在接下来的五分钟里,即使有炮弹打到海象岛上也听不见了。所有的岛上居民都在喊着:"吃蛤蜊的家伙!斯达里克(老家伙)!"

◆ 法国 2012 年发行一枚邮票小型张,共有四枚邮票,邮票面值都是 0.57 欧元,以自然保护为主题。其中第四枚,邮票和小型张边纸图案描绘了几只黑白两色的角嘴海雀(Puffin)站在浪花飞溅的礁岩上东张西望。

◆ 智利 1999 年 6 月 15 日发行一套邮票,共有两枚,以极地风光为主题。邮票首日封画面描绘了白雪皑皑的极地冰原,一群圆溜溜的威德尔氏海豹(Leptonychotes weddellii)和一群胖乎乎的帽带企鹅(Pygoscelis antarctica)等极地动物在此栖息。

邮票上的动物故事

◆ 韩国 2004 年 1 月 16 日发行一套邮票,共有四枚,邮票面值都是 190 韩元,以海岛生态为主题。邮票首日封画面描绘了海岛上嶙峋的山岩鬼斧神工,烂漫的野花姹紫嫣红。一群海鸟在海岸边飞来飞去,放声啼鸣。

◆ 丹麦法罗群岛 1978 年 1 月 25 日发行一套邮票,共有五枚,以海岛风光为主题。邮票首日封图案描绘了海岛上空万鸟腾飞的一幕景色:呱呱叫,喳喳鸣,渔鸥和海雀高唱低吟。时而高,时而低,鲣鸟和鸬鹚来来去去。片片云,团团雾,海鸥和白鹭成群结队……

309

◆ 罗马尼亚发行的一枚邮资片,邮票面值 2000 列伊,邮票画面描绘了一头身材臃肿的海象趴伏在海滩上休憩;邮资片图案描绘了一头奋拉着两根长牙的海象从冰冷的海水中探头张望。

◆ 芬兰1974年3月18日发行一枚邮票,邮票面值0.60芬兰马克,以海洋环境保护为主题。邮票画面描绘了一群白色的海鸥在广袤无垠的蓝天碧海之间自由飞翔。

◆ 英国马恩岛1989年9月20日发行一套世界自然基金会濒危野生动物保护邮票(WWF),共有四枚,邮票面值都是13便士。其中第一枚,邮票和极限片画面描绘了一群橙红色嘴喙的角嘴海雀(Puffin),它们站立在岸边的岩礁上东张西望。

◆ 墨西哥1998年8月14日发行一枚邮票小全张,共有二十五枚邮票,邮票面值都是2.30墨西哥元,以海洋生物为主题。其中第六枚和第七枚,邮票画面描绘了站在岩礁上抬头张望的海豹和海狮,跃出海面嬉闹的海豚,以及在海面上空飞翔盘旋的各种海鸟。

◆ 苏联1978年7月30日发行一套动物邮票,共有五枚。其中邮票面值10戈比,邮票画面描绘了一头粗壮而肥胖的海象,它趴伏在海滩上龇牙咧嘴,抬头张望。

西维奇把身子翻来翻去,咕哝着,咳嗽着。"现在你能说了吧?"科迪克说道,它已经喘不过气来了。"去问海牛吧,"西维奇说,"如果它还活着,它能够告诉你你想知道的。""我碰到它的时候,怎么知道它是海牛呢?"科迪克转过身子问。"它是整个大海里惟一比西维奇还要丑陋的东西,"一只领头鸥尖叫道——它在西维奇的鼻子下盘旋,"更丑陋,而且更加没有礼貌!斯达里克!"

3

第七个海浪

科迪克往诺瓦斯图什纳的方向游回去,留下这群海鸥在那里尖叫。回到岛上,它发现尽管它尽了自己的微薄之力去为海豹们寻找一块宁静的地方,可是这里却没有一只海豹同情它。它们还告诉它,说人类一直都在驱赶霍卢斯奇科——那就是他们每天工作的一部分——还告诉它,如果它不想看到这些丑陋的事情,它就不应该去屠宰场。但是,其余所有的海豹,都没有看过屠杀,这也是它和它的朋友们产生分歧的原因。此外,科迪克还是只白海豹。

科迪克往诺瓦斯图什纳的方向游回去,留下这群海鸥在那里尖叫。回到岛上,它发现尽管它尽了自己的微薄之力去为海豹们寻找一块宁静的地方,可是这里却没有一只海豹同情它。它们还告诉它,说人类一直都在驱赶霍卢斯奇科——那就是他们每天工作的一部分——还告诉它,如果它不想看到这些丑陋的事情,它就不应该去屠宰场。但是,其余所有的海豹,都没有看过屠杀,这也是它和它的朋友们产生分歧的原因。此外,科迪克还是只白海豹。

◆ 芬兰1986年4月10日发行一套欧罗巴"环境保护"专题邮票,共有两枚。其中邮票面值1.60芬兰马克,邮票和极限片画面描绘了一只匍匐在地的环斑海豹(Salmaa ringed seal),它身材小巧,毛皮光滑,深灰色的背部布满了大小不一的灰白色环斑。

"你必须做的事情,"老西卡奇在听完儿子的冒险经历后说,"就是快点长大,长成和你爸爸一样的大海豹,在海滩上有个自己育儿的窝,然后它们就不会来理睬你了。再过五年,你应该可以为自己作战了。"即使是温柔的马特卡,也就是它的妈妈也说:"你永远无法阻止杀戮。去海里玩吧,科迪克。"科迪克无奈地带着一颗小小的但是沉重的心游开了。

◆ 日本1993年5月17日发行一枚地方风情系列邮票,邮票面值62日元,以北海道为主题。邮票首日封画面描绘了一群海豹在海潮起落的滩地上自由休憩,有的躺卧在地,有的侧耳倾听,有的抬头张望。

◆ 瑞典2010年5月13日与加拿大联合发行一套邮票,共有四枚,邮票面值都是12瑞典克朗,以海洋生物为主题。其中第四枚,邮票和极限片画面描绘了一只纺锤型的环斑海豹(Pusa hispida)划动侧鳍在冰冷而灰暗的海水中潜泳。海豹具有流线型的身材,一对前肢强壮而灵活,在大海中游时可保持迅疾的速度和优美的姿势。

那年秋天，它早早地离开了海滩，独自出发了，因为它圆圆的脑袋里有了一个信念。它要去寻找海牛，如果海里真有这样一个人的话；它还要去找一个安静的小岛，上面有坚实的沙滩，海豹可以在上面生活，而人类又捉不到它们。于是它独自从北往南沿着太平洋一路寻找，最多的时候一天一夜游了三百英里。它经历了数不清的危险，差点被姥鲨、斑点鲨和锤头双髻鲨抓住，它也遇到了所有在海里游来荡去的不值得信赖的流氓，还遇到了身体笨重但是彬彬有礼的鱼和红色的斑点扇贝。那些扇贝几百年来都住在同一个地方，为此它们还非常骄傲。但是它从未碰到过海牛，也从来没有找到一座它想象中的小岛。

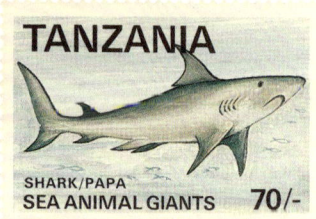  

◆坦桑尼亚1992年发行一套邮票，共有四枚，以海洋生物为主题。其中邮票面值70坦桑尼亚先令，邮票画面描绘了一条凶相毕露的鲨鱼（Shark）在大海中寻觅猎物。鲨鱼是海洋中的庞然大物，也是最凶猛的鱼类之一。它们经常出没于深海大洋，既是很多海洋哺乳动物的天敌，也会猎食海鸟和其他鱼类。

◆基里巴斯1991年1月17日发行一套世界自然基金会濒危野生动物保护专题邮票（WWF），共有四枚。其中邮票面值30分，邮票画面描绘了一条满身斑纹的鲸鲨（Whale shark）在海底慢悠悠地游荡。

◆英属格恩济岛1990年10月16日发行一套世界自然基金会濒危野生动物保护专题邮票（WWF），共有四枚。其中邮票面值31便士，邮票画面描绘了一条张开大口的大型姥鲨（Basking shark）在大西洋的万顷碧波中缓慢游动。姥鲨体形之大仅次于鲸鲨，游动起来慢条斯理，主要以海水中大量的浮游生物为食。

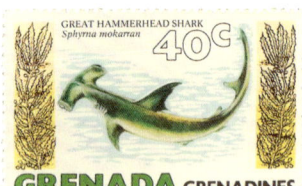

◆格林纳达格林纳丁斯1979年11月9日发行一套邮票，共有八枚，以海洋生物为主题。其中邮票面值40分，邮票画面描绘了一条外形奇特的槌头双髻鲨（Hammerhead shark）在海底的珊瑚丛中游弋。槌头双髻鲨头部平扁，两侧扩展，形成链状突出的怪异模样。这种鲨鱼性情凶猛，以海洋中的各种鱼类和底栖动物为食。

◆坦桑尼亚1999年11月15日发行一枚邮票小型张，邮票面值1500坦桑尼亚先令，邮票小型张画面描绘了一条龇牙咧嘴、凶相毕露的虎鲨（Tiger shark），它在冰冷而灰暗的海洋中东游西逛，寻觅着自己的猎物。虎鲨身上布有黑色的横纹，根据这些横纹的宽窄，它们又可狭义虎鲨和宽纹虎鲨之分。这种凶猛的"海洋杀手"具有十分灵敏的视力和嗅觉，能侦测到动物们藏身处电磁场的变化，也能感觉到小鱼划水时引起的水流涟漪。

◆新西兰2011年5月4日发行一套邮票，共有十二枚，邮票面值都是60分，以海洋沿岸生物为主题。其中第一枚，邮票画面描绘了一条模样怪异的槌头双髻鲨（Hammerhead shark）在大海中游弋。这种鲨鱼是最富有特征的海洋动物之一，其奇特的头部具有电子探测器的功能，可以发现一些深藏于海底沙层中的鱼类。

◆坦桑尼亚1999年11月15日发行一枚邮票小全张，共有九枚邮票，邮票面值都是300坦桑尼亚先令，以海洋生物为主题。九枚邮票的图案彼此衔接，共同组成一幅全景式的画面。其中第一枚，邮票画面描绘了一条在海面上空快速滑翔的飞鱼（Flying fish）；第二枚，邮票画面描绘了一条骨鳍宛如风帆的旗鱼（Sailfish）；第三枚，邮票画面描绘了一条在海面上凌空跳跃的海豚（Common dolphin），第四枚，邮票画面描绘了一条体型庞大的抹香鲸（Sperm shale）；第五枚，邮票画面描绘了一条划动双鳍游动的飞旋海豚（Spinner dolphin）；第六枚，邮票画面描绘了一条身材扁平的蝠鲼（Manta ray）；第七枚，邮票画面描绘了一只缓慢前行的绿海龟（Green turtle）；第八枚，邮票画面描绘了一条在海底潜行的槌头双髻鲨（Hammerhead shark）；第九枚，邮票画面描绘了一条快速游弋的四鳃旗鱼（Marlin）。

◆丹麦格陵兰岛2002年9月25日与丹麦和丹麦法罗群岛联合发行一枚邮票小型张，共有两枚邮票，邮票面值是7.00丹麦克朗和19.00丹麦克朗，纪念国际海洋探测委员会成100周年。邮票画面选取小型张左侧的两幅图案，描绘了一座在大海中巍然屹立的冰山、一条生性凶猛的格陵兰鲨鱼（Somniosus microcephalus）、一群体色鲜亮的深海红鱼（Sebastes mentella），以及一艘海洋探测船。格陵兰鲨鱼是一种大型鲨鱼，又名小头睡鲨或灰鲨，生活在格陵兰岛和冰岛周围的北大西洋海域，其体长可与大白鲨媲美。

　　有时它找到一个沙滩美好而坚实的小岛，后面还有一个斜坡可供海豹们玩耍，可是它也总是会在地平线那里看到一艘冒着烟的捕鲸船，船上煮着鲸油，科迪克知道那意味着什么。有时它发现了海豹们曾经来过某个小岛，但是都被杀光了。科迪克知道人类来过一次的地方，肯定还会再来。

它结识了一只短尾巴的老信天翁，信天翁告诉它凯尔盖朗岛是个十分宁静和平的小岛。但是当科迪克到那儿的时候，它遇上了电闪雷鸣的雨夹雪。在黑乎乎的险恶的悬崖上，它差点被闪电击得粉身碎骨。然而当它顶着风暴出发的时候，它发现即便是这种地方，也曾经有海豹来做过窝。

◆新西兰1995年3月22日发行一套邮票，共有十枚，邮票面值都是45分，以环境保护为主题。其中第四枚，邮票画面描绘了乌云密布的天空中出现一道明亮的闪电，燃烧着炽热的火焰和光芒。

◆德国2009年发行一套附捐邮票，共有四枚，天空景色为主题。其中邮票面值145欧分/附捐55欧分，邮票画面描绘了隆隆的雷声在低沉的云层中间轰响，耀眼的闪电划破了漆黑的天空，像是天顶上裂开了一道道缝，缝口呼啦呼啦地燃烧着；又像是天幕上舞动的一条条金龙和银蛇，肆意地伸展着，盘旋着。

◆法属南部和南极领土1979年发行一枚航空邮票，邮票面值2.70法郎，邮票画面描绘了凯尔盖朗岛（Kerguelen Island）饱经风雨的拱门礁岩，宛如一座鬼斧神工的雕塑在波涛汹涌的大海上巍然屹立。一艘孤零零的帆船在面目狰狞的黑色礁岩附近左右摇晃、起伏颠簸。

◆法属南部和南极领土2005年11月10日发行一枚邮票小型张，共有四枚邮票，邮票面值都是0.50欧元，纪念法国建立南方和南极领土50周年。其中第三枚，邮票画面描绘了印度洋南部凯尔盖朗岛山岩嶙峋的岛屿形状和地貌特征。

◆法国南方和南极领土2001年1月1日发行一套邮票小型张，共有四枚，以海洋动物为主题。其中第一枚小型张邮票面值3.00法郎，邮票画面描绘了一群信天翁在岛礁附近的海面上盘旋飞翔：空中的云彩低垂厚重，海上的波涛起伏汹涌。突兀的悬崖奇峰矗立，嶙峋的岛礁云雾朦胧，空中的飞鸟呱呱啼鸣，拍岸的浪涛低沉呼鸣。

它去过的所有其他小岛都是这种情形。林默尔辛列举了很长一串海岛的名称，因为它知道科迪克花了五年的时间在寻找新的小岛。每年在诺瓦斯图什纳海滩上休息的那四个月中，其余的霍卢斯奇科们总是会嘲笑它和它理想中的海岛。它去过加拉巴哥群岛，那是在赤道附近的一个崎岖不平、非常干燥的群岛。在那里，它差点被烤死。

◆厄瓜多尔2012年发行两枚邮票小本票，以世界自然遗产加拉帕戈斯群岛为主题。其中第一枚小本票共有邮票八枚，其中第一枚邮票面值0.25美元，邮票画面描绘了加拉帕戈斯群岛的风光景色；第二枚邮票面值0.25美元，邮票画面描绘了两条趴伏在礁岩上的海鬣蜥；第三枚邮票面值0.50美元，邮票画面描绘了一只嘴喙细长的鸟雀；第四枚邮票面值0.50美元，邮票画面描绘了南普拉萨岛（Isla Plaza Sur）的海滩风光；第五枚邮票面值0.75美元，邮票画面描绘了落日余晖映照下的群岛风光；第六枚邮票面值0.75美元，邮票画面描绘了一只驻足礁岩的海鸟；第七枚邮票面值1.00美元，邮票画面描绘了一只体型巨大的加拉帕戈斯象龟；第八枚邮票面值1.00美元，邮票画面描绘了鬼斧神工的礁岩奇观。

◆厄瓜多尔2012年发行两枚邮票小本票，以世界自然遗产加拉帕戈斯群岛为主题。其中第二枚小本票共有邮票八枚，其中第一枚邮票面值0.25美元，邮票画面描绘了一只在海滩上抬头张望的海狮；第二枚邮票面值0.25美元，邮票画面描绘了一只羽翼乌黑的鸟雀；第三枚邮票面值0.50美元，邮票画面描绘了两只仰头啼鸣的海鸟；第四枚邮票面值0.50美元，邮票画面描绘了一只嘴喙细长的军舰鸟；第五枚邮票面值0.75美元，邮票画面描绘了一条在礁岩上爬行的小蜥蜴；第六枚邮票面值0.75美元，邮票画面描绘了一只瞭望大海的加拉帕戈斯企鹅；第七枚邮票面值1.00美元，邮票画面描绘了两只在海岸边栖息的野鸭；第八枚邮票面值1.00美元，邮票画面描绘了一条在深海大洋中慢慢游弋的锤头鲨（Tiburón martillo）。

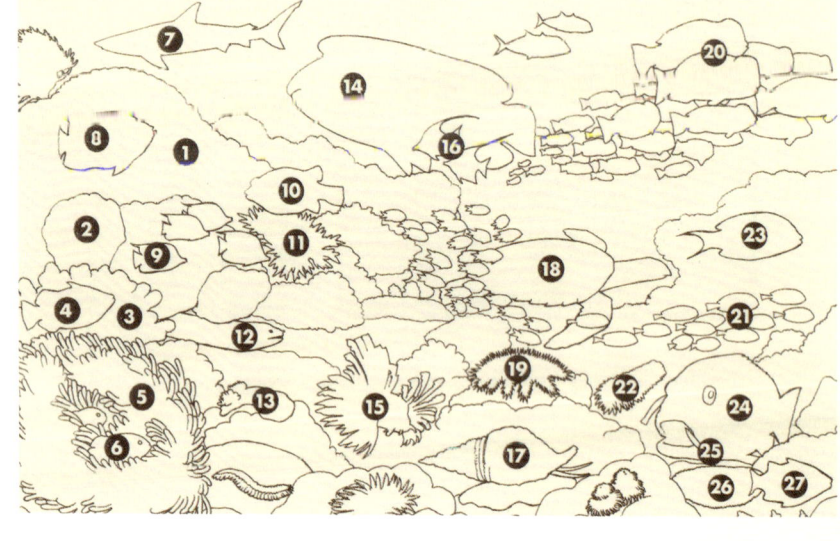

◆ 美国 2004 年 1 月 2 日发行一枚邮票小全张（美国大自然系列第六枚），共有十枚邮票，邮票面值都是 37 美分，以太平洋的珊瑚礁为主题。珊瑚礁的主体由珊瑚虫组成，珊瑚虫是海洋中的一种腔肠动物，以捕食海洋里细小的浮游生物为食。珊瑚虫在生长过程中吸收海水中的钙和二氧化碳，然后分泌出石灰石，变为自己生存的外壳。它们一群一群地聚居在一起，一代代新陈代谢，生长繁衍，同时不断分泌出石灰石粘合在一起，形成岛屿和礁石，也就是所谓的珊瑚礁。小全张画面上的珊瑚礁为许多海洋动植物提供了生活环境：一条五色斑斓的皇帝神仙鱼（Emperor angelfish）正盯着一条悄悄移动的黑鳍尖鲨（Reef blacktip shark），一只划动双鳍的玳瑁龟（Emperor angelfish）正在奋力追赶一条什色斑斓的橙斑刺尾鱼（Orangeband surgeonfish），许多五光十色的小虾、小蟹和小鱼在珊瑚礁石间寻觅食物。在画面最左侧还有一种体形不大，黑白相间的小丑扳机鱼（Clown triggerfish），它们身材扁平，长着锋利的大背鳍，宛如在大海里游来游去的薄煎饼。当大鱼想捕食它们时，这种小鱼就躲入礁岩缝隙中，用硬棘将自己牢牢地固定在礁壁上，以防止被大鱼吞噬。

◆这枚邮票小全张上表现了多达27种具有代表性的珊瑚礁海洋生物:1.一丛层层叠叠的蓝珊瑚(Blue coral);2.一丛团团簇簇的土堆珊瑚(Mound coral);3.一丛密密匝匝的角状珊瑚(Antler coral);4.一条花里胡哨的小丑扳机鱼(Clown triggerfish);5.一丛摇曳颤动的大海葵(Magnificent sea Anemone);6.两条色彩鲜艳的粉红小丑鱼(Pink anemonefish);7.一条悄然前行的黑鳍礁鲨(Reef blacktip shark);8.一条五彩斑斓的皇帝神仙鱼(Emperor angelfish);9.一群身材扁平的蝴蝶鲅鱼(Threadfin butterflyfish);10.一条灰不溜秋的黑斑河豚(Black-spotted puffer);11.一丛七枝八杈的鹿角珊瑚(Staghorn coral);12.一条满身斑点的雪花海鳗(Snowflake moray eel);13.一条体色绯红的西班牙舞者鱼(Spanish dancer);14.一条满身花斑的苏眉鱼(Humphead wrasse);15.一条胸鳍飘逸的蓑鲉鱼(Lionfish);16.两条色彩鲜明的摩尔人偶像鱼(Moorish idol);17.一条葡匐海底的号角鱼(Triton's Trumpet);18.一只缓慢游动的玳瑁龟(Hawksbill turtle);19.一只满身棘刺的荆棘冠海星(Crown-of-thorns sea star);20.一群身宽体胖的鹦嘴鱼(Bumphead parrotfish);21.一群椭圆形状的调色板刺鱼(Palette surgeonfish);22.一条静卧海底的刺红海参(Pridkly red sea cucumber);23.一条体色斑斓的橙斑刺尾鱼(Orangeband surgeonfish);24.一条满身斑纹的东方细鳞鱼(Oriental sweetlips);25.一条小巧玲珑的清洁濑鱼(Bluestreak cleaner wrasse);26.一丛平坦舒展的蘑菇珊瑚(Mushroom coral);27.一条斑纹清晰的斜带吻棘鲀(Wedge picassofish)。

◆新西兰罗斯岛1994年11月2日发行一套邮票,共有十枚,以野生动物为主题。其中邮票面值1.00新元,邮票画面描绘了一只龇牙咧嘴的豹斑海豹(Leopard seal);邮票面值2.00新西兰元,邮票画面描绘了一只满身花斑的韦德尔氏海豹(Weddell seal)从海冰的窟窿中伸出头来。

◆基里巴斯1995年7月12日发行一枚邮票小型张,共有四枚邮票,邮票面值都是60分,以环境和海洋生物保护为主题。其中第一枚,邮票画面描绘了一对在树林中栖息的大紫红鹦鹉(Electus parrot)、一只展翅飞翔的大军舰鸟(Great frigate bird)和两只在沙滩上爬行的椰子蟹(Coconut crab);第二枚,邮票画面描绘了两只展翅高飞的红尾热带鸟(Red-tailed tropic bird)、一条蹦出海面的普通海豚(Common dolphin)和一只低空跳跃的点斑原海豚(Pantropical spotted dolphin);第三枚,邮票画面描绘了两条黄蓝海鲈鱼(Yellow & blue sea perch)、一条蓝纹橙色鹦嘴鱼(Bluebarred orange parrot fish)和一只绿海龟(Green turtle)在海水中游弋;第四枚,邮票画面描绘了一条横带唇鱼(Red-banded wrasse)、几条马夫鱼(Pennant coral fish)和紫色金鳞鱼(Squirrel fish)在海水中觅食。小型张边纸图案以素描笔法描绘了上述各种海洋生物。

它去过乔治亚群岛、奥克尼群岛、绿宝石岛、小南丁格尔岛、高夫岛、布维岛、克罗赛特群岛，甚至去过好望角以南的一个丁点儿大的岛。但是不管它到哪里，海里的居民都告诉它同样的话：海豹曾经来过那些岛，但是人类把它们都杀光了。它甚至离开太平洋，游出几万英里远，来到了一个叫科连特斯角的地方（那是在它从高夫岛往回游的路上发现的），它也看到岩石上有几百只长了疥癣的海豹，它们告诉它人类也去过那里了。那情景令它心碎，于是它绕过合恩角，朝自己的海滩游了回去。

◆韩国2006年1月18日发行一套邮票，共有四枚邮票，邮票面值都是220韩元，以自然保护为主题。邮票版张画面描绘了白翎岛下洋的美丽风光，以及在此栖居的各种野生动物。其中第一枚，邮票画面描绘了两只匍匐在礁岩上的西太平洋斑海豹（Phoca vitulina largha）；第二枚，邮票画面描绘了一只在海岸边仰望蓝天的海鸬鹚（Phalacrocorax pelagicus）；第三枚，邮票画面描绘了一只在海滩上爬行的中华虎头蟹（Orithyia sinica）；第四枚，邮票画面描绘了一群在海水中游弋的玉筋鱼（Ammodytes personatus）。

◆英国南极领土2009年6月11日发行一套世界自然基金会濒危野生动物保护邮票（WWF），共有四枚，以食蟹海豹（Crabeater seal）为主题。其中邮票面值1.50英镑，邮票画面描绘了一只食蟹海豹在南极冲海中鼓动着一双侧鳍纵情漫游。

◆位于南大西洋的特里斯坦-达库尼亚群岛1974年10月1日发行一枚邮票小型张，邮票面值35圣赫勒拿便士，画面描绘了特里斯坦-达库尼亚群岛在海洋中的位置，左侧是南美洲大陆，右侧是非洲大陆。浩瀚无边的大西洋波涛环绕着这座形孤影单的小岛，四周只有清凉潮湿的海风，行单影孤的航船，展翅翱翔的海鸥，步履蹒跚的企鹅。邮票右上方是英国女王的头像，右侧是"孤独岛屿"的英文字样。

在它往北面游回去的路上，它爬上一座长满绿树的小岛休息。在那里，它碰到了一只非常非常年迈，已经奄奄一息的海豹。科迪克抓了些鱼给它吃，还把自己的伤心事讲给它听。"现在，"科迪克说，"我准备回诺瓦斯图什纳了，如果我和其他霍卢斯奇科一起被赶到屠宰场去了，我也不在乎了。"

◆ 智利1999年6月15日发行一套邮票，共有两枚，以极地风光为主题。其中邮票360智利比索，邮票画面描绘了一只皮毛光滑油亮的韦德尔氏海豹（Weddell seal），它匍匐在南极的岩礁上抬头张望。

◆ 毛里塔尼亚1986年6月12日发行一套世界自然基金会濒危野生动物保护邮票（WWF），以地中海僧海豹（Monk seal, Monachus monachus）为主题。其中邮票面值5乌吉亚，邮票画面描绘了一只舐犊情深的僧海豹与它的幼仔在一起偶偶私语，邮票极限片画面描绘了一条圆滚滚、滑溜溜的海豹在冰冷而灰暗的海水中轻松自如地游动。

◆ 德国2010年发行一枚附捐邮票，邮票面值55分/附捐25分，以海洋保护为主题。邮票画面描绘了两只海豹情侣在海岸边互相偎依在一起，它们相亲相爱，卿卿我我。

◆ 位于南太平洋的所罗门群岛2012年发行一枚小型张，共有四枚邮票，邮票面值都是5.00所罗门群岛元，以野生动物为主题。其中第一枚，邮票画面描绘了一条跃出海面的灰海豚（Grampus griseus）；第二枚，邮票画面描绘了一条从海面露出头部的点斑原海豚（Stenella attenuate）；第三枚，邮票画面描绘了一头体型庞大的座头鲸（Megaptera, novaeangliae）。座头鲸又名大翅鲸、驼背鲸，以其跃出水面的姿势、长长的前鳍与复杂的叫声举世闻名；第四枚，邮票画面描绘了两头在海水中缓慢游动的儒艮（Dugong dugon）。儒艮与海牛皆为草食性动物，但栖息地不尽相同，它们是海牛目中唯一仍生存于印度洋与太平洋地区的物种。

老海豹说:"再试一试吧。我是已经灭绝的玛撒夫厄拉海豹家族的最后一名成员。在人类成千上万地猎杀海豹的岁月里,海滩上流传着这样一个故事。这个故事说,有一天,会有一只白海豹从北方来,带领海豹们找到一个宁静的地方。我已经老了,我不可能活着看到那一天了,但是其他海豹可以。再试一次吧。"科迪克卷起了自己的胡须(胡须很漂亮),说道:"我是有史以来海滩上出生的唯一一头白海豹。不管是黑的还是白的海豹,我才是惟一那个想寻找新海岛的海豹。"

◆澳属科克斯群岛1994年2月17日发行一枚邮票小全张,共有二十枚邮票。其中第一行共有五枚邮票,邮票面值都是5分,邮票画面描绘了一群各种形态的斜带吻棘鲀(Reef triggerfish),以及紫色、黄色和红色的海底珊瑚;第二行共有五枚邮票,邮票面值都是10分,邮票画面描绘了一群大大小小的绿海龟(Green turtles);第三行共有五枚邮票,邮票面值都是20分,邮票画面描绘了一群体色斑斓的比目鱼(多鳞霞蝶鱼,Pyramid butterflyfish),以及紫色、红色、橘色和暗绿色的海底珊瑚。这种比目鱼是一种观赏鱼,其鱼体呈现多种条纹和色彩,其中背鳍、喉部、尾柄及尾鳍呈现银色,背鳍和臀鳍呈现黄色,其他部位则呈现鲜黄色。第四行共有五枚邮票,邮票面值都是45分,邮票画面描绘了各种式样和颜色的航海帆船(Junkongs sailing craft),以及在大海中蜿蜒伸展的环状珊瑚岛。

  这件事情大大地鼓舞了它。那年夏天它返回诺瓦斯图什纳的时候，它的妈妈马特卡要求它结婚并安顿下来。因为它不再是霍卢斯奇科了，它已经是一头成年海豹了。它的肩膀上长着卷曲的白色鬃毛，像它的父亲一样高大、健壮、勇猛。"再给我一年的时间吧，"它说，"记住，妈妈，第七个浪头总是离海边最远。"说来也奇怪，另外还有一只海豹认为自己可以等到下一年再结婚。

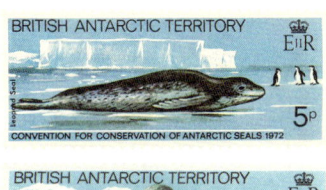  

◆ 英属南极领地1982年11月发行一套邮票，共有六枚，纪念第十届南极海豹保护国际会议。其中邮票面值5便士，邮票画面描绘了一只匍匐在海滩上的豹海豹（Leopard seals）；邮票面值10便士，邮票画面描绘了一对韦德尔氏海豹（Weddell seals）带着它们的幼仔在海岸边练习游泳。这种海豹由英国探险家詹姆士·威德尔所命名；邮票面值13便士，邮票画面描绘了几头在海滩上休憩的象海豹（Elephant seals），有的躺卧在地，有的龇牙咧嘴；邮票面值17便士，邮票画面描绘了几只在海滩上休憩的海狗（Fur seals），它们又名"毛皮海豹"；邮票面值25便士，邮票画面描绘了一只抬头张望的罗氏海豹（Ross seals），因被英国探险家詹姆斯·克拉克·罗斯首次发现而得名。这种海豹的眼睛较大，又被称为大眼海豹；邮票面值34便士，邮票画面描绘了一只匍匐在浮冰上的食蟹海豹（Crabeater seals），它们主要以南极磷虾为食。

◆ 英国南极领地1992年10月20日发行一套世界自然基金会濒危野生动物保护邮票（WWF），共有六枚。其中邮票面值4便士，邮票首日封画面描绘了一只圆滚滚、滑溜溜的罗斯海豹（Ross seal）在海水中轻松自如地游弋。它挥动着前肢，摇摆着尾鳍，游刃有余地捕食海水中的南极磷虾。

◆保加利亚2001年10月31日发行一枚邮票小型张，邮票面值0.65列弗，纪念国际黑海保护日。邮票小型张画面描绘了一条暗棕色的比目鱼，以及在一旁虎视眈眈的海豹、鲨鱼等其他海洋生物。比目鱼是一种双眼长在头部同一侧的奇特鱼类，无眼的一侧体色纯白，有眼的一侧体色变化多端。它们在海中游泳时不像其他鱼类那样脊背向上，而是有眼睛的一侧身体朝上，侧着身子游泳。它们常常平卧在海底栖息，在身体上覆盖上一层沙子，只露出两只眼睛，便于等待猎物和躲避敌害。

在科迪克出发去进行最后一次探险的前一个晚上，科迪克和这头母海豹在卢卡农的海滩上跳了一夜的火焰舞。这一次，它往西面去了，因为它跟在一大群大比目鱼后面，每天至少要吃一百磅鱼才能使它保持良好的身体状态。

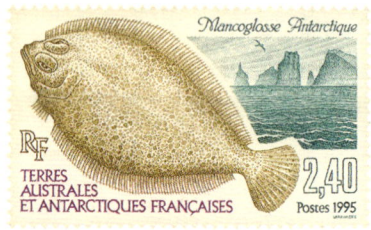  

◆法属南方和南极领土1995年1月2日发行一枚邮票，邮票面值2.40法郎，邮票画面描绘了南极地区的海域和冰山，以及一条双眼长在头部同一侧的比目鱼（Mancoglosse Antarctique）。

◆澳大利亚南极领土2001年9月11日发行一套世界自然基金会濒危野生动物保护邮票（WWF），共有四枚，邮票面值都是45分，以极地动物为主题。其中第三枚，邮票画面描绘了在海洋中结伴而行的一对豹海豹情侣；第四枚，邮票画面描绘了一只在冰冷而灰暗的海洋中捕食的豹海豹（Leopard seal）。豹海豹体型硕大，仅次于南极的象海豹，但在水中游动时依然十分敏捷迅速，胆大且好奇心强，是最为凶残的一种海豹，其唯一的天敌就是虎鲸。豹海豹处于海洋食物链的顶端，其食物种类多样，其中包括海洋中的磷虾、乌贼、鱼类、企鹅，乃至体型较小的海豹。

◆越南1982年12月15日发行一套邮票，共有八枚，以比目鱼为主题。其中邮票面值30分，邮票画面描绘了一条头冠飘逸的冠鲽鱼（Samaris cristatus）；邮票面值30分，邮票画面描绘了一条蓝色的花鲆鱼（Tephrinectes sinensis）；邮票面值40分，邮票画面描绘了一条棕色的大口鲽鱼（Psettodes erumei）；邮票面值40分，邮票画面描绘了一条流线型身材的条鳎鱼（Zebrias zebra）；邮票面值50分，邮票画面描绘了一条金黄色的舌鳎鱼（Cynoglossus puncticeps）；邮票面值50分，邮票画面描绘了一条绿色的眼斑豹鳎鱼（Pardachirus pavoninus）；邮票面值60分，邮票画面描绘了满身花斑的东方箬鳎鱼（Brachirus orientalis）；邮票面值1越南盾，邮票画面描绘了橙黄色的大棘鲆鲽鱼（Psettina iijimae）。

它一直追踪着它们，直到疲倦了，才把身子蜷起来，躺在冲向科皮尔岛的波浪中睡着了。它十分了解那里的海滩，所以到了半夜的时候，它感觉到自己轻柔地撞在海草丛上了，于是就说："唔，今晚的潮水真厉害啊。"它在水下翻了个身，慢慢地睁开眼睛，伸了个懒腰。然后突然猫一样纵了起来，因为它看到水中有些硕大无比的家伙，正在东嗅西闻地咀嚼着茂密的海草丛边上的草。

◆ 位于印度洋西部的法属马约特岛2005年5月13日发行一枚邮票小型张，共有四枚邮票。邮票面值都是0.53欧元，以海洋哺乳动物为主题。其中第四枚，邮票画面描绘了两头身材臃肿而肥胖的儒艮（Dugongs）在海底水草丛中慢悠悠地潜游。雌性儒艮有时怀抱着幼崽在海面上哺乳，故它们常被误认为是大海中的"美人鱼"。

◆ 加纳1977年6月22日发行一套世界自然基金会濒危野生动物保护邮票（WWF），共有四枚。其中邮票面值60便士，邮票画面描绘了一头身材庞大的西非海牛（West African manatee），它划动着两条长长的前鳍，在海底的水草丛中缓慢地潜行。

◆ 朝鲜1994年6月10日发行一枚邮票小型张，邮票面值1元，以海洋动物为主题。邮票小型张画面描绘了几只纺锤体型的竖琴海豹（Harp seal, Pagophilus groenlandicus）正在海底的水草丛中和珊瑚礁旁游来游去，寻觅着自己的食物。它们银白色的身体上具有醒目的黑色条纹，其形状宽如竖琴，因而得名。

◆ 法国南方和南极领土1977年12月20日发行一套邮票，共有两枚，以水草为主题。其中邮票面值0.40法郎，邮票画面描绘了一丛丛微微摇曳的大西洋棕色水草（Macrocystis algae）；邮票面值0.70法郎，邮票画面描绘了一丛丛翩翩起舞的绿色带状水草（Durvillea algae）。

◆ 位于非洲西部的乍得1998年6月20日发行一枚邮票小型张，共有六枚邮票，邮票面值都是300中非法郎，以西非海牛（Trichechus senegalensis）为主题。邮票画面以各种不同的视角描绘了宛若圆筒般臃肿肥胖的西非海牛，它们挥动着两只长长的前鳍，在海洋深处慢慢悠悠的游动。

"以麦哲伦的巨浪起誓，"它的嘴在胡须底下悄声说，"那些家伙到底是深海里的什么种族啊？"它们不像科迪克以前见过的海象、海狮、海豹，也不像白熊、鲸鱼、鲨鱼、鱿鱼或者扇贝。它们大约有二十到三十英尺长，没有后鳍，但是有一条像是用潮湿的皮革切割出来的铁锹状的尾巴。它们的脑袋是你所见过的样子最愚蠢的东西。当它们不吃草的时候，它们在深水里用尾巴末端支撑起身体，互相庄重地鞠着躬，挥动着它们的前鳍，就像一个胖男人挥动着它的手臂。

"呃哼！"科迪克说，"做得好，先生们！"那些大家伙像青蛙仆人那样用鞠躬和挥动前鳍来回答它。当它们又开始吃东西的时候，科迪克看到它们的上嘴唇是裂成两半的。它们可以把嘴张开一英尺宽，在裂口里塞进整整一蒲式耳（约36.37升）的海草，然后再把嘴合上。它们把食物全都塞进嘴里，然后认真而满足地咀嚼着。

◆ 位于南大西洋的福克兰群岛发行一套邮票，共有五枚，以海草为主题。其中邮票面值3便士，邮票画面在绿色背景上描绘了一丛丛枝杈交错的巨型海带（Macrocystis Pyrifera）；邮票面值7便士，邮票画面在蓝色背景上描绘了一丛以舒展扁平的公牛海带（Durvillea）；邮票面值11便士，邮票画面在蓝灰色背景上描绘了一丛丛身材苗条的短叶褐藻（Lessoniae）；邮票面值15便士，邮票画面在红色背景上描绘了一丛色彩鲜艳的红藻（Callophyllis）；邮票面值25便士，邮票画面在橙色背景上描绘了一丛丛微微颤动的宽叶海藻（Iridea）。

邮票上的动物故事

离别白令海

"这种吃法真是邋遢，"科迪克说道。它们又开始鞠起了躬，科迪克开始失去耐心了。"很好，"它说，"即便是你们的前鳍碰巧比别人多出一节，也不用那样炫耀吧。我看到你们鞠躬很优雅啦，但是我很想知道你们的名字。"它们裂开的嘴唇蠕动着，一张一合的，但是都没有说话。"好吧！"科迪克说，"你们是我见过的惟一比西维奇还要丑陋的动物——而且更加没有礼貌。"

"这种吃法真是邋遢，"科迪克说道。它们又开始鞠起了躬，科迪克开始失去耐心了。"很好，"它说，"即便是你们的前鳍碰巧比别人多出一节，也不用那样炫耀吧。我看到你们鞠躬很优雅啦，但是我很想知道你们的名字。"它们裂开的嘴唇蠕动着，一张一合的，但是都没有说话。"好吧！"科迪克说，"你们是我见过的惟一比西维奇还要丑陋的动物——而且更加没有礼貌。"

◆贝宁1989年1月30日发行一套世界自然基金会濒危野生动物保护专题邮票（WWF），共有四枚，以粉红燕鸥（Roseate terns）为主题。其中第二枚邮票面值15非共体法郎，邮票画面描绘了一只粉红燕鸥站立在礁岩上，它口衔一条刚捕获的鲜鱼；邮票面值50非共体法郎，邮票画面描绘了一只粉红燕鸥站在海边礁石上左顾右盼。这种海鸥体型较小，嘴喙笔直，而鸟尾宛如燕尾的形状，因而得名。它们喜欢栖息于海岸边的岩礁和沙滩，以及海上的岛屿和开阔的海洋。

突然，它想起了在它一岁的时候，在海象岛上领头鸥对它尖叫的那些话。它跌跌撞撞地回到海里，因为它知道它终于找到了海牛。海牛们继续在海草丛里撕扯、吞食、咀嚼着，科迪克用它在历险途中学会的每一种语言向它们提问；海里动物使用的语言种类几乎和人类的一样多。但是海牛们没有回答，因为海牛不会说话。它们本来应该有七根颈椎，但实际上只有六根，据说在海里，它们甚至不能和同伴进行交流。但是，你要知道，它们的前鳍比别人长出一节，它们把前鳍上下左右地挥动，这也算是一种笨拙的电报代码式的回答方式吧。

◆联合国日内瓦总部1993年3月3日发行一套邮票，共有四枚，邮票面值邮是0.80瑞士法郎，以濒危野生动物保护为主题。其中第三枚，邮票画面描绘了一头亚马逊海牛（Amazonian manatee）在海底草丛中慢条斯理地游动。

◆位于西非的多哥1987年12月15日发行一套世界自然基金会濒危野生动物保护专题邮票（WWF），共有四枚，以海牛（Manatee）为主题。其中邮票面值80非共体法郎，邮票和极限片画面描绘了几头海牛挥动着又粗又长的前鳍，在海洋中慢条斯理地游动，还不时地停下来笑容可掬地相互鞠躬；邮票面值1000非共体法郎，邮票和极限片画面描绘了一头舐犊情深的海牛带着幼崽在海水中游泳。

◆巴布亚新几内亚1980年10月29日发行一套邮票,共有四枚,以动物为主题。其中邮票面值7巴布亚新几内亚基纳,邮票画面描绘了一头儒艮(Dugong)正在蓝色的海底咀嚼和吞食一丛丛袅袅婷婷的水草。

到天亮的时候,海牛开始慢慢地往北走了,还不时地停下来笑容可掬地鞠着躬互相商量着。科迪克跟着它们,自言自语道:"像它们这样的笨蛋,如果不是发现了某个安全的海岛,早该被杀光了。海牛来说足够好的地方,对海豹来说也一定足够好。不过,我希望它们最好走快点儿。"

◆墨西哥1998年8月14日发行一枚邮票小全张,共有二十五枚邮票,邮票面值都是2.30墨西哥元,以海洋生物为主题。其中第十五枚,邮票画面描绘了一头身材庞大而臃肿的海牛(Manatee)正在海草丛中慢悠悠地东嗅西闻。它们的上嘴唇裂成两半,可以把大大的嘴巴充分张开,从而吞食和咀嚼大量的海草。

◆芬兰与俄罗斯1995年3月1日联合发行一套邮票,共有四枚,以濒危野生动物为主题。其中第三枚和第四枚,邮票面值都是2.90芬兰马克/250戈比,邮票画面描绘了浩淼的大海一望无垠,岸边的岩礁高高低低。一只圆溜溜的环斑海豹(Pusa hispida)躺在岸边海滩上晒太阳。

跟着海牛对科迪克来说，可是件令人厌烦的事情。海牛一天最多走四五十英里，晚上还要停下来吃东西。它们一直沿着靠近海岸的地方行走，不管科迪克是绕着它们游，还是游到它们上头，或者是它们身下，都不能让它们走快半英里。它们越往北面走，越发会每隔几个小时便鞠着躬互相商量一番。科迪克不耐烦得差点要把自己的胡子全都咬光了，可后来它发现它们跟随着一股暖流走，于是对它们多了些敬重。一天，它们从闪着光的海面上沉了下去——像石头一样沉了下去——自从它认识这些海牛以来，它们第一次迅速地游起来。科迪克赶紧跟上。海牛的速度让它感到吃惊，因为它从来没想过海牛会是游泳健将。它们朝着海边的一个悬崖游去——这悬崖的底部一直延伸到海水的深处——钻进了悬崖底部的一个距离海面约二十英寻的黑洞里。它们游了很长的一段距离，科迪克跟着它们，在钻出那条黑暗的隧道之前，它一直憋得难受。"我的天哪！"它钻出坑道另一头的水面，站起身来，呼呼地喘着粗气。"这次潜水真够长的，不过还真值得。"

◆法属圣皮埃尔克隆岛1987年12月16日发行一套邮票，共有两枚，邮票面值都是3.00法郎，以自然保护为主题。两枚邮票的画面与附票相连，组成一幅全景式的画面，描绘了大海和海岛的美丽风景。翠绿的大地一望无垠，浩瀚的大海碧波万顷。灿烂的霞光辉映海面，起伏的波浪探碎倒影。腾空的飞鸟成群结队，漂浮的天鹅三三两两。

◆瑞典2010年5月13日与加拿大联合发行一套邮票，共有四枚，邮票面值都是12瑞典克朗，以海洋生物为主题。邮票首日封画面描绘了两只滑溜溜、湿漉漉的海豹在冰冷的海面上探头张望。

◆日本1993年5月17日发行一枚地方风情系列邮票，邮票面值62日元，以北海道为主题。邮票画面描绘了一只海豹摆动着两只有力的侧鳍，从波涛万顷的海洋中登陆海滩。

海牛们已经散开了,在科迪克所见过的最棒的沙滩边上懒散地吃着草。这里有几英里连绵不绝的光滑的岩石,正好适合做海豹窝,岩石后面是一片可以用来做游乐场的坚实沙地,倾斜着伸向内陆。海边有滚滚卷浪,可以让海豹们在里面跳舞;也有长长的草地,可以让海豹在里面打滚;还有可以让海豹爬上爬下的沙丘。最重要的是,科迪克凭它对海水的感觉,因为这是瞒不过一头真正的海豹的,它知道从来没有人类来过这里。

◆ 克罗地亚 1994 年 6 月 15 日发行一套邮票,共有七枚,以风光景色为主题。其中邮票面值 1.10 库纳,邮票画面描绘了一幕美丽的海洋景色:一座座低矮的沙岛鳞次栉比,一波波碧蓝的海涛高低起伏。

◆ 墨西哥 1998 年 8 月 14 日发行一枚邮票小全张,共有二十五枚邮票,邮票面值都是 2.30 墨西哥元,以海洋生物为主题。其中第十一枚,邮票画面描绘了成群结队的沙丁鱼(Sardines);第十二枚,邮票画面描绘了挥动四肢的蠵龟(Loggerhead turtle)和细细长长的墨鱼(Squid)等海洋生物;第十三枚,邮票画面描绘了追踪鱼群的海豚、快速游动的蓝鳍金枪鱼(Bluefin tuna)、随波逐流的水母(Jellyfish)等海洋生物;第十四枚,邮票画面描绘了快速游弋的梭鱼(Barracudas)和其他海洋鱼类;第十五枚,邮票画面描绘了缓慢游动的海牛(Manatee)和其他海洋鱼类;第十六枚,邮票画面描绘了色彩艳丽的加里波第雀鲷(Garibaldi)和其他海洋鱼类;第十七枚,邮票画面描绘了模样怪异的槌头双髻鲨(Hammerhead shark)、五彩缤纷的蝴蝶鱼和其他海洋鱼类;第十八枚,邮票画面描绘了风度翩翩的海洋鱼类(Huachinango)和舞动足肢的龙虾(shrimp)等海洋生物;第十九枚,邮票画面描绘了张牙舞爪的章鱼(Octopus)和其他海洋鱼类,第二十枚,邮票画面描绘了水中觅食的海鲈鱼(Blowfish)、划动前肢的海龟(Turtle)、七枝八权的珊瑚丛等海洋生物;第二十一枚,邮票画面描绘了螃蟹(Crab)、龙虾、海星(Angelfish)等海洋生物;第二十二枚,邮票画面描绘了比目鱼、海星、贝壳等海洋生物、;第二十三枚,邮票画面描绘了螃蟹(Crab)、海龟(Turtle)、章鱼、海鳝(Moray eel)等海洋生物;第二十四枚,邮票画面描绘了风姿绰约的四眼蝴蝶鱼(Mariposa de cuatro ojos)等海洋生物;第二十五枚,邮票画面描绘了海底潜行的鲨鱼(Shark)和丛丛簇簇的珊瑚(Coral)等海洋生物。

它做的第一件事情就是确定这里可以捕到大量的鱼，然后它沿着海滩一路游去，数着美丽的薄雾里若隐若现的一座座低矮的沙岛。北面出海的地方是一排沙洲、浅滩和暗礁，这样的话，靠近海滩六英里之内，任何船只都无法进入。在小岛群和大陆之间是一片深水，一直延伸到陡峭的悬崖边，而悬崖下的某个地方就是坑道的出口。

"这儿就是另外一个诺瓦斯图什纳，但是比那里还好上十倍，"科迪克说，"海牛比我想象得要聪明得多。人类不能从悬崖上下来，如果他们能够爬得上去的话；而临海的那些浅滩能把船都撞得粉碎。如果海里真有什么安全的地方，那么就是这里了。"它开始想起那些留在家里的海豹们了，但尽管它急着返回诺瓦斯图什纳，它还是将这个新天地彻底地勘探了一番，这样回去它就可以回答所有的提问了。

◆法属圣皮埃密克隆岛1997年8月13日发行一套邮票，共有两枚，邮票面值3.00法郎和15.50法郎，以海岛风光景色为主题。两枚邮票和附票的画面彼此相连，共同组成一幅全景式的画面：蜿蜒的山坡朦朦胧胧，栖居的人家三三两两，风中的芦苇左右摇曳，岸边的海潮高低起伏。

◆波兰2009年发行一套邮票，共有四枚，以海洋动物为主题。四枚邮票的画面彼此相连，共同组成一幅全景式的画面，描绘了一幕海边的风景：蔚蓝的大海浩瀚无边，金黄的沙滩平展柔软。天上的飞鸟拍翼振翅，岸边的海豹嬉戏玩耍。其中第一枚邮票面值1.55兹罗提，邮票画面描绘了一只葡匐在地的鼠海豚（Phocoena phocoena）；第二枚邮票面值1.55兹罗提，邮票画面描绘了一只抬头张望的灰海豹（Halichocrus grypus）；第三枚邮票面值1.95兹罗提，邮票画面描绘了一只摆动尾鳍的港海豹（Phoca vitulina）；第四枚邮票面值1.95兹罗提，邮票画面描绘了一只爬上沙滩的环斑海豹（Phoca hispida）。

然后，它潜到海里，找到了坑道出口的位置，快速地穿过坑道往南游去。除了海牛或是海豹，没有别的生物会想到还有这样的地方存在。当它回头看着悬崖的时候，即使是科迪克也不敢相信自己是从那下面穿过来的。尽管它游得并不慢，但它还是花了整整六天时间才回到家。当它从海狮颈爬出水面的时候，看到的第一个就是一直在等它的那头母海豹，后者从它的眼神里看得出，它终于找到了它的海岛。

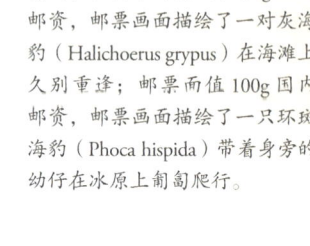

◆冰岛2011年发行一套邮票，共有两枚。其中邮票面值50g欧洲邮资，邮票画面描绘了一对灰海豹（Halichoerus grypus）在海滩上久别重逢；邮票面值100g国内邮资，邮票画面描绘了一只环斑海豹（Phoca hispida）带着身旁的幼仔在冰原上匍匐爬行。

◆冰岛2010年发行一套邮票，共有两枚。其中邮票面值5冰岛克朗，邮票画面描绘了一只满身花斑的港海豹（Phoca vitulina）带着幼仔匍匐在浮冰上东张西望；邮票面值220冰岛克朗，邮票画面描绘了一只黑白两色的竖琴海豹（Phoca groenlandica）带着幼仔躺卧在冰原上休憩。

◆法属南方和南极领土1979年1月1日发行一枚邮票，共有一枚，邮票面值10.00法郎，以极地野生动物为主题。邮票画面描绘了一头身材臃肿的象海豹（Elephant Seals），它微微抬起头，发出令人惊恐的大声吼叫。

◆阿塞拜疆1997年7月1日发行一枚邮票小型张，共有六枚邮票，邮票面值都是250新马纳特，以里海环纹海豹（Caspian seals）为主题。邮票小型张画面描绘了海滩上的一幕：朦朦胧胧的山峦起伏蜿蜒，三三两两的海鸥低吟浅唱。一群里海环斑海豹在海滩上相聚一堂，有的匍匐在地，有的缓慢爬行，有的抬头叹息，有的眺望远方……海滩上到处都是令人惊悚的啸叫声和响嗥声。

◆澳大利亚南极领土1992年5月14日发行一套邮票,共有五枚,以极地动物为主题。其中邮票面值75分,邮票画面描绘了一只身材庞大的象海豹(Elephant seal)与它的幼崽喁喁私语;邮票面值95分,邮票画面描绘了一只满身花斑的韦德尔氏海豹(Weddell seal)用前鳍抚摸着它的幼崽。

◆澳大利亚南极领土1983年4月6日发行一套邮票,共有五枚,邮票面值都是27分,以极地野生动物为主题。其中第三枚,邮票画面描绘了一群栖居在极地岩礁上的象海豹(Elephant seal),它们有的匍匐在地,有的抬头张望,有的相互嬉闹……象海豹虽然在陆地上行动笨拙,但进入大海中马上变得非常灵活。它们主要以乌贼、章鱼等海洋生物为食。在每年的繁殖期间,它们会上岸找一块居家之地生息繁衍。

◆新西兰罗斯岛1994年11月2日发行一套野生动物邮票,共有10枚。其中邮票面值80分,邮票画面描绘了两头威武雄壮的象海豹(Elephant seals)头靠着头,口对着口,在海滩上互不相让地争斗打架。

◆保加利亚2008年发行一枚邮票小型张,共有两枚邮票,纪念国际极地年。小型张边纸图案描绘了冰天雪地的北极海岸,一只灰褐色的海豹挥舞双鳍、张开大嘴,对着其他的海豹们大声怒吼。

◆日本2007年发行一套地方风情邮票,共有五枚,邮票面值都是80日元。其中第五枚,邮票画面描绘了一头浑身圆溜溜的海豹,它带着乳臭未干的幼仔趴伏在浮冰上瞭望大海。

　　但是当它把它的发现告诉霍卢斯奇科、它爸爸西卡奇和其他所有的海豹时,它们都嘲笑它。一头和它年纪相仿的年轻海豹说,"你说得都不错,科迪克,可是你不能从一个谁也不知道的地方跑到这儿来,就这样命令我们离开。你别忘了我们一直在为小海豹窝战斗,那可是你从来没做过的事情。你更喜欢在海里四处徘徊。"其他海豹都笑了起来,那头年轻的海豹开始左右摇晃起脑袋。它那一年刚刚结婚,因而对这件事格外关注。

　　"我无需为小海豹窝战斗,"科迪克说,"我只是想把你们带到一个安全的地方。打架有什么用?""哦,如果你打算退出的话,我当然就没什么好说的了。"年轻的海豹奸笑着说。"如果我赢了,你会跟我去吗?"科迪克问。它的眼里闪过一道绿光,因为它为不得不打架而感到十分气恼。"很好,"年轻的海豹漫不经心地说,"如果你赢了,我就去。"

它没时间改变主意了，因为科迪克的脑袋已经探出来，它的牙齿深深地插入年轻的海豹脖子上的那块赘肉里了。然后它往后一仰，背部贴到了腰上，把它的对手拖到沙滩上，摇晃着它，将它打翻在地。然后科迪克对着其他海豹怒吼："我在这过去的这五年以来，一直在尽自己最大的努力寻找海岛。我已经找到了可以确保你们安全的海岛，但除非你们愚蠢的脑袋被从你们脖子上拽下来，否则你们是不会相信的。我现在要给你们点颜色看看，你们自己当心啦！"

◆ 位于东欧的立陶宛2000年8月26日发行一套邮票，共有两枚，纪念国家海洋博物馆的建立。其中邮票面值1立特，邮票画面描绘了一只长着黑色胡须的灰海豹（Halichoerus grypus），它在雪地里用力划动着侧鳍匍匐前行。

林默尔辛告诉我在它的一生中——林默尔辛每年都见到上万头大海豹打架——在它短短的一生中从来没见过像科迪克这样冲向海豹窝的。它朝它能找到的最大个子的海豹扑上去，掐住它的脖子让它透不过气，一阵拳打脚踢直到它咕咕求饶为止，然后把它扔到一边，再冲向下一头。

◆ 爱沙尼亚2015年发行一枚邮票小型张，邮票面值2.55欧元，以保护海洋动物为主题。邮票画面采用"爱心"的形状，描绘了一只趴伏在岩礁上的海豹，它忍无可忍地张开大嘴，向破坏海洋生态的人类活动发出了愤怒的吼叫。小型张边纸左下角是英文字样："波罗的海日益增加的船舶航行，已经成为海洋生态环境的最大威胁"。

◆ 法国南方和南极领土2001年1月1日发行一套邮票小型张，共有四枚，以海洋动物为主题。其中第三枚小型张邮票面值3.00法郎，邮票画面描绘了一只怒气冲冲的海豹张开大嘴怒吼着，挥舞着侧鳍冲上前去与另一只海豹争斗打架。

你要知道，科迪克从来不像其他大海豹那样每年禁食四个月，而且在深海里的巡游也让它的身体保持了理想状态。最重要的是，它以前从来没有打过架。它卷曲的白鬃毛气得竖立了起来，它的眼睛里冒着火，它的大犬牙闪着光，看上去神气十足。它的爸爸老西卡奇看着它飞奔过去，把灰色的老海豹们像大比目鱼一样拽来拽去，把周围一圈的年轻的单身汉都撞倒在地，怒吼了一声叫道："它也许是个傻瓜，但是它是所有的海滩上最棒的勇士！别打你爸爸，我的儿子！我和你是同一战线的！"科迪克吼了一声作为回答，老西卡奇摇摇摆摆地走过去，胡子都竖了起来，吼得像一个火车头。而马特卡和准备嫁给科迪克的那只海豹退到一旁，欣赏着它们的男人。这是一场精彩的战斗，因为它们两个一直打到没有一只海豹敢把头抬起来。然后它们肩并肩、大摇大摆地在海滩上走来走去，吼叫着。

◆ 毛里塔尼亚1986年6月12日发行一套世界自然基金会濒危野生动物保护邮票（WWF），以地中海僧海豹（Monk seal, Monachus monachus）为主题。其中邮票面值5乌吉亚，邮票画面描绘了一只慈爱的海豹正在抚爱自己幼仔。邮票面值18乌吉亚，邮票画面描绘了一个相濡以沫的僧海豹家庭躺卧海滩上休憩，它们喜欢在僻静的岛屿上一起晒太阳，享受天伦之乐。

◆ 联合国维也纳总部2008年发行一套濒危野生动物保护专题邮票，邮票面值都是0.65欧元，共有四枚。其中第一枚邮票画面描绘了一头象海豹（Mirounga angustirostris）家庭在海滩上栖息。雄象海豹抬起头仰天长啸，雌象海豹躺卧在地，与自己身旁的幼仔喁喁私语。

◆ 德国2009年发行一套附捐邮票，共有四枚，天空景色为主题。其中邮票面值55欧分/附捐25欧分，邮票画面描绘了一幕北极夜空绚丽的带状极光。

◆ 美国2007年发行一枚邮票小型张，共有两枚邮票，邮票面值都是84分，纪念国际极地年（2007-2008）。两枚邮票的画面描绘了北极夜空绚丽多彩的北极光。极光是一种大自然天文奇观，颜色以绿色、白色、黄色、蓝色居多，偶尔也会呈现艳丽的红紫色，曼妙多姿又神秘难测。一般来说，极光的型态可分为弧状极光、带状极光、幕状极光、放射状极光等四种。

◆坦桑尼亚1997年10月30日发行一枚邮票小全张,共有九枚邮票,邮票面值都是250坦桑尼亚先令,以北极野生动物为主题。其中第一枚,邮票画面描绘了北极上空瑰丽灿烂的幕状极光,以及一只蹲在树枝上的大雕鸮。

◆挪威2001年11月15日发行一套邮票,共有两枚,以北极光为主题。其中邮票面值5.00挪威克郎,邮票图案描绘了天上景象壮丽的弧状极光,以及原野上一丛丛粉妆玉砌的松柏树林;邮票面值5.50挪威克郎,邮票图案描绘了空中气势恢宏的幕状极光,以及几只在茫茫冰原上漫步的驯鹿。

晚上,当北极光在雾气中一闪一闪发着光的时候,科迪克爬上一块光秃秃的岩石,看着下面乱七八糟的海豹窝和被咬得遍体鳞伤,仍在流着血的海豹们。"现在,"它说,"我已经给你们教训了。""我的天哪!"老西卡奇说,它费力地撑起身体,因为它也伤得很厉害。"虎鲸也无法把它们伤得更厉害了。儿子,我为你骄傲,而且,我要跟你到你的海岛上去——如果真的有这么一个地方。"

"你们听着,海里的肥猪们。谁要跟着我去海牛的隧道?回答我,否则我会再教训你们的。"科迪克咆哮着说。下面响起了一片细语声,就像海滩上潮水拍岸的涟漪。"我们跟你去,"成千上万个疲倦的声音说,"我们会跟随白海豹科迪克的。"于是,科迪克把脑袋埋在肩膀里,骄傲地闭上了眼睛。它不再是一头白海豹了,从头到尾都是血红色的。即便这样,它也不屑于看一眼,或者舔一舔自己的伤口。

◆英国南极领地1992年10月20日发行一套世界自然基金会濒危野生动物保护邮票(WWF),共有六枚。其中邮票面值4便士,邮票和极限片画面描绘了一只毛皮光滑锃亮的罗斯海豹(Ross seal)在冰原上抬起圆溜溜的身子仰天长啸。

◆法国南极领地1984年1月1日发行一套邮票,共有四枚,以极地动物为主题。其中邮票面值0.60法郎和5.90法郎,邮票画面描绘了一头食蟹海豹(Crab-eating seal)从波涛起伏的海水中爬上海滩。

◆阿鲁巴1991年1月31日发行一套邮票,以海岛景色为主题。其中邮票面值55分,邮票画面描绘了波涛起伏的大海和平坦柔软的沙滩;邮票面值65分,邮票画面描绘了绵延起伏的沙丘和草木稀疏的荒漠;邮票面值100分,邮票画面描绘了疏疏密密的树林和粉墙红顶的小屋。

◆加蓬2012年发行一枚邮票小型张,邮票面值2000中非法郎,以濒危野生动物保护为主题。邮票画面采用"爱心"的形状,描绘了一只夏威夷僧海豹(Monachus schauinslandi)的头部特征:圆溜溜的脑袋、亮晶晶的眼睛。小型张边纸画面描绘了夏威夷明媚灿烂的阳光、松软细密的沙滩和婀娜多姿的椰树,以及一只在海滩上躺卧的僧海豹和一只在海洋中游弋的僧海豹。

◆南斯拉夫1982年9月3日发行一套邮票,共有两枚,以环境保护为主题。其中邮票面值15第纳尔,邮票和极限片画面描绘了一条圆鼓鼓、滑溜溜的地中海僧海豹(Mediterranean mont seal),以及海洋栖息地的美丽风光:一座座低矮的沙岛鳞次栉比,一排排平坦的滩地曲曲弯弯。一层层光滑的礁岩高低错落,一阵阵汹涌的海潮此起彼伏。

◆爱沙尼亚2003年8月27日发行一枚邮票,邮票面值4.40爱沙尼亚克朗,邮票画面描绘了一只滑溜溜的环斑海豹(Phoca hispida)划动着身旁的侧鳍,摆动着身后的尾鳍,在灰暗而冰冷的大海中轻松自如地纵情畅游,游刃有余地吞食水中的鱼虾。

一个星期以后，它和它的大部队（大约一万多头霍卢斯奇科和成年海豹）往北出发，向海牛的隧道游去，科迪克在前方带路。而那些留在诺瓦斯图什纳的海豹称它们为白痴。第二年春天，当所有的海豹在太平洋捕鱼区碰面的时候，追随科迪克的海豹们讲述着在海牛隧道那里的新海滩的故事，于是有更多的海豹离开了诺瓦斯图什纳。当然，这个转移过程不是一蹴而就的，因为海豹们都不是非常聪明，需要相当长的时间才能改变旧有的观念。

◆ 澳大利亚南极领土 1973 年 8 月 15 日发行一套邮票，共有十二枚，以风光景色为主题。其中邮票面值 20 分，邮票画面描绘了遭遇风暴的大海波涛汹涌，一只展开双翅的信天翁（Albatross）在海面上空轻盈优雅地飞行滑翔。

◆ 位于印度洋的法属马约特岛 2009 年发行一枚邮票小型张，共有两枚邮票，邮票面值都是 0.56 欧元，以大海的风光景色为主题。其中第一枚，邮票画面描绘了晨曦初现的一幕风景：蓝蓝的天穹云舒云卷，蓝蓝的大海潮起潮落。第二枚，邮票画面描绘了晚霞辉映的一幕风景：一朵朵、一丝丝、一片片，无羁无绊的云彩千姿百态；黄澄澄、金灿灿、红彤彤，浓妆淡抹的海水五光十色。

◆ 法属圣皮埃密克隆岛 1991 年 10 月 18 日发行一套邮票，共有两枚，邮票面值分别是 2.50 法郎和 14.50 法郎。两枚邮票和附票的画面彼此相连，共同组成一幅全景式的画面，描绘了一幕海上的风景：蓝橙橙的天空晴朗清澄，宛若一条泛滥无边的河流；轻飘飘的白云团团簇簇，好像几座水中飘荡的小岛。水汪汪的大海波澜壮阔，宛若一片飘落大地的蓝天；孤零零的海岛郁郁葱葱，好像几座飘荡蓝天的彩云。

但年复一年，每年都有更多的海豹从诺瓦斯图什纳、卢卡农，以及其他岛屿，来到这块宁静的、隐蔽的海滩。科迪克每年夏天都坐在沙滩上，一年年长得更大、更胖、更壮。霍卢斯奇科们在它的身边玩耍，在人类没有涉足的海里玩耍。

◆巴西2001年6月13日发行一套邮票，共有三枚，邮票面值都是0.40雷亚尔，以海滨景色为主题。其中第一枚，邮票画面描绘了翡翠般晶莹剔透的海水，以及雪花般洁白透明的浪花；第二枚，邮票画面描绘了雕塑般峥嵘兀立的礁岩，以及丝绒般柔滑起伏的大海；第三枚，邮票画面描绘了碧玉般盈盈发亮的树林，以及黄金般熠熠生辉的沙滩。

◆联合国维也纳总部1992年3月13日发行一枚邮票小版张，共有两种邮票，每种邮票各有六枚，邮票面值都是7奥地利先令，以海洋环境保护为主题。其中第一枚，邮票画面描绘了在海洋上层游弋的海豚、海鱼等各种海洋生物；第二枚，邮票画面描绘了在海洋下层活动的海豹、海鱼、珊瑚等各种海洋生物。

主要参考文献

[1]（美国）Scott 2014 Standard Postage Stamp Catalogue（英文版世界各国标准邮票目录 [M].）Scott Publishing Co. 2014.

[2]（瑞典）塞尔玛·拉格洛芙.尼尔斯骑鹅旅行记[M].石琴娥,译.北京：中央编译出版社，2015.

[3]（英国）鲁迪亚德·吉卜林.原来如此的故事[M].刘仲敬,译.桂林：广西师范大学出版社，2015.

[4]（加拿大）查尔斯·罗伯茨.野兽的亲属[M].北京：中央广播电视大学出版社，2015.

[5]（英国）鲁迪亚德·吉卜林,等.全世界少年儿童最爱读的经典动物故事（1）[M].杨立新,译.北京：东方出版社，2012.

图书在版编目（CIP）数据

邮票上的动物故事/杨健,郝一舒编著.--上海：
同济大学出版社,2017.11
　ISBN 978-7-5608-7186-8

　Ⅰ.①邮…Ⅱ.①杨…②郝…Ⅲ.①故事－作品集
－世界②邮票－世界－图集Ⅳ.①I14②G262.2-64

中国版本图书馆CIP数据核字(2017)第167541号

邮票上的动物故事
杨健　郝一舒　编著

策划编辑	赵泽毓　责任编辑　丁会欣　责任校对　徐春莲
装帧设计	上海雅昌设计中心
出版发行	同济大学出版社　www.tongjipress.com.cn
	（地址：上海四平路1239号　邮编：200092　电话：021－65985622）
经　　销	全国各地新华书店
印　　刷	上海雅昌艺术印刷有限公司
开　　本	787mm×1092mm　1/16
印　　张	21.5
字　　数	537 000
版　　次	2017年11月第1版　2017年11月第1次印刷
书　　号	ISBN 978-7-5608-7186-8
定　　价	268.00元

本书若有印装质量问题，请向本社发行部调换　版权所有　侵权必究